काश मुझे यह पता होता

काश मुझे यह पता होता

डॉ. जूली स्मिथ

अनुवाद : यामिनी रामपल्लीवार

MANJUL
मंजुल पब्लिशिंग हाउस

MANJUL

मंजुल पब्लिशिंग हाउस

कॉरपोरेट एवं संपादकीय कार्यालय

• द्वितीय तल, उषा प्रीत कॉम्प्लेक्स, 42 मालवीय नगर, भोपाल-462 003

विक्रय एवं विपणन कार्यालय

• सी-16, सेक्टर 3, नोएडा, उत्तर प्रदेश, 201301

वेबसाइट : www.manjulindia.com

वितरण केन्द्र

अहमदाबाद, बेंगलुरू, कोच्चि, कोलकाता, चेन्नई,
हैदराबाद, मुम्बई, नई दिल्ली, पुणे

डॉ. जूली स्मिथ द्वारा लिखित मूल अंग्रेजी पुस्तक
वाई हैज़ नोबडी टोल्ड मी दिस बिफ़ोर? का हिन्दी अनुवाद

Why Has Nobody Told Me This Before? by Dr Julie Smith – Hindi Edition

यह हिन्दी संस्करण 2025 में पहली बार प्रकाशित

ISBN 978-93-5543-662-7

अनुवाद : यामिनी रामपल्लीवार

मुद्रण व जिल्दसाज़ी : रेप्रो इंडिया लिमिटेड

मैथ्यू के लिए

यदि मैं क़लम हूँ, तो काग़ज़ तुम हो। जीवन की तमाम रोमांचक यात्राओं की तरह इसमें भी हम मिलकर कामयाब हुए हैं।

विषय-वस्तु

8 : सार्थक जीवन पर

9 : कार्य–योजनाएँ

भूमिका

मैं अपने थेरैपी रूम में एक युवती के साथ बैठी हूँ। वह आराम से कुर्सी पर बैठी हुई है और मुझसे बातें कर रही है। वह सहज है, उत्साह से भरी हुई है। पहले सत्र में उसके भीतर जो तनाव और घबराहट थी, वह अब नहीं है, उसमें बदलाव आया है। हम केवल दस–बारह बार मिले हैं। वह मेरी आँखों में देखती है और सिर हिलाकर मुस्कराने लगती है और कहती है, 'एक बात आपसे कहूँ? मैं जानती हूँ कि यह कठिन है, लेकिन मुझे भरोसा है कि मैं यह कर पाऊँगी।'

मुझे पीड़ा होती है, पर मैं इस दर्द को निगल लेती हूँ। उसकी मुस्कराहट के साथ ही मेरे चेहरे पर मुस्कान बिखर जाती है। उसने अपने भीतर बदलाव महसूस किया है और अब, मैं भी महसूस कर रही हूँ। वह कुछ समय पहले दुनिया और उन सभी स्थितियों से डरकर मेरे इस कमरे में आई थी, जिसका उसे सामना करना पड़ा। उसके भीतर स्वयं को लेकर इतना संदेह था कि उसे हर नए बदलाव और चुनौती से डर लगने लगा था। उस दिन वह थेरैपी के बाद कुछ अधिक आत्म–विश्वास से भरी हुई थी। मेरी वजह से नहीं। मेरे पास किसी को ठीक करने या उनका जीवन बदलने की कोई जादुई क्षमता नहीं है। उसका बचपन बर्बाद हो गया था, लेकिन उसे इतने सालों तक किसी थेरैपी की ज़रूरत महसूस नहीं हुई। लेकिन अब, मुख्य रूप से मेरी भूमिका एक शिक्षिका की थी। विज्ञान क्या कहता है और दूसरों के लिए कौन–से उपाय कारगर रहे हैं, इसके बारे में मैंने उसे समझाया। एक बार जब उसने अवधारणाओं और कौशलों को समझ लिया और उनका उपयोग करना शुरू कर दिया, तो परिवर्तन भी दिखाई देना शुरू हो गया। उसे अपना भविष्य आशाजनक लगने लगा। वह अपनी क्षमता पर भरोसा करने लगी। उसने कठिन परिस्थितियों से नए स्वस्थ तरीक़ों से निपटना शुरू कर दिया। हर बार जब उसने ऐसा किया, तो अपनी सामना करने की क्षमता पर विश्वास थोड़ा और बढ़ गया।

जब हमने आने वाले सप्ताह से निपटने के लिए उसे क्या–क्या याद रखना है, इस पर दोबारा ग़ौर किया तो उसने स्वीकृति में सिर हिलाया, मेरी ओर देखा और बोली, 'किसी ने मुझे यह पहले क्यों नहीं बताया?'

उसके कहे हुए शब्द मेरे साथ बने रहे, मेरे दिमाग़ में गूँजते रहे। ऐसा कहने वाली वह पहली या आख़िरी नहीं थी। यही परिदृश्य बार-बार दोहराया जाता रहा है। लोग यह मानकर मेरे पास थेरैपी लेने के लिए आ रहे थे कि उनकी तीव्र दर्दनाक भावनाएँ उनके मस्तिष्क या व्यक्तित्व का परिणाम थीं। उन्हें विश्वास नहीं था कि उनके भीतर इनका प्रभाव कम करने की कोई शक्ति है। जहाँ कुछ लोगों के लिए लंबी अवधि की अधिक गहन थेरैपी उपयुक्त थी, तो ऐसे बहुत से लोग थे, जिन्हें बस इस बारे में थोड़ी-सी यह समझाइश देने की आवश्यकता थी कि उनका दिमाग़ और शरीर कैसे काम करते हैं और वे दिन-प्रतिदिन अपने मानसिक स्वास्थ्य का प्रबंधन कैसे कर सकते हैं।

मैं जानती थी कि उत्प्रेरक मैं नहीं, वह ज्ञान या समझ थी, जिससे उन्हें परिचित कराया जा रहा था। लेकिन, लोगों को यह जानने के लिए कि उनका दिमाग़ किस तरह काम करता है, मेरे जैसे किसी जानकार व्यक्ति से मिलने और उसके लिए भुगतान करने की ज़रूरत नहीं है। आपको वहाँ जानकारी तो अवश्य मिल जाती है, पर ग़लत जानकारियों के सागर में आपको यह जानना होगा कि आपको खोजना क्या है।

मैंने अपने भोले-भाले पति से लगातार यह कहना शुरू कर दिया कि किस तरह से कुछ अलग किया जा सकता है। उन्होंने कहा, 'ठीक है, यूट्यूब या किसी और सोशल मीडिया प्लेटफ़ॉर्म पर कुछ वीडियो डालते हैं।'

और फिर हमने वैसा ही किया। हमने साथ मिलकर मानसिक स्वास्थ्य के बारे में बातचीत करते हुए वीडियो बनाना शुरू किया। मुझे तो बाद में यह पता चला कि इस विषय पर चर्चा करने वाली मैं अकेली नहीं थी। इससे पहले कि मुझे इस बारे में जानकारी मिल पाती, मैं सोशल मीडिया पर लाखों फॉलोअर्स के लिए लगभग रोज़ ही वीडियो बना रही थी। लेकिन, इन प्लेटफ़ॉर्म पर शॉर्ट-फ़ॉर्म वीडियो के सहारे ही अधिक से अधिक लोगों तक पहुँच जा सकता था। इसका मतलब है कि मेरे पास अपनी बात कहने के लिए ऐसे वीडियो का बड़ा संग्रह होना चाहिए, जो 60 सेकंड से अधिक लंबे ना हों।

हालाँकि, मैं लोगों का ध्यान आकर्षित करने, कुछ अंतर्दृष्टि साझा करने और उन्हें मानसिक स्वास्थ्य के बारे में समझाने में सक्षम रही हूँ, फिर भी अब मैं एक क़दम आगे बढ़ना चाहती थी। जब आप 60 सेकंड का वीडियो बनाते हैं तो आपको बहुत कुछ छोड़ना पड़ता है। विस्तार से आप अपनी बात नहीं कह पाते। तो, वह विस्तृत जानकारी यहाँ उपलब्ध है। एक थेरैपी सत्र में मैं इनमें से कुछ अवधारणाओं को कैसे समझा सकती हूँ और क़दम दर क़दम उनका उपयोग किस तरह से किया जाए, इसका सरल मार्गदर्शन यहाँ पर दिया गया है।

इस पुस्तक में दिए गए टूल्स अधिकतर थैरेपी में सिखाए जाते हैं, लेकिन वे चिकित्सा कौशल नहीं, जीवन कौशल हैं। ऐसे टूल्स जो हममें से हर एक को कठिन समय से बाहर निकलने और आगे बढ़ने में मदद कर सकते हैं।

इस पुस्तक में, मैं उन विषयों पर विस्तार से बात करूँगी, जो मैंने एक मनोवैज्ञानिक के रूप में सीखे हैं और उन सभी बेशक़ीमती ज्ञान, बुद्धिमत्ता और व्यावहारिक तकनीकों को एक साथ बताऊँगी, जो मैंने हासिल की हैं, जिन्होंने मेरे और उन लोगों के जीवन को भी बदल दिया है, जिनके साथ मैंने काम किया है। यहाँ से आप भावनात्मक अनुभव पर स्पष्टता प्राप्त करेंगे और इसके बारे में क्या करना है, इस पर विशिष्ट और स्पष्ट समझ प्राप्त कर सकेंगे।

जब हम इस बारे में थोड़ा समझ लेते हैं कि हमारा मस्तिष्क कैसे काम करता है और हमारे पास अपनी भावनाओं से स्वस्थ तरीक़े निपटने को लेकर से दिशा-निर्देश हैं, तो हमारे भीतर ना केवल लचीलापन विकसित होता है, बल्कि हम आगे बढ़ सकते हैं और समय के साथ हमारे भीतर विकास की मानसिकता बनती है।

अपनी थैरेपी का पहला सत्र पूरा होने से पहले, अनेक लोग कोई ऐसा टूल चाहते हैं, जिसे वे घर ले जा सकें और अपने संकट को कम करने के लिए उसका उपयोग करना शुरू कर सकें। इसी वजह से यह पुस्तक आपके बचपन के बारे में गहराई से जानने और यह पता लगाने के बारे में नहीं है कि आपको संघर्ष कैसे और क्यों करना पड़ा। उसके लिए कई और बेहतरीन पुस्तकें हैं। लेकिन, थैरेपी में इससे पहले कि हम किसी व्यक्ति से उम्मीद करें कि वह अपने किसी पिछले आघात को ठीक करने पर काम शुरू करे, हमें यह सुनिश्चित करना चाहिए कि लचीलापन बनाने और दुःखद भावनाओं को सुरक्षित रूप से सहन करने की क्षमता बनाने के लिए पर्याप्त और उपयुक्त टूल्स हों। इन टूल्स में यह समझने की शक्ति है कि आप किन तरीक़ों से अपनी भावनाओं को प्रभावित कर सकते हैं और अच्छे मानसिक स्वास्थ्य का पोषण कर सकते हैं।

इस पुस्तक में बस यही करना सिखाया गया है।

जैसे आपके शारीरिक स्वास्थ्य को सुधारने संबंधी पुस्तक दवा नहीं होती है, वैसे ही यह पुस्तक थैरेपी नहीं है। यह अलग-अलग कार्यों को करने के लिए विभिन्न उपकरणों से भरा हुआ एक टूलबॉक्स है। आप एक ही समय में उन सभी का उपयोग करने में निपुण नहीं हो सकते, इसलिए आपको सभी के लिए प्रयास करने की आवश्यकता नहीं है। वह सेक्शन चुनें जो अभी आपके सामने आने वाली चुनौतियों से मेल खाता हो और उन आइडियाज़ को लागू करने में अपना समय लगाएँ। प्रत्येक कौशल को असर दिखाने में समय लगता है, इसलिए किसी भी टूल को छोड़ने से पहले उसे एक मौक़ा दें और बार-बार दोहराएँ। आप केवल एक औज़ार से घर

नहीं बना सकते। प्रत्येक कार्य के लिए किसी अलग औज़ार की आवश्यकता होती है। और आप उन औज़ारों का उपयोग करने में कितने भी कुशल क्यों ना हों, कुछ चुनौतियाँ ऐसी होती हैं, जो दूसरों की तुलना में कहीं अधिक कठिन होती हैं।

मेरे लिए हमारे मानसिक स्वास्थ्य को बेहतरीन बनाने पर काम करना हमारे शारीरिक स्वास्थ्य पर काम करने से अलग नहीं है। यदि आप स्वास्थ्य को नंबर स्केल पर शून्य पर तटस्थ के रूप में रखते हैं-अस्वस्थ नहीं हैं, लेकिन विकास भी नहीं कर रहे हैं, तो शून्य से नीचे की संख्या किसी स्वास्थ्य समस्या का और शून्य से ऊपर की कोई भी संख्या अच्छे स्वास्थ्य का संकेत देगी। पिछले कुछ दशकों में पोषण और व्यायाम के माध्यम से अपने शारीरिक स्वास्थ्य को उच्च स्तर पर पहुँचाने के लिए काम करना स्वीकार्य और फ़ैशनेबल भी हो गया है। हाल ही में मानसिक स्वास्थ्य की दिशा में खुले आम और स्पष्ट रूप से काम करना स्वीकार्य हो गया है। इसका मतलब यह है कि आपको इस पुस्तक को लेने से पहले किसी मानसिक संघर्ष करने तक इंतज़ार करने की आवश्यकता नहीं है, क्योंकि यह आपके मानसिक स्वास्थ्य और लचीलेपन को बढ़ाने के लिए अच्छी है, भले ही आप अस्वस्थ ना हों या इस वक़्त संघर्ष ना कर रहे हों। आप तो जानते ही हैं कि जब आप अपने शरीर को अच्छा पोषण देते हैं और नियमित व्यायाम के साथ सहनशक्ति और ताक़त बढ़ाते हैं, तो आपका शरीर संक्रमण से लड़ने और चोट लगने पर ठीक होने में अधिक सक्षम होता है। मानसिक स्वास्थ्य के साथ भी ठीक ऐसा ही है। सब कुछ ठीक रहते हुए हम आत्म-जागरूकता और लचीलापन बनाने पर जितना अधिक काम करेंगे, हम जीवन में आने वाली चुनौतियों का सामना करने में उतने ही बेहतर ढंग से सक्षम होंगे।

यदि आप इस पुस्तक में से कोई कौशल चुनते हैं और उसे उपयोगी पाते हैं, तो कठिन समय में जब सब कुछ बेहतर होने लगे तो उस कौशल का अभ्यास करना बंद ना करें। यहाँ तक कि जब आप अच्छा महसूस कर रहे हों और आपको नहीं लगता कि आपको इसकी आवश्यकता है, तब भी ये कौशल आपके मस्तिष्क के लिए पोषक होंगे। यह किराए के बजाय गिरवी रखे सामान का भुगतान करने जैसा है। आप अपने भविष्य के स्वास्थ्य में निवेश कर रहे हैं।

इस पुस्तक में शोधपरक साक्ष्य के आधार पर सामग्री दी गई है। लेकिन मैं केवल उन्हीं पर निर्भर नहीं हूँ। मैं यह भी जानती हूँ कि इनसे मदद मिल सकती है, क्योंकि मैंने उन्हें वास्तव में बार-बार लोगों की मदद करते हुए देखा है। मैं आशान्वित हूँ। कुछ मार्गदर्शन और आत्म-जागरूकता के साथ संघर्ष से ताक़त बन सकती है।

जब आप सोशल मीडिया पर कुछ साझा करना शुरू करते हैं या आप एक स्व-सहायता पुस्तक लिखते हैं, तो बहुत से लोगों को यह आभास होता है कि आपने सब कुछ सुलझा लिया है। मैंने सेल्फ़-हेल्प इंडस्ट्री में अनेक लेखकों को इसी विचार को क़ायम रखते हुए देखा है। उन्हें लगता है कि उन्हें ऐसा दिखना चाहिए मानो ज़िंदगी के प्रहारों का उन पर कोई असर नहीं होता। इन आघातों की खरोंचें या निशान नहीं दिखना चाहिए। ऐसे लेखक कहते हैं कि उनकी पुस्तक में वे सभी उत्तर हैं, जिनकी आपको जीवन में कभी आवश्यकता होगी। आइए मैं सत्य को उजागर करती हूँ।

मैं एक मनोवैज्ञानिक हूँ। इसका मतलब है कि मैंने इस विषय पर किए गए बहुत सारे शोध पढ़े हैं और मुझे सकारात्मक बदलाव की दिशा में अन्य लोगों को मार्गदर्शन देने में मदद करने के लिए इसका उपयोग करने के लिए प्रशिक्षित किया गया है। मैं भी एक इंसान हूँ। ऐसा नहीं है कि जो टूल्स मैंने हासिल किए हैं उनकी वजह से आपकी ओर ज़िंदगी की परेशानियाँ नहीं आएँगी। ये टूल्स आपको इन चुनौतियों के बीच आगे बढ़ने का रास्ता खोजने, दिशा बदलने, झटका खाने और वापस उठ खड़े होने में मदद करते हैं। रास्ता भटकने पर ये आपको इसका संकेत देते हैं और बहादुरी से अपने रास्ते पर वापस आकर एक ऐसे जीवन की ओर वापस ले जाते हैं, जो आपको सार्थक और उद्देश्यपूर्ण लगता है। यह पुस्तक समस्या-मुक्त जीवन की कुंजी नहीं है। यह उपकरणों का एक बड़ा समूह है, जो मुझे और कई अन्य लोगों को अपना रास्ता खोजने में मदद करता है।

अब तक का सफ़र...

मैं कोई गुरु नहीं हूँ कि मेरे पास ब्रह्मांड के सभी प्रश्नों के उत्तर हों। यह पुस्तक आंशिक रूप से जर्नल और आंशिक मार्गदर्शिका है। कुछ मायनों में, मैं हमेशा व्यक्तिगत तौर पर इस रहस्य की खोज में लगी रहती हूँ। तो यह पुस्तक मेरे लिए थैरेपी के दौरान पढ़ने, लिखने और इंसानों के साथ बात करने में बिताए गए तमाम घंटों का सदुपयोग है, ताकि हम इंसान होने के बारे में कुछ अधिक समझ सकें और जान सकें कि यहाँ जीवन जीते हुए किस बात की मदद मिलती है। यह तो बस अब तक का सफ़र है। मैं सीखना जारी रखती हूँ और जिन लोगों से मिलती हूँ, वे मुझे हैरत में डालते रहते हैं। वैज्ञानिक बेहतर प्रश्न पूछते रहते हैं और बेहतर उत्तर खोजते रहते हैं। तो, यहाँ मेरे द्वारा अब तक सीखे गए ज्ञान का अत्यंत महत्त्वपूर्ण संग्रह है, जिसने मुझे और जिन लोगों को मैं थैरेपी देती हूँ, उन्हें मानव संघर्ष के माध्यम से अपना रास्ता खोजने में मदद की है। इसीलिए यह पुस्तक यह सुनिश्चित

नहीं करेगी कि आप अपने शेष दिन अपने चेहरे पर मुस्कान के साथ ही जिएँगे। यह आपको बताएगी कि आप किन टूल्स का उपयोग करके यह सुनिश्चित कर सकते हैं कि जब आप मुस्कराते हैं, तो ऐसा इसलिए होता है, क्योंकि आप वास्तव में कुछ अच्छा महसूस करते हैं। यह पुस्तक उन टूल्स की जानकारी देगी, जिनका आपको पुनर्मूल्यांकन करने और अपनी दिशा खोजने, स्वस्थ आदतों और आत्म-जागरूकता की ओर लौटने में मदद लेने की आवश्यकता है।

उपकरण या औज़ार बॉक्स में रखे बहुत अच्छे लग सकते हैं। लेकिन वे तभी मदद करते हैं, जब आप उन्हें बाहर निकालते हैं और उनका उपयोग करने का अभ्यास करते हैं। प्रत्येक उपकरण को उपयोगी बनाने के लिए नियमित अभ्यास की आवश्यकता होती है। यदि इस बार आप हथौड़े से कील ठोकने से चूक जाते हैं, तो दोबारा प्रयास करें। एक साथी इंसान के रूप में, मैं भी ऐसा करना जारी रखती हूँ और मैंने यहाँ केवल उन तकनीकों और कौशलों को शामिल किया है, जिन्हें मैंने आज़माया है और पाया है कि वे मेरे लिए और उन व्यक्तियों के लिए उपयोगी हैं, जिनके साथ मैंने काम किया है। यह पुस्तक जितनी आपके लिए है, उतनी ही मेरे लिए भी एक सहारा है। जब भी मुझे ज़रूरत महसूस होगी, मैं बार-बार इसे देखती रहूँगी। मेरी इच्छा है कि आप भी ऐसा ही करें ताकि यह जीवन भर के लिए एक टूलबॉक्स बन सके।

कुछ बिलकुल नए अतिरिक्त अध्याय...

यदि आप सोच रहे हैं कि इस अद्यतन संस्करण में क्या है और इसमें कौन-से नए और अतिरिक्त अध्याय शामिल किए गए हैं, तो मैं आपको समझाती हूँ। इस पुस्तक के पहले संस्करण को मिली सराहना और प्रशंसा से मैं अभिभूत हूँ। बेशक मैं इस बात के लिए आभारी हूँ कि पुस्तक ने अनेक लोगों पर सकारात्मक प्रभाव डाला है, पर मुझे नहीं लगता इसमें जो कुछ लिखा गया, वह पर्याप्त था या इसमें सुधार की गुंजाइश नहीं थी। इसीलिए मैंने लोगों से प्रश्न पूछना शुरू किया। जब लोगों ने हाइलाइटर मार्किंग और पोस्ट इट नोट्स से भरी अपनी प्रति पर हस्ताक्षर करने के लिए मुझसे संपर्क किया और जब उन्होंने प्रतिक्रिया देने के लिए ई-मेल भेजे, तो मैंने उनसे जानना चाहा कि उन्हें इस पुस्तक में क्या कमी महसूस हुई। ऐसी कौन-सी सामग्री थी, जो वे चाहते थे, लेकिन इसमें उन्हें नहीं मिली? किसी दिशा में उन्हें अधिक मार्गदर्शन की आवश्यकता थी? लोगों से मिली प्रतिक्रियाओं में एक सामान्य थीम दिखाई देने लगी, इसलिए मैंने इंस्टाग्राम पर अपने फ़ॉलोअर्स के सामने यह प्रश्न रख दिया। यहाँ अधिकतर लोगों ने कहा कि दिन-प्रतिदिन की

व्यग्रता यानी एंग्ज़ाइटी से निपटने के लिए क्या किया जाना चाहिए, वे इस पर और अधिक मार्गदर्शन चाहते हैं। हम जिस दुनिया में रह रहे हैं, वह आदर्श नहीं है, जिसका अर्थ है कि बहुत से लोग बिना कोई चिकित्सकीय सहायता लिए अपनी एंग्ज़ाइटी के साथ काम करते चले जा रहे हैं। और यहाँ तक कि जो लोग किसी चिकित्सक की मदद ले रहे हैं, वे भी इस अतिरिक्त सहायता से लाभान्वित हो सकते हैं। इसे ध्यान में रखते हुए मैंने एंग्ज़ाइटी से निपटने के लिए एक व्यावहारिक चरण-दर-चरण मार्गदर्शिका बनाई है।

चूँकि, यह पुस्तक दुनिया भर में ख़रीदी जा रही है और लोग इसे अपने लिए और अपने प्रियजन के लिए ख़रीदते हैं, मुझे पता है कि यह पुस्तक उन पाठकों के हाथों में जाएगी, जो वही विषय-वस्तु चाहते हैं, जो उन हज़ारों लोगों मन-मुताबिक़ है, जिन्होंने मुझे अपने सुझाव दिए हैं। मैं चाहती हूँ कि उन पुस्तकों में उन सभी विषय-वस्तुओं का लाभ मिले, जो पिछले पाठकों को पसंद थी, साथ ही उनमें इस नए खंड को भी जोड़ा जाए।

मैंने यह भी देखा कि बड़ी संख्या में लोग पैनिक अटैक (अचानक भयग्रस्त हो जाना) से निपटने के बारे में सलाह लेने के लिए मुझसे संपर्क करते हैं। मुझे अहसास हुआ कि जिन लोगों को पैनिक अटैक का अनुभव होता है, उन्हें पता ही नहीं होता कि आख़िर ये क्या बला है या उन पर कैसी प्रतिक्रिया देनी है। पैनिक अटैक के पहले अनुभव के बाद आगे क्या होता है इसके आधार पर स्थितियाँ बहुत जल्दी बेहतर या बदतर हो सकती हैं। यथाशीघ्र सही जानकारी और मार्गदर्शन प्राप्त करने से उस प्रगति को तंदुरुस्ती या भलाई की ओर स्थानांतरित किया जा सकता है। इसलिए मैंने इस संस्करण में पैनिक अटैक को समझने और उससे निपटने के लिए एक व्यक्तिगत मार्गदर्शिका जोड़ने का निर्णय लिया है। हालाँकि, यह थेरैपी का कोई रिप्लेसमेंट नहीं है, लेकिन इसमें बहुत सारी शैक्षणिक सामग्री और अभ्यास शामिल हैं, जिन पर आप मेरे जैसे मनोवैज्ञानिक के साथ मिलकर काम करेंगे।

तो, यदि आपके हाथों में इस पुस्तक का अपडेट संस्करण है, तो ऐसा इसलिए है, क्योंकि मैं अपने प्रकाशक को आपको और अधिक सामग्री उपलब्ध कराने के लिए मनाने में क़ामयाब रही। मैंने पूछा कि आपको और क्या चाहिए, आपने मुझे बताया और मैंने आपकी सलाह मानी। फिर मैं काम में जुट गई। परिणामस्वरूप पैनिक अटैक से निपटने के लिए एक मार्गदर्शिका और दैनिक जीवन में होने वाली एंग्ज़ाइटी से निपटने के लिए एक व्यक्तिगत कार्य-योजना तैयार हुई। इन सेक्शन में वे कई अंतर्दृष्टियाँ शामिल हैं, जिनके बारे में, मैं थेरैपी के दौरान कहती हूँ और कई अभ्यास भी शामिल हैं, जिनके माध्यम से मैं सेशन्स में लोगों के साथ काम करती हूँ। मैंने एंग्ज़ाइटी पर मूल सेक्शन से कई अवधारणाएँ ली हैं और आपको इसे क्रिया

में बदलने के लिए चरण-दर-चरण वह तरीक़ा बताया है, जिससे आपको प्रगति करने में मदद मिलती है।

यदि आपने अभी तक शेष पुस्तक नहीं पढ़ी है, तो एंग्ज़ाइटी पर सेक्शन से शुरू करें, फिर नए एक्शन प्लान सेक्शन पर जाएँ। यदि आपको पैनिक अटैक का अनुभव नहीं होता है, तो बेशक आप उस हिस्से को छोड़ सकते हैं। लेकिन यदि आपको पैनिक अटैक आते हैं, तो उस सेक्शन को जान-बूझकर एंग्ज़ाइटी प्लान से पहले रखा गया है, इसलिए उसी क्रम में काम करें।

आपको भविष्य में चाहे जो भी संघर्ष करना पड़े, मुझे आशा है कि यह मार्गदर्शिका और एक्शन प्लान आपको अपने मानसिक स्वास्थ्य की समस्या से निपटने में मदद कर सकती है और उस दिशा में काम करना शुरू कर सकती है, जिस दिशा में आप अपना जीवन आगे बढ़ाना चाहते हैं। यदि इस पुस्तक से मात्र 10 प्रतिशत भी मदद मिल सके तो मैं अपने लेखन के प्रयास को सार्थक समझूँगी। अब यह पुस्तक मैं आपको सौंपती हूँ। जो परिवर्तन सार्थक है वह हमेशा सचेत प्रयास, साहस और दृढ़ता की माँग करता है। आपको इसे उत्कृष्टता के साथ करने की ज़रूरत नहीं है। आपको बस चलते रहना है। मैं आपके बारे में विचार कर रही हूँ, तो अपनी प्रगति से मुझे अवगत अवश्य कराएँ।

1

मन की अंधेरी खाइयों पर

1

ख़राब मूड को समझना

हर किसी को ख़राब समय का सामना करना पड़ता है।

हर किसी का मूड कभी न कभी ख़राब होता ही है।

लेकिन किसके कितने दिन ख़राब होते हैं और किसका मूड कितना ख़राब होता है, इसमें अंतर होता है।

इतने सालों से एक मनोवैज्ञानिक के रूप में काम करते हुए मुझे यह अहसास हुआ है कि लोग अपने ख़राब मूड के साथ अकेले ही जूझते रहते हैं और कभी किसी को इस बारे में नहीं बताते हैं। उनके दोस्तों और परिवार को कभी पता नहीं चल पाता। वे इस पर पर्दा डाले रहते हैं, इससे मुँह चुराते हैं और अपेक्षाओं को पूरा करने पर ध्यान केंद्रित करते हैं। कभी-कभी लोग वर्षों तक इसी स्थिति में रहने के बाद उपचार के लिए पहुँचते हैं।

उन्हें ऐसा लगता है, जैसे वे कुछ ग़लत कर रहे हैं। वे अपनी तुलना उन लोगों से करते हैं, जो हर समय ख़ुश दिखाई देते हैं, जिनका हर समय सबकुछ ठीक चलता हुआ दिखाई देता है। जो हमेशा मुस्कराते रहते हैं और ज़ाहिर तौर पर ऊर्जा से लबरेज़ होते हैं।

ऐसे लोग विश्वास कर लेते हैं कि कुछ लोग ऐसे ही होते हैं और ख़ुशी व्यक्तित्व का एक प्रकार है। या तो आपके पास यह होता है या नहीं होता।

यदि हम ख़राब मूड को पूरी तरह से मस्तिष्क की ग़लती के रूप में देखते हैं, तो हमें विश्वास नहीं होता कि हम इसे बदल सकते हैं, इसीलिए हम इसे बदलने का प्रयास करने के बजाय छुपाने लगते हैं। हम दिन-ब-दिन अपने निर्धारित काम

करते हैं, लोगों को देखकर मुस्कराते हैं, फिर भी हर समय थोड़ा ख़ालीपन महसूस करते हैं और ख़राब मूड के कारण हम उदास हो जाते हैं, और हमें अपने जीवन का जिस तरह आनंद लेना चाहिए, उस तरह से नहीं लेते हैं।

कुछ समय निकालकर अपने शरीर के तापमान पर ध्यान दें। या तो आप पूरी तरह से आरामदायक महसूस करते होंगे, या आप बहुत गर्माहट या ठंडक का अनुभव कर रहे होंगे। आप कितनी गर्माहट या ठंडक महसूस करते हैं, तापमान का यह परिवर्तन संक्रमण और बीमारी का संकेत हो सकता है, यह उतनी ही आसानी से आपके आस-पास के वातावरण का संकेत भी हो सकता है। हो सकता है कि आप अपनी जैकेट पहनना भूल गए हों, जो आम तौर पर आपको ठंड से बचाने के लिए पर्याप्त होती है। शायद आसमान में बादल छा गए हैं और बारिश शुरू हो गई है। हो सकता है कि आप भूखे हों या डिहाइड्रेटेड हों। जब आप बस पकड़ने के लिए भागते हैं तो आपको गर्माहट महसूस होती है। हमारे शरीर का तापमान हमारे भीतरी और बाहरी-दोनों तरह के पर्यावरण से प्रभावित होता है और हमारे भीतर भी इसे प्रभावित करने की शक्ति होती है। मनोदशा यानी मूड के साथ भी काफ़ी हद तक वैसा ही है। जब हम उदासी का अनुभव करते हैं, तो हमारी मनोदशा हमारे आंतरिक और बाहरी दुनिया के कई कारकों से प्रभावित हो सकती है, लेकिन जब हम उन प्रभावों को समझ लेते हैं, तो हम इस समझ का उपयोग मनोदशा को उस दिशा में स्थानांतरित करने के लिए कर सकते हैं, जिस दिशा में हम उसे ले जाना चाहते हैं। कभी-कभी इसका समाधान होता है एक अतिरिक्त प्रयास करना और बस पकड़ने के लिए भागने जैसा होता है। कभी-कभी कुछ और करना पड़ता है।

विज्ञान जिस बात की पुष्टि करता है, और जो थैरैपी हमें सिखाती है, वह यह है कि हमारे भीतर हमारी भावनाओं को प्रभावित करने की असीम शक्ति है, इतनी, जितनी हम सोच भी नहीं पाते।

इसका मतलब है कि हमें अपनी ख़ुशहाली पर काम करना शुरू करना होगा और अपने भावनात्मक स्वास्थ्य की ज़िम्मेदारी लेनी होगी। यह हमें याद दिलाता है कि हमारी मनोदशा हमेशा एक जैसी नहीं रहती और हमारी मनोदशा यह निर्धारित नहीं करती कि हम कौन हैं, यह तो बस एक अनुभूति है, जिसे हम महसूस करते हैं।

इसका मतलब यह नहीं है कि हम ख़राब मूड या अवसाद यानी डिप्रेशन को ख़त्म कर सकते हैं। जीवन में तो हमें कठिनाई, दर्द और नुक़सान का सामना करना ही होगा और यह हमेशा हमारे मानसिक और शारीरिक स्वास्थ्य को प्रभावित करता रहेगा। तो, परेशान होने के बजाय हम अपनी मदद करने वाले उपायों से एक टूलबॉक्स बना सकते हैं। जितना अधिक हम उन टूल्स का उपयोग करने का अभ्यास करते हैं, हम उनका उपयोग करने में उतने ही अधिक कुशल होते जाते हैं।

इसलिए जब जीवन हमारे सामने मूड ख़राब करने वाली समस्याएँ खड़ी करता है तो हमारे पास उनसे निपटने के लिए कुछ न कुछ उपाय अवश्य होते हैं।

इस टूलबॉक्स में शामिल अवधारणाएँ और कौशल हम सभी के लिए हैं। शोध से पता चलता है कि ये अवसादग्रस्त लोगों के लिए मददगार हैं, लेकिन ये कोई ऐसी निर्धारित दवा नहीं है, जिसके लिए आपको नुस्ख़े की आवश्यकता हो। ये जीवन कौशल हैं। ऐसे उपाय हैं, जिनका उपयोग हम जीवन भर अपनी मनोदशा में छोटे-बड़े उतार-चढ़ाव का सामना करते समय कर सकते हैं। यदि कोई गंभीर और स्थायी मानसिक बीमारी के अनुभव से गुज़र रहा है, उसके लिए किसी पेशेवर की सहायता से नए कौशल सीखना हमेशा उपयुक्त होता है।

भावनाएँ कैसे बनती हैं

मैं नींद के आनंद में डूबी हूँ। तभी मेरा अलार्म मेरे कानों में बजता है और मुझे बहुत ख़राब लगता है। यह बहुत कर्कश है और मुझे उस धुन से नफ़रत है। यह मेरे शरीर को एक आघात लगाता, जिसके लिए मैं तैयार नहीं हूँ। मैं स्नूज़ दबाती हूँ और वापस लेट जाती हूँ। मेरे सिर में दर्द हो रहा है और मैं चिड़चिड़ापन महसूस कर रही हूँ। मैं फिर से स्नूज़ दबाती हूँ। अगर हम जल्दी नहीं उठे तो बच्चों को स्कूल के लिए देर हो जाएगी। मुझे अपनी मीटिंग के लिए तैयार होना है। मैं अपनी आँखें बंद करती हूँ और ऑफ़िस में अपने डेस्क पर पड़े कामों की सूची देखती हूँ। डर। चिड़चिड़ापन। थकावट। मैं आज कुछ नहीं करना चाहती।

क्या यह ख़राब मूड है? क्या यह मेरे दिमाग़ से निकला है? मैं ऐसे कैसे जाग गई? आइए, थोड़ा पीछे चलें। कल रात मैं देर तक जागकर काम करती रही। जब तक मैं बिस्तर पर गई, मैं इतना थक चुकी थी कि पानी पीने के लिए नीचे जाना भी मेरे लिए संभव नहीं था। फिर मेरा बच्चा रात में दो बार उठा। मेरी नींद पूरी नहीं हुई है और मैं डिहाइड्रेटेड हूँ। तेज़ अलार्म ने मुझे गहरी नींद से जगा दिया, जैसे ही मैं जागी, मेरे शरीर में तनाव हार्मोन बढ़ने लगे। मेरा दिल ज़ोर-ज़ोर से धड़कने लगा और कुछ-कुछ तनाव जैसा महसूस हुआ।

इनमें से प्रत्येक संकेत मेरे मस्तिष्क को सूचना भेजता है। हम ठीक नहीं है। तो मेरा मस्तिष्क इसके कारणों की खोज में लग जाता है। वह खोजता है और कारण पा लेता है। तो, नींद और पानी की कमी के कारण होने वाली मेरी शारीरिक परेशानी ने मेरा मूड ख़राब कर दिया।

हर बार मूड की ख़राबी का कारण पानी की कमी यानी डिहाइड्रेशन नहीं होता। मूड से निपटते समय यह याद रखना ज़रूरी है कि इसका कारण केवल

आपका मस्तिष्क नहीं है। आपके शरीर की स्थिति, आपके रिश्तों, आपके अतीत और वर्तमान, आपका रहन-सहन और जीवन-शैली भी आपके मूड को बिगाड़ने के लिए जवाबदार है। हर वह काम जो आप करते हैं और नहीं करते हैं, आपके मूड को प्रभावित करता है, आपका आहार और विचार, आपकी गतिविधियाँ और यादें भी इसके लिए ज़िम्मेदार होती हैं। आप कैसा महसूस करते हैं इसकी वजह केवल आपका मस्तिष्क नहीं है।

आपका मस्तिष्क लगातार यह समझने के लिए काम कर रहा है कि क्या चल रहा है। लेकिन काम करने के लिए इसके पास केवल एक निश्चित संख्या में ही संकेत होते हैं। यह आपके शरीर से जानकारी लेता है (जैसे हृदय गति, श्वास, रक्तचाप, हार्मोन)। यह आपकी प्रत्येक इंद्रिय से जानकारी लेता है - आप क्या-क्या देख सकते हैं, सुन सकते हैं, छू सकते हैं, स्वाद ले सकते हैं और सूँघ सकते हैं। यह आपके कार्यों और विचारों से जानकारी लेता है। यह इन सभी संकेतों को आपकी अतीत की उन यादों के साथ जोड़ता है, जब आपने ऐसा ही महसूस किया था और फिर एक सुझाव देता है कि क्या चल रहा है और आपको इसके बारे में क्या करना है, इसके बारे में सबसे अच्छा अनुमान लगाता है। यह अनुमान कभी-कभी एक भावना या मनोदशा के रूप में महसूस किया जा सकता है। हम उस भावना का क्या अर्थ निकालते हैं और हम उस पर कैसे प्रतिक्रिया करते हैं, बदले में, शरीर और मस्तिष्क को आगे क्या करना है इसके बारे में सूचना देता है (फ़ेल्डमैन बार, 2017)। इसलिए जब आपके मूड को बदलने की बात आती है, तो जो सामग्री अंदर जाएगी वह निर्धारित करेगी कि बाहर क्या निकलेगा।

दो-तरफ़ा राह

बहुत सारी स्व-सहायता यानी सेल्फ़-हेल्प पुस्तकें हमें अपनी मानसिकता ठीक करने की सलाह देती हैं। लेखक हमसे कहते हैं, 'आपकी सोच आपकी भावनाओं को बदल देगी।' लेकिन वे कुछ ज़रूरी बात कहने से चूक जाते हैं। बात यहीं ख़त्म नहीं होती है। रिश्ता दोनों तरफ़ से चलता है। आप जिस तरह से महसूस करते हैं वह आपके मस्तिष्क में आने वाले विचारों को भी प्रभावित करता है, जिससे आप नकारात्मक और आत्म-आलोचनात्मक विचारों का अनुभव करने के प्रति अधिक संवेदनशील हो जाते हैं। यहाँ तक कि जब हम उदास महसूस कर रहे होते हैं और हम जान रहे होते हैं कि हमारे विचार पैटर्न हमारी मदद नहीं कर रहे हैं, तब भी अलग तरह से सोचना बेहद कठिन होता है और सोशल मीडिया पर अक्सर सुझाए जाने वाले 'केवल सकारात्मक विचारों' के नियम का पालन करना तो और भी कठिन होता है। उन नकारात्मक विचारों की उपस्थिति मात्र का मतलब यह नहीं है

कि वे पहले आए और मूड ख़राब होने का कारण बन गए। इसलिए अलग तरह से सोचना ही एकमात्र समाधान नहीं हो सकता है।

हम किस प्रकार से सोचते हैं यही सबकुछ नहीं है। हम जो कुछ भी करते हैं, और जो नहीं करते हैं वह भी हमारे मूड को प्रभावित करता है। जब आप उदास होते हैं, तो आप बस कहीं छुप जाना चाहते हैं। जिन बातों या स्थितियों का आप आम तौर पर आनंद लेते हैं उनमें से किसी को भी करने का आपका मन नहीं करता है,

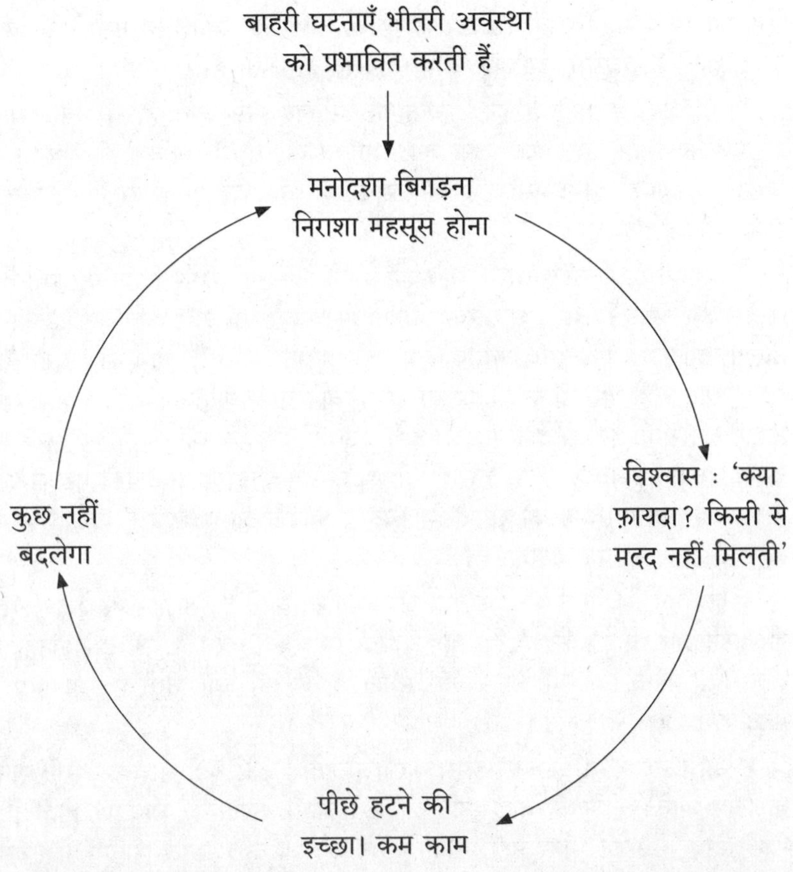

चित्र 1 : ख़राब मूड का नकारात्मक चक्र। देखें, कैसे कुछ दिनों का ख़राब मूड अवसाद में बदल सकता है। यदि हम इसे जल्दी पहचान लें और इस पर कार्रवाई करें तो इस चक्र को तोड़ना आसान है। गिल्बर्ट (1997) से रूपांतरित।

और इसलिए आप निष्क्रिय हो जाते हैं। लेकिन बहुत लंबे समय तक उन बातों से दूर रहना आपको और भी बुरा महसूस कराता है। पेंच हमारी भौतिक अवस्था के कारण भी फँसता है। मान लीजिए कि आप कुछ हफ़्तों से इतने व्यस्त हैं कि आपके पास व्यायाम करने के लि भी समय नहीं है। आप थका हुआ और उदास महसूस करते हैं, इस समस्या से निपटने के लिए आपके पास व्यायाम ही अंतिम उपाय है। जितने अधिक समय तक आप व्यायाम को टालते रहते हैं, उतनी ही अधिक आपको सुस्ती आती है, आप ऊर्जा की कमी महसूस करते हैं। जब आपमें ऊर्जा की कमी होती है, तो आपके मूड के साथ-साथ व्यायाम करने की संभावना भी कम हो जाती है। ख़राब मूड के कारण आपको कुछ ऐसा करने की इच्छा होती है, जिससे मूड और अधिक ख़राब हो जाता है।

तो, हम आसानी से इन दुष्चक्रों में इसलिए फँस जाते हैं, क्योंकि हमारे अनुभव के तमाम पहलू एक-दूसरे को प्रभावित कर रहे हैं। लेकिन जहाँ यह हमें दिखाता है कि हम कैसे मुसीबत में फँस सकते हैं, वहीं यह हमें बाहर निकलने का रास्ता भी दिखाता है।

ये सभी स्थितियाँ हमारे अनुभव को बनाने के लिए परस्पर क्रिया कर रही हैं। लेकिन हम अपने विचारों, शारीरिक संवेदनाओं, भावनाओं और कार्यों को अलग-अलग नहीं, उन्हें एक साथ एक की तरह ही अनुभव करते हैं। एक साथ बुनी गई सींकों की तरह, हर सींक को अलग से पहचान पाना कठिन होता है। हम बस टोकरी को समग्र रूप से देख पाते हैं। इसीलिए हमें इस चक्र को तोड़ने का अभ्यास करना ज़रूरी है। जब हम ऐसा करते हैं तो हम अधिक आसानी से देख-समझ सकते हैं कि हम क्या परिवर्तन कर सकते हैं। चित्र 2 आपके अनुभव को विभाजित करने का एक सरल तरीक़ा दिखाता है।

जब हम स्थितियों को इस तरह से विभाजित करते हैं, तो हम ना केवल यह पहचानना शुरू कर सकते हैं कि हम आख़िर ऐसा क्या करते हैं, जो हमें अटकाए रखता है, बल्कि यह भी जानने लग सकते हैं कि हम क्या करते हैं, जो हमारी मदद करता है।

अधिकतर लोग अलग महसूस करना चाहते हैं और यही सोचकर थेरैपी लेने के लिए आते हैं। उनकी कुछ अप्रिय (कभी-कभी कष्टदायी) भावनाएँ होती हैं, जिन्हें अब वे अपने भीतर नहीं रखना चाहते और वे कुछ समृद्ध भावनाओं (जैसे ख़ुशी और उत्साह) से चूक रहे हैं, जिन्हें वे और अधिक महसूस करना चाहते हैं। हम केवल एक बटन दबाकर उस दिन के लिए भावनाओं का वांछित सेट तैयार नहीं कर सकते। लेकिन हम जानते हैं कि हम कैसा महसूस करते हैं, इसका गहरा संबंध हमारी शरीर की स्थिति, हमारे विचारों और हमारे कार्यों से है। हमारे अनुभव के वे

अन्य हिस्से हैं, जिन्हें हम प्रभावित कर सकते हैं और बदल सकते हैं। मस्तिष्क, शरीर और हमारे पर्यावरण के बीच निरंतर प्रतिक्रिया का मतलब है कि हम उनका उपयोग अपनी भावनाओं को प्रभावित करने के लिए कर सकते हैं।

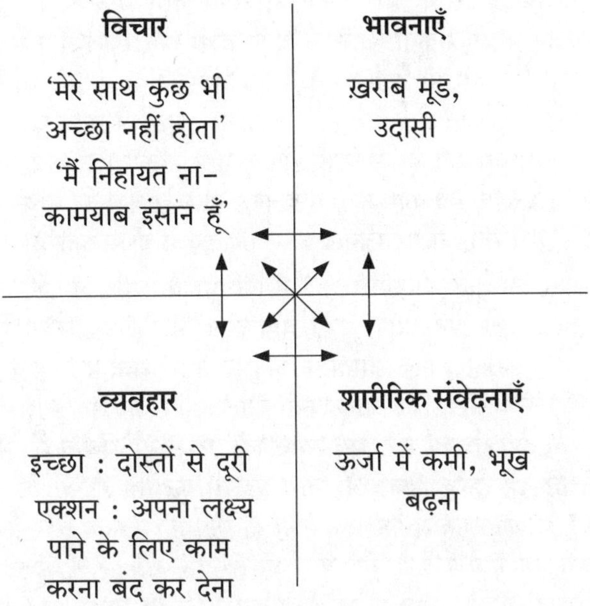

चित्र 2 : नकारात्मक विचारों के साथ समय बिताने से इस बात की अत्यधिक आशंका है कि मेरा मूड ख़राब हो जाएगा। लेकिन ख़राब मूड के साथ लगातार बने रहने से मेरे भीतर और अधिक नकारात्मक विचार आने का ख़तरा भी हो जाता है। इससे हमें पता चलता है कि हम कैसे ख़राब मूड के चक्र में फँसते चले जाते हैं। लेकिन यह हमें बाहर का रास्ता भी दिखाता है। ग्रीनबर्गर और पैडेस्की (2016) से रूपांतरित।

कहाँ से शुरू करें

बिगड़ते हुए मूड पर नियंत्रण पाने की दिशा में उठाया जाने वाला पहला क़दम है अपने अनुभव के प्रत्येक पहलू के बारे में जागरूकता का निर्माण करना। इसका सीधा-सा मतलब है कि हर एक अनुभव पर ग़ौर करना। यह जागरूकता शुरू होती है बीती घटनाओं पर विचार करने से। हम पीछे मुड़कर देखते हैं और विस्तार से

देखने-समझने के लिए बीते हुए कुछ पलों को चुनते हैं। फिर, समय और अभ्यास के साथ उस पल में घटी घटनाओं पर ध्यान केंद्रित करने की हमारी क्षमता विकसित होती है। यहीं से हमें स्थितियों को बदलने का अवसर मिलता है।

अपनी थैरेपी में, मैं बिगड़े हुए मूड वाले किसी व्यक्ति से यह देखने के लिए कह सकती हूँ कि वे इस नकारात्मकता को अपने शरीर में कहाँ महसूस करते हैं। उनको यह ध्यान में आ सकता है कि वे थका हुआ और सुस्त महसूस करते हैं या भूख नहीं लगती। वे यह भी देख सकते हैं कि जब उन पर उदासी छा जाती है तो उनके मन में कुछ ऐसे विचार आते हैं, 'आज मेरा कुछ भी करने का मन नहीं है। मुझे बहुत आलस आ रहा है। मैं कभी सफल नहीं होऊँगा। कितना ना-कामयाब इंसान हूँ मैं।' ऐसे लोगों को कामकाज से बचकर कुछ देर के लिए बाथरूम में जाकर छिपने और सोशल मीडिया पर स्क्रॉल करने की इच्छा हो सकती है।

जब आप इस बात को समझ जाते हैं कि आपके शरीर और दिमाग़ के अंदर क्या चल रहा है, तो फिर आप अपने वातावरण और अपने रिश्तों में चल रही गतिविधियों और इनका आपके आंतरिक अनुभव और व्यवहार पर क्या प्रभाव पड़ रहा है, यह जानने के लिए इस जागरूकता का विस्तार कर सकते हैं। *विस्तृत रूप से जानने में जल्दबाज़ी नहीं करें, पूरा समय लें। उदास मनःस्थिति में, मैं किस बारे में सोच-विचार कर रहा हूँ? जब मैं उदास महसूस कर रहा हूँ, तो मेरा शरीर किस स्थिति में है? इस अनुभूति से पहले के दिनों या घंटों में, मैं स्वयं को किस तरह देख रहा था? क्या यह भावना है या मेरी कोई ज़रूरत पूरी ना होने के कारण होने वाली शारीरिक परेशानी भर है?* प्रश्न अनेक हो सकते हैं। कभी-कभी उत्तर मिल जाएँगे, कभी समाधान या उत्तर तलाश पाना बहुत जटिल लगेगा। इसमें कोई हर्ज़ नहीं है। अनुभवों को खोजना और लिखना जारी रखने से इस बारे में आत्म-जागरूकता विकसित करने में मदद मिलेगी कि कौन-सा प्रयास करने से स्थितियाँ बेहतर होती हैं और क्या करने से स्थितियाँ बदतर होने लगती हैं।

टूलकिट : विचार करें कि मूड किस वजह से ख़राब होता है

सकारात्मक और नकारात्मक दोनों तरह के अनुभवों के विभिन्न पहलुओं को समझने के कौशल का अभ्यास करने के लिए क्रॉस-सेक्शनल फ़ॉर्म्यूलेशन (चित्र 2) का उपयोग करें। आपको आगे एक रिक्त फ़ॉर्म्यूलेशनमिलेगा जिसे आप स्वयं भर सकते हैं। 10 मिनट का समय निकालें और सोच-विचार करने के लिए उस दिन का कोई क्षण चुनें। आप पाएँगे कि कुछ बॉक्स को भरना बाक़ी के मुक़ाबले आसान

है। घटित होने के बाद उन पलों पर विचार करने से धीरे-धीरे आपके अनुभव के उन पहलुओं के घटित होने के बीच संबंधों को देखने का कौशल विकसित करने में मदद मिलेगी।

इसे आज़माएँ : फ़ॉर्म्यूलेशन भरने में मदद के लिए आप नीचे दिए गए संकेतों का उपयोग कर सकते हैं। या आप इन्हें केवल जर्नल संकेतों के रूप में उपयोग कर सकते हैं।

- जिस पल आप चिंतन कर रहे हैं उससे पहले क्या चल रहा था?
- नए अनुभव पर ध्यान देने से ठीक पहले क्या चल रहा था?
- उस समय आपके क्या विचार थे?
- आपका ध्यान किस पर केंद्रित था?
- उस समय आपके भीतर कौन-सी भावनाएँ थीं?
- यह अनुभव आपको अपने शरीर में किस जगह महसूस हुआ?
- और कौन-सी शारीरिक संवेदनाओं को आपने महसूस किया?
- आपके भीतर कौन-सी इच्छाएँ जागीं?
- क्या आपने उन इच्छाओं पर कार्रवाई की?
- यदि नहीं, तो फिर आपने क्या किया?
- आपके कार्यों ने भावनाओं को किस तरह प्रभावित किया?
- आपके कार्यों ने स्थिति के बारे में आपके विचारों और विश्वासों को किस तरह प्रभावित किया?

सारांश

- मनोदशा यानी मूड में उतार-चढ़ाव सामान्य बात है। कोई भी व्यक्ति हर समय ख़ुश नहीं रह सकता। लेकिन हमें इस स्थिति को समय के भरोसे नहीं छोड़ना है। हम कुछ ऐसे प्रयास कर सकते हैं, जिनसे हमें अपने मूड को सुधारने में मदद मिलेगी।
- अधिक संभावना है कि बुरा महसूस करने का संबंध अधूरी ज़रूरतों को ज़ाहिर करने से अधिक है, मस्तिष्क की ख़राबी से कम।
- अपने जीवन के प्रत्येक पल को अपने अनुभव के विभिन्न पहलुओं में बाँटा जा सकता है।
- सभी स्थितियाँ एक-दूसरे को प्रभावित करती हैं। इससे हमें पता चलता है कि कैसे हम ख़राब मूड या यहाँ तक कि डिप्रेशन चक्र में फँसकर गर्त में चले जाते हैं।
- हमारी भावनाएँ कई चीज़ों के माध्यम से निर्मित होती हैं, जिन्हें हम प्रभावित कर सकते हैं।
- हम अपनी भावनाओं को सीधे तौर पर नहीं चुन सकते हैं और उन्हें सक्रिय नहीं कर सकते हैं, लेकिन हम अपनी भावनाओं को बदलने के लिए वे काम कर सकते हैं, जिन्हें हम नियंत्रित कर सकते हैं।
- क्रॉस-सेक्शनल फ़ॉर्म्यूलेशन(चित्र 2) का उपयोग करने से इस बारे में जागरूकता बढ़ाने में मदद मिलती है कि हमारे मूड पर किन बातों का प्रभाव पड़ रहा है और कौन-सी बातें हमें अटकाकर रख रही हैं।

2

मूड संबंधी गड़बड़ियों से सावधान

तत्काल राहत से समस्या

बिगड़ा हुआ मूड हमें ऐसे काम करने के लिए प्रेरित करता है, जो हमारे मूड को और भी ख़राब कर सकते हैं। जब हम बेचैन होते हैं और मूड बिगड़ने का ख़तरा महसूस करते हैं, तो हम वापस हल्का और स्वस्थ महसूस करना चाहते हैं। हमारे मस्तिष्क के पास इस बात का पुराना अनुभव होता है कि किस बात से तत्काल राहत मिल सकती है। इसलिए हम ऐसा कोई भी काम करने को इच्छुक होते हैं, जिससे यह समस्या जल्द से जल्द दूर हो जाए। हम अपने आपको जड़ बना लेते हैं या अपना ध्यान भटकाने लगते हैं और भावनाशून्य होने लगते हैं। कुछ लोग इसके लिए शराब, नशीली गोलियों या भोजन का सहारा लेते हैं। कुछ लोग घंटों टीवी देखते रहते हैं या सोशल मीडिया पर स्क्रॉल करके समय बिताते रहते हैं। ये सभी काम आकर्षक लगते हैं, क्योंकि ये थोड़े समय में ही राहत देते हैं। ये तत्काल समस्या की ओर से हमारा ध्यान भटका देते हैं और वही सुन्नता प्रदान करते हैं, जिसकी हमें इच्छा रहती है। यानी कि जैसे ही हम टीवी या ऐप बंद करते हैं, या हमारा नशा उतरता, है वैसे ही वे नकारात्मक भावनाएँ वापस आ जाती हैं। जैसे-जैसे हम इस चक्र में घूमते जाते हैं, भावनाएँ और भी अधिक तीव्र होकर वापस आती हैं।

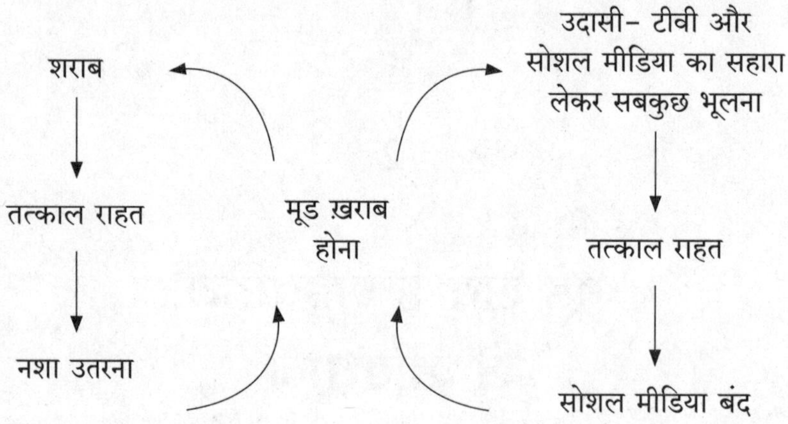

चित्र 3 : तत्काल राहत का दुष्चक्र। इसाबेल क्लार्क के काम से (2017) रूपांतरित।

बिगड़े हुए मूड को प्रबंधित करने के उपायों को खोजने में उन उपायों पर विचार करना शामिल है, जिनसे हम उन भावनाओं पर प्रतिक्रिया व्यक्त करते हैं, राहत के लिए हमारी मानवीय ज़रूरतों के लिए सहानुभूति रखते हैं, साथ ही स्वयं के प्रति इस बात को लेकर ईमानदार रहते हैं कि परिस्थिति से सामना करने के उन प्रयासों में से कौन-सा प्रयास आगे चलकर स्थितियों को बदतर बनाने जा रहा है। अक्सर जो चीज़ें लंबी अवधि में लाभदायक होती हैं, वे तत्काल काम नहीं करतीं।

इसे आज़माएँ : ख़राब मूड से निपटने की अपनी वर्तमान रणनीतियों पर विचार करने में मदद के लिए इन प्रश्नों का उपयोग जर्नल संकेत के रूप में करें।

- जब आप उदास होते हैं, तो आपकी प्रतिक्रियाएँ क्या होती हैं?
- क्या उन प्रतिक्रियाओं से दर्द और परेशानी से तुरंत राहत मिलती है?
- लंबी अवधि में इनका क्या प्रभाव पड़ता है?
- आपको उनकी क्या क़ीमत चुकानी पड़ती है? (पैसे में नहीं, बल्कि समय, प्रयास, स्वास्थ्य, प्रगति में।)

आपको बुरा महसूस कराने वाले विचारों के पैटर्न

जैसा कि हमने पिछले अध्याय में चर्चा की थी, विचारों और भावनाओं के बीच संबंध दोतरफ़ा होता है। हम जिन विचारों के साथ समय बिताते हैं, उनका प्रभाव हमारी भावनाओं पर पड़ता है, लेकिन हम कैसा महसूस करते हैं, इसका असर भी हमारे सामने आने वाले विचारों के पैटर्न पर पड़ता है। नीचे कुछ विचार पूर्वाग्रह दिए गए हैं जिन्हें हम आम तौर पर मूड ख़राब होने पर अनुभव करते हैं। वे आपको जाने-पहचाने लग सकते हैं और ऐसा इसलिए है, क्योंकि विचार पूर्वाग्रह सामान्य हैं। वे प्रत्येक व्यक्ति में अलग-अलग स्तर पर होते हैं। लेकिन ऐसा तब होने की संभावना अधिक होती है, जब हम मनोदशा और भावनात्मक स्थिति में उतार-चढ़ाव का अनुभव करते हैं। यह समझना कि वे क्या हैं और जब वे प्रकट हों तो उन पर ध्यान देना शुरू करना उन्हें कमज़ोर करने की दिशा में एक बड़ा क़दम है।

जानें दूसरे के मन की बात

हमारे आस-पास के लोग क्या सोच रहे हैं और क्या महसूस कर रहे हैं, इस पर हमारी पकड़ होना ज़रूरी है। हम समूहों में रहते हैं और एक-दूसरे पर निर्भर रहते हैं, इसलिए हम सभी अपना अधिकांश जीवन यह अनुमान लगाने में बिताते हैं कि दूसरे लोग क्या सोच रहे हैं और क्या महसूस कर रहे हैं। लेकिन जब हम उदास होते हैं, तो हमारे यह मानने की प्रबल आशंका होती है कि ये अनुमान सच हैं। 'जब मेरी सहेली ने मेरी ओर अजीब ढंग से देखा तो मुझे समझ में आ गया कि वह मुझसे नफ़रत करती है।' लेकिन किसी और दिन, जब मैं ख़राब मूड की समस्या से नहीं जूझ रही होती, तो मैं शायद इस बारे में थोड़ा और उत्सुक होकर सीधे उससे ही पूछ लेती।

आपने भी इस पर ग़ौर किया होगा कि जब आपका मूड ख़राब होता है तो आपको दूसरों से कुछ अधिक आश्वासन चाहते हैं। यदि आपको वह अतिरिक्त आश्वासन नहीं मिल पाता है तो आप मान लेते हैं कि वे आपके बारे में नकारात्मक सोच रहे हैं। लेकिन यह एक पूर्वाग्रह है, और यह बहुत संभव है कि आप ही अपने सबसे बड़े आलोचक हों।

अति सामान्यीकरण

जब हम ख़राब मूड की समस्या से जूझ रहे होते हैं तो बस एक ग़लती की देर है और हम अपना पूरा दिन बर्बाद कर बैठते हैं, यह हमारी प्रवृत्ति होती है। सुबह आपसे थोड़ा-सा दूध गिर जाए तो यह तुरंत चारों तरफ़ फैल जाता है। आप तनाव

में आ जाते हैं, चिढ़ने लगते हैं, क्योंकि आप काम पर देर से नहीं पहुँचना चाहते। अतिसामान्यीकरण तब होता है, जब हम इस एक घटना को इस संकेत के रूप में देख लेते हैं कि 'आज का दिन बुरा' बीतेगा। कुछ भी आपके हिसाब से नहीं हो रहा है, कभी भी मनमुताबिक़ नहीं होता है। आप ब्रह्माण्ड को कोसने लगते हैं, आपको लगता है कि आज का दिन निश्चित ही आपके विरुद्ध जाने वाला है।

जब ऐसा कुछ होता है तो हम और भी बहुत कुछ ग़लत होने की आशंका सताने लगती है और आप निराशा की ओर बढ़ने लगते हैं। अत्यधिक सामान्यीकरण वाले विचार विशेष रूप से ब्रेकअप के दर्द के साथ उभरते हैं। एक रिलेशनशिप टूटता है और हमारे विचार हमसे कहने लगते हैं कि हमारी कोई भी रिलेशनशिप चल नहीं पाएगी और हम कभी भी किसी और के साथ ख़ुश नहीं रह पाएँगे। ऐसे विचारों का आना स्वाभाविक है, लेकिन अनियंत्रित होने पर इनसे बहुत अधिक दर्द होगा और मूड ख़राब होता रहेगा।

अहंकेंद्रित सोच

जब कठिन समय चल रहा होता है और आप अपना सर्वश्रेष्ठ महसूस नहीं कर रहे होते हैं, तो इससे काम पर हमारा फ़ोकस कमज़ोर पड़ जाता है। अन्य लोगों की राय और दृष्टिकोण पर विचार करना अधिक कठिन हो जाता है, या हमें लगने लगता है कि उनके विचार हमसे अलग हैं। यह पूर्वाग्रह हमारे रिश्तों में समस्याएँ पैदा कर सकता है, क्योंकि यह आपसी जुड़ाव की भावना को कमज़ोर कर सकता है। उदाहरण के लिए, हम अपना जीवन जीने के लिए कुछ नियम निर्धारित करते हैं, 'मैं हर काम को हमेशा समय पर ही करूँगा।' फिर हम उस नियम को दूसरों पर लागू कर देते हैं और जब वे लोग उस पर खरे नहीं उतरते हैं तो हम उनसे नाराज़ हो जाते हैं या आहत महसूस करते हैं। इससे हम दूसरों के प्रति कम सहनशील बन जाते हैं, हमारा मूड और भी ख़राब हो सकता है और इसमें आपके रिलेशनशिप के तनाव को भी जोड़ लें तो यह अनियंत्रित को नियंत्रित करने की कोशिश करने जैसा है और निश्चित तौर पर हमारे मूड को बुरी तरह बर्बाद कर देता है।

भावनात्मक तर्क

जिस प्रकार कोई विचार तथ्य नहीं होता है, उसी प्रकार भावनाएँ भी तथ्य नहीं होतीं। भावनाएँ जानकारी हैं, लेकिन जब वह जानकारी प्रभावशाली, तीव्र और तीक्ष्ण हो जाती है, जैसा कि भावनाएँ हो सकती हैं, तो हम विश्वास करने लगते हैं कि हमारे साथ जो कुछ घट रहा है ये जानकारी उसका असली प्रतिबिंब है। मुझे ऐसा इसलिए लगता है, यह एक तथ्य होना चाहिए। भावनात्मक तर्क एक विचार पूर्वाग्रह है,

जो हमें किसी चीज़ के सच होने के सबूत के रूप में जो महसूस होता है उसका उपयोग करने के लिए प्रेरित करता है, भले ही आपके विचार के विपरीत बहुत सारे सबूत हों। उदाहरण के लिए, आप एक परीक्षा देकर बाहर निकलते समय बेहद निराश हैं, उदास हैं और आपका आत्मविश्वास डगमगा गया है। भावनात्मक तर्क आपको समझाता है कि इसका मतलब है कि आप फ़ेल हो गए होंगे। हो सकता है कि आपने परीक्षा में अच्छा प्रदर्शन किया हो, लेकिन आप जैसा महसूस कर रहे हैं, आपका मस्तिष्क उससे जानकारी लेता है और आप इस समय विजेता की तरह महसूस नहीं कर रहे हैं। हो सकता है कि तनाव के बाद जो थकावट हुई उसके कारण आपका मूड ख़राब हुआ हो, लेकिन यह भावना इस बात को प्रभावित कर रही है कि आप अपनी स्थिति की व्याख्या कैसे करते हैं।

मानसिक फ़िल्टर

मानव मस्तिष्क के बारे में सच यह है कि जब आप किसी बात पर विश्वास करते हैं, तो आपका विश्वास सच है या नहीं इसे परख़ने के लिए आस-पास के वातावरण की स्कैनिंग करेगा। वह जानकारी जो हमारे और दुनिया के बारे में हमारी धारणाओं को चुनौती देती है वह मनोवैज्ञानिक रूप से ख़तरनाक है। अचानक कुछ अप्रत्याशित ढंग से हो जाता है और यह सुरक्षित महसूस नहीं होता है। इसलिए मस्तिष्क इसे अनदेखा कर देता है और जो कुछ भी पिछले अनुभव के साथ फ़िट बैठता है उसे पकड़ लेता है, भले ही उस विश्वास से तनाव उपजता हो। इसलिए कठिन समय में, जब आप निराश महसूस कर रहे होंगे और मान रहे होंगे कि आप विफल हैं, तो आपका दिमाग़ एक छलनी की तरह काम करेगा, जो बेकार सुझाव देने वाली सभी जानकारियों को निकल जाने देगा और किसी भी ऐसे संकेत को पकड़कर रखेगा, जिसमें आप उम्मीदों पर खरे नहीं उतरे हों।

मान लीजिए कि आप सोशल मीडिया पर एक तसवीर पोस्ट करते हैं और आपके बहुत सारे फ़ॉलोअर्स पॉज़िटिव कमेंट्स डालते हैं। लेकिन आप उन कमेंट्स को नहीं देखते। आप उनके बीच में से कोई निगेटिव कमेंट को खोजते हुए स्क्रॉल करते जाते हैं। यदि आपको कोई निगेटिव कमेंट मिल जाता है, तो हो सकता है कि आप अपने दिन का एक बड़ा हिस्सा उस पर सोचने, आहत महसूस करने और स्वयं पर संदेह करने में बिता दें।

विकासपरक शब्दों में कहें तो यह समझ में आता है कि जब आप असुरक्षित महसूस करते हैं, तो आप ख़तरे के संकेतों पर अतिरिक्त नज़र रखते हैं, लेकिन जब आप किसी अंधेरी जगह से बाहर आने की कोशिश कर रहे हों, तो मानसिक फ़िल्टर के बारे में जागरूक होना ज़रूरी है।

आवश्यकताएँ और अपेक्षाएँ

आवश्यकताओं और अपेक्षाओं से सावधान रहें! यहाँ मेरा तात्पर्य हमारे समुदाय के प्रति अपने कर्तव्य की स्वस्थ और स्वाभाविक भावना से नहीं है। मेरा तात्पर्य उन अनवरत अपेक्षाओं से है, जो हमें दुःख की ओर ले जाती हैं। मेरे पास इससे अधिक होना चाहिए, और मुझे वैसा महसूस करना चाहिए। आवश्यकताओं और अपेक्षाओं का पूर्णतावाद से बड़ा संबंध है। उदाहरण के लिए, यदि आपको लगता है कि आपको कभी विफल नहीं होना चाहिए, तो आप अपने आपको भावनाओं के उतार-चढ़ाव और ग़लती करने या विफलता का सामना होने पर मनोदशा के साथ जो संघर्ष होगा, उसके लिए तैयार कर रहे हैं। हम सफलता के लिए प्रयास कर सकते हैं और रास्ते में मिलने वाली विफलताओं को स्वीकार कर सकते हैं। लेकिन जब हम अपने लिए अवास्तविक अपेक्षाएँ रखते हैं तो हम उनमें फँस जाते हैं। इसका मतलब है कि जब भी कोई संकेत मिलता है कि हम उनके अनुरूप नहीं जी रहे हैं तो हमें पीड़ा होती है। इसलिए उन आवश्यकताओं और अपेक्षाओं पर ध्यान दें। जब आप पहले से ही अपने मूड से जूझ रहे हों, तो अपने आप से वह सब अपेक्षा करना यथार्थवादी या मददगार नहीं होगा, जो आपने अपने सर्वोत्तम स्तर पर रहते हुए हासिल किया था।

सब कुछ या कुछ भी नहीं सोच

इसे श्वेत-श्याम (ब्लैक ऐंड व्हाइट) सोच के रूप में भी जाना जाता है, यह एक और विचार पूर्वाग्रह है, जिसे अगर हम अनियंत्रित छोड़ दें तो मूड ख़राब हो सकता है। यह तब होता है, जब हम निरपेक्ष या चरम सीमा पर सोचते हैं। मैं या तो सफल हूँ या पूरी तरह विफल हूँ। अगर मैं परफ़ेक्ट नहीं दिखता, तो मैं बदसूरत हूँ। अगर मुझसे कोई ग़लती हो जाती है तो मुझे फिर प्रयास नहीं करना चाहिए। यह ध्रुवीकृत विचार शैली अस्पष्ट (ग्रे) क्षेत्रों के लिए कोई जगह नहीं छोड़ती है, जो अक्सर वास्तविकता के क़रीब होते हैं। विचार का यह पैटर्न हर काम को कठिन बना देता है, क्योंकि यह हमें अधिक तीव्र भावनात्मक प्रतिक्रियाओं के प्रति संवेदनशील बनाता है। यदि एक परीक्षा में फ़ेल होने का मतलब है कि आप एक व्यक्ति के रूप में विफल हैं, तो इसका भावनात्मक परिणाम अधिक गंभीर होगा और इससे पीछे हटना बहुत कठिन होगा।

जब आप उदास होते हैं, तो अधिक संभावना होती है कि आप इस ध्रुवीकृत तरीक़े से सोचें। लेकिन यह याद रखना ज़रूरी है कि ऐसा इसलिए नहीं है, क्योंकि आपका मस्तिष्क स्थिति को ग़लत तरह से समझ रहा है या बिगाड़ कर रहा है। जब हम तनाव में होते हैं तो सब कुछ या कुछ नहीं की सोच दुनिया के बारे में निश्चितता

या पूर्वानुमान की भावना पैदा करती है। फिर हम चीज़ों को अधिक तार्किक ढंग से सोचने, तर्क के विभिन्न पक्षों को परखने और अधिक जानकारीपूर्ण निर्णय पर पहुँचने का मौक़ा चूक जाते हैं।

चित्र 4 : विचार पूर्वाग्रह उदाहरणों की तालिका।

विचार पूर्वाग्रह	ये क्या है	उदाहरण
जानें दूसरे के मन की बात	दूसरे क्या सोच रहे हैं और क्या महसूस कर रहे हैं, इस बारे में धारणा बनाना।	'उसने काफ़ी समय से फ़ोन नहीं किया, क्योंकि वह मुझसे नफ़रत करती है।'
अतिसामान्यीकरण	किसी घटना का उपयोग अन्य स्थितियों के बारे में सामान्यीकरण करने के लिए उपयोग करना।	'मैं परीक्षा में फ़ेल हो गया। मेरा भविष्य बर्बाद हो गया।'
अहंकेंद्रित सोच	यह मानना कि दूसरों का भी हमारे जैसा ही दृष्टिकोण है, हमारे जैसे ही मूल्य हैं। और उस लेंस के माध्यम से उनके व्यवहार का आकलन करना।	'मैं अब कभी देर नहीं करूँगा। वह निश्चित ही मेरी परवाह नहीं करता है।'
भावनात्मक तर्क	मुझे ऐसा लगता है, इसलिए यह सच होना चाहिए।	'मुझे अपराध-बोध है, मैं एक बुरा अभिभावक हूँ।'
आवश्यकताएँ और अपेक्षाएँ	कठोर और अवास्तविक अपेक्षाएँ, जो हमें हर दिन विफल होने जैसा महसूस कराती हैं।	'मुझे हमेशा परफ़ेक्ट होना चाहिए।' 'मुझे कभी भी अपने सर्वश्रेष्ठ से कम प्रदर्शन नहीं करना चाहिए।'
सब कुछ या कुछ भी नहीं सोच	निरपेक्ष या चरम सीमा तक सोचना।	'यदि मैं 100 प्रतिशत अंक प्राप्त नहीं कर पाता हूँ तो मैं विफल हूँ।' 'यदि मैं परफ़ेक्ट नहीं दिखता हूँ तो मैं बाहर नहीं जाऊँगा।'

विचार पूर्वाग्रहों से कैसे निपटें

अब आप कुछ सामान्य विचार पूर्वाग्रहों को जान गए हैं, जो आपके मूड को बिगाड़ सकते हैं, तो आगे क्या? हम उन विचारों को आने से नहीं रोक सकते, लेकिन हमारे बस में यह देखना है कि वे क्या हैं (पक्षपातपूर्ण) और फिर उन पर अपनी प्रतिक्रिया को प्रबंधित करना। यदि हम यह स्वीकार कर सकें कि हमारा प्रत्येक विचार कई विचारों के बीच केवल एक संभावित सुझाव प्रस्तुत करता है, तो हम अन्य पर विचार करने की संभावना के लिए स्वयं को स्वतंत्र रखते हैं। इसका मतलब यह है कि मूल विचार का हमारी भावनात्मक स्थिति पर कम प्रभाव पड़ता है।

यह सुनिश्चित करने के लिए कि हम इन विचारों पर अपने तरीक़े से कैसे प्रतिक्रिया दें, सबसे पहले हमें अपने सामने आने वाले पूर्वाग्रहों पर ध्यान देना होगा। यदि हम पीछे हटकर उन्हें पूर्वाग्रह के रूप में नहीं देखते हैं, तो हम उन्हें ऐसे स्वीकार कर लेते हैं, जैसे कि वे वास्तविकता का निष्पक्ष प्रतिबिंब प्रस्तुत करते हैं। फिर वे ख़राब मूड को बढ़ावा दे सकते हैं और हम आगे क्या करते हैं उस पर अपना प्रभाव डाल सकते हैं।

विचार पूर्वाग्रहों पर ध्यान देना सरल है। लेकिन यह हमेशा ही आसान नहीं होता। जब हम वर्तमान क्षण में होते हैं, तो हम केवल उस एक विचार का ही अनुभव नहीं करते हैं, जिसे हम स्पष्ट रूप से देख पाते हैं। हम साथ-साथ भावनाओं के घालमेल, शारीरिक संवेदनाओं, छवियों, यादों और आग्रहों का अनुभव भी करते हैं। हम सब कुछ ऑटोपायलट मोड में डालने के इतने आदी हो गए हैं कि प्रक्रिया के विस्तृत जाँच करने हेतु रुकने के लिए बहुत अभ्यास करना पड़ सकता है।

यहाँ कुछ तरीक़े दिए गए हैं, जिनसे आप विचार पूर्वाग्रहों और उनके आप पर पड़ने वाले प्रभाव को पहचानना शुरू कर सकते हैं।

आइए शुरू करें

- अत्यधिक भावनात्मक होने के कारण स्पष्ट रूप से सोचना कठिन हो सकता है, इसलिए उस क्षण की भावनाओं के गुज़र जाने के बाद विचार पूर्वाग्रहों पर चिंतन करके शुरुआत करना आसान हो सकता है। आप पीछे मुड़कर अपनी जागरूकता बनाते हैं, लेकिन वह धीरे-धीरे वास्तविक समय में जागरूकता की ओर बढ़ती है।
- एक जर्नल रखना शुरू करें और ध्यान केंद्रित करने के लिए विशिष्ट क्षण चुनें (सकारात्मक और नकारात्मक दोनों)। उस समय आप क्या सोच

रहे थे, आपने कौन सी भावनाएँ महसूस कीं और उनके साथ कौन-सी शारीरिक संवेदनाएँ आईं, इसके बीच अंतर करें। एक बार जब आप विचार लिख लें, तो पूर्वाग्रहों की सूची को देखें कि क्या उस समय आपके विचार पक्षपातपूर्ण तो नहीं थे।

- यदि आप वर्तमान क्षण में हैं और आपके पास कुछ लिखने का मौक़ा है, तो काग़ज़ पर अपने विचारों, भावनाओं और शारीरिक संवेदनाओं को लिखकर व्यक्त करें। लेकिन जब आप ऐसा करते हैं, तो ऐसी भाषा का उपयोग करने का प्रयास करें, जो आपको उन विचारों और भावनाओं से कुछ दूरी बनाने में मदद करे। जैसे, मेरे मन में ये विचार आ रहे हैं... या मैं इन संवेदनाओं को नोटिस कर रहा हूँ। भाषा का यह उपयोग आपको विचारों और भावनाओं से पीछे हटने में मदद करता है, उन्हें एक पूर्ण सत्य के बजाय एक अनुभव के रूप में देखने में मदद करता है जो आपके ऊपर हावी हो रहा है।
- यदि आपके पास कोई ऐसा व्यक्ति है, जिस पर आप भरोसा करते हैं, तो आप उसके साथ उन विचार पूर्वाग्रहों को साझा कर सकते हैं, जिनसे आप ग्रस्त हैं और वे उन्हें पहचानने और उन्हें दूर करने में आपकी मदद कर सकते हैं। लेकिन इसके लिए किसी ऐसे व्यक्ति के साथ बहुत अच्छे संबंध होने चाहिए, जो स्वीकार करने वाला और सम्मानजनक हो और परिवर्तन और विकास पर काम करने के आपके निर्णय में आपका सहयोग करता हो। यह इतना आसान नहीं है कि यह काम तुरंत हो जाए। इसे कारगर बनाने के लिए सावधानीपूर्वक योजना बनानी होगी।
- जब बारीक़ी से देखना चाहते हैं कि आपके विचार क्या कर रहे हैं तो माइंडफुलनेस अभ्यास करना ही आगे बढ़ने का रास्ता है। दिन में एक निर्धारित समय पर अपने विचारों पर ध्यान देना एक अच्छा विचार है। अपने विचारों से पीछे हटने और बिना कोई राय बनाए उनका निरीक्षण करने की क्षमता विकसित करना आपका औपचारिक अभ्यास होगा।

कुछ सुझाव

जैसे-जैसे हम अपने विचारों के बारे में जागरूकता पैदा कर रहे हैं, हमें विचार के उस पैटर्न को दुनिया की केवल एक संभावित व्याख्या के रूप में देखने के लिए कड़ी मेहनत करनी होगी और विकल्पों के बारे में विचार करना होगा। इन सामान्य विचार पूर्वाग्रहों को पहचानकर उन्हें लेबल करने से हमें इस काम में मदद मिलेगी।

इस काम को एक बार नहीं बार-बार करते रहना होगा। इसके लिए निरंतर प्रयास और अभ्यास की आवश्यकता होती है। हो सकता है कि कभी कोई विचार आपको एकतरफ़ा ना लगे। लेकिन, बाद में आप उन्हें पहचान सकेंगे और अधिक उपयोगी विकल्पों के साथ उनके बारे में चिंतन कर सकेंगे।

विकल्प खोजने की कोशिश में कुछ लोग सही उत्तर खोजने की कोशिश करते हैं। वैकल्पिक परिप्रेक्ष्य का सटीक शब्दांकन उतना महत्त्वपूर्ण नहीं है। इससे भी ज़रूरी बात यह है कि किसी विचार को तथ्य मानने से पहले ही ठहर जाना और दूसरे विचारों पर सक्रिय रूप से विचार करना। एक सामान्य नियम के रूप में यह एक ऐसे परिप्रेक्ष्य की तलाश करने में मदद करता है, जो अधिक संतुलित, निष्पक्ष और सहानुभूति भरा लगता है, जो उपलब्ध सभी जानकारियों को ध्यान में रखता है। हमारी भावनाएँ अधिक चरम और पक्षपातपूर्ण विचारों को प्रेरित करती हैं। लेकिन जीवन कहीं अधिक जटिल और अस्पष्ट (ग्रे) क्षेत्रों से भरा है। जब आप कहानी के तमाम पक्षों के बारे में विचार करने के लिए समय निकालते हैं तो किसी बात पर स्पष्ट राय ना बन पाए, तो कोई बात नहीं। पूरा समय लें, किसी निर्णय पर पहुँचने की जल्दबाज़ी नहीं करें। अनभिज्ञता को सहन करने की क्षमता विकसित करें। जब हम ऐसा करते हैं तो हम अपने मस्तिष्क में आने वाले पहले विचारों के सहारे जीवन जीना बंद कर देते हैं। हमारी पसंद अधिक सचेत रूप से समझदार हो जाती है।

मान लीजिए कि नाश्ते के समय मुझसे फ़र्श पर दूध गिर गया और तुरंत स्वयं से पूछना शुरू कर देती हूँ कि मैं जीवन में इतना विफल क्यों हूँ और मेरे साथ कभी भी, कुछ भी सही क्यों नहीं होता है। यह सामान्यीकरण और सब-या-कुछ नहीं सोच का एक अच्छा मिला-जुला नमूना है। यदि मैं उस पूर्वाग्रह को पहचान सकूँ और उसे दूर कर पाऊँ, तो मैं अवसर की उस खिड़की खोल सकती हूँ, जिसमें मैं ग़लत भावनात्मक प्रतिक्रिया की तीव्रता को कम कर सकती हूँ। दूध गिराना कभी भी मज़ेदार नहीं हो सकता, लेकिन हमारे विचारों के साथ हमारा संबंध कुछ मिनटों की निराशा और पूरे दिन के लिए आपके मूड को ख़राब करने वाली किसी बात के बीच अंतर कर सकता है। इस पुस्तक के अन्य सभी सुझावों की तरह यह कहना भी बहुत आसान है, लेकिन करना बहुत कठिन। इसके लिए अभ्यास करना होगा। बेशक, इससे हम अजेय नहीं बनते, पर छोटी बातों को बड़ी परेशानियों में बदलने से रोकने में मदद अवश्य मिलती है।

सारांश

- हम जो अनुभव करते हैं उसी पर विश्वास करते हैं, भले ही हमारे विश्वास के विपरीत सबूत मौजूद होते हैं।
- जो कुछ भी हमारे मूड को बिगाड़ने का कारण बनता है, वह ख़तरे और नुक़सान पर ध्यान केंद्रित करने पर है (गिल्बर्ट, 1997)।
- यदि हम उन विचारों पर ध्यान केंद्रित करना जारी रखते हैं और उन विचारों को तथ्य मान बैठते हैं तो नकारात्मक के प्रति यह पूर्वाग्रह हमारी मनोदशा को तीव्रता से बिगाड़ सकता है।
- इसके कारण होने वाली गिरावट के ख़िलाफ़ एक रणनीति हमारी यह समझ हो सकती है कि हम कैसा महसूस करते हैं यह इस बात का प्रमाण नहीं है कि हमारे विचार सत्य हैं।
- एक और रणनीति है, जिज्ञासा का रुख़ अपनाना।
- सामान्य पूर्वाग्रहों को समझकर उन विचारों से कुछ दूरी बनाएँ, जब वे सामने आएँ तो उन पर ध्यान दें और उन पर तथ्यों का नहीं, बल्कि पूर्वाग्रहों का लेबल लगाएँ।

3

जिनसे मदद मिलती है

कुछ दूरी बनाना

1994 की फ़िल्म द *मास्क* में जिम कैरी ने स्टेनली इप्किस नामक एक बैंकर की भूमिका निभाई है। उसे एक लकड़ी का मास्क मिलता है, जो लोकी द्वारा बनाया गया था। लोकी नार्स पौराणिक कथाओं के एक चालाक और चालबाज देवता हैं। बैंकर जब इसे पहनता है, तो यह उसके सिर से लिपट जाता है, जिससे उसकी हर हरकत प्रभावित होती है। बैंकर मास्क बन जाता है।

अब वह अपने चेहरे पर चढ़े मास्क के साथ दुनिया को उसी लेंस से देखता है। किसी अन्य दृष्टिकोण की गुंजाइश नहीं। जब वह इस मास्क को चेहरे से खींचकर हटाता है और एक हाथ की दूरी पर अपने हाथ में रखता है, तो वह मास्क स्टैनली के महसूस करने और उसके व्यवहार को बदलने की अपनी शक्ति खो देता है। यह अभी भी वहाँ है, लेकिन थोड़ी-सी दूरी स्टैनली को यह देखने की अनुमति देती है कि यह सिर्फ़ एक मुखौटा है, यह वह नहीं है, जो वह स्वयं है।

जब हम उदास होते हैं, तो विचार इसी तरह से हमें अपने कब्ज़े में ले सकते हैं। मस्तिष्क को शरीर से पता चलता है कि स्थितियाँ ठीक नहीं हैं और ऐसा होने के कई कारण बताने लगता है। आपके कुछ सोचने-समझने से पहले ही नकारात्मक, आत्म-आलोचनात्मक विचारों का झुंड आपके दिमाग़ में घूमने लगता है। यदि हम उन विचारों के साथ जुड़ जाते हैं और उन्हें अपने ऊपर हावी होने देते हैं, तो वे हमारे पहले से ही ख़राब मूड को और भी बिगाड़ सकते हैं।

जो स्व-सहायता यानी सेल्फ़-हेल्प पुस्तकें दुनिया को सिर्फ़ सकारात्मक सोचने की सलाह देती हैं, इस तथ्य पर ध्यान नहीं देतीं कि आप अपने मस्तिष्क में

आने वाले विचारों को नियंत्रित नहीं कर सकते। उन विचारों के प्रकट होने के बाद आप उनके साथ क्या करते हैं-बस यही आपके नियंत्रण में है।

विचारों और हमारी मनोदशा यानी मूड पर उनके प्रभाव से निपटने के लिए जो कौशल सीखना सबसे ज़रूरी है, वह है - ऐसे विचारों से कुछ दूरी बना लेना। जब वे विचार आपके अपने दिमाग़ के अंदर हों तो उनसे दूरी बना पाना कठिन लगता है, लेकिन मनुष्य के पास एक ऐसा प्रभावशाली उपाय हैं, जो हमें विचारों को एक हाथ की दूरी पर रखने और हमें आवश्यक दूरी बनाए रखने में मदद करता है। इसे मेटाकॉग्निशन कहा जाता है, जो आपके विचारों के बारे में विचारों को दिया गया एक फ़ैंसी नाम है।

हमारे अंदर सोचने की क्षमता है, लेकिन हमारे अंदर यह विचार करने की क्षमता भी है कि हम क्या सोच रहे हैं। मेटाकॉग्निशन विचारों से पीछे हटने और इतनी दूरी बना लेने की प्रक्रिया है, जिससे हम उन विचारों को वास्तविक रूप में देख-समझ सकें। जब आप ऐसा करते हैं तो उनकी आप पर, आप कैसा महसूस करते हैं उस पर और आपके व्यवहार पर शक्ति कुछ कमज़ोर पड़ जाती है। आपको यह चुनना है कि आप किसी स्थिति से नियंत्रित और प्रेरित होने के बजाय उन पर किस तरह की प्रतिक्रिया देते हैं।

मेटाकॉग्निशन प्रक्रिया जटिल लगती है, लेकिन यह केवल यह देखने की प्रक्रिया है कि आपके दिमाग़ में कौन-से विचार आते हैं और इसके माध्यम से यह भी देखना कि वे आपको कैसा महसूस कराते हैं। आप कुछ मिनटों के लिए रुककर इस पर ध्यान दे सकते हैं कि आपका मन कहाँ भटक रहा है। इस पर ग़ौर करें कि आप किसी विचार पर ध्यान केंद्रित करने का कौन-सा विकल्प चुनते हैं, जैसे स्टैनली ने अपने चेहरे पर चढ़ा हुआ मास्क उतार दिया, या आप इन विचारों को गुज़र जाने दें और आने वाले विचार की प्रतीक्षा करें।

किसी भी विचार की शक्ति इसमें निहित है कि हम उसमें कितना निवेश करते हैं। हम उसे कितना सार्थक और सत्य मानते हैं। जब हम इस दृष्टि से अपनी विचार प्रक्रियाओं का निरीक्षण करते हैं, तो हम विचारों को इस तरह से देखना शुरू कर देते हैं कि वे क्या हैं, और क्या नहीं हैं। विचार तथ्य नहीं हैं। वे भविष्य के बारे में राय, निर्णय, कहानियाँ, यादें, सिद्धांत, व्याख्याएँ और भविष्यवाणियों का मिश्रण हैं। वे आपके मस्तिष्क द्वारा उन तरीक़ों के बारे में सुझाए गए विचार हैं, जिनके माध्यम से हम दुनिया को समझ सकते हैं। लेकिन, मस्तिष्क के पास सीमित जानकारी होती है। मस्तिष्क का काम आपका यथासंभव समय और ऊर्जा बचाना भी है। इसका मतलब यह है कि यह शॉर्ट-कट अपनाता है और हर समय अनुमान लगाता रहता है और भविष्यवाणियाँ करता है।

माइंडफुलनेस यानी सचेतनता आपके अवलोकन का अभ्यास करने के लिए एक उत्कृष्ट साधन है, जो आपके विचार और उस मानसिक मांसपेशी को मज़बूत करती है, जो आपको किसी विचार पर ग़ौर करने और उस पर टिके रहने के बजाय उसे गुज़र जाने देने का विकल्प देती है और आप अपना ध्यान कहाँ केंद्रित करना है, इस बारे में एक विचारपूर्वक विकल्प चुन सकते हैं।

माइंडफुलनेस : स्पॉटलाइट को थामकर रखें

पिछले अध्याय में मैंने ख़राब मूड के लक्षण बताने वाली कुछ सामान्य विचार पूर्वाग्रहों की सूची दी थी। हालाँकि, कुछ सेल्फ़-हेल्प बुक्स आपको 'सिर्फ़ सकारात्मक सोचने' की सलाह दे सकती हैं, लेकिन समस्या यह है कि हम आने वाले विचारों को नियंत्रित नहीं कर सकते हैं। यदि हम अपने दिमाग़ में कोई विचार ना रखने का प्रयास करें तो डिफ़ॉल्ट रूप से हम पहले से ही उनके बारे में सोच रहे होते हैं। ऐसा वास्तव में होता भी नहीं है। बहुत से लोगों को अपने जीवन में अविश्वसनीय कठिनाई का सामना करना पड़ता है। हम कठिनतम समय में केवल सकारात्मक विचार पैदा करने के असंभव मानक को स्थापित करके उस बोझ को बढ़ाना नहीं चाहते हैं। जब उन्हें अहसास होता है कि उनके लिए ऐसा करना संभव नहीं है और वे यह सोचना शुरू कर देते हैं कि यह उनकी व्यक्तिगत विफलता है, तो इससे मिश्रण में कुछ आत्म-आलोचना के शामिल होने की आशंका रहती है।

हालाँकि हमारा मन जितने विचार उत्पन्न करता है, हम हरेक को लिपिबद्ध नहीं कर सकते, पर हमारी शक्ति इसमें निहित है कि जब कोई विचार सामने आए तो उस पर किस तरह की प्रतिक्रिया दें।

जब विचारों की बात आती है, तो ध्यान ही शक्ति है। यदि आप अपने ध्यान की कल्पना एक स्पॉट लाइट के रूप में करें, तो बहुत से लोग उस स्पॉटलाइट को अपनी तरह से चक्कर लगाने के लिए छोड़ देते हैं, हवा का रुख़ जिधर का होता है, वह उधर को मुड़ जाती है। यदा-कदा ऐसा हो सकता है कि यदि ख़तरे या धमकी के कोई संकेत मिले तो आपका मस्तिष्क सभी नियंत्रण अपने पास ले ले। लेकिन हम सचेत रहकर उस स्पॉटलाइट की दिशा बदलने का विकल्प भी चुन सकते हैं।

यह विचारों को अवरुद्ध करने और उन्हें अनदेखा करने जैसा प्रयास नहीं है। किन विचारों को सुर्खियों में लाना है, किन विचारों को ज़ूम इन करते हुए उनका वॉल्यूम बढ़ाना है, यह सब आप ध्यानपूर्वक करते हैं।

बहुत से लोग जब थैरेपी लेने आते हैं, तब उन्हें मालूम होता है कि वे क्या नहीं चाहते हैं। वे जानते हैं कि उनके पास कुछ ऐसे विचार और भावनाएँ हैं, जिनसे

वे छुटकारा पाना चाहेंगे। लेकिन जब हम उनसे पूछते हैं कि वे कैसा भविष्य चाहते हैं तो वे आश्चर्य में पड़ जाते हैं, इसका सीधा-सा कारण यह है कि उन्होंने पहले कभी अपने आपसे यह प्रश्न पूछा ही नहीं। पीड़ादायक समस्याएँ हमारे लिए इतनी भारी और हमारा ध्यान चाहने वाली हो सकती हैं कि हम उस पर अधिक ध्यान देना शुरू कर देते हैं और हम जो चाहते हैं उस पर हमारा ध्यान कम हो जाता है।

हममें से अनेक लोगों को अपने आपसे यह पूछने की आदत ही नहीं होती कि हम चाहते क्या हैं। हम पर कई ज़िम्मेदारियाँ होती हैं : बॉस के प्रति जवाबदेही, किसी गिरवी रखे हुए सामान का भुगतान, बच्चों का भरण-पोषण। समय के साथ हमें यह अहसास होने लगता है कि जो हम चाहते हैं उसमें हमारी भलाई नहीं है, लेकिन दूसरी तरफ़ हमें पता नहीं है कि हम वास्तव में क्या चाहते हैं या हमारी क्या ज़रूरतें हैं, क्योंकि हम इसके बारे में कभी सोचते ही नहीं हैं। अब मैं आपसे यह नहीं कहने वाली हूँ कि आप जीवन में जो चाहते हैं उस पर ध्यान लगाकर उसे हासिल कर सकते हैं। अगर हम जीवन की दौड़ में बने रहना चाहते हैं तो हमें यह अवश्य देखना होगा कि हम जा कहाँ रहे हैं।

आपका ध्यान मूल्यवान है और यह आपके अनुभवों के आधार पर जीवन को बनाने में मदद करता है। इसलिए इसकी दिशा को नियंत्रित करना सीखना आपके जीवन और आपके मूड पर एक मज़बूत प्रभाव डाल सकता है। लेकिन हम व्यस्त हैं और हमारा जीवन ऐसी दैनिक ज़िम्मेदारियों और कर्तव्यों से भरा हुआ है, जिन्हें हम पहले अनेक बार निभा चुके हैं। इसलिए हमारा अद्भुत दिमाग़ ऑटोपायलट पर जाना चाहता है और अधिकांश कामों को स्वचालित रूप से करके हमारे लिए स्थितियों को आसान बनाना चाहता है। यही कारण है कि माइंडफुलनेस मेडिटेशन जैसे अभ्यास इतने लोकप्रिय हो गए हैं। यह हमें कुछ औपचारिक अभ्यास सीखने में सक्षम बनाता है। यदि आप गाड़ी चलाना सीखना चाहते हैं, तो आप सबक़ लेने पड़ते हैं। मैं माइंडफुलनेस अभ्यास को मन को प्रबंधित करने वाले ड्राइविंग लेसन के रूप में देखती हूँ। यह अभ्यास कभी-कभी उबाऊ, डरावना या निराशाजनक लग सकता है, लेकिन यह आपके मस्तिष्क को उस तंत्रिका मार्ग को निर्धारित करने का अवसर देता है, ताकि जब आपको बाद में उन कौशलों का उपयोग करने की आवश्यकता पड़े तो आपको कठिनाई नहीं हो।

माइंडफुलनेस के अभ्यास की शुरुआत वास्तव में चुनौतीपूर्ण हो सकती है, क्योंकि आपको ठीक-ठीक पता नहीं होता है कि क्या करना चाहिए। आप आश्वस्त नहीं होते हैं कि आप इसे सही ढंग से कर रहे हैं, या इसे करते समय आपको कैसा महसूस होना चाहिए। तो, इस अध्याय के अंत में टूलकिट में कुछ सरल चरणों के माध्यम से आपका मार्गदर्शन किया जा रहा है। ज़रूरी नहीं कि यह

बहुत जटिल हो। ऐसा भी नहीं है कि इसको करते हुए आपको गहन अनुभव हो। यह जिम में वज़न उठाने जैसा है, लेकिन इस बार हम एक मानसिक मांसपेशी पर काम कर रहे हैं, और जैसे-जैसे यह विकसित होती जाती है, आप यह चुनने में अधिक से अधिक सक्षम होते जाते हैं कि ध्यान कहाँ लगाना है और इसके साथ ही, आपके मूड को प्रबंधित करने की क्षमता भी बढ़ती जाती है।

चिंतन को कैसे रोकें

चिंतन हमारे विचारों को धोने की मशीन की तरह है। यह मिनटों, घंटों या दिनों तक विचारों के लगातार मंथन करने की प्रक्रिया है।

हम जानते हैं कि उदास मस्तिष्क में बुरा महसूस कराने वाले विचारों पर ध्यान केंद्रित करने की संभावना अधिक होती है। यदि आप उन विचार पूर्वाग्रहों को चिंतन के मनोवैज्ञानिक समकक्ष के साथ जोड़ते हैं, तो इसका अर्थ है कि आपके पास अधिक तीव्र और दीर्घकालिक संकट का नुस्ख़ा है। हमने शोध से जाना है कि अवसाद यानी डिप्रेशन को बनाए रखने में चिंतन एक महत्त्वपूर्ण कारक होता है (वाटकिंस और रॉबर्ट्स, 2020)। आप जितना अधिक चिंतन करते हैं, उतना अधिक अटके रहते हैं। चिंतन किसी भी दुःख या डिप्रेशन को तीव्र और लंबा खींचने का काम करता है।

क्या आपको याद है कि हमने तंत्रिका मार्गों के बारे में पहले क्या कहा था? जितना अधिक आप किसी काम को करते हैं, तंत्रिका गतिविधि उतनी ही अधिक स्थापित होती जाती है। इसका मतलब यह है कि जितना अधिक आप दुःखी करने वाले विचारों या यादों पर चिंतन, मंथन करेंगे, आपके लिए उन बातों को दिमाग़ में लाना उतना ही आसान हो जाएगा। आप अपने आप को एक ऐसे जाल में फँसा हुआ पाते हैं, जिसमें आप पीड़ादायक भावनाओं और परेशानियों को लगातार दोहराते हुए एक अंधेरी, निराशाजनक जगह में पहुँच जाते हैं।

तो, पीड़ा देने वाली भावना को बढ़ाने वाले चिंतन को रोकने के लिए हम क्या कर सकते हैं?

किसी क्षण कुछ बदलने की कोशिश करते समय, किसी नई बात पर दोबारा ध्यान केंद्रित करना बेहद कठिन हो सकता है। मैंने अनेक लोगों को अच्छा प्रभाव पाने के लिए सक्रिय दृष्टिकोण का उपयोग करते देखा है। जब आपको समझ में आए कि आप चिंतन की फिसलन भरी ढलान की ओर बढ़ रहे हैं, तो एक मज़बूत हाथ सामने की ओर लाएँ और अपने आपको पीछे धकेलने का प्रयास करते हुए कहें, 'रुको!', इसके तुरंत बाद कोई शारीरिक गतिविधि करें, जैसे कि खड़े हो जाना

और जिस जगह पर हैं वहाँ से दूर चले जाना। एक पल के लिए अपनी गतिविधि बदलें, या बस कुछ मिनट के लिए ही आस-पास घूमने लगें या बाहर निकल जाएँ। उस समय जो भी संभव हो, करें। शारीरिक रूप से आपके शरीर को सक्रिय करने से आपके मस्तिष्क को स्थानांतरित करने में मदद मिल सकती है, अन्यथा बहुत कठिन होता है।

यह देखते हुए कि चिंतन हमें हमारे दुर्गुणों और अत्यंत अप्रिय क्षणों के विचारों में गोते लगाने के लिए आमंत्रित करता है, और हम जो महसूस करते हैं उसके शारीरिक प्रभाव को देखते हुए, जब हमारे पास इस स्थिति से बाहर निकलने का कोई तयशुदा रास्ता नहीं होता है, तब रास्ते को बदलने का एक सबसे आसान तरीक़ा है, अपने आपसे एक प्रश्न पूछना : 'अगर मैं अपना सर्वश्रेष्ठ प्रदर्शन कर रहा होता तो मैं क्या करता?' अब, यदि आपका समय बुरा चल रहा है और आप डिप्रेशन का अनुभव कर रहे हैं, तो आप अपने आपसे अपना सर्वश्रेष्ठ प्रदर्शन की उम्मीद तो नहीं कर सकते। लेकिन आप जिस दिशा में आगे बढ़ना चाहते हैं उसकी मन ही मन एक तसवीर बना सकते हैं। इसलिए, अगर मैं अपने जीवन में किसी पीड़ादायक अनुभव के बारे में सोच रही हूँ और उस पर चिंतन करते हुए कई घंटे बर्बाद कर चुकी हूँ, तो मैं अपने आपसे यह प्रश्न पूछ सकती हूँ। मेरा उत्तर यह हो सकता है, 'मैं खड़ी होऊँगी, स्नान करूँगी और अपने मूड के अनुसार कुछ संगीत सुनूँगी। या शायद मैं कोई ऐसी एक्टिविटी चुनूँ, जिसमें मुझे आनंद आता हो, जो मुझे आकर्षित करती हो।'

जिस भी व्यक्ति की चिंतन करने की आदत होती है, उसके लिए अकेलापन विचारों और यादों और उसके बाद भावनात्मक दर्द के लिए मैदान के द्वार खोल देता है और फिर यह आपके दिमाग़ में घूमना शुरू कर देता है। मानवीय संबंध संभवत: सबसे शक्तिशाली उपकरण है, जो हमें उन विचारों को बाहर निकालता है। मित्र या थेरेपिस्ट हमारे प्रत्येक विचार को सुनेंगे। लेकिन उन्होंने जो ग़ौर किया है उसे किसी दर्पण की तरह हमारे सामने प्रस्तुत कर सकते हैं। वे हमें जागरूक होने में मदद करते हैं और चिंतन से ध्यान हटाकर हमारी भलाई के लिए कुछ नया और अधिक उपयोगी उपाय सुझाते हैं।

माइंडफुलनेस

माइंडफुलनेस यानी सचेतनता मन की एक अवस्था है, जिसे विकसित करने के लिए हम कभी भी कोशिश कर सकते हैं। इसका अर्थ है, किसी नतीजे पर पहुँचे बिना, या व्याकुल हुए बिना, आने वाले विचारों, भावनाओं और शारीरिक संवेदनाओं

के प्रति जागरूकता के साथ, वर्तमान क्षण पर ध्यान देना। इससे आपका बिगड़ा हुआ तेज़ी से ठीक नहीं होता या आपके सामने आने वाली समस्याएँ बदल नहीं जातीं, लेकिन इससे आपके अनुभव को लेकर आपकी जागरूकता बढ़ती है ताकि आप सावधानीपूर्वक अपनी प्रतिक्रिया चुनने में सक्षम हो सकें। लेकिन यदि आपको ठीक-ठीक पता नहीं है कि इसे कैसे करना है, तो कठिन हो सकता है। ध्यान दिमाग़ के लिए जिम वर्क-आउट की तरह है। यह इस्तेमाल किए जा रहे कौशल को अभ्यास करने के लिए एक जगह प्रदान करता है।

इसे कैसे करें

यदि आप माइंडफुलनेस के लिए नए हैं, तो मार्गदर्शित ध्यान से शुरुआत करना अच्छा होगा। बहुत सारे विकल्प ऑनलाइन मौजूद हैं, और इनमें से कुछ को मैंने अपने यूट्यूब चैनल में शामिल किया है। अलग-अलग कई तकनीकें हैं, सब अपनी-अपनी परंपराओं पर आधारित हैं, लेकिन उनमें से अधिकांश का उद्देश्य मन की स्पष्टता पैदा करना है। इसलिए अलग-अलग शैलियाँ आज़माएँ और देखें कि कौन सी शैली आपके लिए कारगर है।

कृतज्ञता का अभ्यास

अपने ध्यान को दूसरी तरफ़ मोड़ने की आदत डालने के लिए कृतज्ञता का अभ्यास करना भी एक आसान उपाय है। एक छोटी नोट-बुक लें और उसमें दिन में एक बार, तीन ऐसी बातें लिखें जिनके लिए आप आभारी हैं। इनमें आपके प्रियजन द्वारा की गई कोई बड़ी मदद शामिल हो सकती है या फिर दिन का कोई छोटा-सा अनुभव, जिसकी आप सराहना करते हैं। जैसे कि जब आप काम करने के लिए बैठते हैं तो आपके पास रखी कॉफ़ी का स्वाद। अब, आपको यह लग सकता है कि इतनी छोटी-सी बात कैसे प्रभाव डाल सकती है, लेकिन हर बार जब आप कृतज्ञता व्यक्त करते हैं, तो आपका मस्तिष्क उन बातों पर अपना ध्यान केंद्रित करने का अभ्यास कर रहा होता है, जो सुखद भावनात्मक स्थिति पैदा करती हैं। आप इसका जितना अधिक अभ्यास करेंगे, अन्य परिस्थितियों में इसका उपयोग करना उतना ही आसान हो जाएगा।

टूलकिट : कृतज्ञता को एक आदत बनाना

- तीन बातें लिखिए जिनके लिए आप आभार महसूस करते हैं। वे आपके जीवन के बड़े, अधिक गहन पहलू या दिन भर का कोई छोटा

क्षण भी हो सकता है। आप क्या शामिल करना चाहते हैं यह मायने नहीं रखता, बल्कि अपने ध्यान को अपने उद्देश्य की ओर लगाने का अभ्यास ज़रूरी है।

- कृतज्ञ होने पर जो भावनाएँ आपके भीतर आती हैं, उन्हें महसूस करने और उन पर मनन करते हुए कुछ समय बिताएँ।
- ऐसा दिन में एक बार करना अच्छा होता है। इसे रोज़-रोज़ करना एक जीवन अभ्यास है, जो आपकी उन मानसिक मांस-पेशियों का निर्माण करता है, जो आपको अपना ध्यान कहाँ केंद्रित करना है, इसका विकल्प चुनने में मदद करती हैं। और, आपको इनका लाभ अनुभव करने में भी मदद करती हैं।

सारांश

- हम अपने मन में आने वाले विचारों को नियंत्रित नहीं कर सकते, लेकिन हम अपने ध्यान के केंद्र बिंदु पर नियंत्रण रख सकते हैं।
- किसी बात के बारे में ना सोचने का प्रयास हमें उसके बारे में और अधिक सोचने पर मजबूर कर देता है।
- सभी विचारों को मौजूद रहने देना, लेकिन यह चुनना कि हम किन विचारों पर अपना समय और ध्यान देना है, हमारे भावनात्मक अनुभव पर एक शक्तिशाली प्रभाव डाल सकता है।
- अपने ध्यान को दूसरी ओर मोड़ना एक ऐसा कौशल है, जिसका अभ्यास सचेतनता और कृतज्ञता अभ्यास के साथ किया जा सकता है।
- हालाँकि किसी समस्या पर ध्यान केंद्रित करने का एक समय होता है, हमें इस बात पर भी ध्यान देने की आवश्यकता है कि हम किस दिशा में आगे बढ़ना चाहते हैं और हम कैसा महसूस करना या व्यवहार करना चाहते हैं।
- विचार तथ्य नहीं हैं। वे दुनिया को समझने में मदद करने के लिए मस्तिष्क द्वारा हमें दिए गए सुझाव मात्र हैं।
- किसी भी विचार की शक्ति इसमें है कि हम उसे किस हद तक एकमात्र सत्य मानते हैं।
- उन विचारों को शक्तिहीन करने की शुरुआत पीछे हटने, कुछ दूरी (मेटाकॉग्निशन) बनाने और वे क्या हैं – ये देखने से होती है।

4

बुरे दिनों को अच्छे दिनों में कैसे बदलें

जब उदास मनोदशा में होते हैं तो जिस निर्णय को लेने में कठिनाई महसूस होती है, बेहतर दिनों में हम वही निर्णय तुरंत ले लेते हैं। क्या मुझे फ़ोन करके दफ़्तर में बता देना चाहिए कि मैं बीमारी की वजह से काम पर नहीं आ पाऊँगा या क्या मुझे काम पर चले जाना चाहिए? क्या मुझे अपने दोस्त को फ़ोन करके बुला लेना चाहिए या क्या मुझे ठीक होने का इंतज़ार करना चाहिए? क्या मुझे कुछ स्वस्थ भोजन खाने की कोशिश करनी चाहिए या क्या मुझे कुछ अधिक आरामदायक खाना चाहिए?

जब आप उदास होते हैं तो निर्णय लेने में समस्या यह होती है कि यह मनोदशा हमें ऐसे काम करने को प्रेरित करती है, जिनके बारे में हम जानते हैं कि वे हमें उलझाए रखेंगे। इनसे हमें भारीपन महसूस हो सकता है। हम सबसे अच्छा निर्णय लेने पर अपना ध्यान केंद्रित करना शुरू कर देते हैं स्वयं को इस बात पर कोसना शुरू कर देते हैं कि पहले ऐसा निर्णय क्यों नहीं ले पाए। इसक अर्थ है कि परिपूर्णतावाद यानी परफ़ेक्शनिज़्म अपना सिर उठा रहा है। परिपूर्णतावाद निर्णय लेने की प्रक्रिया को पंगु बना देता है, क्योंकि प्रत्येक निर्णय में कोई न कोई अनिश्चितता शामिल होती है। और प्रत्येक विकल्प में कुछ नकारात्मक दुष्प्रभाव शामिल होते हैं, जिन्हें सहन करना ही चाहिए।

जब ख़राब मूड से निपटने की बात आती है, तो हमें अच्छे निर्णय लेने पर ध्यान केंद्रित करना होगा, ना कि सही यानी परफ़ेक्ट निर्णय लेने पर। एक अच्छा निर्णय वह है, जो आपको उस दिशा में ले जाए जिस दिशा में आप जाना चाहते हैं।

हमें लगातार निर्णय लेते रहना होगा, चाहे वे बहुत छोटे क्यों ना हों। जीवित रहने की किसी भी स्थिति में निर्णय लेना और आगे बढ़ना आवश्यक है। यदि आप

अपने आप को अंधेरे में गहरे पानी में पाते हैं, और यह जानने का कोई तरीक़ा नहीं है कि किस दिशा में बढ़ना सुरक्षित होगा तो आप यह तो जानते ही हैं कि यदि आप कोई दिशा चुनकर आगे बढ़ना शुरू नहीं करते हैं, तो आप पानी से ऊपर अपना सिर बहुत देर तक ऊपर नहीं रख पाएँगे। आपका ख़राब मूड चाहता है कि आप कुछ नहीं करें। इसलिए, कुछ भी सकारात्मक करना, चाहे वह कितना भी छोटा काम क्यों ना हो, उस दिशा में एक स्वस्थ क़दम है, जिस दिशा में आप जाना चाहते हैं।

अक्सर ख़राब मूड के समय में जो बात हमारे लिए निर्णय लेना अधिक कठिन बना देती है, वह है इस आधार पर निर्णय लेने की हमारी प्रवृत्ति कि हम अभी कैसा महसूस कर रहे हैं और हम कैसा महसूस करना चाहते हैं। व्यक्तिगत आशय और उद्देश्य को आधार बनाने के बजाय अपने निर्णयों को आधार बनाकर भावनात्मक फोकस बनाने से हमारे मूल्यों के आधार पर निर्णय और कार्यों में बदलाव लाया जा सकता है। ख़राब मूड से निपटते समय स्वास्थ्य से संबंधित अपने व्यक्तिगत मूल्यों पर ध्यान दें। आपके शारीरिक और मानसिक स्वास्थ्य के बारे में आपके लिए क्या महत्त्वपूर्ण है? आप अपना दैनिक जीवन किस प्रकार जीना चाहते हैं? आप इस समय उन मूल्यों के अनुरूप कितना जी रहे हैं? आपके स्वास्थ्य को बेहतर बनाने के लिए आप आज कौन-सा काम कर सकते हैं।

स्थिरता

जब आपका मूड ख़राब हो और छोटे-छोटे दैनिक कार्य भी भारी लगने लगें, तो अपने लिए ऐसे बहुत बड़े लक्ष्य ना बनाएँ, जो पहुँच से बाहर लगें। छोटे बदलाव चुनें, जिन्हें आप हर दिन अमल में ला सकते हैं। फिर स्वयं से वादा करें कि आप इसे पूरा करेंगे ही। यह बात पहले-पहल तो मूर्खतापूर्ण लग सकती है, क्योंकि वे छोटे बदलाव आपको तत्काल, बड़े परिणाम नहीं देंगे। लेकिन वे इससे भी अधिक महत्त्वपूर्ण कुछ कर रहे हैं। वे एक नई आदत के लिए आपका मार्ग प्रशस्त कर रहे हैं, जिसे आप अपने रोज़मर्रा के जीवन में शामिल कर सकते हैं और समय के साथ इसे विकसित भी कर सकते हैं, क्योंकि यह आदत बन जाती है। इसलिए छोटे परिवर्तन का प्रयास करें, लगातार करते रहें। धीमा परिवर्तन टिकाऊ होता है।

जब मूड ठीक ना हो तो अपनी आलोचना नहीं करें

हम स्व-आलोचना और स्व-आक्रमण के बारे में बात किए बिना ख़राब मूड से निपटने की चर्चा नहीं कर सकते। ख़राब मूड स्व-आलोचना या स्व-आक्रमण बढ़ावा देता है। यह हम पहले से ही कर रहे होते हैं। किसी को यह सलाह देना

बहुत आसान है कि वह अपने प्रति निष्ठुर नहीं बने। लेकिन जब कोई आदत कम उम्र में ही बन गई हो तो स्वयं को इसे रोकने के लिए कहने मात्र से इसके दूर होने की संभावना नहीं होती। हम उन विचारों को आने से रोक नहीं सकते। लेकिन हम उन पर ग़ौर करने और कुछ इस तरह से प्रतिक्रिया देने की क्षमता बना सकते हैं, जिससे उन्हें हमारी भावनाओं और व्यवहार से कम शक्ति मिले। हम उन्हीं कौशलों का उपयोग कर सकते हैं, जिन्हें हमने विचार पूर्वाग्रहों को पकड़ने और उनसे कुछ दूरी बनाने के लिए अपनाया था। इससे हमें यह पहचानने में मदद मिलती है कि वे विचार भावनाओं से भरे हुए निर्णय हैं, तथ्य नहीं।

किसी ऐसे व्यक्ति को याद करें जिसे आप बिना शर्त प्यार करते हैं। अब कल्पना कीजिए कि वे अपने बारे में वैसे ही बोल रहे थे, जैसे आप अपने बारे में बात करते हैं। आप उनसे क्या कहेंगे? आप उनके भीतर किस तरह का साहस देखना चाहते हैं? वे अपने आपसे किस तरह से बात करें? लोगों को समझाकर हम उनके प्रति तो सहानुभूति का प्रदर्शन करते हैं, लेकिन अपने प्रति वैसी सहानुभूति नहीं रखते, अपनी उपेक्षा करते हैं।

आत्म-करुणा हल्के स्तर की आत्म-मुग्धता नहीं होनी चाहिए। यह वह आवाज़ है, जिसे आपको सुनने की सबसे ज़्यादा ज़रूरत है। यह आपको नीचे की ओर धकेलने के बजाय अपने आपको ऊपर खींचने की ताक़त देगी। यह ईमानदारी, प्रोत्साहन, समर्थन और सहानुभूति की आवाज़ है।

यह एक सहारा देने वाली आवाज़ है, जो आपको फिर से तैयार करती है और सीधे आपकी आँखों में देखती है आपसे कहती है कि वापस लौटो और दोबारा प्रयास करो। यह माता-पिता, कोच या व्यक्तिगत चीयरलीडर की हो सकती है। यही वजह है कि खेल के मैदान में संभ्रांत एथलीटों के आस-पास कोई न कोई अपना होता ही है। वे प्रोत्साहन के शब्दों की शक्ति को समझते हैं। चाहे आप बॉक्सिंग रिंग में हों, टेनिस कोर्ट में हों, कार्यस्थल पर किसी मीटिंग में हों या परीक्षा हॉल में हों, यही नियम लागू होता है।

इसलिए अपने आप से उसी तरह बात करें, जिस तरह आप किसी प्रियजन का समर्थन करने और प्रोत्साहन देने के लिए व्यक्त करते हैं। मूड को प्रबंधित करने का यह एक शक्तिशाली घटक है।

अन्यथा आप कैसा महसूस करना चाहते हैं?

जब हम ख़राब मूड से निपटने की कोशिश कर रहे होते हैं, तो हमारी प्रवृत्ति हर उस चीज़ पर ध्यान केंद्रित करने की होती है, जिसे हम सोचना और महसूस नहीं

करना चाहते हैं। उसका अपना महत्त्व है। लेकिन अगर हम जो नहीं चाहते हैं, उससे दूर जाना चाहते हैं, तो इससे यह जानने में मदद मिलती है कि फिर हम कहाँ जाना चाहते हैं।

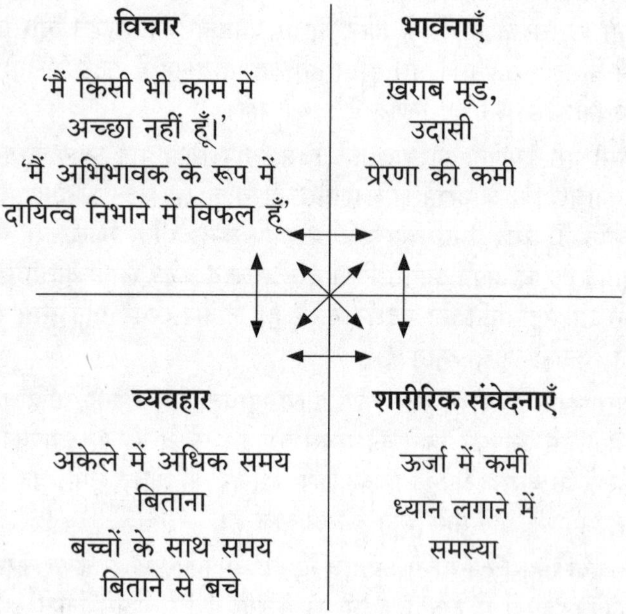

चित्र 5 : ख़राब मूड फ़ॉर्म्यूलेशन के लिए उदाहरण

टूलकिट : यह पता लगाना कि आप जो महसूस करते हैं उसे बदलने के लिए आप क्या कर सकते हैं

पुस्तक के पीछे दिए गए ख़राब मूड की घटनाओं के लिए हॉट क्रॉस बन फ़ॉर्म्यूलेशन को भरने से शुरुआत करें। चित्र 5 : मैंने ऊपर एक उदाहरण दिया है।

जैसे ही आप आपके ख़राब मूड को बढ़ाने में योगदान करने वाले विचारों और व्यवहारों की शृंखला को तोड़ दें, तो अपने बेहतर दिनों के लिए रिक्त फ़ॉर्म्यूलेशनभरें। इस बार, भावनाओं के बॉक्स से शुरुआत करें और इसे ख़राब मूड

के बजाय उन भावनाओं से भरें जिन्हें आप अपने रोज़मर्रा के जीवन में अधिक महसूस करना चाहते हैं। मैंने नीचे एक उदाहरण दिया है (चित्र 6)।

यह जानते हुए कि आपकी शारीरिक स्थिति, आपके विचारों का फ़ोकस और आपका व्यवहार सभी उस भावना में योगदान करते हैं, उस फ़ॉर्म्यूलेशन के बाक़ी हिस्सों को भरने के लिए नीचे दिए गए संकेतों का उपयोग करें :

- जब आपने अतीत में ऐसा महसूस किया है, तो आपका ध्यान किस पर केंद्रित रहा है?
- आपको बेहतर महसूस कराने के लिए आपके विचारों/आत्म-चर्चा को कैसा होना चाहिए?
- जब आपको पहले भी ऐसा महसूस हुआ था, तो आपने कैसा व्यवहार किया था?
- यदि आप ऐसा महसूस करते हैं, तो आपको अपने शरीर का इलाज किस तरह करना होगा?
- जब आप अपना सर्वश्रेष्ठ महसूस कर रहे होते हैं, तो आपके विचार क्या होते हैं?
- आपका ध्यान किस पर केंद्रित रहता है? तब वह आंतरिक आवाज़ कैसी लगती है?

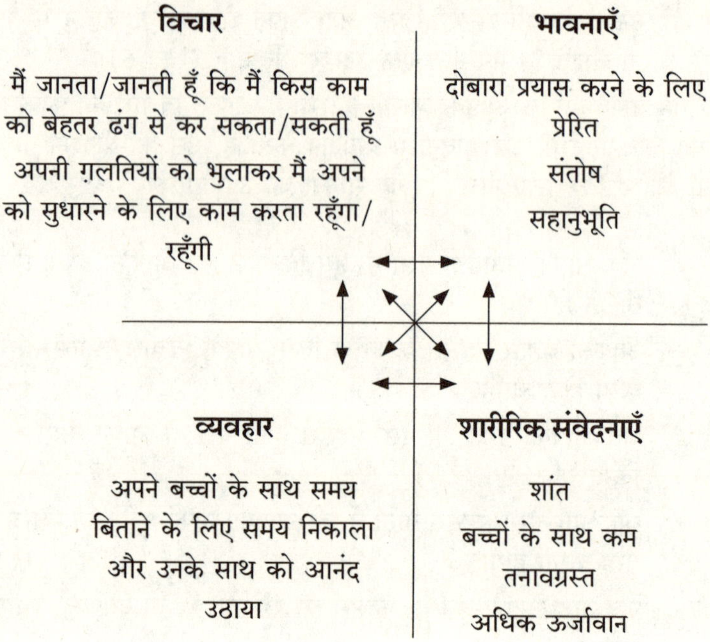

चित्र 6 : बेहतर दिनों के लिए एग्ज़ाम्पल फ़ॉर्म्यूलेशन। आप कैसा महसूस करना, व्यवहार करना, सोचना चाहते हैं?

देखें कि क्या इससे ऐसी किसी बात का खुलासा होता है, जिसने अतीत में आपके लिए काम किया है या उन बातों के बारे में अंतर्दृष्टि प्रदान करता है, जिन पर आप ध्यान दे सकते हैं या अपने दैनिक जीवन में बदलाव ला सकते हैं। इसका उपयोग यह जाँचने के लिए करें कि आपके लिए क्या कारगर हो सकता है।

आज़माएँ (समाधान–केंद्रित चमत्कारिक प्रश्न) : एक क्षण रुककर कल्पना करें कि जब आप इस पुस्तक को बंद करते हैं तो एक चमत्कार होता है और जिन समस्याओं से आप जूझ रहे हैं वे सभी ग़ायब हो जाती हैं।

- पहला संकेत क्या होगा कि समस्या दूर हो गई है?
- आप हटकर क्या करेंगे?
- आप किस बात के लिए हाँ कहेंगे?

- आप किस बात को ना कहेंगे?
- आप अपनी ऊर्जा और ध्यान किस पर केंद्रित करेंगे?
- आप क्या कम या अधिक करेंगे?
- आप लोगों के साथ अलग तरह से कैसे बातचीत करेंगे?
- आप अपने जीवन को किस अलग तरह से ढालेंगे?
- आप अपने आप से अलग तरह से कैसे बात करेंगे?
- आप क्या जाने देंगे?

इन प्रश्नों के उत्तर खोजने के लिए कुछ समय लें, उन छोटे-छोटे बदलावों के बारे में विस्तार से लिखें जो आप अपने रोज़मर्रा के जीवन में करेंगे। आप किस ओर बढ़ रहे हैं, इसका एक दृष्टिकोण तैयार करने के लिए यह एक बेहतरीन अभ्यास है। यह आपको यह पता लगाने में भी मदद करता है कि वर्तमान में मौजूद समस्याओं के बावजूद उनमें से कुछ बदलाव शुरू करके जीवन को कैसे बेहतर बनाया जा सकता है। हम क्या करते हैं और कैसे करते हैं, इससे हमारे शरीर और मस्तिष्क को पता चलता है कि हमें कैसा महसूस करना है। इसलिए जो सबसे ज़्यादा मायने रखता है और जिस व्यक्ति के साथ हम अपनी समस्याओं के साथ रहना चाहते हैं, अपनी दिशा को उस ओर मोड़ने से मूड में बड़े बदलाव आ सकते हैं। यह तकनीक हमारा ध्यान समस्या से समाधान की ओर केंद्रित करती है और हम अपना ध्यान उस क्षितिज पर केंद्रित करना शुरू कर सकते हैं जिसकी ओर हम जा रहे हैं।

सारांश

- अच्छे निर्णय लेने पर ध्यान दें, ना कि सर्वश्रेष्ठ निर्णय लेने पर। 'पर्याप्त अच्छा' आपको वास्तविक परिवर्तन की ओर ले जाता है। परिपूर्णतावाद निर्णय लेने में बाधा डालता है, जबकि आपके मूड में सुधार के लिए यह आवश्यक है कि आप निर्णय लें और कार्रवाई करें।
- परिवर्तनों को छोटा और टिकाऊ रखें।
- जब कोई उदास होता है, तो हम उन पर दया दिखाते हैं, क्योंकि हम जानते हैं कि उन्हें यही चाहिए। इसलिए, यदि आप अपने मूड और समग्र मानसिक स्वास्थ्य को प्रबंधित करने के लिए प्रतिबद्ध हैं, तो आत्म-करुणा या स्व-सहानुभूति का अभ्यास करने के लिए प्रतिबद्ध रहें।
- एक बार जब आप समस्या को समझ लें, तो इसका उपयोग यह तय करने के लिए करें कि आप कहाँ जाना चाहते हैं और अपने आगे के क्षितिज पर ध्यान केंद्रित करें।

5

बुनियादी बातें सही कैसे करें

कल्पना कीजिए कि आप दुनिया की सर्वश्रेष्ठ फुटबॉल टीम को चुनते हैं और उसे बिना डिफ़ेंडर्स (रक्षा पंक्ति के खिलाड़ी) के मैदान पर उतारें। अचानक, जिन विरोधियों से पहले कोई ख़तरा खड़ा नहीं हुआ था, उनके जीतने की बेहतर संभावना हो जाती है। हालाँकि, हो सकता है कि डिफ़ेंस प्लेयर आक्रामक (स्ट्राइकर्स) खिलाड़ियों जितने रोमांचक नहीं होते हों, पर हम सभी खेल की दिशा को बदलने की उनकी शक्ति को कम आँकते हैं।

हम सभी में बुनियादी बातों को नज़रअंदाज़ करने की प्रवृत्ति होती है। आपकी माँ आपसे कहती हैं कि जल्दी सो जाओ, हरी सब्ज़ियाँ खाओ और आप अपना मुँह फेरकर उनकी बातों को हवा में उड़ा देते हैं। लेकिन जब डिफ़ेंस प्लेयर्स की बात आती है, तो जब तक सबकुछ ख़त्म नहीं हो जाता, आपको पता ही नहीं चलता कि आपके पास क्या था। जब हम बहुत अच्छा महसूस नहीं कर रहे होते हैं तो सबसे पहले बुनियादी बातों को ही टालना शुरू करते हैं। हम अपने दोस्तों से मिलना-जुलना बंद कर देते हैं, हम बहुत अधिक चाय-कॉफ़ी पीने लगते हैं और फिर ठीक से सो नहीं पाते, हम व्यायाम करना बंद कर देते हैं। लेकिन इससे क्या फ़र्क पड़ता है? तो, विज्ञान बताता है कि यह खेल के मैदान से अपनी रक्षा पंक्ति को हटाकर विरोधियों के लिए जीत का लक्ष्य हासिल करना आसान बनाने जैसा है।

बुनियादी बातें ग्लैमरस नहीं होती हैं। इनसे हमें सबकुछ तुरंत ठीक होने जैसा आश्वासन नहीं मिलता लेकिन ये हेल्थ बैंक में जमा नक़दी हैं। जब जीवन में आपको चुनौतियों का सामना करना पड़ता है, तो ये आपका बचाव करेंगी और यदि आप गिरते हैं तो आपको वापस खड़ा होने में मदद करेंगी।

यहाँ पर यह कहना ज़रूरी है कि आपको उन सभी बुनियादी बातों में परफ़ेक्ट होना नहीं होना है। ऐसी कोई परफ़ेक्ट डाइट नहीं है जिस पर हर कोई सहमत हो, या सामाजिक संपर्क की भी कोई सर्वोत्तम हद नहीं होती। बुनियादी बातें कोई ऐसे लक्ष्य नहीं हैं, जिन्हें पूरी तरह हासिल किया जा सके। ये हमारी नींव हैं। इन डिफ़ेंस प्लेयर्स को भी स्ट्राइकर्स के समान ही पोषण की आवश्यकता है, क्योंकि इनकी मदद से ही आप खेल के मैदान में अंत तक डटे रह सकते हैं। जहाँ एक खिलाड़ी चूक जाता है, वहाँ दूसरा मदद कर सकता है। जब डिफ़ेंस से समझौता होता है, तो यह ग़लती या विफलता का संकेत नहीं है। यह आम तौर पर एक संकेत है कि जीवन अपनी गति से घटित हो रहा है। उदाहरण के लिए, नए-नए माता-पिता की नींद में व्यवधान होना ही है, इस पर कोई नियंत्रण नहीं लगा सकता। लेकिन वे पौष्टिक सामग्री खा-पीकर और दोस्तों और परिवार के साथ सामाजिक संपर्क बनाए रखकर अपना अतिरिक्त ध्यान रख सकते हैं। इससे उन्हें उस अवधि के दौरान स्वस्थ रहने में मदद मिलेगी।

मुख्य सुरक्षा उपायों को समझने का मतलब यह है कि हम उन्हें राडार पर रख सकते हैं। हम नियमित तौर उनके संपर्क में रह सकते हैं और उन छोटे-छोटे तरीक़ों की तलाश कर सकते हैं जिनसे हम उनमें सुधार कर सकें और उन्हें मज़बूत कर सकें।

यदि आपका मन कर रहा है कि इस हिस्से को छोड़ दें, क्योंकि आपको लगता है कि आपने यह सब पहले सुन रखा है, तो इसे पढ़ना और भी ज़रूरी है। हम इन सुरक्षा उपायों की शक्ति को इतना कम आँकते हैं कि जब हम तनाव में होते हैं या अच्छा महसूस नहीं कर रहे होते हैं तो ये सबसे पहले इन्हें ही छोड़ते हैं, नज़रअंदाज़ करते हैं। लेकिन ना केवल विज्ञान का इसको लेकर बहुत स्पष्ट मत है, हाल के वर्षों में इसने हमारी सोच से भी अधिक दूरगामी परिणाम देने की अपनी क्षमता दिखाई है।

व्यायाम

चाहे आपका मूड हल्का ख़राब हो या आप किसी बड़े डिप्रेसिव डिसऑर्डर से पीड़ित हों, व्यायाम यानी एक्सरसाइज़ करने से बहुत लाभ होते हैं, क्योंकि इसमें बहुत शक्तिशाली एंटीडिप्रेसेंट प्रभाव होते हैं (शू और अन्य, 2016)। जो लोग अवसादरोधी दवा यानी एंटीडिप्रेसेंट दवाओं का उपयोग करते हैं वे साथ में यदि व्यायाम भी करना आरंभ कर दें तो बेहतर परिणाम मिलते हैं (मुरा और अन्य, 2014)।

व्यायाम से डोपामाइन का प्रवाह तेज़ होता है और मस्तिष्क में डोपामाइन रिसेप्टर्स भी अधिक उपलब्ध होते हैं (ऑल्सेन, 2011)। इसका मतलब है कि यह रोज़मर्रा की ज़िंदगी में आनंद लेने की आपकी क्षमता को बढ़ाता है (मैकगोनिगल, 2019)। इसलिए पसंदीदा व्यायाम करने से ना केवल आपको व्यायाम मिलता है, बल्कि आपके जीवन के अन्य सभी पहलुओं में आनंद खोजने की आपकी संवेदनशीलता भी बढ़ती है।

दुर्भाग्य से हमारे लिए व्यायाम की अवधारणा को एक ऐसी कष्टदायक प्रक्रिया के रूप में ब्रांड किया गया है और आपको अपने रंग-रूप को बदलने के लिए इस कष्ट को झेलना होगा। इससे संबंधित संवाद ज़्यादातर सौंदर्य लाभ के लिए दर्द सहने पर केंद्रित होता है। अनेक लोग मानते हैं कि व्यायाम उनके लिए ज़रूरी नहीं है।

जब आपका शरीर सक्रिय रहता है तो आपको कैसा महसूस होता है, इस पर कोई बात ही नहीं करना चाहता। फिर भी, महामारी के दौरान कई लोगों ने हरी-भरी जगहों पर व्यायाम करना शुरू किया और उससे मिलने वाले आनंद को महसूस किया है। घर के अंदर इतना समय बिताने को मजबूर होने के कारण दैनिक सैर का महत्त्व और भी बढ़ गया। विज्ञान ने बताया है कि व्यायाम का मनोवैज्ञानिक प्रभाव घर के अंदर ट्रेडमिल पर नहीं, बल्कि बाहर प्रकृति के बीच अधिक होता है। डिप्रेशन के लिए संज्ञानात्मक व्यवहार थैरेपी (सीबीटी) से गुज़रने वाले वयस्कों के एक अध्ययन में, जिस समूह को फ़ॉरेस्ट सेंटिग थैरेपी प्रदान की गई थी, उसमें डिप्रेशन की गिरावट उन लोगों की तुलना में 61 प्रतिशत अधिक थी, जो हॉस्पिटल सेटिंग के इसी प्रोग्राम से गुज़र रहे थे (किम और अन्य, 2009)।

जो लोग कठिन व्यायाम नहीं करना चाहते, उनके लिए योगाभ्यास की धीमी गति भी मूड पर ज़बर्दस्त प्रभाव डाल सकती है, साथ ही मन और शरीर को अधिक तेज़ी से शांत करने की क्षमता बढ़ा सकती है (जोसेफ़सन और अन्य, 2013)।

अपने जीवन में व्यायाम को शामिल करने का निर्णय लेने का मतलब यह नहीं है कि आपको अल्ट्रा मैराथन या किसी महँगे जिम में वज़न उठाना होगा। जितना संभव हो उतनी छोटी शुरुआत करें तो गति हासिल करना बहुत आसान होगा। हो सकता है कि आप शुरुआत में घर से बाहर भी ना निकलना चाहें। ऐसे में आप अपना पसंदीदा संगीत बजाकर तब तक नृत्य कर सकते हैं जब तक आपकी साँसें ना फूलने लगें। यदि आप कोई ऐसा छोटा व्यायाम चुनें जो आपको ख़ुशी प्रदान करे, तो इसके टिकाऊ होने की अधिक संभावना है। एक बार की कसरत से सब कुछ नहीं बदल जाएगा, लेकिन शारीरिक गतिविधि में थोड़ी-सी वृद्धि, जिसे आप जारी रख सकते हैं, जीवन में महत्त्वपूर्ण परिवर्तन के लिए उत्प्रेरक बनने की ताक़त रखती है।

व्यायाम आपके मूड को थोड़ा बेहतर बनाने के अलावा और भी बहुत कुछ करता है। यह आपके दिमाग़ और शरीर पर अनेक तरीक़ों से सकारात्मक प्रभाव डालता है। लेकिन इसके मेरी सलाह मानन ज़रूरी नहीं है। आपको जो ख़ुशी प्रदान करे, आनंददायक और सार्थक लगे, उस गतिविधि को खोजें फिर देखें कि आपको कैसा महसूस होता है।

नींद

इस धरती पर चाहे कोई भी हो, उन्हें नींद से वंचित करना शुरू कर दीजिए और वह व्यक्ति शारीरिक और मानसिक बीमारियों की चपेट में आ जाएगा। लेकिन नींद और मानसिक स्वास्थ्य के बीच का संबंध दो तरह से काम करता है। जब तनाव, ख़राब मूड या चिंता के कारण आपका मानसिक स्वास्थ्य ख़राब हो जाता है, तो कहीं न कहीं आपकी नींद में भी ख़लल पड़ने की आशंका होती है। दोनों में से जो भी स्थिति पहले आए, पर जब आपको गहरी नींद आएगी तो आपका मूड और अपनी कार्य-क्षमता में आपका विश्वास वापस आ जाएगा। अगर आपने पर्याप्त नींद नहीं ली है, तो हर काम दस गुना कठिन लगता है। नींद का आपके स्वास्थ्य के हर पहलू पर गहरा प्रभाव पड़ता है, इसलिए यदि आपको लगता है कि आपकी नींद उतनी अच्छी नहीं है जितनी हो सकती है तो इसे सुधारने का प्रयास करना आवश्यक है।

जिन लोगों को लंबे समय तक अनिद्रा (इनसोम्निया) की समस्या रहती है, उन्हें किसी विशेषज्ञ से मिलने की सिफ़ारिश की जाती है। लेकिन यदि आप अपनी नींद की मात्रा या गुणवत्ता में सुधार पर काम करना चाहते हैं, तो मैंने इसे आरंभ करने के लिए नीचे कुछ टिप्स दिए हैं, मैं एक बार फिर दोहरा रही हूँ कि हमारा लक्ष्य परफ़ेक्शन हासिल करना नहीं है और साथ ही अच्छी नींद पाने के लिए आपको इस सूची में शामिल हर उपाय को आज़माने की ज़रूरत भी नहीं है। कई बार ऐसा होता है जब जीवन में कुछ अघटित होता है और इसके कारण आपके स्वस्थ नींद का पैटर्न बिगड़ जाता है। यदि आप नौकरी करते हैं, लंबी दूरी की यात्रा करते हैं, आपके छोटे बच्चे हैं या आपको देर तक जागकर कंप्यूटर गेम खेलने की आदत है, तो आप अपनी नींद की जाँच स्वयं ही करना सीख सकते हैं और नींद की गाड़ी को वापस पटरी पर लाने के लिए जो भी आवश्यक हो वह उपाय कर सकते हैं।

- दिन की शुरुआत में ज़ोरदार कसरत करें और शाम का समय विश्राम के लिए रखने की कोशिश करें।
- सोने से पहले गर्म पानी से स्नान आपके शरीर को उस तापमान तक पहुँचने में मदद कर सकता है जो नींद के लिए अनुकूलतम है।

- जागने के बाद पहले 30 मिनट के भीतर जितना संभव हो उतना प्राकृतिक प्रकाश प्राप्त करने का प्रयास करें। हमारी सर्कैडियन लय जो हमारी नींद के पैटर्न को नियंत्रित करती है वह प्रकाश के संपर्क से नियंत्रित होती है। घर के अंदर आने वाली रोशनी से भी मदद मिल सकती है, लेकिन बाहर प्राकृतिक रोशनी सबसे अच्छी होती है, यहाँ तक कि बादल वाले दिन में भी। सुबह सबसे पहले 10 मिनट के लिए बाहर निकलें। साथ ही दिन भर में जितना संभव हो सके बाहर निकलने के लिए समय निकालें।
- शाम के समय जब सूरज ढल जाए तो रोशनी मद्धिम रखें। जब स्क्रीन की बात आती है, तो शोध से पता चलता है कि स्क्रीन के रंग से अधिक स्क्रीन की ब्राइटनेस नुक़सान करती है। इसलिए शाम के समय स्क्रीन की ब्राइटनेस को जितना संभव हो उतना कम कर दें और जितनी जल्दी हो सके उन्हें पूरी तरह से बंद कर दें।
- दिन में उन कामों को निपटाने के लिए समय निकालें जिनके बारे में आप चिंतित हैं। निर्णय लें, योजनाएँ बनाएँ, अपनी कार्य सूची से कुछ काम घटाएँ।
- अच्छी नींद लेना इस बात पर भी निर्भर करता है कि आप दिन में क्या करते हैं। हम दिन के उजाले में समस्या-समाधान बेहतर ढंग से कर पाते हैं, लेकिन अगर हम उन समस्याओं को पीछे धकेल देते हैं और उन्हें अनदेखा कर देते हैं, तो वे समस्याएँ रात को सोते समय सामने आ जाती हैं। इसलिए जितना हो सके डेस्क और अपना दिमाग़ साफ़ करें।
- उन रातों में जब तकिये पर सिर रखना आपके मस्तिष्क को सक्रिय होने और चिंता करने का संकेत होता है, तो चिंता-सूची बनाने का प्रयास करें। बिस्तर के पास क़लम और काग़ज़ रखें। जब कोई चिंता आपके मन में आए, तो उसे लिख लें। बस कुछ शब्द या बुलेट पॉइंट। आगे आने वाली किसी भी अन्य चिंता के लिए भी ऐसा ही करें। यह अगले दिन के लिए आपकी कार्य सूची बन जाती है। आप अपने आप से वादा करें कि आप कल का दिन इन समस्याओं से निपटने के लिए समर्पित करेंगे। इस तरह आप उन्हें इस समय जाने देने और अपना ध्यान फिर से आराम पर केंद्रित करने के लिए आज़ाद हो जाएँगे।
- आप अपने आपको सोने के लिए मजबूर नहीं कर सकते। नींद पूरी करना कोई ऐसा काम नहीं है जिसे आप करने के लिए चुनें। नींद तब आती है जब हम एक ऐसा वातावरण बनाते हैं, जिसमें शरीर और दिमाग़ सुरक्षित

और शांत महसूस कर सकें। इसलिए नींद पर ध्यान केंद्रित नहीं करें, आराम और शांति पर ध्यान केंद्रित करें। बाक़ी काम आपका दिमाग़ करेगा।

- देर दोपहर और शाम को चाय-कॉफ़ी पीने से बचें। युवाओं के लिए जिन एनर्जी ड्रिंक्स को बढ़ावा दिया जा रहा है, उनमें बहुत अधिक मात्रा में कैफ़ीन होता है जो नींद में ख़लल डालता है और व्यग्रता के लक्षण पैदा करता है।
- एक सामान्य नियम के रूप में इसे अपनाना अच्छी बात है कि सोने से पहले किसी भी चीज़ का बहुत अधिक सेवन नहीं करें। इसमें विशेष रूप से रिफ़ाइंड शक्कर से बने व्यंजन शामिल हैं। जो भी चीज़ जो आपके तनाव के स्तर को बढ़ाती है, वह आपकी नींद में बाधा डालेगी। आपको सोने नहीं देगी।

पोषण

मानसिक स्वास्थ्य और शारीरिक स्वास्थ्य एक सिक्के के दो पहलू हैं। यदि एक चलता है तो दूसरा चलता है। हाल के वर्षों में विज्ञान ने इसे कई तरह से साबित किया है। आप अपने मस्तिष्क का किस तरह से पोषण करते हैं, उससे आपकी भावनाएँ प्रभावित होती हैं।

शोध यह भी दिखाता है कि पोषण में सुधार करने से अवसादग्रस्तता के लक्षणों को बड़ी हद तक कम किया जा सकता है (जैका और अन्य, 2017) और हम कैसे खाते हैं, इसमें सकारात्मक बदलाव करने से उम्र बढ़ने के साथ अवसाद को रोकने में मदद मिल सकती है (सांचेज-विलेगस और अन्य, 2013)।

जब हम समझ लेते हैं कि हमारा मूड कई कारकों से प्रभावित होता है, तो इससे हर तरफ़ से निपटना चाहिए। थोड़ा-सा विचार करके हममें से अधिकतर लोग आसानी से अपने शरीर को बेहतर पोषण देने के तरीक़े जान सकते हैं। दुनिया भर में किए जा रहे शोध से पता चलता है कि आपके मानसिक स्वास्थ्य की रक्षा करने वाला कोई पक्का या विशुद्ध आहार नहीं है। ऐसे पक्के साक्ष्य हैं कि पारंपरिक भूमध्यसागरीय आहार से मानसिक स्वास्थ्य को लाभ होता है, लेकिन कई अन्य आहार भी अवसाद का जोख़िम कम करते हैं जिनमें पारंपरिक नॉर्वेजियन, जापानी और एंग्लो-सैक्सन आहार भी शामिल हैं (जैका, 2019)। इन सभी आहारों में संपूर्ण, असंसाधित भोजन, स्वस्थ वसा और साबुत अनाज का समावेश होता है।

भोजन के बारे में कई ग़लत जानकारियाँ हैं, लेकिन महत्त्वपूर्ण अवधारणा यह है कि अच्छे पोषण को प्राथमिकता दी जाए। ख़राब मूड से निपटने और अपने मानसिक स्वास्थ्य में सुधार करने के लिए यह एक अच्छा आइडिया है। लेकिन जैसा कि मैंने पहले उल्लेख किया है, यदि आप उन्हें टिके नहीं रह सकते जीवन में रातों-रात बड़े बदलाव की उम्मीद नहीं करें। इसके बजाय, हर दिन अपने आपसे पूछें, 'अपने पोषण स्तर में सुधार करने के लिए आज मैं कौन-सा छोटा बदलाव कर सकता हूँ?' फिर इस बात को हर दिन दोहराएँ। इससे आपको मदद मिलेगी।

दिनचर्या

मानसिक स्वास्थ्य दुरुस्त रखने और प्रतिरोध क्षमता बढ़ाने के लिए एक और डिफ़ेंस प्लेयर है-दिनचर्या। महामारी ने जब असंख्य लोगों की दिनचर्या को उलट-पुलट कर दिया तब हमने इसकी अहमियत को समझा। उसके पहले तक हमारी भलाई और ख़ुशहाली पर इसके प्रभाव को कम करके आंका जा रहा था।

दोहराव और पूर्वानुमान हमें सुरक्षित महसूस करने में मदद करता है, लेकिन हमें विविधता और रोमांच की भावना की भी आवश्यकता होती है। इसलिए हमें दिनचर्या पर अमल करना पसंद है, और हम उन दिनचर्या को कभी-कभार तोड़ना पसंद करते हैं - विशेषतः किसी आनंददायक, सार्थक या रोमांचक चीज़ के साथ।

जब हम बहुत अच्छा महसूस नहीं कर रहे होते हैं, तो दिनचर्या प्रभावित हो सकती है। हो सकता है कि आप देर तक टीवी देखते रहें, क्योंकि आप अगले दिन काम के बारे में तनावपूर्ण विचारों को अपने अंदर आने से रोक रहे हैं। फिर सुबह उठना कठिन हो जाता है, इसलिए आप अपनी सुबह की कसरत नहीं कर पाते हैं।

या हो सकता है कि आपने कुछ समय के लिए काम से ब्रेक ले लिया हो और दोपहर में झपकी लेना शुरू कर दें, लेकिन फिर रात में नींद के संघर्ष करना पड़ सकता है। काम से दूर रहने से आपका सामाजिक संपर्क कम हो जाता है। आप कई दिनों तक घर से बाहर नहीं निकलते हैं और आपको नहाने या यहाँ तक कि सुबह उठने का भी कोई कारण नहीं मिलता है। तब आपकी भूख मर जाती है, लेकिन आपको ऊर्जा की ज़रूरत महसूस होती है, इसलिए आप कॉफ़ी पीकर दिन बिताते हैं... और इस तरह दिनचर्या में बदलाव का बड़ा प्रभाव दिखाई देने लगता है।

इनमें से छोटे मालूम पड़ने वाले प्रत्येक परिवर्त्तन महत्त्वपूर्ण हैं, क्योंकि ये एकसाथ मिलकर आपके लिए अनुभूति बनाते हैं। यदि आप पानी का एक बड़े गिलास में किसी पौष्टिक पदार्थ की एक छोटी-सी बूँद डालते हैं, तो आप शायद ही कोई अंतर दिखाई देगा। यदि आप कुछ और छोटी बूँदें मिलाते हैं, तो पानी का

सामान्य रंग बदलना शुरू हो जाता है। समय के साथ उन छोटी बूँदों की पर्याप्त मात्रा पानी के समग्र रंग और स्वाद को नाटकीय रूप से बदल देगी। इसलिए प्रत्येक छोटी बूँद मायने रखती है, भले ही एक अकेली बूँद आपकी भावनाओं को पूरी तरह से बदलने के लिए पर्याप्त ना हो।

जैसा कि कहा गया है, कोई भी दिनचर्या परिपूर्ण यानी परफ़ेक्ट नहीं होती। आपकी जिन परिस्थितियों में हैं उसमें आपके लिए कारगर पूर्वानुमान और रोमांच का संतुलन स्थापित करना ज़रूरी है। संतुलन पर नज़र रखना और उसके बिगड़ते ही उसे सही करना ही सही दिशा में बढ़ने के लिए एक बड़ा क़दम होगा।

मानवीय संबंध

अपने शरीर और मस्तिष्क की देखभाल करना तो आवश्यक है ही, लेकिन जीवन भर मानसिक स्वास्थ्य को अच्छा बनाए रखने के लिए अच्छे रिश्तों को सहेजना भी ज़रूरी है। यह मानसिक स्वास्थ्य को अच्छा बनाए रखने वाले सबसे प्रभावशाली उपायों में से एक है (वाल्डिंगर और शुल्ज़, 2010)।

जब हमारे रिश्ते ठीक नहीं चल रहे होते हैं, तो इसका हमारे मूड और भावनात्मक स्थिति पर गहरा प्रभाव पड़ सकता है। यह दूसरे तरीक़े से भी काम करता है। हमारे मूड का ख़राब होना हमारे रिश्तों के लिए हानिकारक हो सकता है। इससे हमें अपने आस-पास के लोगों से अलग होने का अहसास हो सकता है और मन में अकेलेपन भावना पैदा हो सकती है।

जब आप उदास हों, तो किसी से मेल-मुलाक़ात करने का विचार थकाऊ और भारी लग सकता है। यह डिप्रेशन का फंदा है। यह हमें पीछे हटने, छिपने के लिए कहता है और बताता है कि जब तक हम बेहतर महसूस नहीं करें, किसी से ना मिलें। इसलिए हम बेहतर महसूस करने की प्रतीक्षा करते हैं। लेकिन ऐसा करते हुए हम अपने आपको बाँध लेते हैं। एकांत में रहने के लिए कुछ समय निकालना पुनः ऊर्जावान और तरोताज़ा करने वाला हो सकता है, लेकिन यह बहुत आसानी से चिंता और आत्म-घृणा का एक नीचे की ओर धकेलने वाला चक्र भी बन सकता है। इससे डिप्रेशन को बढ़ावा मिलता है और इस क्रम को जारी रखता है।

दूसरों के साथ रहना (भले ही हमारी इच्छा ना हो), उनके साथ बातचीत करना और उनके साथ संबंध विकसित करना हमारे मूड को ठीक करने में मदद कर सकता है और हमें अपने दिमाग़ में चल रहे दुष्चक्र से बाहर निकालकर वास्तविक दुनिया में वापस ला सकता है। शोध हमें बताते हैं कि जब मूड की बात आती है

तो अच्छी गुणवत्ता वाले सामाजिक सहयोग का संबंध बेहतर परिणामों से होता है (नकाहारा और अन्य, 2009)।

वे बहुत से लोग जो अपने संघर्ष की चर्चा किसी और से नहीं करते हैं, उनका पक्के तौर पर मानना है कि स्वयं को अपने सर्वश्रेष्ठ से कमतर दिखाने से वे अपने आस-पास के लोगों के लिए बोझ बन जाएँगे। लेकिन विज्ञान ऐसा नहीं मानता। विज्ञान कहता है कि सामाजिक समर्थन का इसे प्राप्त करने वाले और इसे प्रदान करने वाले दोनों पर सकारात्मक प्रभाव पड़ता है (इनागाकी और अन्य, 2012)। इसलिए, जब हम संघर्ष कर रहे होते हैं और अपने आपको ख़राब मूड से बाहर निकालना चाहते हैं, तो हम जो एक सबसे शक्तिशाली उपाय कर सकते हैं वह है अलगाव और अकेलेपन की ओर धकेलने वाले तीव्र ज्वार के विरुद्ध तैरना। हमें इंतज़ार नहीं करना है, तुरंत कार्रवाई करनी है। भावनाएँ कार्रवाई का पीछा करती हैं। आप जितना अधिक समय अन्य लोगों के साथ वास्तविक संबंध बनाने में बिताएँगे, उतना ही अधिक अपने मानसिक स्वास्थ्य में सुधार आने लगेगा।

अन्य लोगों के साथ समय बिताने का मतलब यह नहीं है कि हमें इस बारे में बात करनी है कि हम कैसा महसूस करते हैं। वास्तव में, हमें इस बारे में बिलकुल भी बात नहीं करनी है। बस लोगों के आसपास रहें, उन्हें देखें, उन्हें देखकर मुस्कराएँ। जिन विषयों को आप आसानी से साझा कर सकें, उन पर बात करें। ख़राब मूड और डिप्रेशन हमें लोगों के बीच असहज और व्यग्र महसूस करा सकता है। हम इस बात से चिंतित हो जाते हैं कि हमें किस तरह से देखा जाएगा। हम अपना इतना समय अपनी आलोचना करने में बिताते हैं कि हम यह मानने लगते हैं कि दूसरे भी हमारे बारे में कोई नकारात्मक राय बना रहे हैं। क्या आप याद कर सकते हैं कि यह कौन-सा विचार पूर्वाग्रह था?

हमें एक-दूसरे से अलग रखने वाले सभी विचारों और भावनाओं के बावजूद, मानवीय संबंध एक ऐसा अंतर्निहित तंत्र है जो हमारी प्रतिरक्षा को बढ़ाता है, हमारे भीतर लचीलपन लाता है। जब हम संघर्ष करते हैं, तो यही आपसी जुड़ाव मदद करता है। अच्छी गुणवत्ता वाला, सुरक्षित संबंध। यदि ऐसा जुड़ाव परिवार या दोस्तों में नहीं मिल पाता है, तो पेशेवर उसे तब तक प्रदान कर सकते हैं जब तक आप अपने जीवन में नए, सार्थक रिश्ते ढूँढ़ने और बनाने में सक्षम नहीं हो जाते।

सारांश

- हमारे मानसिक स्वास्थ्य के डिफ़ेंस प्लेयर्स अच्छे स्वास्थ्य की नींव बनाते हैं। जब हम उनका हर दिन पालन-पोषण करते हैं तो वे हमें ब्याज सहित भुगतान करते हैं।
- व्यायाम करें। इसमें कुछ ऐसा चुनें जिससे आपको आनंद मिलता है। ऐसा करने से व्यायाम के जारी रहने की संभावना बढ़ जाती है।
- नींद और मानसिक स्वास्थ्य के बीच संबंध दोतरफ़ा काम करता है। नींद को प्राथमिकता देने से आपके मानसिक स्वास्थ्य में मदद मिलेगी और दिन में बदलाव करने से आपकी नींद प्रभावित होगी।
- आप अपने मस्तिष्क को कैसा भोजन देते हैं, इसका प्रभाव आपकी भावनाओं पर पड़ता है। पारंपरिक भूमध्यसागरीय, जापानी और नॉर्वेजियन आहार मानसिक स्वास्थ्य के लिए लाभ दिखाते हैं।
- मानव संबंध तनाव लचीलेपन के लिए एक शक्तिशाली उपकरण है। आपके रिश्ते आपके जीव विज्ञान और मनोविज्ञान को बदल देते हैं।

2

प्रेरणा पर

6

प्रेरणा को समझना

जब हम जीवन को प्रबंधित करने वाली मनोवैज्ञानिक टूलकिट बनाते हैं, जिसमें कई कौशलों को शामिल करते हैं, तो उसमें प्रेरणा भी शामिल होती ही है। लेकिन प्रेरणा कोई कौशल नहीं है। ना ही यह कोई ऐसा निश्चित व्यक्तित्व का गुण है जिसके साथ या उसके बिना हम पैदा होते हैं।

हममें से बहुत से लोग इस बात को ठीक-ठीक जानते हैं कि हमें क्या करने की आवश्यकता है, लेकिन हमें उसे वास्तव में अभी करने का मन नहीं करता है। और जब बाद में करने की बारी आती है, तब भी हमें ऐसा महसूस नहीं होता है। कभी-कभी हम किसी लक्ष्य को लेकर उत्साहित हो जाते हैं और चीज़ें सही दिशा में आगे बढ़ने लगती हैं। लेकिन कुछ दिन बाद वो अहसास ख़त्म हो गया और हम वापस पहले की स्थिति पर आ जाते हैं।

प्रेरणा जो ऊपर-नीचे होती रहती है, वह व्यवस्था का दोष नहीं है। यह इंसान होने का हिस्सा है। यह एक अनुभूति है जो हमारी भावनाओं की तरह ही आती और जाती है, इसलिए हम भरोसा नहीं कर सकते कि हमारे भीतर प्रेरणा हमेशा बनी ही रहेगी। लेकिन हमारे सपनों और लक्ष्यों के लिए इसके मायने क्या हैं?

आपके शरीर में क्या चल रहा है इस पर आपका मस्तिष्क लगातार है ध्यान देता रहता है। यह जानता है कि आपकी हृदय गति, आपकी श्वास, आपकी मांस-पेशियों के साथ क्या हो रहा है, और यह मिली हुई जानकारी पर प्रतिक्रिया करता है, यह निर्णय लेता है कि इसे आपके सामने जो काम खड़ा है उस पर कितनी ऊर्जा ख़र्च करनी चाहिए। इसका मतलब यह है कि उन भावनाओं को हम जितना सोचते हैं उससे कहीं अधिक प्रभावित करते हैं। अब तक हमने अपने शरीर के साथ जो करते आ रहे हैं, जब उसे बदलना शुरू करते हैं, तो इसका मस्तिष्क की गतिविधि

पर प्रभाव पड़ता है और मस्तिष्क बदले में शरीर में उत्पन्न होने वाली भावनाओं को प्रभावित करता है। यह कुछ ऐसा है, जिसका उपयोग हम अपने लाभ के लिए कर सकते हैं।

जब हम 'अभी नहीं करना' वाली भावना से निपट रहे होते हैं तो हमले के दो मुख्य पहलू होते हैं :

- यह सीखना कि प्रेरणा और ऊर्जा की भावना को कैसे विकसित किया जाए ताकि इसके बार-बार प्रकट होने की संभावना बढ़ जाए।
- प्रेरणा ना होने पर भी अपने सर्वोत्तम हितों के अनुरूप कार्य करना सीखना। आपके लिए जो करना ज़रूरी है उसे करने की क्षमता विकसित करना, तब भी जब आपका एक हिस्सा ऐसा करना नहीं चाहता हो।

सुस्ती करना या एनहेडोनिया

मैं यहाँ जान-बूझकर टाल-मटोल और एनहेडोनिया के बीच अंतर बताना चाहती हूँ। टाल-मटोल हर कोई करता है। ऐसा तब होता है, जब हम किसी काम को इसलिए टाल देते हैं, क्योंकि जो काम हमें करना होता है, जिससे तनाव या अन्य प्रतिकूल भावना पैदा होती है। मैंने सोशल मीडिया के लिए सैकड़ों शैक्षिक वीडियो बनाए हैं, लेकिन मुझे एक ऐसा वीडियो बनाने के लिए कह दें, जिसे बनाने में मुझे असहजता महसूस हो या उसे अच्छे से बनाना मुश्क़िल हो, तो मैं पूरे दिन उस विषय पर बात करने से बचती रहूँगी और अपने आपको समझाती रहूँगी कि मैं जो दूसरे काम कर रही हूँ, वे अधिक उत्पादक हैं। वास्तव में, आम तौर पर मैं इसे टाल देती हूँ, क्योंकि उस दिन उस विशेष वीडियो को बनाने का विचार मुझे कठिन या असुविधाजनक लगता है।

एनहेडोनिया इससे अलग है। ऐसा तब होता है, जब हम उन गतिविधियों या कामों में आनंद लेना बंद कर देते हैं, जिनसे पहले हमें प्रसन्नता होती थी। एनहेडोनिया का संबंध डिप्रेशन सहित कई मानसिक स्वास्थ्य समस्याओं से जुड़ा है। जब हम ऐसा महसूस करते हैं, तो हम सवाल करना शुरू कर देते हैं कि कोशिश करने से आख़िर क्या लाभ होगा। जो बातें कभी ख़ुशी देती थीं, वे अब निरर्थक लगने लगती हैं। इसलिए हम उन्हें करना बंद कर देते हैं, जिनसे हमारे मूड पर असर पड़ने की संभावना होती है, क्योंकि अब हमारे भीतर उन कामों को करने की इच्छा नहीं रह जाती है। जब आप किसी ऐसे काम से बचना शुरू करते हैं, जो आपके

लिए महत्त्वपूर्ण या संभावित रूप से सार्थक है, तो आपकी स्वाभाविक प्रतिक्रिया है इंतज़ार करना। तब तक इंतज़ार करना जब तक आपके भीतर एक बार फिर उसे करने की इच्छा ना जागे। आप तब तक प्रतीक्षा करें, जब तक आप ऊर्जावान या प्रेरित या उस काम को करने के लिए तैयार महसूस ना करें। एनहेडोनिया के साथ समस्या यह है कि दोबारा काम करने की भावना अनायास नहीं आती, हमें इसे एक्शन के माध्यम से पैदा करना पड़ता है। कुछ भी ना करने से सुस्ती बढ़ती जाती है और 'अभी नहीं करना' की भावना इसे और बदतर बना देती है। हमारे भीतर की प्रेरणा किसी एक्शन का एक अद्भुत बाय-प्रोडक्ट है। यह वह अद्भुत अनुभूति है जो आपको जिम से बाहर निकलते हुए होती है, अंदर जाते समय नहीं। यह वह ऊर्जा और गति की अनुभूति है जो आपको किसी काम को शुरू करने के बाद मिलती है और आपका मस्तिष्क और शरीर आपको सामने खड़ी चुनौती के लिए तैयार करना शुरू कर देता है। कभी-कभी भावना क्षणभंगुर होती है। बाक़ी समय में यह लंबे समय तक बनी रहती है। यह सब उन कारकों पर निर्भर करेगा जो या तो इस भावना को बढ़ावा देने या इसे कुचलने के लिए काम कर रहे हैं।

इसलिए, जब हम कुछ करना शुरू करते हैं, तब भी जब आपका उदास मूड कहता है, 'मुझे इसे करने की इच्छा नहीं है,' हम एक जैविक और भावनात्मक परिवर्तन को सक्रिय कर सकते हैं। इसका मतलब यह नहीं है कि कोई संगीत बजाने या किसी ख़ास तरह की कसरत करने से आपकी सभी समस्याएँ हल हो जाएँगी या आपका जीवन बदल जाएगा। लेकिन, इससे घटनाओं की एक श्रृंखला को गति मिलती है जो आपकी दिशा बदल देती है। यदि आप अपना इच्छित या पसंदीदा काम करना शुरू कर देते हैं, तो बड़ी संभावना है कि आपका मस्तिष्क इस तरह से उत्तेजित होगा जिससे आनंद या प्रेरणा की भावना जागती है।

यदि कोई व्यक्ति डिप्रेशन से जूझ रहा है और साथ ही वह एनहेडोनिया से भी पीड़ित है, उसे गतिविधियों में आनंद लेने में समय लग सकता है। उसके भीतर इच्छित काम को करने की प्रेरणा जागने और उसे करना आरंभ करने में भी समय लग सकता है। लंबे समय तक यह स्थिति बनी रह सकती है। एक ऐसी अवधि होती है, जिसमें हमें उन कामों को करने के लिए जूझना पड़ता है जो हमारे लिए मायने रखती हैं, तब भी जब हमारी इच्छा नहीं होती है, ताकि हम उस आनंद को फिर से प्राप्त कर सकें जो हम पहले महसूस करते थे।

सारांश

- हम प्रेरणा लेकर पैदा नहीं होते हैं।
- आप ऊर्जावान हैं और कुछ करना चाहते हैं, यह भावना हमेशा बनी रहेगी, इस पर भरोसा नहीं किया जा सकता।
- प्रेरणा में महारत हासिल करने का मतलब वह काम करने की क्षमता बनाना है जो आपके लिए सबसे ज़्यादा मायने रखता है, तब भी जब आपका एक हिस्सा ऐसा करना नहीं चाहता है।
- टाल-मटोल का मतलब तनाव या परेशानी से बचना है।
- एनहेडोनिया तब होता है जब हमें उन गतिविधियों से आनंद की अनुभूति नहीं होती है जिनका हम आनंद लेते थे। इसका संबंध ख़राब मूड और डिप्रेशन से है।
- यदि कोई काम आपके लिए मायने रखता है और आपके स्वास्थ्य को लाभ पहुँचा सकता है, तो उसे करने के लिए अपने मन के राज़ी होने का इंतज़ार ना करें-काम चालू कर दें।

7

प्रेरणा भाव का पोषण कैसे करें

प्रेरणा किसी कार्य को करने के एक कारण मात्र नहीं है, उससे कुछ अधिक है। जब हम बातचीत में इस शब्द का उपयोग करते हैं, तो हमारा मतलब उत्साह या किसी मुहिम को चालू करने की भावना से होता है जो किसी भी अन्य भावना की तरह उतार-चढ़ाव वाली होती है। कुछ बातें उस भावना को पोषित करती हैं, तो कुछ उसे दबाती भी हैं। आप ऐसा क्या करते हैं जिसके बाद प्रेरणा और ऊर्जा की अनुभूति होती है?

विज्ञान हमें उन स्थितियों के बारे में बताता है जो अधिकतर लोगों के लिए कारगर साबित होती हैं। लेकिन आप अपने जीवन को जिज्ञासापूर्वक देखकर जो बातें समझेंगे, वे अधिक महत्तवपूर्ण साबित होंगी। आप अपने बारे में जिस बात को जानते नहीं है, उसे बदल नहीं सकते। इसलिए आप जिस स्थिति से निपटने की कोशिश कर रहे हैं उसका अवलोकन करने और दस्तावेज़ीकरण करने में समय लगाना बेहद ज़रूरी है और ऐसा करने से आपको अधिक समय तक प्रेरित महसूस कर पाएँगे।

यहाँ प्रेरणा को आमंत्रित करने वाले कुछ उपाय बताए जा रहे हैं :

अपना शरीर गतिशील रखें

प्रेरणा आपके मस्तिष्क के किसी विशिष्ट स्थान से नहीं निकलती है। यह आपके व्यक्तित्व का कोई निश्चित हिस्सा नहीं है। यह कोई ऐसा आवश्यक उपकरण भी

नहीं है, जिसका उपयोग हम शरीर को गतिशील बनाने के लिए करते हैं। यह प्रायः उस क्षण की गतिशीलता का परिणाम होती है।

लेकिन यदि आपके पास व्यायाम करने के लिए कोई प्रेरणा नहीं है, तब क्या होगा? शायद व्यायाम को रोज़मर्रा की ज़िंदगी का एक स्थायी हिस्सा बनाने की कुंजी कोई ऐसी गतिविधि तलाशना है, जिसे आप तब भी कर सकें, जब आपमें उत्साह की कमी हो। शोध से पता चलता है कि कुछ नहीं करने से थोड़ा व्यायाम करना भी फायदेमंद हो सकता है, और सामान्य से थोड़ा अधिक किया गया व्यायाम भी आपकी इच्छाशक्ति को बढ़ाने में मदद करेगा (बार्टन ऐंड प्रिटी, 2010)। कुछ ऐसा तलाशें, जो आसान लगे। कुछ ऐसा जो आपको ख़ुशी दे। कुछ ऐसा जो एक और उबाऊ काम ना लगे, बल्कि ऐसा लगे कि इसे अपना क़ीमती समय दिया जाना चाहिए। इसमें दोस्तों को, अच्छे संगीत या कुछ भी ऐसा शामिल करें, जिससे आपको डर ना लगे, हर दिन उसे करने के लिए तत्पर रहने में मदद करे।

व्यायाम के किसी भी रूप को अपनी दिनचर्या में शामिल करने से, चाहे वह कितना भी औसत दर्जे का क्यों ना हो, आपको दोबारा प्रेरित होने में मदद करेगा। आपको इच्छा के विपरीत कार्य करने की रणनीति का उपयोग करना पड़ सकता है, क्योंकि आपका वर्कआउट करने का मन नहीं होगा। लेकिन इस सरल क्रिया का पूरे दिन 'करने का मन नहीं है' की भावना पर जो प्रभाव पड़ेगा, वह बेजोड़ होगा। बस इस एक काम को करते ही आप अपने आपको जीतने के लिए तैयार कर लेंगे।

लक्ष्य से जुड़े रहें

थैरेपी देते समय हम लोगों के साथ मिलकर लक्ष्य निर्धारित करते हैं और उन्हें यह पता लगाने में मदद करते हैं कि वे उन्हें कैसे हासिल करेंगे। लेकिन असली काम तब करना होता है जब स्थितियाँ पटरी से उतर जाती हैं। और इस समय जिन लोगों को मदद नहीं मिल पाती, वे लोग हार मान लेते हैं। लेकिन हमें भविष्य को मज़बूत करने के लिए अपनी विफलताओं का उपयोग करते हुए काम पर लगना होगा। यदि विफलता का कारण अच्छी तरह से समझ लें और यह भी समझें कि पटरी पर वापस आना प्रक्रिया का सिर्फ़ एक हिस्सा है, तो इस बात का पूर्वानुमान लगा सकते हैं कि ऐसा दोबारा हमारे साथ कब घटित हो सकता है और भविष्य में उन चुनौतियों से निपट सकते हैं।

मुझे लगता है कि मेरे कुछ क्लाइंट्स जब यह कहते हैं कि मेरे साथ एपॉइंटमेंट के बाद वे बहुत अधिक प्रेरित महसूस करते हैं, तो उसकी एक वजह यह है, क्योंकि

उन्होंने अपने लक्ष्यों के साथ फिर से जुड़ने में समय लगाया होता है। यदि हम जिस लक्ष्य पर काम कर रहे हैं वह हमारे दिमाग़ में ताज़ा नहीं रहेगा तो हम जल्दी ही शिथिल हो सकते हैं।

चाहे आप मूड सुधारने पर काम कर रहे हों या अपनी भलाई, ख़ुशहाली के किसी अन्य पहलू पर, अपने लक्ष्यों से जुड़े रहना सबसे ज़रुरी है, क्योंकि उनका निरंतर पोषण करना होगा। रोज़-रोज़ अपने लक्ष्यों पर विचार करें। आप जर्नलिंग के माध्यम से ऐसा कर सकते हैं। इसमें बहुत अधिक समय नहीं लगाना है। दिन की शुरुआत में एक मिनट का समय पर्याप्त हो सकता है। इसमें आप अपने लक्ष्य की दिशा में उस दिन कौन-से एक या दो काम करेंगे, उनकी सूची बना सकते हैं। फिर, दिन की समाप्ति पर अपने अनुभव को व्यक्त करने के लिए कुछ पंक्तियाँ लिखें। यह काम करना आसान है, क्योंकि इसमें बहुत अधिक समय नहीं लगता, अधिकतम कुछ मिनट लगेंगे। लेकिन यह सुनिश्चित करता है कि आप हर दिन स्वयं के प्रति जवाबदेह हैं और यह आपको अपने लक्ष्यों पर केंद्रित रखता है।

छोटे से शुरू करें

कोई भी बड़ा काम आपके भीतर 'करने का मन नहीं है' की भावना जगाएगा, इसलिए काम छोटा रखें और इस पर ध्यान केंद्रित रखें। लोग थैरेपी लेकर अपना जीवन बदल लेते हैं, लेकिन यह रातों-रात नहीं होता है। वे अपने दूसरे अपॉइंटमेंट में समस्या-मुक्त और पूरी तरह से नई मानसिकता के साथ नहीं लौटते हैं।

व्यक्ति एक समय में केवल एक ही काम अपने हाथ में लेते हैं और उसी पर ध्यान केंद्रित करते हैं। हम एक समय में केवल एक ही लक्ष्य पर ध्यान केंद्रित कर सकते हैं और जिन कामों को हम नहीं करना चाहते हैं, उन्हें करने की हमारी क्षमता सीमित होती है।

निःसंदेह हममें से अधिकतर लोग इस पर क़ायम नहीं रहते। हम देख सकते हैं कि जीवन में व्यापक बदलाव की ज़रूरत है और हम एक ही बार में एक बड़ा परिवर्तन करने का प्रयास करते हैं। हम स्वयं से बहुत अधिक उम्मीदें रखते हैं और फिर थककर या हार मानकर निराशा के गर्त में डूब जाते हैं। जब ऐसा होता है, तो हमारे दोबारा प्रयास करने की संभावना कम होती है। जब किसी दीर्घकालिक लक्ष्य के लिए प्रेरणा कम हो जाती है, तो रास्ते में छोटे-छोटे पुरस्कार मिलने से मदद मिलती है। बाहरी नहीं, आंतरिक। आप अपनी पीठ पर भावनात्मक थपथपाहट देकर जब अपने प्रयासों के लिए स्वयं को बधाई देते हैं और स्वीकार करते हैं कि आप इस तारीफ़ के लायक़ है, क्योंकि आप सही दिशा में जा रहे हैं। ऐसा करने

से आपको फिर से प्रयास करने में मदद मिलती है, यह जानते हुए कि आप उन बदलावों की ओर बढ़ रहे हैं जो आप वास्तव में देखना चाहते हैं।

जब हम अपने लक्ष्य की ओर बढ़ते हुए रास्ते में हुई प्रगति और छोटी-छोटी जीतों को पहचानते हैं, तो हम यह मानना शुरू करते हैं कि हमारे प्रयास हमारी दुनिया को प्रभावित कर सकते हैं। इस तरह से हमें प्रयास करते रहने के लिए ऊर्जावान महसूस करने में मदद मिलती है। यह छोटी शुरुआत करने और नई आदतें विकसित करने का एक बड़ा कारण है। एक बार जब आप अपने स्वस्थ व्यवहारों को प्राथमिकता देने की आदत क़ायम कर लेंगे, तो वे आपको सँभाले रखेंगे।

प्रलोभन का विरोध

कभी-कभी हम कार्रवाई करने के लिए प्रेरित होने की कोशिश करते हैं। लेकिन परिवर्तन लाने के लिए हमारे लक्ष्यों के विपरीत दिशा में ले जाने वाले कार्यों के प्रलोभन का विरोध करने की भी इच्छा शक्ति की ज़रूरत पड़ती है।

लगभग तीन या चार साल की उम्र में मैं एक बार अपने दादा-दादी के पास गई थी। बगीचे में मैंने अपने दादा को गार्डन स्ट्रिमर का उपयोग करते हुए देखा। वह ठीक से काम नहीं कर रहा था, इसलिए उन्होंने उस यंत्र को उल्टा कर दिया और ब्लेड के बीच से घास को छीलने लगे। वह मेरी ओर मुड़े और बोले, 'कुछ भी करती रहो बस, उस लाल बटन को मत दबाना!'

मैं घास पर स्ट्रिमर के किनारे बैठ गई और लाल बटन पर अपनी निगाहें टिका दीं। डोन्ट प्रेस इट, डोन्ट प्रेस इट। मैं सोचने लगी कि क्या इस बटन को दबाने से मज़ा आता है। डोन्ट प्रेस इट। यह बटन ऊपर से बहुत आकर्षक लग रहा था। एक चुंबक की तरह, मेरा हाथ आगे बढ़ा और उस लाल बटन को मैंने दबा दिया। जैसे ही ब्लेड हरकत में आए, स्ट्रिमर ने तुरंत तेज़ आवाज़ के साथ काम करना शुरू कर दिया। क़िस्मत से मेरी अँगुलियाँ सलामत रह गईं। मैंने एक सबक़ सीख लिया।

जिस ओर मुझे ध्यान नहीं देना चाहिए था उस पर ध्यान केंद्रित करने से कई लाभ नहीं हुआ। तो जब सकारात्मक परिवर्तन यह माँग करता है कि हम प्रलोभन का विरोध करें तो हमें क्या मदद मिलती है? सबसे बड़ा एक कारक है तनाव प्रबंधन। तनाव कम होने और हृदय गति परिवर्तनशीलता अधिक होने पर आत्म-नियंत्रण की फ़िजियोलॉजी सर्वोत्तम होती है। हृदय गति परिवर्तनशीलता वह माप है जो प्रत्येक धड़कन के बीच समय की भिन्नता को दर्शाता है। यह हमें बताता है कि दिन भर में आपकी हृदय गति कितनी बदलती है। आपने देखा होगा कि जब आप सुबह बिस्तर से उठते हैं, या जब आप बस पकड़ने के लिए दौड़ते हैं तो आपके

दिल की गति तेज़ हो जाती है। फिर यह धीरे-धीरे पुनः नीचे आ जाती है। इसका मतलब है कि आपका शरीर आपको ज़रूरत पड़ने पर कार्रवाई के लिए तैयार करता है और आराम करने और ठीक होने के लिए शरीर को वापस शांत करता है। लेकिन जब हम बहुत अधिक तनाव में होते हैं, तो हृदय गति पूरे दिन ऊँची (घटी हुई परिवर्तनशीलता) रह सकती है।

जब प्रलोभन का विरोध करने और अपनी इच्छाशक्ति को अधिकतम करने की बात आती है, तो हमें शरीर और दिमाग़ को शांत करने की क्षमता ज़रूरी होती है। जो कुछ भी तनाव बढ़ाता है उसका हमारे भविष्य के लिए बुद्धिमानी से चुनाव करने की क्षमता पर नकारात्मक प्रभाव पड़ने वाला है। तनाव से इस बात की आशंका बढ़ जाती है कि हम इस समय जैसा महसूस कर रहे हैं उसी के आधार पर कार्य करेंगे और अपने लक्ष्यों तक पहुँचने में विफल हो जाएँगे। इसलिए यदि आपकी नींद पूरी नहीं हुई है, आप उदास, चिंतित हैं या ठीक से खाना नहीं खा रहे हैं, तो आपकी हृदय गति परिवर्तनशीलता कम हो जाती है, साथ ही आपके लक्ष्यों पर टिके रहने की संभावना भी कम हो जाती है। चाहे आप धूम्रपान या अस्वास्थ्यकर भोजन छोड़ने की कोशिश कर रहे हों, या सिर्फ स्वस्थ तरीक़ों से अपनी भावनाओं को नियंत्रित करने की कोशिश कर रहे हों, जब तनाव से राहत और इच्छाशक्ति की क्षमता बढ़ाने की बात आती है, तो व्यायाम एक सर्वश्रेष्ठ विकल्प है। इसका तत्काल प्रभाव और दीर्घकालिक प्रभाव दोनों होता है (ओटेन और चेंग, 2006, रेंसबर्ग और अन्य, 2009)।

इसलिए आप जिस भी बदलाव पर काम कर रहे हैं, अपनी गतिविधि के स्तर को बढ़ाना, भले ही किसी छोटे से तरीक़े से ही क्यों ना हो, बदलाव को बनाए रखने के लिए अपनी इच्छाशक्ति को मज़बूत करने का एक शानदार तरीक़ा है (मैकगोनिगल, 2012)।

तनाव प्रबंधन और बुद्धिमानीपूर्ण निर्णय लेने की क्षमता बढ़ाने में नींद एक और बड़ा कारक है। तनाव बढ़ाने, ध्यान केंद्रित करने में परेशानी और अगले दिन ख़राब मूड से जूझने के लिए आपको केवल एक रात की ख़राब नींद चाहिए। आत्म-नियंत्रण के लिए ऊर्जा की आवश्यकता होती है और यदि आपने पर्याप्त नींद नहीं ली है, तो आपके मस्तिष्क की उस ऊर्जा तक पहुँच कम हो जाती है और यह उच्च तनाव प्रतिक्रियाओं के प्रति अधिक संवेदनशील हो जाता है, जिससे आपके कार्यों को नियंत्रित करने की आपकी क्षमता कम हो जाती है।

विफलता से नाता तोड़ें

विफलता की आशंका हमारी प्रेरणा को समाप्त कर सकती है। लेकिन निर्भर करता है कि विफलता के साथ हमारा रिश्ता कैसा है। यदि हम फिसलते हैं और पटरी से उतर जाते हैं इसका मतलब है कि हम क्रूर आत्म-प्रहार और निरंतर आत्म-आलोचना में संलग्न हैं, तो पूरी आशंका है कि हमें शर्मिंदगी और पराजय महसूस होगी। यदि हम विफलता को अयोग्यता से जोड़ लेते हैं, तो कुछ भी नया शुरू करना कठिन लगेगा और हम टाल-मटोल करने लगेंगे। इस प्रक्रिया के शुरू होने से पहले ही उसमें सेंध लगाकर स्वयं को शर्मिंदगी के मनोवैज्ञानिक ख़तरे से बचा ले जाते हैं।

यदि आपको लगता है कि प्रेरित होने के लिए शर्म बहुत ज़रूरी है, तो ऐसा नहीं है। जब हम आत्म-आलोचना और शर्मिंदगी में फँस जाते हैं, तो हम अपने आपको कमज़ोर, दोषपूर्ण और हीन महसूस करते हैं। जब हमें ऐसा महसूस होता है तो हम छिपना चाहते हैं, ग़ायब हो जाना चाहते हैं। इससे धूल झाड़कर फिर से प्रयास करने के बजाय भागने और टालने की इच्छा पैदा होती है। वास्तव में, यह इतना पीड़ादायक होता है कि यह उस भावना को अवरुद्ध करने की तीव्र इच्छा उत्पन्न करता है, जो व्यसन से ग्रस्त किसी भी व्यक्ति के लिए जोख़िम भरा है। इसलिए यदि हम किसी उद्देश्य पर टिके रहना चाहते हैं और प्रयास करते रहने के लिए प्रेरित महसूस करना चाहते हैं, तो हमें सावधानीपूर्वक सोचना होगा कि हम बीच में आने वाली विफलता पर किस तरह से प्रतिक्रिया करते हैं।

यदि थेरैपी के दौरान कभी प्रतिरोध होता है, लोग अपने आपसे दया दिखाने लगते हैं। मैं ऐसी बातें सुनती हूँ, 'मेरा उत्साह ख़त्म हो जाएगा, आलसी हो जाऊँगा।' 'मैं कभी कुछ हासिल नहीं कर पाऊँगा।' 'मैं इस तरह स्वयं को बंधन से मुक्त नहीं कर सकता।' अधिकतर लोग यह जानकर हैरान और आश्चर्यचकित हैं कि आत्म-आलोचना से प्रेरणा के बजाय अवसाद बढ़ने की आशंका होती है (गिल्बर्ट और अन्य, 2010)। दूसरी ओर, विफलता के बाद स्व-सहानुभूति रखना, अपने प्रति दया भाव रखना, सम्मान, ईमानदारी और प्रोत्साहन के साथ व्यवहार करने से प्रेरणा बढ़ती है और अच्छे परिणाम मिलते हैं। (वोहल और अन्य, 2010)।

आज़माएँ : यदि हम आत्म-आलोचना और विफलता के डर और प्रेरणा पर इसके प्रभाव के बारे में जागरूक नहीं हैं, तो इसे बदल पाना बहुत कठिन है। किसी विफलता के बाद आप स्वयं से किस तरह बात करते हैं, इस पर विचार करने के लिए इन संकेतों का उपयोग करें।

- जब आप विफलता का अनुभव करते हैं, तो आत्म-आलोचना कैसी लगती है?
- इससे कौन-सी भावनाएँ जुड़ी हैं?
- क्या आप मानते हैं कि विफलता एक व्यक्ति के रूप में आपकी अयोग्यता या अक्षमता बताती है?
- क्या आप इसे शर्म या निराशा से जोड़कर देखते हैं?
- आत्म-आलोचना से निपटने के लिए कौन-सी रणनीतियाँ अपनाते हैं?
- इससे आपके मूल लक्ष्यों पर क्या प्रभाव पड़ता है?
- उस समय के बारे में सोचें जब आप किसी काम में विफल हुए और किसी ने सहानुभूति जताई और प्रोत्साहन दिया। आपको कैसा लगा?
- इससे आपको दोबारा प्रयास करने और सफल होने में कैसे मदद मिली?

टूलकिट : सहानुभूति और जवाबदेही के साथ विफलता का जवाब कैसे दें ताकि आप वापस पटरी पर आ सकें

किसी हालिया विफलता या रुकावट को याद करें। फिर नीचे दिए गए अभ्यास पर काम करें।

1. ध्यान दें कि उसको याद करने से कौन-सी भावनाएँ उमड़ती हैं और आप उन्हें अपने शरीर में कहाँ महसूस करते हैं।
2. आत्म-आलोचना कैसी लगी? कौन-से शब्द और वाक्य सामने आए और उनकी वजह से आपकी भावनाएँ किस तरह प्रभावित हुईं?
3. फिर आपने भावनाओं पर कैसे प्रतिक्रिया दी?
4. किसी ऐसे व्यक्ति को याद करें जिसे आप प्यार करते हैं या सम्मान करते हैं। यदि उन्हें भी वैसी ही विफलता का अनुभव होता, तो आपने उन्हें किस तरह सम्मानपूर्वक प्रतिक्रिया दी होती? आपने उन्हें वह सम्मान क्यों दिखाया होता?
5. आप उन्हें पटरी पर वापस लाने के लिए इस विफलता को किस तरह से समझने की सलाह देंगे?

सारांश

- हालाँकि, हम प्रेरणा की भावना को नियंत्रित नहीं कर सकते हैं, ये ऐसी चीज़ें हैं जो हम इसे अधिक बार महसूस करने की संभावना बढ़ाने के लिए कर सकते हैं।
- शारीरिक गतिशीलता प्रेरणा पैदा करती है। कुछ ना करने से बेहतर है थोड़ा करना। इससे गति बढ़ाने में मदद मिल सकती है।
- अपने लक्ष्य से जुड़े रहने से प्रेरणा को बढ़ाने में मदद मिलती है।
- छोटे और सुसंगत क़दम उठाएँ।
- तनावपूर्ण स्थितियों के बीच आराम करना और पुनः प्रयास करना सीखना इच्छाशक्ति को अधिकतम करने में मदद करता है।
- यदि आपको लगता हो कि शर्मिंदगी महसूस करने से प्रेरणा बढ़ेगी, तो ऐसा नहीं है। विफलता से अपना नाता तोड़ने से आपको मदद मिलेगी।

8

जब काम का मन नहीं करता तब भी आप स्वयं से वह काम कैसे करवाते हैं?

हम अपने तनाव को चाहे कितना कम कर लें और अपने भीतर कितनी ही प्रेरणा क्यों ना जगा लें, यह सब क्षण-भंगुर हो सकता है। हमारे भीतर ये भाव आते हैं, चले जाते हैं। इसलिए हम इस पर हमेशा निर्भर नहीं रह सकते कि हमारे अंदर प्रेरणा मौजूद रहेगी ही। और हमेशा ऐसे काम भी हमारे सामने रहेंगे, जिन्हें करने का हमारा कभी मन नहीं करेगा। टैक्स रिटर्न, बीमा रीन्यूअल, कूड़ेदान बाहर निकालना। हम इन कामों को कैसे कर पाते हैं, तब भी जब हमारा एक हिस्सा ऐसा नहीं करना चाहता है?

भावनाएँ अक्सर चाहतों के साथ जुड़ी होती हैं। ये चाहतें या आग्रह सुझाव, संकेत, अनुनय-विनय हैं जो हमें सुझाते हैं कि हम जो असुविधा महसूस कर रहे हैं उसे दूर करने के लिए यह या वह प्रयास करें या उस पुरस्कार की तलाश करें जिसकी हमें उम्मीद है। हमारी वे चाहतें या आग्रह बहुत ताक़तवर हो सकती हैं, लेकिन हमें उनका सुझाव नहीं मानना है।

विपरीत क्रिया

बचपन में मैं और मेरी बहनें पोलो मिंट्स (ठंडाई वाली मीठी गोलियाँ) का एक पैकेट लेते थे और प्रतिस्पर्धा करते थे कि कौन इन मिंट्स को चबाए बिना सबसे

लंबे समय तक मुँह में रख सकता है। एक ऐसी चुनौती जो सुनने में भले ही आसान लगती हो, निभाने में बहुत अधिक कठिन है। एक समय ऐसा आता था कि उन गोलियों को चबाने की इच्छा को टाला नहीं जा सकता था। इसके लिए गहन एकाग्रता और फ़ोकस की आवश्यकता होती थी। जैसे ही आप विचलित होते थे और अपनी सतर्कता कम कर देते थे, आपका मस्तिष्क आपके लिए ऑटोपायलट बन जाता था और मिंट की गोली चकनाचूर।

यदि आप उस गेम को आज़माते हैं, तो आप ग़ौर करते हैं कि आपकी जागरूकता आपकी अनुभूति पर केंद्रित होती है। आपको एक चाहत की अनुभूति होती है। और आपको अपनी इस चाहत और कार्रवाई के बीच एक अंतर पैदा करना होगा। बस थोड़ा-सा ध्यान देकर आपको यह चुनना होगा कि आप अपनी चाहत के साथ जाएँगे या उसके विरुद्ध। जब कोई काम मिंट के एक छोटे-से टुकड़े को चबाने से स्वयं को रोकने जितना आसान हो, तो आपको टास्क पर बनाए रखने के लिए प्रतिस्पर्धी भाई-बहनों से थोड़ी-सी की प्रतिद्वंद्विता की ज़रूरत होती है। जब हम तीव्र भावनात्मक स्थितियों के साथ आने वाले व्यवहार के अंतर्निहित पैटर्न के प्रति अधिक मज़बूत चाहत से निपटने की कोशिश करते हैं, तो चुनौती बहुत कठिन हो जाती है।

आप जो करना चाहते हैं, जहाँ पहुँचना चाहते हैं उसके अनुरूप व्यवहार करने के बजाय चाहत के विपरीत कार्य करना एक प्रमुख कौशल है जिसे लोग थेरैपी में सीखते हैं (लाइनहैन, 1993)। विपरीत क्रिया कौशल किसी कार्य को करने का जान-बूझकर किया गया प्रयास है। आपकी भावना आपको जो करने के लिए कह रही है, यह उसके विपरीत है। यह विशेष रूप से तब मदद करता है जब आपकी मुक़ाबला करने की रणनीतियाँ आपको नुक़सान पहुँचाती हैं।

माइंडफुलनेस यानी सचेतनता इस कौशल का एक प्रमुख घटक है। अपने अनुभव और उसके साथ आने वाले विचारों, भावनाओं और इच्छाओं पर ध्यान देने से हमें आगे क्या करना है इसके बारे में एक जानकारीपरक, कभी-कभी पूर्व नियोजित निर्णय लेने के लिए पर्याप्त समय तक रुकने की सहूलियत मिलती है। इसका मतलब है कि हम अपनी भावनाओं के बजाय अपने मूल्यों के आधार पर कार्य कर सकते हैं।

दर्द का अवरोध

प्रेरणा के लिए सबसे अच्छी रणनीति है प्रेरणा को समीकरण से बाहर निकालना। कुछ काम हम हर दिन करते हैं, चाहे हमारा मन हो या ना हो। जैसे, सुबह उठने के

बाद आप अपने आप से यह नहीं पूछते हैं कि क्या तुम्हारे भीतर अपने दाँत साफ़ करने की प्रेरणा है, यह तो बस आप करते ही हैं।

प्रेरणा के लिए सबसे अच्छी रणनीति प्रेरणा को समीकरण से बाहर निकालना है। कुछ चीज़ें हैं जो हम हर दिन करते हैं, चाहे हमारा मन हो या ना हो। उदाहरण के लिए, सुबह में, आप अपने आप से यह नहीं पूछते हैं कि क्या आपके पास अपने दाँत साफ़ करने की प्रेरणा है, यह बस कुछ ऐसा है जो आप करते हैं। यह इतनी अच्छी तरह से अभ्यास में लाई जाने वाली आदत है कि आपको इसके बारे में सोचने की ज़रूरत नहीं पड़ती है। आप बस करते चले जाते हैं। इसका कारण यह है कि यह आपके अधिकांश जीवन के लिए आपकी दैनिक दिनचर्या का एक अपरिहार्य हिस्सा रहा है।

अपने मस्तिष्क की कल्पना एक जंगल की तरह करें। आपके द्वारा की जाने वाली प्रत्येक क्रिया के लिए मस्तिष्क को अलग-अलग इलाक़ों के बीच संबंध या रास्ते बनाने पड़ते हैं। जब आप किसी क्रिया को लंबे समय तक नियमित रूप से दोहराते हैं (जैसे कि दाँत साफ़ करना) तो वे रास्ते अच्छी तरह से विकसित और स्थापित हो जाते हैं। उन सुगम, चौड़े रास्तों तक पहुँचना आसान हो जाता है ताकि आपका मस्तिष्क उस क्रिया के बारे में बहुत अधिक सोचे बिना ही अधिकांश क्रिया कर सके।

लेकिन जब आप कुछ नया शुरू करते हैं तो आपको एक नया रास्ता बनाना पड़ता है, कभी-कभी बिलकुल नए सिरे से। इसके लिए बहुत अधिक सचेत प्रयास करना पड़ता है। और यदि आप उस रास्ते का बार-बार उपयोग नहीं करते हैं, तो यह हमेशा अधिक प्रयास करना पड़ेगा। जब भी आप तनाव में होंगे तो आपका मस्तिष्क स्वचालित रूप से सबसे आसान रास्ता चुन लेगा, जिस पर आप बार-बार चल चुके हैं। लेकिन यदि आप उस नए व्यवहार को यथासंभव पर्याप्त समय तक दोहरा सकते हैं, तो एक नई आदत बन जाती है और जब आपको इसकी सबसे अधिक आवश्यकता होती है तो उसका उपयोग करना आसान हो जाता है।

नई आदत बनाने के लिए कुछ सुझाव दिए जा रहे हैं :

- नए व्यवहार को जितना संभव हो उतना आसान बनाएँ, ख़ासकर ऐसे क्षणों में जब आपको एक्शन लेने करने का मन ना हो।
- अपना वातावरण इस तरह से व्यवस्थित करें जो आपके व्यवहार में नए बदलाव में मददगार हो। बदलाव के शुरुआती दौर में आप आदत पर निर्भर नहीं रह सकते।

- स्पष्ट योजनाएँ बनाएँ और यदि आवश्यक हो तो रिमाइंडर सेट करें।
- अल्पकालिक और दीर्घकालिक पुरस्कारों रखें। बाहर से मिलने वाले पुरस्कारों की तुलना में अपने भीतर से मिले हुए पुरस्कार अधिक कारगर साबित होते हैं। इसलिए हमें ट्रॉफ़ियों की उतनी ज़रूरत नहीं है जितना हमारे भीतर उमंग और उत्साह की और यह स्वीकार करने की आवश्यकता है कि हम सही रास्ते पर चल रहे हैं।
- आपको यह स्पष्ट रूप से पता होना चाहिए कि आप यह परिवर्तन क्यों कर रहे हैं और यह आपके लिए इतना महत्त्वपूर्ण क्यों है। इसमें सहायता के लिए आप इस पुस्तक में दिए गए मूल्य अभ्यासों का उपयोग कर सकते हैं। इस परिवर्तन को अपनी पहचान के एक हिस्से के रूप में स्थापित करें कि अब आप इसी तरह काम करते हैं।

लंबे समय तक कैसे टिके रहें

वर्षों से मनोविज्ञान अनुसंधान ने इस विचार को चुनौती दी है कि सफलता जन्मजात प्रतिभाओं पर निर्भर करती है और साबित किया गया है कि धैर्य (डकवर्थ और अन्य, 2007) और, विशेष रूप से, दृढ़ता हमारी सफल होने की क्षमता में महत्त्वपूर्ण भूमिका निभाती है (क्रेडे और अन्य, 2017)। लेकिन हम विफलताओं के सामने भी टिके रहने के लिए आवश्यक सहनशक्ति कैसे हासिल कर सकते हैं?

बहुत से लोग कठिनाई में भी जीना सीख लेते हैं, लेकिन इसका मतलब यह नहीं है कि जब तक आप थक ना जाएँ तब तक चलते रहें, आगे बढ़ते रहें। जब हम दीर्घकालिक लक्ष्यों पर काम कर रहे हैं और ऐसे बदलाव कर रहे हैं जिन्हें हम लगातार बनाए रखना चाहते हैं, तो हमें पर्याप्त आराम करने के साथ-साथ तनाव को संतुलित करना सीखना होगा। हमें हमेशा काम करते रहने या हमेशा ऊर्जावान और तरोताज़ा महसूस करने की ज़रूरत नहीं है। हमें शरीर की बात सुनने और प्रयासपूर्वक पीछे हटने में सक्षम होना होगा, ताकि हम एक बार फिर नई ऊर्जा के साथ आगे बढ़ने के लिए तैयार हो सकें।

जिस तरह उत्कृष्ट एथलीट ट्रेनिंग सेशन्स के बीच में झपकी ले लेते हैं और पेशेवर गायक कई दिनों तक बिना बोले अपनी आवाज़ को आराम देते हैं, उसी तरह हमें भी यह समझना होगा कि अगर हम लंबे समय तक किसी भी जगह पर टिके रहना चाहते हैं तो नियमित तौर पर आराम करने और अपने आपको पुनः तरोताज़ा करना ज़रूरी है।

लेकिन सभी ब्रेक यानी अवकाश समान नहीं होते। अधिकांश दिन बहुत अधिक काम और मेहनत के कारण थकाऊ और ऊबाऊ हो जाते हैं। लेकिन अगर हम बीच में मिल हुए आराम के क्षणों का उपयोग ई-मेल का कचरा साफ़ करने, सोशल मीडिया पर स्क्रॉल करने या कुछ और काम करने के लिए करते हैं, तो शरीर और मस्तिष्क रिचार्ज करने के लिए आराम की स्थिति में नहीं लौटेंगे। तो अगली बार मीटिंग्स के बीच मिले हुए 15 मिनट को ख़र्च करने के लिए अपने फ़ोन की ओर हाथ बढ़ाने के बजाय क्यों ना ताज़ी हवा लेने के लिए बाहर निकल जाएँ या कोई ऐसी जगह क्यों ना तलाशें जहाँ बैठकर आप कुछ पलों के लिए आँखें मूँदकर शांति बैठ सकें?

जब हम बड़े लक्ष्यों पर काम करते हैं, तो हमें छोटे पुरस्कारों का भी उपयोग करना चाहिए। जब हम बड़ी चुनौतियों को छोटे-छोटे कार्यों में तोड़ते हैं और उन छोटे लक्ष्यों तक पहुँचने पर स्वयं को पुरस्कृत करते हैं, तो हमें इस दौरान डोपामाइन का लाभ मिलता जाता है। डोपामाइन ना केवल हमें एक छोटा-सा लेकिन बड़ा फ़ायदेमंद 'बज़' (आनंद) देता है, बल्कि यह हमें अगले लक्ष्य की ओर देखने-बढ़ने के लिए प्रेरित भी करता है। इसकी वजह से हम कल्पना कर पाते हैं कि सामने आई चुनौती को पूरा करने के बाद हमें कैसा महसूस होगा। यह हमारे भीतर इच्छा और उत्साह जगाता है (लिबरमैन और लॉन्ग, 2019)। इसीलिए, लक्ष्य की ओर बढ़ते समय रास्ते में अपने आपको छोटे-छोटे पुरस्कार देते रहें, इसकी वजह से अंतिम लक्ष्य पाने के लिए आपकी इच्छा और दृढ़ बने रहने की क्षमता में फिर से इज़ाफा होगा।

मान लीजिए कि आप पहले जितना दौड़ते थे, उससे अधिक दौड़ने का प्रयास कर रहे हैं। जब आप थका हुआ महसूस करने लगते हैं, तो आप अपने आप से कहते हैं कि बस आप अपने लक्ष्य तक पहुँचने ही वाले हैं। जब आप वहाँ तक पहुँच जाते हैं, तो आप इस उपलब्धि को हासिल करने पर मानसिक रूप से अपनी पीठ थपथपाते हैं। आप इसे एक संकेत के रूप में देखते हैं कि आप सही रास्ते पर हैं। आपके लिए यह आंतरिक पुरस्कार आपके डोपामाइन को रिलीज करता है। यह उस नॉरएड्रेनालाइन को दबा देता है जो आपको हार मानने के लिए बाध्य करता है। परिणामस्वरूप, आपको थोड़ी देर और चलते रहने के लिए अतिरिक्त प्रोत्साहन मिलता है। यह सकारात्मक आत्म-चर्चा के समान नहीं है। आप एक छोटे, विशिष्ट लक्ष्य पर ध्यान केंद्रित करते हैं और इसे पूरा करने का मतलब है कि आप अपने अंतिम लक्ष्य की दिशा में आगे बढ़ रहे हैं (ह्यूबरमैन, 2021)। इसलिए, जब आगे का कार्य पहाड़ पर चढ़ने जैसा कठिन लगता है, तो आप शिखर की ओर नहीं देखते हैं। आप अपना ध्यान सीमित कर लेते हैं और अपने लिए एक अगली चोटी

तक पहुँचने की चुनौती निर्धारित कर लेते हैं। जब आप वहाँ पहुँच जाते हैं, तो आप सही रास्ते पर होने की भावना से भर जाते हैं। और, फिर आप आगे बढ़ने लगते हैं।

कृतज्ञता

कृतज्ञता या आभार व्यक्त करने का अभ्यास दीर्घकालिक लक्ष्यों तक पहुँचने के लिए एक प्रभावशाली उपकरण हो सकता है, पर इसके लिए लगातार प्रयास करना पड़ता है। अपना ध्यान कृतज्ञता की ओर लगाने से आपके लिए आंतरिक पुरस्कार स्वयं ही बनने लगते हैं। ये पुरस्कार आपको पुनः-पुनः प्रयास करने के लिए क्षमता का निर्माण करते हैं। अपनी भाषा में एक साधारण बदलाव करके हम कृतज्ञता की ओर मुड़ सकते हैं।

जैसा कि पहले उल्लेख किया गया है, हम क़लम और काग़ज़ की मदद से उन बातों को लिखकर अधिक औपचारिक तरीक़े से कृतज्ञता ज्ञापन का अभ्यास कर सकते हैं जिनके लिए हम हर दिन आभारी महसूस करते हैं। जब हम ऐसा करते हैं, तो हम अपना ध्यान उद्देश्य पर केंद्रित कर रहे होते हैं जिससे हमारी भावनात्मक स्थिति बदल जाती है। यह हमारी भावनाओं पर तत्काल प्रभाव डालता है। जब हम नियमित तौर पर आभार जताने का अभ्यास करते हैं तो हम एक क्रिया को दोहरा रहे होते हैं। जैसा कि पहले बताया गया है, जितना अधिक हम किसी क्रिया को दोहराते हैं, मस्तिष्क के लिए भविष्य में उसे कम प्रयास के साथ करना उतना ही आसान हो जाता है। लगभग एक मानसिक मांसपेशी की तरह, प्रत्येक दिन दोहराने से भविष्य में ज़रूरत पड़ने पर हमारे लिए मददगार तरीक़े से सोचना आसान हो जाता है।

पूर्व योजना

थैरैपी में हम अक्सर लोगों के साथ संकटकालीन योजनाएँ बनाते हैं। कभी-कभी ये योजनाएँ जीवन-मरण की परिस्थितियों में सुरक्षित कैसे रहा जाए, इससे संबंधित होती हैं। कभी नशे की लत की ओर दोबारा जाने से रोकने से संबंधित होती है, या लक्ष्य से भटककर उसे छोड़ने से बचाने के लिए होती हैं। आप इसका उपयोग किसी भी योजना पर टिके रहने की संभावनाओं को बेहतर बनाने के लिए कर सकते हैं। आप जो परिवर्तन करना चाहते हैं, उस पर विचार करें। उन सभी संभावित बाधाओं को लिखें जिनके कारण आप लक्ष्य से भटक सकते हैं। प्रत्येक बाधा के लिए आपको राह से भटकने या अपने लक्ष्यों को छोड़ने से रोकने वाली योजना बनाएँ।

अपने मूल्यों और लक्ष्यों के अनुरूप कार्य करना जितना संभव हो उतना आसान बनाएं और भावनात्मक चाहतों के आधार पर उन लक्ष्यों को तोड़ना जितना संभव हो उतना कठिन बनाएँ। उदाहरण के लिए, यदि आप हर दिन समय पर उठना चाहते हैं, अलार्म घड़ी को अपने कमरे के ठीक बाहर लगाएँ ताकि आपके पास उठने के अलावा कोई विकल्प ना हो।

यदि आप कठिन परिस्थितियों का अनुमान लगा सकते हैं और उनसे निपटने के लिए आपके पास एक योजना है, तो आपको कठिनाई के समय तुरंत उपाय सोचने और प्रलोभन से या प्रेरणा के लिए जूझने की ज़रूरत नहीं पड़ेगी।

मैं वही हूँ, जो अभी हूँ – अपनी पहचान पर लौटना

परिवर्तन की यात्रा के दौरान जैसे-जैसे प्रेरणा बढ़ती और घटती है, अपनी स्व की भावना और आप जो पहचान बनाना चाहते हैं, उस पर वापस लौटने से आपको टिके रहने में मदद मिल सकती है, प्रेरणा ना भी हो, तो भी। यदि आप अपने आप को ऐसे व्यक्ति के रूप में देखते हैं जो अपने दाँतों की सफ़ाई का ध्यान रखता है, तो आप हर दिन टूथब्रश उठाते हैं, चाहे आपका मन हो या नहीं, क्योंकि यही करते आ रहे हैं।

हमारी पहचान पूरी तरह से इस बात से तय नहीं होती कि जीवन के आरंभ में हमारे लिए क्या निर्धारित किया गया है। हम जीवन भर अपने हर काम से अपनी पहचान बनाते रहते हैं। जब हमारे लक्ष्य हमारे इच्छित व्यक्ति बनने के इरादे से स्पष्ट होते हैं, या इससे भी बेहतर, जब हमने तय कर लिया है कि हम अब यही हैं, तो हम उन दिनों भी उसके अनुरूप कार्य कर सकते हैं जब प्रेरणा कम हो।

अपनी पहचान की भावना को नियंत्रित करने के तरीक़े के बारे में विस्तार से जानने के लिए अध्याय 33 देखें।

टूलकिट : भविष्य की स्व-स्मृति और जर्नलिंग बेहतर विकल्प चुनने की आपकी संभावना को बेहतर बनाती है।

अपने भविष्य की कल्पना करने में समय व्यतीत करें। जब हम भविष्य में अपनी एक ज्वलंत छवि बनाते हैं, तो वर्तमान में विकल्प चुनना उतना ही आसान हो जाता है, जिससे आपको भविष्य में लाभ होगा (पीटर्स ऐंड बुशेल, 2010)।

अपने आपको भविष्य के किसी मुक़ाम पर रखकर सोचें और विचार करें कि आपने जिन विकल्पों को चुना है उनके बारे में कैसा महसूस होता है, आपने किस के लिए हाँ कहा था और किसके लिए नहीं कहा था। उन विकल्पों का आपके जीवन पर क्या प्रभाव पड़ा होगा? आपको क्या लगता है कि आपकी किस पसंद और कार्य पर आपको सबसे अधिक गर्व होगा? भविष्य में जब आप उस जगह पर पहुंचेंगे, तो आप किस पर ध्यान केंद्रित करेंगे? जब आप पीछे मुड़कर देखेंगे तो आपको अपने अतीत के बारे में कैसा महसूस होगा?

डायलेक्टिकल बिहेवियर थेरैपी (डीबीटी) के फ़ायदे और नुक़सान

डायलेक्टिकल बिहेवियर थेरैपी (डीबीटी) एक मनोवैज्ञानिक उपचार है जो लोगों को तीव्र भावनाओं को प्रबंधित करने के सुरक्षित उपाय खोजने में मदद करता है। डीबीटी में सिखाए गए कौशल जीवन के कई पहलुओं में उपयोगी हो सकते हैं, जिनमें वे दिन भी शामिल हैं जब हम अपने लक्ष्यों के साथ पटरी पर बने रहने की कोशिश कर रहे हैं लेकिन हम प्रेरित महसूस नहीं करते हैं। यहाँ उन कौशलों में से एक के बारे में बताया जा रहा है।

जहाँ यह उस भविष्य पर विचार करने में सहायक है जो हम चाहते हैं, वहीं यह उस भविष्य को देखने में भी मददगार है जो हम नहीं चाहते। थेरैपी में कुछ लोग जैसे हैं वैसे ही बने रहने और बदलाव पर कड़ी मेहनत करने-यानी दोनों स्थितियों के फ़ायदे और नुक़सान के बारे में विस्तार से जानना चाहते हैं। आप भी नीचे दी गई तालिका का उपयोग कर सकते हैं। स्वयं के प्रति ईमानदार रहकर चीज़ों की यथास्थिति वास्तविक महत्त्व को समझने से लाभ होता है। जबकि परिवर्तन के अवश्यंभावी नुक़सान होते हैं (हमें प्रयास करते समय परेशानी और असुविधा सहन करनी पड़ सकती है), ये नुक़सान उस क़ीमत से कहीं अधिक हो सकते हैं जो हम जैसे हैं, वैसे ही बने रहने के लिए चुकाते हैं। जब हमें ऐसा लगने लगे कि हम जीवन में सकारात्मक बदलाव से पीछे हट रहे हैं या हम रास्ते से भटक रहे हैं तो यह अभ्यास बहुत लाभदायक साबित हो सकता है।

परिवर्तन

फ़ायदे	नुक़सान

स्थिति यथावत

फ़ायदे	नुक़सान

आज़माएँ : इरादे के साथ अपनी पहचान बनाने के लिए कुछ विचार और सचेत प्रयास करना पड़ता है। काग़ज़ और क़लम लेकर नीचे दिए गए प्रश्नों के कुछ उत्तर लिखने की कोशिश करें। इससे भी बेहतर होगा कि जब भी आप अपने जीवन में बदलाव के लिए काम कर रहे हों तो एक जर्नल बनाएँ और उसमें अपनी प्रतिक्रियाएँ लिखते रहें।

- मैं समग्र रूप से कौन सा बड़ा परिवर्तन लाने का प्रयास कर रहा हूँ?
- यह परिवर्तन मेरे लिए इतना महत्त्वपूर्ण क्यों है?
- इस चुनौती का सामना करते समय मैं किस प्रकार का व्यक्ति बनना चाहता हूँ?
- मैं इस चुनौती को किस तरह से स्वीकार कर सकता हूँ कि परिणाम की परवाह किए बिना, जब मैं अपने जीवन के इस दौर को देखूँ तो मुझे गर्व महसूस हो?
- वे कौन से छोटे लक्ष्य हैं जिन्हें मुझे आगे बढ़ते हुए रास्ते में हासिल करना है?
- मैं प्रेरणा की अनुपस्थिति वाले दिनों का सामना कैसे करना चाहूँगा?
- क्या मैं अपने शरीर की सुन रहा हूँ, उसे क्या चाहिए?

सारांश

- हम हर समय प्रेरणा पर निर्भर नहीं रह सकते।
- हम आग्रहों या चाहतों के विपरीत कार्य करने का अभ्यास कर सकते हैं ताकि हम वर्तमान में महसूस कर रहे हैं उसके बजाय अपने मूल्यों के अनुरूप कार्य कर सकें।
- किसी नए व्यवहार को पर्याप्त बार दोहराएँ और यह आदत बन जाएगी।
- किसी भी बड़े लक्ष्य को पाने के लिए विश्राम और रास्ते में उमंग और उत्साह की पुन: आपूर्ति ज़रूरी है। इस बारे में किसी उत्कृष्ट एथलीट से पूछें।
- रास्ते में मिलने वाले छोटे-छोटे पुरस्कारों का उपयोग करें।

9

जीवन में बड़े बदलाव
मैं कहाँ से शुरू करूँ?

कभी-कभी आप अपने जीवन में एक ऐसे मोड़ पर पहुँचते हैं जब आपको अहसास होता है कि परिवर्तन आवश्यक है और आप जानते हैं कि वास्तव में वह परिवर्तन क्या है। लेकिन ऐसा हमेशा नहीं होता। अधिकतर, हम तनाव और असुविधा के दौर से गुज़रते हैं। हम यह समझना शुरू कर देते हैं कि स्थितियाँ वैसी नहीं हैं जैसी हम चाहते हैं, लेकिन हम ठीक-ठीक यह नहीं बता पाते कि हम इसे क्यों बेहतर बनाना चाहते हैं, और इसकी शुरुआत कैसे कर सकते हैं।

यहीं पर आपका अद्भुत मानव मस्तिष्क हस्तक्षेप करता है। अध्याय 3 में हमने मेटाकॉग्निशन के बारे में बात की। हमारे अंदर ना केवल सचेत रूप से दुनिया का अनुभव करने की क्षमता है, बल्कि हम आगे इन अनुभवों के बारे में सोचने और उनका पुनर्मूल्यांकन करने में भी सक्षम हैं। यह एक प्रमुख जीवन कौशल है, जिसका उपयोग हम थेरैपी में करते हैं। यह किसी भी बड़े जीवन परिवर्तन का केंद्र है। जिसे आप समझ नहीं सकते, उसे आप बदल भी नहीं सकते।

कथित तौर पर अल्बर्ट आइंस्टीन ने एक बार कहा था, 'अगर मेरे पास किसी समस्या को हल करने के लिए एक घंटा हो, तो मैं पचपन मिनट समस्या के बारे में सोचने में और पाँच मिनट समाधान के बारे में सोचने में बिताऊँगा।' यह उद्धरण अक्सर मेरे दिमाग़ में आता है जब मैं यह आम ग़लत धारणा सुनती हूँ कि थेरैपी में एक कमरे में बैठना और अपनी समस्याओं पर विचार ही तो किया जाता है। बेशक, इसमें आपकी समस्याओं के बारे में सोचना शामिल है, लेकिन इसकी अपनी एक

विधि है। किसी समस्या को हल करने का सबसे प्रभावी तरीक़ा है समस्या को अंदर से समझना है।

तो, जब हम बड़े परिवर्तनों का सामना कर रहे हैं तो हम मेटाकॉग्निशन का उपयोग कैसे करते हैं? जागरूकता का निर्माण पीछे मुड़कर देखने से शुरू होता है। थेरैपी या परामर्श में आप उन घटनाओं के बारे में बात कर सकते हैं जो घटित हुई हैं और इसे समझने में मदद के लिए थेरैपिस्ट से उपयोगी संकेत प्राप्त कर सकते हैं। जो लोग स्व-सहायता का रास्ता अपना रहे हैं, उनके लिए जर्नलिंग से शुरुआत करना अच्छा होगा। ऐसा को दबाव नहीं है कि बहुत सारा लिखा जाए या इस तरह से लिखा जाए कि दूसरे लोग उसे समझ सकें। इसका उद्देश्य आपके अनुभवों और आपने उन पर कैसे प्रतिक्रिया दी, इस पर विचार करने की आपकी क्षमता को बनाना और विकसित करना है। जैसे, मान लें कि आप एक परीक्षा में फ़ेल हो गए, और जब आपको पता चला, तो आपने तरह-तरह से स्वयं को भला-बुरा कहा और कहा कि तुम कभी भी कुछ भी हासिल नहीं कर पाओगे। मेटाकॉग्निशन में उन विचारों पर चिंतन करना और उन्होंने आपके अनुभव पर आगे कैसे प्रभाव डाला, इस पर चिंतन करना शामिल है।

मेटाकॉग्निशन में यह शक्ति है कि यह स्वयं के प्रति जवाबदेह होने और उस भूमिका की जाँच करने की हमारी क्षमता के द्वार खोलती है जो हम जो हैं वही बने रहने या बदलाव लाने में निभाते हैं। यह बड़े प्रभाव को प्रकट करता है कि छोटे प्रतीत होने वाले व्यवहार सकारात्मक और नकारात्मक दोनों हो सकते हैं।

यदि विवरणों पर बहुत अधिक ध्यान दिए बिना स्थितियों को बढ़ा-चढ़ाकर पेश करने की हमारी आदत है तो इस तरह से जर्नलिंग करना अजीब लग सकता है। लेकिन समय के साथ ये विवरण हमें अपने अनुभव के बारे में जागरूकता बढ़ाने में मदद कर सकते हैं, क्योंकि हम उस क्षण में व्यवहार के चक्रों और पैटर्न को पहचानना शुरू कर देते हैं, जिस समय वे घटित होते हैं। यह तब होता है जब हम कुछ अलग चुनने और अपने लिए इच्छित सकारात्मक परिवर्तन करने की संभावना बनाते हैं।

आज़माएँ : आप जिन समस्याओं से जूझ रहे हैं उनको जानने और अपने विचारों के बारे में सोचने के कौशल का अभ्यास करने के लिए इन जर्नल संकेतों का उपयोग करें।

- आपके साथ घटी किसी भी महत्त्वपूर्ण घटना का वर्णन करें।
- उस समय आपके मन में क्या विचार आए थे?
- सोचने के इस तरीक़े का आपकी भावना पर क्या प्रभाव पड़ा?
- किसी भी ऐसी भावना का वर्णन करें जिस पर आपने ग़ौर किया हो।
- वे भावनाएँ क्यों उमड़ीं?
- आपकी चाहतें क्या थीं?
- आपने इस भावना पर क्या प्रतिक्रिया दी?
- आपकी प्रतिक्रिया के परिणाम क्या निकले?

सारांश

- यह हमेशा स्पष्ट नहीं होता कि हमें क्या बदलने की ज़रूरत है और इसे कैसे करना है।
- आप जिसे समझ नहीं सकते, उसे बदल भी नहीं सकते।
- अपनी समस्या को अंदर से जानें ताकि यह समझना आसान हो जाए कि आगे किस रास्ते पर बढ़ना है।
- स्थितियों के घटित होने के बाद उन पर चिंतन करके परिवर्तन की शुरुआत करें।
- अपने आप से ईमानदार होने के लिए तैयार रहें कि आप किस तरह से समस्या में योगदान दे सकते हैं या खुद को उलझाए रख सकते हैं।
- थेरैपी आपको इस प्रक्रिया में सहायता करती है, लेकिन यदि आपकी थेरैपी तक पहुँच नहीं है, तो जर्नलिंग एक अच्छी शुरुआत हो सकती है।

3

भावनात्मक दर्द पर

10

सबकुछ दूर करें!

यदि आप कभी थेरैपी के लिए जाएँ, तो थेरैपिस्ट सबसे पहले आपसे पूछेगा कि आप इस प्रोसेस के ज़रिये क्या हासिल करना चाहते हैं। अधिकतर लोग भावुक होकर उत्तर देंगे। उनके भीतर कुछ पीड़ादायक या अप्रिय भावनाएँ हैं जिनसे वे छुटकारा पाना चाहते हैं, और कुछ लोग सुखद या शांत भावनाओं से वंचित हो रहे हैं जिन्हें वे फिर से महसूस करना चाहते हैं। और ऐसा क्यों नहीं होना चाहिए? हम सभी ख़ुश रहना चाहते हैं। वे लोग उन कष्टदायक भावनाओं में जकड़ा हुआ महसूस करते हैं और चाहते हैं कि वे ख़त्म हो जाएँ।

थेरैपी में भावनाओं को ग़ायब करने के बजाय, आप उनके साथ अपने रिश्ते को बदलना सीखते हैं, उन सभी का स्वागत करते हैं, उन पर ध्यान देते हैं, वे जैसी हैं, उन्हें वैसी ही देखते हैं, और उन उपायों की मदद से कार्य करते हैं जो उन्हें प्रभावित करेंगे और उनकी तीव्रता को कम कर देंगे।

भावनाएँ ना तो आपकी शत्रु हैं और ना ही मित्र। वे इसलिए घटित नहीं होती, क्योंकि आपके मस्तिष्क के कुछ हिस्से ग़लत ढंग से सरेखित हैं या क्योंकि आप एक संवेदनशील आत्मा हैं, जैसा कि आपको अतीत में बताया गया था। भावनाएँ आपके मस्तिष्क द्वारा आपकी दुनिया और आपके शरीर में क्या चल रहा है उसे समझाने और अर्थ जोड़ने का प्रयास है। आपका मस्तिष्क आपकी शारीरिक इंद्रियों से बाहरी दुनिया और आपके शारीरिक कार्यों, जैसे आपकी हृदय गति, फेफड़े, हार्मोन और प्रतिरक्षा कार्य के बारे में जानकारी प्राप्त करता है। इसके बाद यह उन संवेदनाओं की स्मृति का उपयोग करता है जो अतीत में घटित हुई थीं ताकि वर्तमान में उनका कुछ अर्थ निकाला जा सके। यही कारण है कि बहुत अधिक कॉफ़ी पीने से बढ़ने वाली दिल की धड़कनें पैनिक अटैक में बदल सकती हैं। तेज़ धड़कता

दिल, तेज़ चलती हुई साँसें और पसीने से तर हथेलियाँ उस समय की याद दिलाती हैं जब आपको सुपरमार्केट में घबराहट का दौरा पड़ा था। शारीरिक संवेदनाएँ बिलकुल डर की तरह महसूस होती हैं और आपके मस्तिष्क को यह संदेश मिलता है कि सब कुछ ठीक नहीं है, इस वजह से ख़तरे के प्रति आपकी प्रतिक्रिया तेज़ हो जाती है।

कितना अच्छा हो कि हम सुबह उठते साथ यह तय कर सकें कि आज हमें क्या महसूस करना है? कृपया प्रेम, उत्साह और आनंद दर्ज करें! दुर्भाग्य से यह इतना सरल नहीं है। भावनाएँ बस उभरती हैं, बिना किसी ट्रिगर के, और क्या होता है या कब होता है, इस पर हमारा कोई नियंत्रण नहीं है। हम बस उनका विरोध करने का प्रयास कर सकते हैं, उन्हें रोक सकते हैं और तर्कसंगत ढंग से सोच सकते हैं। लेकिन ऐसा नहीं होता है। चूँकि, हम अपनी सभी भावनाओं को सीधे तौर पर ट्रिगर नहीं कर सकते हैं, फिर भी हमारी भावनात्मक स्थिति पर हमारा उससे कहीं अधिक प्रभाव है जितना हमें कभी विश्वास करना सिखाया गया था। इसका मतलब यह नहीं है कि भावनात्मक बेचैनी महसूस करने के लिए आप दोषी हैं। इसका मतलब यह है कि हमें वे कई तरीक़े सीखने को मिलते हैं जिनकी मदद से हम अपनी भलाई और ख़ुशहाली की ज़िम्मेदारी ले सकते हैं और नए भावनात्मक अनुभवों का निर्माण कर सकते हैं।

भावनाओं के साथ *क्या नहीं* करना है

उन्हें दूर नहीं धकेलना

कल्पना कीजिए कि आप समुद्र तट पर हैं। आप समुद्र में सीने तक पानी में उतर गए हैं। किनारे तक पहुँचने के लिए लहरों को आपके ऊपर से गुज़रना होगा। यदि आप लहरों को रोकने की कोशिश करते हैं और उन्हें किनारे तक पहुँचने से रोकते हैं, तो आपको पता चलता है कि वे लहरें कितनी शक्तिशाली हैं। वे आपको पीछे धकेल देती हैं और आप तुरंत उनमें घिर जाते हैं और व्याकुल हो जाते हैं। लेकिन आपको लहरों के विरुद्ध लड़कर गिरना नहीं है। वे लहरें हर हाल में आएँगी। जब आप इस बात को स्वीकार कर लेते हैं, तो आप लहर गुज़रते समय अपना सिर ऊपर रखने पर ध्यान केंद्रित कर सकते हैं। लहरें अब भी आपको प्रभावित कर सकती हैं, हो सकता है कि एक पल के लिए आपके पैर फिसल भी जाएँ। लेकिन आप पानी के साथ आगे बढ़ते हैं और अपने पैरों पर वापस जमाकर खड़े होने के लिए स्वयं को तैयार रखते हैं।

भावनाओं से निपटना लहरों में खड़े होने जैसा ही है। जब हम भावनाओं का रास्ता रोकने की कोशिश करते हैं, तो हमारे पैर उखड़ जाते हैं और हम स्वयं को परेशानी में पाते हैं, साँस लेने में दिक्कत होती हैं, भ्रमित हो जाते हैं। जब हम भावना को अपने ऊपर हावी होने देते हैं, तो वह अपनी स्वाभाविक राह पकड़कर ऊपर उठती है, चरम पर पहुँचती है और नीचे गिर जाती है।

यक़ीन मानिए ये तथ्य हैं

भावनाएँ असली और जायज़ हैं, लेकिन वे तथ्य नहीं हैं। वे एक अनुमान हैं। एक संभावना है जिस पर हम विचार करते हैं। भावना दुनिया को समझने का मस्तिष्क द्वारा किया गया प्रयास है ताकि आप अपनी ज़रूरतों को पूरा कर सकें और जीवित रह सकें। आप जो महसूस करते हैं वह तथ्यात्मक कथन नहीं है, ना ही विचार हैं। आंशिक रूप से यही कारण है कि सीबीटी (संज्ञानात्मक व्यवहार थेरैपी) जैसी थेरैपी कई लोगों के लिए बहुत मददगार साबित हो सकती है। यह हमें विचारों और भावनाओं से पीछे हटने और उन्हें वैसे ही देखने का अभ्यास करवाती है जैसी वे हैं - केवल एक संभावना।

यदि यह जानकर भी कि विचार और भावनाएँ तथ्य नहीं हैं, हम उनसे परेशान हो रहे हैं, तो यह देखना-परख़ना वाजिब है कि क्या यह वास्तविकता का सच्चा प्रतिबिंब है या क्या कोई विकल्प अधिक सहायक होगा। जब हम अपने वर्तमान विचारों और भावनाओं को तथ्य मानते हैं, तो हम उन्हें भविष्य के हमारे विचारों और कार्यों को निर्धारित करने की अनुमति देते हैं। तब जीवन जानकारीपूर्ण विकल्पों के बजाय भावनात्मक प्रतिक्रियाओं की एक शृंखला बन जाता है।

तो, हम विचारों को तथ्य समझना कैसे बंद करें? हम प्रश्न पूछते हैं। थेरैपी हमें हमारी आंतरिक दुनिया और हमारे आस-पास की दुनिया दोनों के अनुभवों के बारे में जिज्ञासु होना सिखाती है। लोग मेरे सामने बैठ जाते हैं और सप्ताह भर में किए गए ग़लत कामों के बारे में बताने लगते हैं। और आत्म-आलोचना और आत्म-घृणा की पुरानी आदतों को दोहराते हुए उन भावनाओं के बारे में भी बताते हैं जिन्हें वे महसूस नहीं करना चाहते थे। फिर हम अपने दृष्टिकोण को व्यापक करते हैं। हम देखते हैं कि वे व्यवहार हमारे फ़ॉर्म्यूलेशनमें कैसे फ़िट बैठते हैं। हम जिज्ञासा की ओर मुड़ते हैं, जहाँ आत्म-आक्रमण की आवश्यकता नहीं है। इसलिए, चाहे वह सप्ताह शानदार ढंग से बीता हो या कठिनाई भरा, हम सीखते हैं और बढ़ते हैं।

जिज्ञासु बने रहने से हमें अपनी ग़लतियों को देखने और सीखने की गुंजाइश मिलती है, अन्यथा उन्हें स्वीकार करना बहुत कष्टदायक हो सकता है। जिज्ञासा

बनाए रखने से भविष्य के लिए आशा और ऊर्जा मिलती है। चाहे कुछ भी हो, हम हमेशा सीखते रहते हैं।

टूलकिट : अपनी मुक़ाबला करने की रणनीतियों की परख़ें

- आपके भीतर भावनात्मक बेचैनी मौजूद होने के पहले संकेत क्या हैं?
- क्या यह कोई व्यवहार है?
- क्या आप अपने अवरोधक या सुरक्षात्मक व्यवहार को पहचानते हैं?
- आप अपने शरीर में भावना कहाँ महसूस करते हैं?
- कौन-से विचार चल रहे हैं? आप इस स्थिति के बारे में क्या धारणाएँ बना रहे हैं? इसका आप पर क्या प्रभाव पड़ रहा है?
- उन विचारों और भावनाओं को लिखने का प्रयास करें।
- वे आपके डर के बारे में क्या बता सकते हैं?
- कौन से व्यवहार एक मज़बूत भावना के साथ-साथ चलते हैं?
- क्या ये व्यवहार आपको अल्पावधि में मदद करते हैं?
- उनका दीर्घकालिक प्रभाव क्या है?
- अपने किसी विश्वसनीय मित्र से कहें कि वह आपके साथ मिलकर आपकी कहानी पर विचार करे और आपके भीतर के किसी पूर्वाग्रह या ग़लतफ़हमी को जानने में मदद करे।
- उनके साथ मिलकर अपने विभिन्न दृष्टिकोणों का पता लगाएँ।

सारांश

- भावनाएँ ना तो आपकी शत्रु हैं और ना ही आपकी मित्र।
- हमारी भावनात्मक स्थिति पर हमारा उससे कहीं अधिक प्रभाव है जितना हमें कभी सिखाया गया था।
- भावनाओं को दूर धकेलने से अधिक समस्याएँ खड़ी हो सकती हैं। उन्हें हम पर हावी होकर स्वाभाविक रास्ता अपनाने देने में परेशानी कम होती है।
- भावनाएँ तथ्य नहीं, बल्कि संभावना हैं।
- यदि कोई पीड़ादायक भावना है, तो जिज्ञासु बनें, प्रश्न पूछें कि वे आपको क्या बता सकती हैं?

11

भावनाओं का क्या करें

यदि आप पिछले अध्यायों को छोड़कर सीधे इस अध्याय पर आ गए हैं, तो आप भावनात्मक पीड़ा का समाधान तलाश रहे होंगे। ऐसा क्या है जो यह सब ख़त्म कर देगा? तो चलिए, अगर आपको भी इसका समाधान चाहिए तो मेरे साथ बने रहिए। कृपया पुस्तक को अभी बंद ना करें, मैं आपको वह बताने वाली हूँ, जिसकी आपने कल्पना नहीं की होगी, जो सोच रहे होंगे, उसके ठीक विपरीत।

क्लीनिकल ट्रेनिंग के दौरान हमें माइंडफुलनेस की भी जानकारी दी गई थी। आपको ऐसा लग सकता है कि भला ट्रेनी क्लीनिकल साइकोलॉजिस्ट का एक समूह इतना खुले विचारों वाला होगा कि धैर्यपूर्वक बैठकर इसे सीख सके! लेकिन कमरा खिलखिलाहट से भरा था, क्योंकि हम सभी चुपचाप बैठकर जो महसूस कर रहे थे उस पर ग़ौर करने की कोशिश कर रहे थे। क्लिनिकल ट्रेनिंग का अर्थ है जो सिखाया जाए उसे करना। हम सभी पक्के इरादे के साथ 'डूइंग मोड' में थे। केवल अपने अस्तित्व पर रहना उसे महसूस करना, कमरे में मौजूद सभी लोगों के लिए एक चुनौती साबित हो रहा था, जिससे टीचर को बहुत झुंझलाहट हो रही थी। मैं स्वीकार करती हूँ कि उस समय मेरे मन में तरह-तरह के विचार उभर रहे थे कि आख़िर मैं टीचर द्वारा बताए गई सीख का उपयोग करते हुए अपने आपको या किसी और को देख कैसे नहीं पा रहीं हूँ।

लेकिन यह प्रोग्राम का हिस्सा था, इसलिए मुझे इसे आज़माना पड़ा। जैसे-जैसे ट्रेनिंग आगे बढ़ती जा रही थी वह और अधिक तनावपूर्ण होती जा रही थी। अब मैं अपने आपको असेसमेंट सेशन के दौरान थीसिस लिखने और परीक्षाओं से घिरा हुआ पाया। तनाव बहुत ज़्यादा था। उस समय स्ट्रेस मैनेजमेंट यानी तनाव प्रबंधन का मेरा एक पसंदीदा उपाय था रनिंग। मैंने पढ़ाई-लिखाई से छुट्टी ले ली और स्थानीय ग्रामीण इलाक़ों में दौड़ने के लिए निकल गई। मेरे दिमाग़ में वे सभी

काम घूम रहे थे, जिन्हें मुझे सभी समय पर और सही ढंग से पूरा करना था। मेरे मन में इसको लेकर डर था। तो, दौड़ते समय मैंने माइंडफुलनेस प्रयोग करने का एक और प्रयास किया।

मैं जंगल के बीच एक लंबे बजरी वाले रास्ते पर चलने लगी और कंकड़ों से टकराकर मेरे पैरों से जो आवाज़ निकल रही थी, उसे सुनने लगी। मैंने चिंता और तनाव को दूर धकेलने की कोशिश नहीं की, उन्हें अपने भीतर बने रहने दिया। मैंने कोई प्लान बनाने या समस्या-समाधान करने का प्रयास नहीं किया। हर कुछ सेकेंड में मेरा दिमाग़ भटक जाता था, मुझे कई तरह के उपाय सुझाता था, जो मुझे दौड़ना छोड़कर करने चाहिए, डेड-लाइन निकल जाना, असाइनमेंट फ़ेल होना जैसे बुरी स्थितियाँ मेरे सामने पेश करता था, मुझे याद दिलाता था कि घर लौटकर मुझे एक ई-मेल भेजना है। हर बार मैंने उन विचारों को आने दिया। और हर बार, मैंने उन्हें गुज़रने दिया और बजरी पर अपने पैरों की आवाज़ पर ध्यान लगाना शुरू किया। निश्चित ही मैं इस प्रक्रिया से हज़ारों बार गुज़री हूँ। ध्यान भटकना, आगे नहीं बढ़ पाना। ध्यान भटकना, पीछे-पीछे खिसकना। घर वापसी के समय जैसे ही मैं ट्रैक के अंतिम सिरे पर पहुँची, अचानक मेरे दिमाग़ में एक विचार कौंधा। मैं सोचने लगी कि आख़िर वह कौन-सी बात थी जो मेरी पढ़ाई-लिखाई मुझे समझाने का प्रयास कर रही है। मेरे सामने अभी भी वही बाधाएँ खड़ी थीं, मुझे उनका सामना करना था। लेकिन मैं तनाव के ख़िलाफ़ लड़ नहीं रही थी। मैं इसे गुज़रने दे रही थी- इसलिए मेरा तनाव गुज़र गया।

सभी भावनात्मक अनुभवों का स्वागत करने का विचार पहले-पहल तो चिंताजनक लगता है। यह सुझाव ठीक उसके विपरीत है जो हममें से कई लोगों को भावनाओं के साथ करने के लिए सिखाया जाता है। हमें सिखाया जाता है कि भावनाएँ तर्कसंगतता नहीं होती हैं। इन्हें कुचलकर छिपा दिया जाना चाहिए, अपने दिमाग़ के पीछे धकेल दिया जाना चाहिए, अनकहा रहने दिया जाए। लेकिन क्या भावनाओं को ऊपर उठने की अनुमति नहीं देना चाहिए, उनका स्वागत नहीं करना चाहिए?

हममें से बहुत से लोग भावनाओं से डरते हैं - इसका मतलब है, जब तक हम स्वयं को उन्हें अनुभव करने की अनुमति नहीं देते हैं और समझते हैं कि ये लहरों की तरह उठती और गिरती रहती हैं।

माइंडफुलनेस हमें जागरूकता का उपयोग करने में सक्षम बनाती है। जागरूकता बहुत बुनियादी या कहें कि बड़ी अस्पष्ट-सी धारणा लगती है लेकिन यह एक ऐसा साधन है, जिसका लाभ हमें तब तक पता नहीं चलता, जब तक हम इसका उपयोग नहीं करते। ऑटोपायलट को बंद करने और विचारों, भावनाओं, चाहतों और कार्यों

के बारे में जागरूकता पैदा करने से हरी बत्ती चमकने से पहले एक पीली रौशनी आ जाती है और हम यहाँ ठहरकर चाहत या भावना पर कार्य करते हैं। जहाँ हमें ऑटोपायलट आगे धकेलने का प्रयास करेगा, वहीं यह हमें ध्यानपूर्वक रुकने का अवसर देती है। इसलिए हम केवल भावनाओं पर प्रतिक्रिया करने के बजाय अपने आप को अपने मूल्यों के आधार पर अलग-अलग विकल्प चुनने का अधिक मौक़ा देते हैं।

जब कोई कलाकार किसी बड़ी पेंटिंग पर बारीक़ी से काम करने लगती है, तो वह एक क़दम पीछे हटती है और जाँचती-परख़ती है कि वह जो कुछ क्रिया कर रही है, यानी कि नया स्ट्रोक लगा रही है वह पूरी तसवीर के लिए उसके अपने दृष्टिकोण के साथ फ़िट बैठती भी है, या नहीं। भावना और क्रिया के बीच रुकने का मेटाकॉग्निशन टूल, पीछे हटने की वही प्रक्रिया है, जो अपने विचारों और कार्यों की जाँच करने के लिए होती है कि क्या आपकी गतिविधियाँ उस व्यक्ति के अनुरूप होंगे जो आप बनना चाहते हैं, फिर पीछे हटने की क्रिया कुछ पल के लिए ही क्यों ना हो। बड़े परिप्रेक्ष्य में देखने की, यहाँ तक कि उसके सबसे बारीक़ क्षणों को भी देखने की क्षमता हमारे जीवन जीने के तरीक़े पर एक शक्तिशाली प्रभाव डाल सकती है।

जैसे-जैसे विचारों की नदी बहती जाती है, हमें अपना सिर पानी के ऊपर रखना होता है और जाँचना होता है कि ये विचार उसी दिशा में जा रहे हैं, जिस दिशा में हम जाना चाहते हैं। उस दिशा में बढ़ते हुए हम अपने अर्थ और प्रयोजन के संदर्भ में विचार कर सकते हैं, ना कि प्रवाह की दिशा में बढ़ते चले जाएँ।

भावनाओं को समझें कि वे क्या हैं

भावनाओं को उनके वास्तविक रूप में देखना उनसे स्वस्थ तरीक़े से निपटने में सक्षम होने के लिए आवश्यक है। आप अपनी भावनाएँ नहीं हैं और आपकी भावनाएँ वह नहीं हैं जो आप हैं। किसी भावना की अनुभूति एक ऐसा अनुभव है, जो आपके अंदर प्रवाहित होता है। प्रत्येक भावना आपको जानकारी दे सकती है, लेकिन ज़रूरी नहीं कि वही पूरी कहानी हो। यदि ऐसा कुछ है, जिसके लिए भावनाएँ बहुत उपयोगी हैं, तो यह आपको बताती है कि आपको क्या चाहिए। जब हम भावनाओं को महसूस करते हैं, उन्हें परे नहीं धकेलते हैं, तो हम जिज्ञासा के साथ उसकी ओर मुड़ सकते हैं और सीख सकते हैं।

यदि हम उस जानकारी का उपयोग जो ज़रूरी कामों को पूरा करने के लिए करना चाहते हैं, तो हमें क्या चाहिए है यह जानना और भी अधिक महत्त्वपूर्ण है।

मेरा मानना है कि इसकी शुरुआत शारीरिक तौर पर करना हमेशा उपयोगी होता है। जैसा कि हमने पिछले अध्यायों में चर्चा की थी, कोई भी थैरेपी या मनोवैज्ञानिक कौशल ख़राब नींद या आहार और शारीरिक गतिविधि की कमी के विनाशकारी प्रभाव को ख़त्म नहीं कर पाएगा। जैसे ही हम अपने शरीर की देखभाल करना शुरू कर देते हैं, तो हम पहले ही बाक़ी समस्याओं के समाधान की दिशा में काम करने में सक्षम होने की राह पर चल चुके होते हैं।

एक नाम चुनें

जब आप कुछ महसूस करें तो उसे एक नाम दें। जितनी भावनाएँ हैं, सबको कोई न कोई नाम देना सीखें। हम केवल ख़ुश, उदास, भयभीत या क्रोधित महसूस नहीं करते हैं। हम असुरक्षित और शर्मिंदगी, द्वेष और कृतज्ञ, अक्षम और उत्साहित भी महसूस करते हैं।

थैरेपी में इस पर बहुत काम किया जाता है। ध्यान दें कि आप क्या महसूस करते हैं, ध्यान दें कि आप इसे अपने शरीर में कहाँ महसूस करते हैं और इसे लेबल करें। लोगों के लिए शारीरिक संवेदनाओं को पहचानना आम बात है, लेकिन उन्हें पता नहीं होता कि वह भावना क्या है। शायद अतीत की शिक्षाओं के कारण हम अपनी भावनाओं के बारे में बात नहीं करते हैं। किसी को भी प्रत्येक अलग-अलग भावना के लिए एक नाम की आवश्यकता नहीं महसूस हुई, क्योंकि उन्होंने कभी इसे सबके सामने व्यक्त नहीं किया। लेकिन वे इसकी शारीरिक अभिव्यक्ति को पहचानने में सक्षम थे, क्योंकि यदि आप किसी से कहें कि आप बीमार महसूस कर रहे हैं और आपका दिल धड़क रहा है, तो लोग इसे आसानी से समझ लेंगे और स्वीकार कर लेंगे, लेकिन अगर आप कहें कि आप अस्थिर और असुरक्षित महसूस कर रहे हैं, तो लोग समझ नहीं पाएँगे। भावनात्मक शब्दावली को बढ़ाने से आप विभिन्न भावनाओं के बीच सूक्ष्मता से अंतर कर सकेंगे, इससे आपको उन भावनाओं को नियंत्रित करने और सामाजिक स्थितियों में सबसे उपयोगी प्रतिक्रियाओं को चुनने में मदद मिलती है (काशदान और अन्य 2015)।

आत्म-सुखदायक

जब पीड़ादायक भावनाएँ तीव्र हो जाती हैं, तो यह कहना बहुत आसान होता है कि वे बढ़ेंगी, चरम पर पहुँचेंगी और फिर घट जाएँगी, लेकिन उस अनुभव की वास्तविकता कष्टकारी हो सकती है। अस्वास्थ्यकर या ख़तरनाक काम करने की तीव्र इच्छा पैदा कर सकती है ताकि यह सब जल्द ही ग़ायब हो जाए।

हालाँकि कुछ सेल्फ़ हेल्प बुक्स बता सकती हैं कि आप सकारात्मक विचारों के ज़रिये अपनी भावनाओं को बदल सकते हैं, मैं कहूँगी कि यह एक संघर्ष ही होगा। जब आप अच्छा महसूस कर रहे हों तो अपने सोचने के तरीक़े को बदलने की कोशिश करना काफी कठिन होता है। जिस समय संकट चरम पर हो, उस समय अपने विचारों को बदलने की कोशिश करना लगभग असंभव लगता है। जब हम व्यग्र होते हैं, तो सबसे अच्छी रणनीति यह है कि हम पीछे हट जाएँ और जितना संभव हो सके उस भावना के प्रति सचेत रहें, इसे एक अस्थायी अनुभव के रूप में देखें और अपने आपको शांत करें, इसे किसी ख़तरे की चेतावनी ना मानें।

डायलेक्टिकल बिहेवियर थेरैपी (डीबीटी) में हम लोगों सिखाते हैं कि सरल कौशलों के माध्यम से कष्टदायक भावनाओं को कैसे शांत किया जाए। ये आपको इन भावनाओं की लहर पर तब तक सवारी करने में मदद करते हैं जब तक कि लहर वापस नीचे ना आ जाए। इन्हें संकट सहनशीलता कौशल (डिस्ट्रेस टॉलरेंस स्किल्स) कहा जाता है। इन कौशलों में से एक को आत्म-सुखदायक कहा जाता है (लाइनहैन, 1993)।

आत्म-सुखदायक व्यवहारों का एक समूह होता है जो आपको एक कष्टकारी भावना का अनुभव करते समय सुरक्षित और शांत महसूस करने में मदद करता है। जब आपको किसी ख़तरे का अंदेशा होता है आप प्रतिक्रिया देने के लिए उतारू होते हैं तो आपके मस्तिष्क को संदेश प्राप्त होता है, 'हम सुरक्षित नहीं हैं! सब ठीक नहीं है! इस पर तत्काल कुछ करो!' ऐसा हम कई तरीक़ों से कर सकते हैं, क्योंकि आपका मस्तिष्क आपकी प्रत्येक इंद्रिय से जानकारी लेता है। इसका मतलब है कि आप उनमें से प्रत्येक का उपयोग अपने मस्तिष्क को संदेश भेजने के लिए कर सकते हैं कि आप सुरक्षित हैं। आपका मस्तिष्क आपके शरीर की शारीरिक स्थिति से भी जानकारी लेता है, जिसमें आपकी ह्रदय गति, श्वास दर और मांस-पेशियों में तनाव शामिल है। यही कारण है कि मांस-पेशियों को आराम देने वाले शारीरिक अनुभव, जैसे गर्म पानी से स्नान, आपको संकट से उबरने में योगदान देने में प्रभावी हो सकते हैं।

अन्य आत्म-सुखदायक विचार हैं :

- किसी विश्वसनीय मित्र या प्रियजन के साथ बातचीत
- शारीरिक गतिविधि
- शांत संगीत
- सुंदर तसवीरें
- धीमी गति से साँस लेना

- विश्राम की तकनीकें
- एक सेंट या परफ़्यूम जिसे आप सुरक्षा और आराम से जोड़ते हैं

वास्तव में आपकी गंध का अहसास आपके मस्तिष्क को बहुत तेज़ी से यह बताता है कि आप सुरक्षित हैं। ऐसी ख़ुशबू तलाशना जिसे आप सुरक्षा या आराम से जोड़ते हैं, फिर यह किसी प्रियजन का इत्र या लैवेंडर की ख़ुशबू हो सकती है, जो आपको शांतिदायक लगती है, आपके मन को केंद्रित करने और शरीर को शांत करने में आपकी मदद करने में सहायक हो सकती है। जिन्हें भीड़भाड़ में कष्ट होता है, उनके लिए यहाँ एक उदाहरण दिया गया है। थेरैपी में एक लोकप्रिय विकल्प दिया जाता है-एक सॉफ़्ट टॉय को सावधानीपूर्वक खोलना, उसमें लैवेंडर भरना और उसे वापस सिलना। फिर जब भी आप भीड़भाड़ में हों और बेचैन हो जाएँ तो आप इस खिलौने की ख़ुशबू लेकर अपने आप को शांत कर सकते हैं, किसी को पता भी नहीं चलेगा।

डीबीटी में उपयोग किया जाने वाला एक उत्कृष्ट उपाय है स्व-सुखदायक बॉक्स बनाना। यह विचार इतना अच्छा इसलिए है, क्योंकि जब आप भावनात्मक पीड़ा में होते हैं, अपने कष्ट के चरम पर होते हैं तो आपका मस्तिष्क आपकी समस्या-समाधान क्षमताओं को दरकिनार करने के लिए तैयार हो जाता है। यदि आप ख़तरे में हैं, तो आपके पास कुछ भी सोचने का समय नहीं होता है। यह तब होता है जब आपका मस्तिष्क आपके लिए त्वरित अनुमान लगाता है और आवेग में आकर कार्य करता है। एक आत्म-सुखदायक बॉक्स वह उपाय है, जिसे आप उसी समय तैयार करके रख लेते हैं जब आप यह सोचने में सक्षम होते हैं कि संकट के समय में आपके लिए सबसे अधिक मददगार क्या हो सकता है। जूतों का एक पुराना बॉक्स लें और उसमें ऐसी कुछ भी ऐसा रखें जो संकट में आपको राहत देने में मदद कर सके। जैसा कि ऊपर बताया गया है, कोई भी चीज़ जिसे आप सुरक्षा और आराम की भावनाओं से जोड़ते हैं, रखना अच्छा होगा। मेरे थेरैपी रूम में में एक आत्म-सुखदायक बॉक्स है, जिसे मैं एक उदाहरण के तौर पर दिखाती हूँ। उस बॉक्स में एक नोट रखा जो मुझे सलाह देता है कि किसी विशेष मित्र को कॉल करना है। जब हम संघर्ष कर रहे होते हैं तो हम तुरंत किसी की मदद नहीं लेना चाहते, लेकिन किसी विश्वसनीय मित्र को कॉल करने के सही उपाय करने और सही दिशा में बढ़ने की सलाह मिल सकती है। जैसा कि हम पिछले अध्यायों से जाना है, मानवीय संबंध हमें तनाव से जल्दी उबारते हैं। मैंने अपने आत्म-सुखदायक बॉक्स में एक क़लम और काग़ज़ का पैड भी रखा है। यदि आप किसी से बात नहीं करना चाहते हैं, तो अपने मन की बात लिखने से भी अपनी भावनाओं

को सही दिशा देने और जो कुछ घटित हो रहा है उसे समझने में मदद मिल सकती है।

बॉक्स में लैवेंडर ऑयल (या कोई भी ख़ुशबू जिसे आप आराम से जोड़ते हैं), आपकी परवाह करने वाले लोगों की और आप जिन लोगों की परवाह करते हैं उन लोगों की कुछ तसवीरें और आनंददायक गीत-संगीत की एक सूची भी शामिल हो सकती है। सावधानी से चुना गया संगीत हमारी भावनात्मक स्थिति पर गहरा प्रभाव डाल सकता है। ट्रैक की एक प्लेलिस्ट बनाएँ जो आपको परेशान होने पर शांत, सुरक्षित और सुकून महसूस करने में मदद करेगी।

मेरे बॉक्स में एक टी-बैग भी रहती है, क्योंकि इंग्लैंड में हम चाय को आराम और आपसी जुड़ाव से जोड़ते हैं। बॉक्स में इस तरह की कोई चीज़ शामिल करने के साथ एक स्पष्ट निर्देश होता है कि इसका उपयोग तब करना चाहिए, जब आपको समझ में ना आ रहा हो कि आपको क्या चाहिए है।

ज़रूरी बात यह है कि उस बॉक्स को ऐसी जगह रखें जहाँ ज़रूरत पड़ने पर उसे ढूँढ़ना आसान हो। यह उपाय आपके कठिन दौर से निपटना आसान बनाने के लिए है। आप इस उपाय को आज़माएँ ताकि आप ग़लत आदतों की ओर ना बढ़ सकें।

सारांश

- आप अपनी भावनाएँ नहीं हैं और आपकी भावनाएँ वे नहीं हैं, जो आप हैं।
- भावना की संवेदना एक ऐसा अनुभव है, जो आपके माध्यम से चलता है।
- प्रत्येक भावना आपको जानकारी प्रदान कर सकती है, लेकिन ज़रूरी नहीं कि वह पूरी कहानी हो।
- भावनाएँ हमें यह बताने के लिए उपयोगी हैं कि हमें क्या चाहिए।
- जब आप कुछ महसूस करें तो उसे एक नाम दें। भावनाओं को केवल ख़ुशी या दुःख की तुलना में कुछ अधिक विस्तार से लेबल करने का प्रयास करें।
- भावनाओं को मौजूद रहने दें और उन्हें रोकने के बजाय अपने आपको को शांत करें।

12

अपने शब्दों की शक्ति का उपयोग कैसे करें

हम जिस भाषा का उपयोग करते हैं उसका हमारे अनुभव पर शक्तिशाली प्रभाव पड़ सकता है। यह स्थितियों को समझने, संवेदनाओं को वर्गीकृत करने, पिछले अनुभवों से सीखने, उस ज्ञान को साझा करने और भविष्य के अनुभवों की भविष्यवाणी करने और योजना बनाने में हमारी मदद करने का हमारा उपकरण है।

भावनाओं के लिए कुछ शब्द क्रमश: विभिन्न चीज़ों के अर्थ में अधिकाधिक उपयोग किए जाने लगे हैं, तब तक जब तक कि वे व्यापक और अस्पष्ट अर्थ ग्रहण नहीं कर लेते। 'ख़ुशी' किसी भी सकारात्मक स्थिति के लिए एक व्यापक शब्द बन गया है, इस हद तक कि कोई भी वास्तव में नहीं जानता कि वे जो महसूस कर रहे हैं वह 'ख़ुशी' के योग्य है भी या नहीं। अगर मैं भावविभोर हूँ, तो क्या मैं ख़ुश हूँ? अगर मैं शांत और संतुष्ट महसूस करती हूँ, तो क्या मैं ख़ुश हूँ? अगर मैं प्रेरित और ऊर्जावान महसूस करती हूँ, तो क्या वह ख़ुशी है?

डिप्रेशन जैसे शब्द के साथ भी यही स्थिति है। वास्तव में उदास मनोदशा क्या है? उदासी? ख़ालीपन? घबराहट? स्तब्धता? बेचैनी? घबराहट? नीरसता?

और क्या इनमें से कोई भी शब्द वास्तव में मायने रखता है? तो, यह साबित हो चुका है कि इनका अर्थ है।

नकारात्मक भावनाओं को एक-दूसरे से अलग करने के लिए इनी-गिनी अवधारणाओं या शब्दों का संबंध जीवन की तनावपूर्ण घटनाओं के बाद होने वाले उच्च स्तर के अवसाद से है (स्टार और अन्य, 2020)। जो लोग नकारात्मक भावनाओं के बीच अंतर करने में सक्षम हैं वे समस्याओं पर स्थिति के अनुरूप

प्रतिक्रिया देते हैं। जैसे, तनाव के समय में वे बहुत अधिक शराब पीएँगे, इसकी आशंका कम होती है। ऐसे लोग नकारे जाने पर कम प्रतिक्रियाशील होते हैं और इनमें एंग्ज़ाइटी डिसऑर्डर और डिप्रेसिव डिसऑर्डर के लक्षण कम दिखाई देते हैं (काशदान और अन्य, 2015)। इसका मतलब यह नहीं है कि ये बातें नकारात्मक भावनाओं के बीच अंतर करने में कठिनाई खड़ी करती हैं, बल्कि यह दर्शाती हैं कि हमारे पास एक शक्तिशाली उपाय है, जिसका उपयोग हम कठिन समय में अपनी मदद करने के लिए कर सकते हैं।

आप भावनाओं के बीच अंतर करने के लिए जितने अधिक नए शब्द बना पाएँगे हैं, आपके मस्तिष्क के पास विभिन्न संवेदनाओं और भावनाओं को समझने के लिए उतने ही अधिक विकल्प होंगे। जब आपके पास किसी भावना के लिए अधिक सटीक शब्द होता है, तो यह आपकी भावनाओं को नियंत्रित करने में मदद करता है और बदले में आपके शरीर और दिमाग़ पर समग्र रूप से कम तनाव डालता है। यदि आप अपने सामने आने वाली चुनौतियों का जवाब देने के तरीक़े में अधिक लचीलापन और प्रभाव लाना चाहते हैं तो यह एक महत्त्वपूर्ण उपाय है (फ़ेल्डमैन बैरेट, 2017)।

अच्छी बात यह है कि यह एक ऐसा कौशल है, जिसे हम विकसित करते रह सकते हैं। अपनी भावनात्मक शब्दावली को विकसित करने के लिए यहाँ कुछ सुझाव दिए गए हैं।

- सटीक शब्द खोजें। जब आप कुछ महसूस करते हैं, तो 'मुझे बहुत अच्छा लग रहा है' या 'मैं ख़ुश नहीं हूँ' से आगे बढ़ने की कोशिश करें। इस भावना का वर्णन करने के लिए आप अन्य किन शब्दों का उपयोग कर सकते हैं? क्या यह भावनाओं का संयोजन है? आप किन शारीरिक संवेदनाओं को नोटिस करते हैं?
- कोई एक लेबल किसी भावना को समाहित करने के लिए पर्याप्त नहीं हो सकता है। क्या यह भावनाओं का संयोजन है? उदाहरण के लिए, 'मैं घबराया हुआ हूँ और उत्साहित भी हूँ।'
- किसी भावना को लेबल करने का कोई सही या ग़लत तरीक़ा नहीं होता है। मुख्य बात यह है कि एक ऐसा विवरण तलाशें जिससे आप और आपके आस-पास के लोग सहजता से समझ सकें। यदि आपको शब्द नहीं मिल रहे हैं, तो आप अपना को शब्द बना सकते हैं या अन्य भाषाओं के शब्द ढूँढ़ सकते हैं।

- नए अनुभवों को खोजें और उन अनुभवों का वर्णन करने के तरीक़ों के साथ प्रयोग करें। यह कुछ भी हो सकता है जैसे, नए खाद्य पदार्थों का स्वाद चखना, नए लोगों से मेल-मुलाक़ात, किताबें पढ़ना या किसी नई जगह पर जाना। प्रत्येक नया अनुभव स्थितियों को एक अलग दृष्टिकोण से देखने का अवसर प्रदान करता है।
- जब उन नए अनुभवों का वर्णन करने की क्षमता विकसित करने की बात आती है, तो नए शब्द सीखने के हर अवसर को आजमाएँ। ज़रूरी नहीं है कि नए शब्द केवल किताबों से ही मिलेंगे (हालाँकि ऐसा भी हो सकता है)। संगीत, फ़िल्मों और किसी अन्य स्थान से भी नए शब्द मिल सकते हैं जो आपको यह बताने के लिए नए शब्दों से परिचित करा सकते हैं कि आप कैसा महसूस करते हैं।
- अपने अनुभव लिखें और यह समझाने के तरीक़े तलाशें कि आपने कैसा महसूस किया। यदि आप अक्सर अपनी भावनाओं को व्यक्त करते समय शब्दों की कमी महसूस करते हैं, और आपको अपनी भावनात्मक शब्दावली बनाने में मदद चाहिए तो, तो फ़ीलिंग व्हील (विलकॉक्स, 1982) एक उत्कृष्ट संसाधन है, जिसका उपयोग अक्सर इसी उद्देश्य के लिए थेरैपी में किया जाता है। आप अपने जर्नल के कवर में एक इसकी एक प्रति रख सकते हैं और अधिक सटीक शब्द ढूँढ़ने के लिए इसका उपयोग कर सकते हैं। आप रिक्त स्थानों का उपयोग अपने शब्दों को जोड़ने के लिए भी कर सकते हैं।

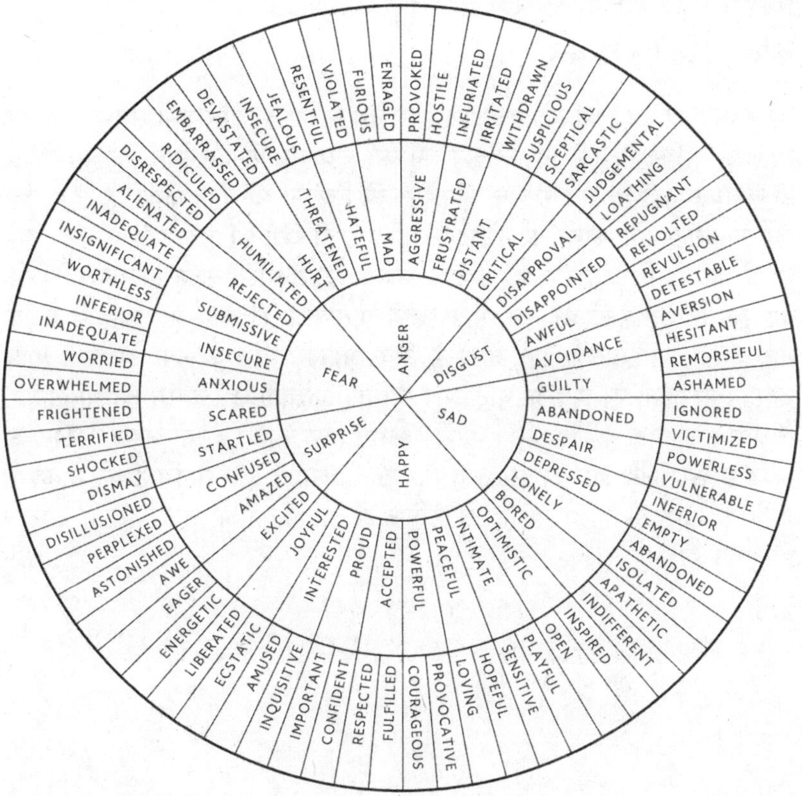

चित्र 7 : आप कैसा महसूस करते हैं इसका वर्णन करने के लिए शब्द ढूँढ़ने में मदद के लिए फ़ीलिंग व्हील (विलकॉक्स, 1982) का उपयोग करें।

केवल नकारात्मक भावनाओं पर ध्यान केंद्रित नहीं करें

अपने अनुभवों और भावनाओं से व्यस्थित ढंग से निपटने और उन्हें समझने का एक सहायक तरीक़ा है जर्नलिंग। लेकिन जर्नलिंग केवल कठिन अनुभवों को समझने में ही सहायक नहीं है। सकारात्मक अनुभवों को लिखना भी बहुत ज़रूरी है, यहाँ तक कि उन छोटे-छोटे क्षणों को लिखना चाहिए, जो आपको सकारात्मक लगें। इन्हें भी लिखना इसलिए ज़रूरी है, क्योंकि प्रत्येक क्रिया मस्तिष्क में तंत्रिका गतिविधि का एक विशिष्ट पैटर्न है। जब आप किसी गतिविधि को बार-बार दोहराते हैं, तो वह तंत्रिका मार्ग मज़बूत हो जाता है और आपके मस्तिष्क तक उस तक पहुँच आसान हो जाती है। इसलिए यदि आप अधिक आसानी से सकारात्मक भावनाओं, विचारों और यादों को विकसित करने में सक्षम होना चाहते हैं, तो जर्नल लिखने का अभ्यास करें। जब आपको इस तरह से कुछ भावनाओं और अनुभवों को विकसित करने का अभ्यास हो जाता है, तो भविष्य में उन भावनाओं तक पहुँचना आसान हो जाता है।

सारांश

- हम जिस भाषा का उपयोग करते हैं उसका हमारे अनुभव पर एक शक्तिशाली प्रभाव पड़ता है।
- आप कैसा महसूस करते हैं, इसका वर्णन करने के लिए आपके पास जितने अधिक शब्द हों, उतना बेहतर होगा।
- यदि आपके पास शब्द नहीं हैं तो आप संकेत देने के लिए फ़ीलिंग व्हील जैसे किसी उपकरण का उपयोग कर सकते हैं।
- दूसरों द्वारा उपयोग किए जाने वाले शब्दों पर ध्यान दें, किताबें पढ़ें और उन तरीक़ों का पता लगाएँ, जिनसे आप अपनी भावनात्मक शब्दावली को बनाना जारी रख सकते हैं।

13

किसी की सहायता कैसे करें

यदि आप मानसिक स्वास्थ्य संबंधी समस्या से जूझ रहे किसी प्रियजन की मदद कर रहे हैं तो यह बहुत संभव है कि आप अपने आप को पूरी तरह सक्षम ना पाएँ। आप नहीं जानते कि इस समस्या को कैसे ठीक किया जाए, आप तय नहीं कर पाते कि वास्तव में क्या कहना सही होगा। आप उनकी स्थिति पूरी तरह से ठीक करना चाहते हैं। लेकिन आप कर नहीं सकते। तो आप लाचारी महसूस करते हैं, मदद करने की सख़्त इच्छा है, पर नहीं जानते कि कैसे करें।

हम जिससे प्यार करते हैं अगर वह व्यक्ति दुःखी होता है, तो कभी-कभी इससे उत्पन्न होने वाला तनाव हमें उनके दर्द को महसूस करने से बचने की इच्छा पैदा कर सकता है। लेकिन जब हम बचने की कोशिश करते हैं, तो हम और भी अधिक असहाय और पंगु महसूस कर सकते हैं, क्योंकि हम स्वयं को उन्हें वह छोटी से छोटी मदद देने से भी रोकते हैं जो हमें एक सहायक के तौर पर अधिक आत्मविश्वास महसूस करने में मदद कर सकती है (इनागाकी और अन्य, 2012)।

हालाँकि, मानसिक स्वास्थ्य समस्याओं से जूझ रहे किसी व्यक्ति की सहायता करने के लिए कोई सख़्त नियम नहीं हैं, फिर भी कुछ बातें हैं जो मदद कर सकती हैं।

1. जब हम किसी समस्या को ठीक करने की कोशिश पर ध्यान केंद्रित करते हैं, तो हमें उस व्यक्ति के पास अपनी उपस्थिति मात्र की अहमियत को कम नहीं समझना चाहिए। समस्याग्रस्त अधिकतर लोग यह सलाह नहीं

चाहते हैं कि उन्हें करना क्या है। वे चाहते हैं कि कोई व्यक्ति उनके पास बस पूछ-परख़ के लिए आता रहे और यह दर्शाता रहे कि उसे परवाह है।

2. यदि प्रियजन का कोई विशिष्ट निदान है, तो यह जानना-समझना अच्छा होगा कि इससे उन पर क्या प्रभाव पड़ रहा है और उनके सामने आने वाली चुनौतियों पर अधिक सटीक सलाह ली जा सकती है।

3. यह ना भूलें कि जिस व्यक्ति की आप सहायता कर रहे हैं उसे इस बात का अंदाज़ होगा कि उसे क्या चाहिए। इसलिए उनसे यह पूछना चाहिए कि आप उनकी किस तरह से मदद कर सकते हैं, ताकि आपको मार्गदर्शन देने में आसानी हो सकती है, साथ ही समस्याग्रस्त व्यक्ति को भी यह जानकर अच्छा लगेगा कि आप उनकी बात सुन रहे हैं।

4. किसी की देखभाल करना आपके अपने मानसिक स्वास्थ्य पर दबाव डाल सकता है। और यदि आपका मानसिक स्वास्थ्य बिगड़ने लगे तो आप अपना सर्वोत्तम सहयोग नहीं दे सकते। इसलिए यह निहायत ज़रूरी है कि आप अपने स्वास्थ्य को भी प्राथमिकता दें - छोटे-छोटे उपाय करके भी। बुनियादी बातों पर कड़ी नज़र रखें। अपनी नींद, दिनचर्या, पोषण सेवन, व्यायाम और सामाजिक संपर्क का ध्यान रखें।

5. अपनी स्वयं की मदद करें। चाहे वह कोई ऐसा व्यक्ति हो जिस पर आप भरोसा करते हैं, सहायता समूह या पेशेवर, अपनी भावनाओं के बारे में बात करने और आगे बढ़ने के तरीक़े के बारे में सोचने के लिए एक सुरक्षित स्थान होने से आपको थकने से रोकने में मदद मिल सकती है।

6. सीमाएँ निर्धारित करें। किसी और का सहयोग करने का मतलब यह नहीं है कि आपका जीवन अब मायने नहीं रखता। अपने स्वयं के मूल्यों को स्पष्ट रूप से निर्धारित कर लेने से परिस्थितियाँ कठिन होने पर आपको आगे बढ़ने में मदद मिल सकती है, साथ ही संतुलन बनाए रखने में भी सहायता मिलेगी।

7. संकटकालीन योजना पर काम करें। यदि आप जिस व्यक्ति की देखभाल कर रहे हैं वह हमेशा असुरक्षित महसूस करता है, तो संकटकालीन योजना बनाना ज़रूरी है। यह योजना बहुत जटिल नहीं होनी चाहिए। परिस्थिति के बिगड़ने को लेकर किसी भी शुरुआती चेतावनी के संकेत को स्वीकार समझें और उन कामों की सूची बनाएँ जो आप दोनों उस परिदृश्य में हर किसी की सुरक्षा सुनिश्चित करने के लिए कर सकते

हैं। आपके पास फ़ोन कॉल करने के लिए आवश्यक सभी नंबर होने चाहिए, साथ ही संकट के समय क्या करना है इसकी एक लिखित योजन आपके पास होनी चाहिए, जिससे काम करना आसान हो जाता है।

8. सहानुभूति, दया और जिज्ञासा के साथ सुनें। ऐसा करने से समस्याएँ ग़ायब नहीं होतीं, लेकिन आप उस व्यक्ति को ऐसा महसूस कराते हैं कि उसकी देखभाल और परवाह करने वाला कोई है, वह अकेला नहीं है और ऐसा करने से उसके जल्दी स्वस्थ होने की संभावना बढ़ जाती है। सामाजिक सहायता एक शक्तिशाली उपाय है और ज़रूरी नहीं है कि वह समस्या का समाधान उपलब्ध कराए, परेशान व्यक्ति को बस सहानुभूति की एक बड़ी ख़ुराक की आवश्यकता होती है।
9. किसी का सहयोग करने का मतलब यह नहीं है कि आपको उस व्यक्ति के साथ बड़ी-बड़ी, गहन बातचीत करना है। छोटे-छोटे क्षणों में मानवीय संबंध मायने रखते हैं। साथ-साथ चलते हुए बातचीत करने से भी समस्याग्रस्त व्यक्ति को सहजता महसूस होती है। इस दौरान चुपचाप साथ चलते रहना भी पर्याप्त होता है। बस एक साथ समय बिताना, मौन रहकर भी, अच्छा होता है। साथ रहकर आप उस व्यक्ति का अकेलापन कम कर रहे हैं और अधिक परवाह कर रहे हैं।
10. यदि आप उस व्यक्ति को उसके संघर्षों के बारे में खुलकर बात करने में मदद करने की कोशिश कर रहे हैं, तो स्पष्ट प्रश्नों का उपयोग करें, जिनका उत्तर केवल हाँ या ना में उत्तर नहीं हो। उदाहरण के लिए, 'क्या आप ठीक हैं?' के बजाय यह सवाल पूछें, 'आप क्या सोच रहे हैं?'
11. ध्यान से सुनें। जब तक कोई सलाह ना माँगें, नहीं दें। वह व्यक्ति जो कह रहा है उसे सुनें, उस पर विचार करें, उन्हें महसूस कराएँ कि उनकी बात सुनी जा रही है और उनका सम्मान किया जा रहा है।
12. यदि वह व्यक्ति निराश या असहाय महसूस करने की बात करता है, कहता है कि उसे कोई रास्ता नहीं दिख रहा है, या आप उसकी सुरक्षा के बारे में चिंतित हो जाते हैं, तो हमेशा पेशेवर सलाह लें।
13. व्यावहारिक मदद की शक्ति को कम मत समझिए। यदि कोई व्यक्ति मानसिक स्वास्थ्य, शारीरिक स्वास्थ्य, प्रसव पूर्व और प्रसवोत्तर अवधि या किसी अन्य प्रकार के दुःख से जूझ रहा है, तो ये सभी कष्ट उसके दैनिक जीवन को कठिन बना सकते हैं। किसी को हर हफ़्ते घर का बना

हुआ स्वस्थ भोजन साझा करना किसी प्रियजन की मदद करने का एक शानदार तरीक़ा है।

14. जिन परिस्थितियों में आपका प्रियजन विशेष रूप से असुरक्षित महसूस कर सकता है (या यदि आप नहीं जानते हैं तो उनसे पूछना) उस दौरान संवेदनशील बने रहने का मतलब है कि जब उन्हें मदद की सबसे अधिक आवश्यकता हो तो आप उनके लिए मौजूद रह सकते हैं। उदाहरण के लिए, यदि किसी प्रियजन के साथ कोई दुःखद घटना हुई है और वह पहली बार अकेले किसी सामाजिक समारोह में भाग ले रहा है, तो उसे टालें नहीं। झुककर प्यार और सहानुभूति दिखाएँ। उस व्यक्ति के लिए हालात कठिन ही होंगे लेकिन वह आपकी उपस्थिति से कम अकेला महसूस करेगा।
15. विषय बदलना ग़लत नहीं है। किसी के आसपास रहने का मतलब यह नहीं है कि आपको पूरे समय उनके संघर्षों पर ही ध्यान केंद्रित करना होगा। विषय बदलना एक अच्छी राहत हो सकती है। अकेले रहकर उनके लिए यह कठिन होगा।
16. उनके उपचार या ठीक होने के बारे में कोई अपेक्षा नहीं रखें। यह प्रक्रिया कभी भी सीधी और सरल नहीं होती है। अच्छे दिन भी होंगे और बुरे दिन भी। उन प्रियजनों से घिरे रहने से, जो वर्षों के उतार-चढ़ाव को स्वीकार कर रहे हैं, समस्याग्रस्त व्यक्ति को भी परस्थितियों को स्वीकार कर पाएँगे।
17. ईमानदार रहें। यदि आप सहायक बनना चाहते हैं, लेकिन आपको पता नहीं हैं कि कैसे बनें, तो साफ़-साफ़ कहें। उस व्यक्ति से कहें कि यदि आपकी तरफ़ से कुछ ग़लत हो रहा हो तो वह खुलकर बताए। इस खुलेपन से हर कोई आराम से एकदूसरे से जुड़ सकेगा।

सारांश

- मानसिक स्वास्थ्य समस्याओं से जूझ रहे किसी व्यक्ति का सहयोग करते समय व्यग्रता या अक्षमता महसूस करना सामान्य है। आप समस्या को सुधारना चाहते हैं लेकिन नहीं जानते कि कैसे करें। किसी पीड़ित व्यक्ति का सहयोग करना तनावपूर्ण हो सकता है, क्योंकि आप ग़लत बात नहीं कहना चाहते। लेकिन उन्हें टालें नहीं।
- आपको एक बड़ा सहारा बनने के लिए सब कुछ सुधारने करने की ज़रूरत नहीं है।
- शारीरिक और मानसिक थकावट से बचने के लिए अपना ध्यान रखें। अपनी मदद करें और स्पष्ट सीमाएँ निर्धारित करें।
- सुनने की शक्ति को कभी कम मत समझिए।

4

दु:ख पर

14

दुःख को समझना

हम अक्सर दुःख को किसी प्रियजन की मृत्यु से जोड़ते हैं। लेकिन हम अन्य अवसरों पर भी शोक मना सकते हैं। जो हमें महत्त्वपूर्ण लगता है, उसका अंत होने से अंततः हमारे भीतर दुःख उपज सकता है – भले ही इस अंत का कारण मृत्यु ना हो।

हमने एक ऐसी महामारी से संघर्ष किया है जिसने हमारे जीवन को बदलकर रख दिया है। इस दौरान हमने दोस्तों, परिवार, आजीविका, नौकरियाँ, पीढ़ियों की मेहनत से खड़े हुए पारिवारिक व्यवसाय तक खो दिए। हमने वित्तीय सुरक्षा गंवा दी, अपने प्रियजन के साथ अंतिम क्षण नहीं बिता सके, उन्हें थामने और उनके क़रीब रहने का बहुमूल्य समय खो दिया। हमने भविष्य की निश्चितता गंवा दी है और उस सामाजिक सहायता तक पहुँच खो दी है, जो हमें इससे निपटने में मदद करेगी। इतने सारे लोगों द्वारा अनुभव की गई गहरी क्षति ने दुनिया को बदल दिया है और एक मनोवैज्ञानिक असर छोड़ा है, जो दुःखों से भरा है।

नुक़सान के दुष्परिणामों को महसूस करने वाले किसी भी व्यक्ति को नीचे दी गई कुछ बातें याद रखनी चाहिए :

दुःख स्वाभाविक है

मैं ऐसे बहुत से लोगों से मिली हूँ, जो अपने आपसे कहते हैं कि वे जीवन में इसलिए विफल हो रहे हैं, क्योंकि वे दुःखों का सामना कर रहे हैं, उनसे निपट रहे हैं। वे अपने चरित्र की ताक़त के बारे में व्यापक धारणा बना लेते हैं, मानो कि दुःख एक विकार या समस्या है, जिसका समाधान उन्हें कर लेना चाहिए था। दुःख मानवीय अनुभव का एक स्वाभाविक हिस्सा है। जब हम किसी ऐसे व्यक्ति या वस्तु को

खोने का अनुभव करते हैं, जिससे हम प्यार करते थे, जिसकी हमें आवश्यकता थी, जिससे जुड़ाव महसूस होता था और जो हमारे जीवन में अर्थ रखता था, तो दुःख से गुज़रना एक आवश्यक प्रक्रिया है।

उदासी या अफ़सोस दुःख का एक हिस्सा हो सकता है। लेकिन दुःख में उदासी के अलावा और भी बहुत कुछ शामिल होता है। यह गुज़र गए व्यक्ति के प्रति गहरी चाहत हो सकती है। रिश्ते इंसान होने की भावना के मूल में हैं। अपने अब तक के करियर में मैं जिन लोगों से मिली हूँ, उनके मानवीय संबंध उनके जीवन का सबसे सार्थक पहलू रहे हैं। जब रिश्ता ख़त्म हो जाता है, तो उस रिश्ते से जुड़े रहने की ज़रूरत ख़त्म नहीं होती। आपका शरीर भी दुःखी होता है। जैसा कि पिछले अध्यायों में बताया गया है, हम जो कुछ भी सोचते और महसूस करते हैं वह शरीर के भीतर होता है। दुःख इससे अलग नहीं है। किसी प्रियजन को खोना एक बहुत बड़ा मनोवैज्ञानिक और शारीरिक जोख़िम है। दर्द भावनात्मक और शारीरिक दोनों तरह से महसूस हो सकता है। तनाव प्रतिक्रिया बार-बार ट्रिगर होती है।

दुःख से निपटने में मदद करने वाली बातों की चर्चा करते हुए, आइए समझें कि मदद का मतलब क्या है। जो बातें मदद करती हैं वे दर्द को ग़ायब नहीं करतीं या हमें भूलने नहीं देतीं या हमें उस दर्द को जाने देने के लिए मजबूर नहीं करतीं। मदद यह जानने-समझने जितनी सरल हो सकती है कि आपके द्वारा महसूस की जाने वाली भावनाओं का उतार-चढ़ाव स्वाभाविक है। हो सकता है कि वे सुरक्षित और स्वस्थ तरीक़े से दर्द से निपटने के नए तरीक़े खोज रही हों।

दुःख असहनीय लग सकता है। यह बात समझना मुश्किल नहीं है कि इसे रोकना हमारी सबसे स्वाभाविक मानवीय प्रतिक्रिया हो सकती है। यदि दर्द तीव्र और विशाल होकर भयावह हो जाए तो यदि हमारे बस में हो, तो हम इसे दूर धकेलते हैं। लेकिन जब हम एक भावना को बाधित करते हैं, तो हम तमाम भावनाओं को अवरुद्ध कर देते हैं और तब हम खोखला, स्तब्ध महसूस कर सकते हैं और हमें जीवन का अर्थ खोजने और जीवन के साथ पहले की तरह जुड़ने के लिए संघर्ष करना पड़ सकता है।

यदि हमें दुःख को नीचे धकेलकर सतह से नीचे दबाने का कोई तरीक़ा मिल जाए, शायद वास्तव में व्यस्त रहकर, खुद को शराब में डुबोकर करके या जो कुछ हुआ है उसे नकार करके, हमें ऐसा महसूस हो सकता है कि हम ठीक कर रहे हैं। फिर कोई छोटी-सी बेकार सी लगने वाली बात सतह पर वार करती है और दर्द की यह दुनिया फट पड़ती है, जिससे हम सदमे में आ जाते हैं और अपने आपसे सवाल करते हैं कि क्या हम इसका सामना कर सकते हैं।

अनसुलझे दुःख का संबंध अवसाद, आत्महत्या और शराब के नशे से है (ज़िसूक और ल्योंस, 1990)। इसलिए अपने दुःख को नकारना और उसे दूर धकेलना भले ही आत्म-सुरक्षा जैसा लगता हो लेकिन आगे चलकर यह आत्मघाती हो सकता है।

ये सब कहना कितना आसान है। हक़ीक़त में इसका अनुभव करना बहुत मुश्किल है। हम किसी अच्छे कारण से दुःख को दबाते हैं। दुःख का सागर जितना गहरा है, उतना ही चौड़ा है। बहुत बड़ा, बहुत व्यापक, कभी ना ख़त्म होने वाला लगता है। हमारे लिए इसका सामना करना कहाँ संभव है? हम यह समझकर शुरुआत कर सकते हैं कि हमें क्या अपेक्षा करनी चाहिए। हमें यह भी जानना चाहिए कि इस अनुभव के साथ आगे बढ़ने में हमें कौन-सी मदद मिल सकती है। फिर हम एक समय में एक अनुभव से निपटने के लिए आगे बढ़ते हैं। हम दुःख के उस सागर में कुछ क़दम बढ़ाते हैं। हम इसे महसूस करते हैं। हम साँस लेते हैं। हम पीछे हटते हैं और एक पल के लिए आराम करते हैं। समय के साथ हम कुछ और क़दम बढ़ाना, गहराई तक जाना, स्वयं को डुबोना सीखते हैं। हमें मालूम होता है कि हम सुरक्षित रूप से किनारे पर लौट सकते हैं। दुःख को महसूस करने से वह ग़ायब नहीं हो जाता। लेकिन हम अपने भीतर यह क्षमता तैयार करते हैं कि दुःख दोबारा आ सकता है, पर हम फिर से अपना आज का जीवन जीने के लिए लौट आते हैं।

सारांश

- जो हमें महत्त्वपूर्ण लगता है, उसका अंत होने से अंततः हमारे भीतर दुःख उपज सकता है – भले ही इस अंत का कारण मृत्यु ना हो।
- दुःख मानव होने का एक सामान्य और स्वाभाविक हिस्सा है।
- दर्द भावनात्मक और शारीरिक दोनों तरह से महसूस हो सकता है।
- दर्द में जो बातें मदद करती हैं वे दर्द को ग़ायब नहीं करतीं या आपको उसे जाने देने के लिए मजबूर नहीं करतीं।
- दुःख को पूरी तरह से दबाने की कोशिश आगे चलकर समस्याएँ पैदा कर सकती है।

15

दुःख की अवस्थाएँ

आपने दुःख की अवस्थाओं के बारे में सुना होगा। इनके बारे में सबसे पहले एलिज़ाबेथ कुबलर-रॉस (1969) ने लिखा है। तब से, यह स्थापित हो गया है कि उनका अनुभव चरणों में नहीं होता है और वे किसी विशेष क्रम या समय-सीमा में नहीं होते हैं। लेकिन वे कुछ सबसे सामान्य अनुभवों का वर्णन करते हैं जो स्वाभाविक, स्वस्थ दुःख का हिस्सा हो सकते हैं। यह याद रखना ज़रूरी है ये कोई शोक मनाने के नुस्ख़े नहीं हैं कि इस तरह से शोक मनाया जाना चाहिए। वे सर्वोत्तम प्रकार से शोक मनाने की कोई नियम पुस्तिका नहीं हैं। वे आपके अनुभवों का वर्णन हैं। इसलिए यदि आप अपने अनुभव में, या किसी प्रियजन में इनमें से किसी लक्षण को देखते हैं तो आप समझें कि ये स्वाभाविक, स्वस्थ दुःख का हिस्सा हैं।

- **इनकार**

  इनकार और सदमा हमें दुःख के की व्यग्रता से बचने में मदद कर सकता है। इसका मतलब यह नहीं है कि हम ऐसा होने से इनकार करते हैं। लेकिन आप जिस स्थिति का सामना कर रहे हैं और नई वास्तविकता जो आपका इंतज़ार कर रही है, उसे कैसे स्वीकार करते हैं, इसमें धीरे-धीरे गति आ सकती है, चाहे आपने इसे चुना हो या नहीं। समय के साथ, इनकार कमज़ोर पड़ने लगता है इस वजह से भावनाओं की नई लहरें उभरकर आती हैं।

- **गुस्सा**

क्रोध के नीचे अक्सर तीव्र पीड़ा या भय दबा हुआ होता है। जब हम अपने आप को वास्तव में उस गुस्से को महसूस करने और उसे व्यक्त करने की अनुमति देते हैं, तो हम उन अन्य भावनाओं को सतह पर ला सकते हैं और उन पर काम कर सकते हैं। लेकिन कई लोगों को गुस्से से डरना और उसे व्यक्त करने में शर्म महसूस करना सिखाया गया है। इसलिए हम इसे दबाकर रखते हैं, लेकिन पानी के नीचे हवा को पकड़कर रखने की तरह, यह जल्द ही किसी अन्य समय या स्थान पर बुलबुला बनकर उभर आता है। किसी मित्र या डॉक्टर या परिवार के सदस्य पर गुस्सा उतर जाता है।

गुस्सा हमें आगे बढ़कर कुछ करने के लिए उत्तेजित करने के लिए आता है। जब हम किसी ऐसी चीज़ के बारे में क्रोध का अनुभव करते हैं जिसे हम नियंत्रित नहीं कर सकते हैं, तो शारीरिक गतिविधि का उपयोग करने से हमें उस शारीरिक उत्तेजना का उपयोग करने में मदद मिलती है जिस तरह से इसका उपयोग करने के लिए इसे डिज़ाइन किया गया है। उस तरह से गुस्सा निकालना क्रोध से उत्पन्न ऊर्जा का उपयोग करने और खुद को कम से कम कुछ समय के लिए सामान्य स्थिति में वापस लाने में सहायक हो सकता है। एक बार जब शरीर शांत हो जाता है, तो आप अपने विचारों और भावनाओं या किसी भी समस्या-समाधान पर स्पष्टता प्राप्त करने के लिए आवश्यक संज्ञानात्मक कार्य तक पहुँचने में अधिक सक्षम होते हैं। ऐसा किसी विश्वसनीय मित्र या प्रियजन के साथ करना लाभदायक हो सकता है, या चीज़ों को लिखने से भी मदद मिल सकती है। शोध बताते हैं कि क्रोध भरी भावनाओं पर अकेले चिंतन करने से क्रोध और आक्रामकता कम होने के बजाय अधिक तीव्र हो सकती है (बुशमैन, 2002)।

क्रोध पर क़ाबू पाने और अपनी उत्तेजना के स्तर को वापस नीचे लाने के लिए शारीरिक क्रिया का उपयोग करने से पहले किसी भी प्रकार का गहन विश्राम अभ्यास करने का प्रयास करना बहुत कठिन हो सकता है। लेकिन एक बार जब आप इसे किसी भी ऐसे तरीक़े से व्यक्त कर देते हैं जो आपके लिए सबसे उपयुक्त है, तो क्रोध की अगली लहर आने तक यह विश्राम आपके शरीर और दिमाग़ को व्यवस्थित ढंग से कार्य करने में मदद करता है।

- **सौदेबाज़ी**

शायद यह क्षणभंगुर क्षणों में घटित होता है। हो सकता है कि 'क्या होगा अगर...' और 'अगर ऐसा हुआ तो...' जैसे विचारों पर चिंतन करते घंटों या कई दिन भी बीत जाएँ। ऐसा करने से से आप आसानी से आत्म-दोष की प्रक्रिया की ओर बढ़ सकते हैं। हम सोचने लगते हैं कि अगर हमने अलग-अलग समय पर अलग-अलग विकल्प चुने होते तो क्या अलग हो सकता था। अगर हमारा ईश्वर पर भरोसा है तो हम उससे या ब्रह्मांड से सौदेबाज़ी करना शुरू कर सकते हैं। या हो सकता है कि हम अब से चीज़ों को अलग तरीक़े से करने का वादा करें और चीज़ों को किसी भी तरह से बेहतर बनाने के लिए अपना जीवन समर्पित कर दें, अपने मन में तय करें कि सब कुछ फिर से ठीक करने की सख़्त कोशिश करेंगे। हम सबकुछ पूर्ववत चाहते हैं।

- **अवसाद**

यहाँ अवसाद यानी डिप्रेशन शब्द का प्रयोग उस भारी नुक़सान, तीव्र उदासी और ख़ालीपन का वर्णन करने के लिए किया जा रहा है, जो किसी शोक के बाद आता है। यह नुक़सान के प्रति एक स्वाभाविक प्रतिक्रिया है और ज़रूरी नहीं कि यह किसी मानसिक बीमारी का संकेत हो। अवसाद किसी निराशाजनक स्थिति के प्रति एक सामान्य प्रतिक्रिया है। हो सकता है कि इससे कभी हमारे आस-पास के लोग भयभीत हो जाएँ और चाहें कि यह स्थिति स्वाभाविक रूप से ठीक हो जाए या इससे भी बदतर यह चाहें कि आप इससे छुटकारा पा लें।

लेकिन अवसाद को स्वस्थ दुःख का एक स्वाभाविक हिस्सा मानने का मतलब है कि हम उस दर्द से स्वयं को शांत करने की कोशिश कर सकते हैं और सामान्य जीवन में फिर से जुड़ने के लिए कड़ी मेहनत कर सकते हैं और यथासंभव अपनी भलाई, ख़ुशहाली के बारे में सोचें। इस पुस्तक के पहले भाग में शामिल विचार और उपाय यहाँ भी लागू होते हैं। लेकिन हमें दर्द से इनकार भी नहीं करना है, या इसे दबा कर छिपाना नहीं है, जैसा कि मैं आगे बताऊँगी।

- **स्वीकृति**

जब हम दुःख को उसका आवश्यक समय और स्थान देते हैं, तो हम आगे बढ़ने और जीवन में फिर से सक्रिय भूमिका निभाने में अधिक सक्षम हो जाते हैं। स्वीकृति को परिस्थिति से सहमत होना या पसंद करना मानने की ग़लती की जाती है। ऐसा नहीं है। स्वीकृति में, नई वास्तविकता अभी भी सही नहीं है। यह अभी भी वैसी नहीं है, जैसी हम चाहते हैं। लेकिन हम नई वास्तविकता को अपनाना शुरू करते हैं, अपनी ज़रूरतों को सुनते हैं, नए अनुभवों को स्वीकार करने के लिए तैयार रहते हैं और संबंध बनाते हैं।

यह बताना भी ज़रूरी है कि स्वीकृति दुःख का अंतिम बिंदु नहीं है। ये क्षणभंगुर पल हो सकते हैं, जिनमें आपको इस नई वास्तविकता में जीने का रास्ता मिल गया हो। ऐसे अन्य क्षण भी हो सकते हैं जब आप उस व्यक्ति के लिए सौदेबाज़ी करें और उसके प्रति आपकी चाहत लौट आए। इन अवस्थाओं के बीच आगे-पीछे होना स्वाभाविक है, और यह अपेक्षित है, क्योंकि आप अपने जीवन में सभी नई चुनौतियों और अनुभवों का सामना करते हैं। इसका मतलब यह है कि यदि आपने संतुष्टि या ख़ुशी के नए क्षण ढूँढ़ना शुरू कर दिया है, सबकुछ ठीक चल रहा है, और फिर आप खुद को क्रोध या उदासी (या कुछ और) की लहर से विचलित पाते हैं, तो इसका मतलब यह नहीं है कि आप पीछे चले गए हैं। आप दुःख को 'ग़लत' नहीं मान रहे हैं। दुःख लहरों पर सवार होकर आता है, इसका हम हमेशा अनुमान नहीं लगा सकते।

सारांश

- इनकार हमें दुःख के भारी व्यग्रता से बचने में मदद कर सकता है। जैसे ही इनकार कमज़ोर पड़ता है, भावनाओं की नई लहरें उभरने लगती हैं।
- जब हमें किसी ऐसी बात पर गुस्सा आता है जिसे हम नियंत्रित नहीं कर सकते हैं, तो शारीरिक गतिविधि हमें शारीरिक उत्तेजना का उपयोग करने में मदद करती है और इससे इससे शरीर थोड़ी देर के लिए शांत हो जाता है।
- 'क्या होगा अगर....' के बारे में सोचना आत्म-दोष की राह पर ले जा सकता है।
- किसी शोक के बाद अवसाद एक सामान्य प्रतिक्रिया है।
- स्वीकृति का मतलब परिस्थिति को पसंद करना या उससे सहमत होना नहीं है।

16

दुःख के कार्य

तो जिसे हम दुःख कहते हैं उस गहन, भ्रमित करने वाले और अक्सर अव्यवस्थित अनुभव से गुज़रना कैसे शुरू करते हैं?

विलियम वर्डेन (2011) ने शोक के चार कार्यों का वर्णन किया।

1. नुक़सान के बाद नई वास्तविकता में कुछ स्वीकार्यता तलाशना।
2. दुःख की पीड़ा से उबरने के लिए काम करना।
3. ऐसे माहौल में समायोजित होना, जिसमें वह प्रियजन अनुपस्थित है।
4. उनके साथ नए तरीक़े से संबंध बनाए रखने का तरीक़ा ढूँढ़ना, साथ ही वर्तमान जीवन जीना।

किसी नुक़सान के बाद, लोग अपने दुःख से अलग-अलग तरीक़ों से निपटते हैं। जहाँ कुछ इससे उपजे दर्द और भावनाओं को महसूस करने लगते हैं, वहीं कुछ लोग दर्द की तीव्र भावनाओं से अपने को पूरी तरह अलग रखने पर ध्यान केंद्रित करते हैं। इनमें से कोई भी तरीक़ा ग़लत नहीं है। दरअसल, हमें दोनों की ज़रूरत है। दुःख से हम तुरंत तो उबर नहीं सकते हैं। लेकिन हम दुःख को महसूस किए बिना इससे उबर भी नहीं सकते। तो काम दर्द को महसूस करने और शरीर और दिमाग़ को किसी ध्यान भटकाने वाली या आरामदायक स्थिति से भरने के बीच गति की एक प्रक्रिया बन जाता है जो आपको भावनाओं की तरंगों को एक ब्रेक देता है (स्ट्रोबे और शुट, 1999)।

इसलिए आने वाली भावनाओं के साथ समय बिताना (चाहे आपने वहाँ जाने का विकल्प चुना हो, स्मृति बॉक्स में देखकर या किसी स्मारक पर जाकर, या वह

भावना बिना किसी विकल्प के उभरी हो) उस प्रक्रिया का आवश्यक हिस्सा है। यह बात करके, लिखकर या रोकर भावनाओं को प्रकट करने और व्यक्त करने की अनुमति देता है। जब आपको लगता है कि आपको उससे पीछे हटने की ज़रूरत है, तो यह आपका ध्यान किसी ऐसी चीज़ में लगाने में मदद करता है जिससे तनाव होता है। इस समय भाग 3 में दिए गए आत्म-सुखदायक कौशल का उपयोग करने से लाभ हो सकता है, ख़ासकर जब दर्द अत्यधिक व्यग्र करने वाला हो। ग्राउंडिंग तकनीकें भी यहाँ मदद कर सकती हैं। लेकिन इसका कोई निर्धारित नुस्ख़ा नहीं है, क्योंकि प्रत्येक व्यक्ति, प्रत्येक रिश्ता अनोखा है और इसीलिए प्रत्येक शोक प्रक्रिया अलग होती है। मुख्य बात ऐसा कोई सुरक्षित तरीक़ा ढूँढ़ना है जो आपको फिर से स्वस्थ होने के लिए कुछ समय दे, भले ही थोड़ा ही समय हो। 'परिस्थिति के साथ आगे बढ़ने की कोशिश' करने और किसी भी बिंदु पर स्वयं को नुक़सान पर ध्यान केंद्रित करने की अनुमति नहीं देने का अर्थ यह है कि इसके लिए अथक प्रयास करना पड़ सकता है और यह अंतहीन हो सकता है। यदि हम ब्रेक लेते हैं तो व्याकुल होने के डर से हमें व्यस्त रहना पड़ सकता है। तो हम फँस जाते हैं। हम आराम नहीं कर पाते हैं, क्योंकि दर्द से दूरी बनाए रखने का काम निरंतर चलते रहता है। दर्द बहुत बढ़ जाने पर हम उसे दबाने और सतह के नीचे रखने के लिए जो क़दम उठाते हैं, उससे व्यक्ति और उनके रिश्ते दोनों को नुक़सान हो सकता है। यदि आप किसी एक भावना से अलग हो जाते हैं, तो आप उन सभी से कट जाते हैं।

जो भी है उसे महसूस करें

जब आप शोक मना रहे हों तो सब कुछ महसूस करना सही है। निराशा और क्रोध महसूस करना ठीक है। भ्रमित होना ठीक है और ख़ुश होना भी ठीक है। मुस्कराने का क्षण आए, तो मुस्कराना भी ग़लत नहीं है। एक पल के लिए अपने चेहरे पर गर्म धूप का आनंद लेना, या किसी के मज़ाक़ पर हँसना ठीक है, सब ठीक है। जब आप अपने आप को फिर से जीने की अनुमति देना शुरू करते हैं तो अपराध-बोध होना स्वाभाविक है, लेकिन ख़ुशी के छोटे-छोटे क्षणों को अपने ऊपर हावी होने देना शोक मनाने की प्रक्रिया के लिए उतना ही महत्त्वपूर्ण है जितना कि दर्द को अनुमति देना। समय के साथ हम जीवन से जुड़ना सीखते हैं और पहचानते हैं कि इसका मतलब भूलना नहीं है। प्यार और जुड़ाव बना हुआ है।

हर दिन छोटे–छोटे क़दम आगे बढ़ाएँ

आगे बढ़ते समय आप जो छोटे–छोटे क़दम बढ़ाते हैं, उनकी शक्ति को कम मत आँकिए। यदि हर दिन अपना चेहरा धोना आपको एक युद्ध जैसा लगता है, तो हर सुबह अपना चेहरा धोने को अपना वर्तमान लक्ष्य बना लें। जहाँ हैं, वहीं से आगे बढ़ें और जहाँ ले जाए उस ओर बढ़ें।

अपेक्षा नहीं करें

आपको कैसा महसूस करना चाहिए, आपको कैसा व्यवहार करना चाहिए और आपको कितनी जल्दी ठीक होना चाहिए, इसको लेकर यदि आपने अपेक्षाएँ पाल लीं, तो इससे आपका दुःख और कठिन हो जाएगा। कई अपेक्षाएँ दुःख को वर्जित विषय मानने की हमारी ग़लतफ़हमी के कारण आती हैं। इस क्षेत्र में अनेक शोध होने के कारण अब हमें दुःख की प्रक्रिया और इससे खुद को कैसे बाहर निकालना है, इस बारे में बहुत बेहतर समझ विकसित हो गई है। अपेक्षाओं के कारण लोग ग़लत तरीक़े से विश्वास करने लगते हैं कि वे पागल हो रहे हैं, सब कुछ ग़लत कर रहे हैं, वे कमज़ोर और अकेले हैं। वास्तव में, सभी भावनाएँ, उतार–चढ़ाव प्रक्रिया का एक सामान्य हिस्सा हैं। दुःख के बारे में खुलकर बातचीत नहीं करने के कारण हम चिंता में पड़ जाते हैं कि कहीं हम कुछ ग़लत तो नहीं कर रहे हैं। इसके विपरीत, और एक बहुत अधिक मददगार दृष्टिकोण है अपने और दूसरों के साथ एक सहानुभूतिपूर्ण संबंध विकसित करना है। ऐसा संबंध जो आपको अपनी भावनाओं को एक सुरक्षित स्थान पर व्यक्त करने की सहूलियत देता है।

अभिव्यक्ति

हर बार अपनी भावनाओं को व्यक्त करना आसान नहीं होता। कुछ लोगों को बात करने की इच्छा होती है, कुछ लोग चुप्पी साध लेते हैं, उन्हें अपनी बात कहने के लिए शब्द नहीं मिलते। अगर आप अपना मन हल्का करना चाहते हैं, तो किसी ऐसे व्यक्ति को खोजें जिस पर आप भरोसा करते हों और बात करना शुरू करें। अगर आपके मन में किसी पर बोझ बनने, किसी को नाराज़ करने जैसे सामान्य डर हैं, तो उन्हें व्यक्त करें। एक अच्छा दोस्त आपको बताएगा कि वह आपकी किस तरह से मदद कर सकता है।

अगर आप बात नहीं कर सकते, तो लिखें। जो भी शब्द आपके दिमाग़ में आएँ, उन्हें लिखते चले जाएँ। उन विचारों और भावनाओं को काग़ज़ पर उतारने

से आपके मन और शरीर में चल रही कुछ बातों को उजागर करने में मदद मिल सकती है। उन पीड़ादायक भावनाओं पर कार्य करने से शोक से निपटा जा सकता है।

कुछ लोग पेंटिंग, संगीत, कविता या अन्य किसी तरह की गतिविधियों के माध्यम से अपने आपको अभिव्यक्त करते हैं। आपको अपनी भावना को बाहर निकालने और व्यक्त करने का जो भी सुरक्षित तरीक़ा समझ में आता है, उसके लिए समय निकालना उचित है। अगर आपको समझ में नहीं आ रहा है कि कहाँ से शुरू करें, तो बस किसी भी ऐसी गतिविधि से शुरू करें जो आपको स्वाभाविक रूप से आती हो। उस काम से शुरू करें जिसने अतीत में मदद की है। या किसी ऐसे काम से शुरू करें, जिसको लेकर आपको जिज्ञासा है कि इसे कैसे किया जा सकता है।

अगर आपके पास किसी थेरैपिस्ट की सुविधा नहीं है, जो आपकी सीमाओं को निर्धारित कर सके, तो इस तरह की गतिविधियों के माध्यम से आप अपनी भावनाओं के साथ काम कर सकते हैं। महसूस करने का एक समय होता है और उन्हें अवरुद्ध का एक समय होता है, उनसे मुँह मुड़ने का एक समय होता है और अपने मन और शरीर को आराम देने के लिए उनसे दूरी बना लेने का एक समय होता है। इसलिए अगर आप उस भावना को छोड़ने और व्यक्त करने में कुछ समय बिताने जा रहे हैं, तो सुरक्षा जाल होना चाहिए, जो आपको उन भावनाओं में फँसने से बचाए और आप वापस बाहर आ सकें।

याद रखें और जीना जारी रखें

जब किसी को याद करने से पीड़ा होती है, और उनके बिना वर्तमान में व्यस्त रहने से कष्ट होता है, तो ऐसा महसूस हो सकता है कि दोनों अनुभव परस्पर युद्ध कर रहे हैं। जीवन हमसे लगातार कार्य करने करते रहने की माँग करता है और सिर्फ़ एक याद आपको व्याकुल कर देती है, पराजित कर देती है।

शायद समय के साथ दुःख को लेकर बदलने वाली स्थितियों में से एक यह भी है कि दोनों परिस्थितियाँ एकसाथ आती हैं। या कोशिश करके हम एक ऐसा तरीक़ा खोज लेते हैं जिससे दोनों ज़रूरतें एक साथ रह सकें। यानी जीवन में व्यस्त रहने की ज़रूरत और आपकी दुनिया से जा चुके व्यक्ति को याद करने और उससे जुड़े रहने की ज़रूरत साथ-साथ चले। यह उनके जीवन का जश्न मनाने वाले पलों के लिए समय निकालना हो सकता है, उनके साथ अपने रिश्ते को जारी रखने में मदद करने वाली परंपराओं को निभाने हुए समय बिताना हो सकता है, साथ ही हर दिन जान-बूझकर जीवन जीने के कुछ ऐसे तरीक़ों को चुनना जो अतीत और भविष्य दोनों का सम्मान करते हैं।

दुःख का काम आपके दर्द में क़दम रखना, उसे अपने ऊपर हावी होने देना, स्वयं को शांत करना और उसके ज़रिये स्वयं को सहारा देना, और फिर से उससे बाहर निकलकर जीवन में वापस आना है। दुःख से होने वाली थकावट के दौरान अपने शरीर और दिमाग़ को आराम देना और पोषण देने के तरीक़े खोजना है (सैमुअल, 2017)।

घाव के इर्द-गिर्द जीवन

किसी के खोने के बाद जो घाव बनता है, उसे ठीक करना मुश्किल नहीं है। हम उस व्यक्ति को भूलना नहीं चाहते, हम उसे यादों में बनाए रखना चाहते हैं और उससे जुड़ाव महसूस करना चाहते हैं। इसीलिए घाव कम नहीं होता या ग़ायब नहीं होता। यह तब तक बना रहता है जब तक हम उसके इर्द-गिर्द जीवन बनाने की कोशिश करते हैं (रैंडो, 1993)। यह एक ऐसी अवधारणा है जिसे कई लोग थेरैपी में मददगार पाते हैं। वह व्यक्ति आपके लिए उतना ही महत्त्वपूर्ण है जितना वह पहले था और इसलिए उसे खोने का दर्द बना रहता है। लेकिन हम उसके जीवन को स्वीकार करने का तरीक़ा खोज लेते हैं और उस दुःख के साथ-साथ अर्थपूर्ण और उद्देश्यपूर्ण जीवन बनाना शुरू कर देते हैं। आप उस व्यक्ति को याद करने, उस व्यक्ति के साथ अपने जुड़ाव का जश्न मनाने और उसे महसूस करने और जीते रहने के तरीक़े खोज लेते हैं। आप सीखते हैं कि दर्द और ख़ुशी, निराशा और अर्थ सभी जीवन का हिस्सा हो सकते हैं। आप सीखते हैं कि आप किस तरह से जीवित रहने में सक्षम हैं, आप किस गहराई से स्वयं को ऊपर खींच सकते हैं, और उससे आप आगे बढ़ते रहते हैं।

अनुभवी व्यक्ति से मदद कब लें

काउंसलर या थेरैपिस्ट के पास जाने का मतलब यह नहीं है कि आप दुःख को ग़लत तरीक़े से समझ रहे हैं। हमें दुःख की पीड़ा से बाहर निकलने के लिए सहारे की ज़रूरत होती है, लेकिन हर किसी के पास कोई ऐसा नहीं होता जिस पर वे भरोसा कर सकें या जिसके साथ खुलकर बात करना चाहें। ऐसे लोगों के लिए थेरैपी रूम एक शरणस्थली बन सकता है। किसी ऐसे प्रशिक्षित व्यक्ति के साथ अपनी दबी हुई भावना को बाहर निकालने के लिए एक सुरक्षित जगह, जो आपके साथ इस दौरान शांति से बैठ सके। थेरैपिस्ट आपको स्थितियों को समझने में मदद कर सकता है, सुरक्षित रूप से प्रबंधन करने में आपकी मदद करने के लिए कौशल का उपयोग कर सकता है, दुःख के बारे में अधिक समझ सकता है और आपकी

बात को इस तरह से सुन सकता है जिस तरह से पहले कभी नहीं सुनी गई हो। वह आपके प्रति कोई राय नहीं बनाता, कोई सलाह नहीं देता या आपकी समस्या को सुधारने का प्रयास भी नहीं करता। एक थैरेपिस्ट जानता है कि दुःख का काम दर्द के साथ बढ़ना होता है, और थैरेपिस्ट का काम आपके साथ चलना और ज़रूरत पड़ने पर मार्गदर्शन प्रदान करना है।

सारांश

- दुःख की माँग है कि हम दर्द से बाहर निकलें।
- प्रियजन की अनुपस्थिति वाली ज़िंदगी में ढलने में समय लगता है।
- हमें अपने प्रिय व्यक्ति की शारीरिक मौजूदगी के बिना उसके साथ संबंध बनाए रखने का तरीक़ा खोजना होगा।
- नई वास्तविकता को स्वीकार करने का मतलब है कि हम उन चीज़ों से जुड़ना जारी रख सकते हैं जो हमारे लिए मायने रखती हैं। आप जो भी महसूस करते हैं, उसे महसूस करना ठीक है।
- छोटे क़दमों और स्थिर प्रगति को कम मत समझिए।

17

शक्ति के स्तंभ

ग्रीफ़ साइकोलॉजिस्ट जूलिया सैमुअल ने उन प्रमुख संरचनाओं को निर्धारित किया है जो हमें दुःख के दौरान अपने जीवन को फिर से बनाने में सहायता करती हैं (2017)। वह उन्हें 'शक्ति के स्तंभ' कहती हैं, क्योंकि उन्हें बनाने के लिए दृढ़ता की आवश्यकता होती है। उनमें से प्रत्येक का पोषण करके, हम अपनी मदद के लिए एक स्थिर संरचना प्राप्त करते हैं। शक्ति के स्तंभ नीचे दिए जा रहे हैं।

1. मृत व्यक्ति के साथ संबंध

जब हम किसी प्रियजन को खोते हैं, तो उस व्यक्ति के साथ हमारा रिश्ता और प्यार ख़त्म नहीं होता। नुक़सान से निपटने के लिए अपने प्रियजन के क़रीब महसूस करने के नए तरीक़े खोजने पड़ते हैं। उदाहरण के लिए, उस ख़ास जगह या स्मारक पर जाना, जहाँ आप दोनों साथ गए हों, वहाँ साथ समय बिताया हो।

2. अपने आपके साथ संबंध

इस पुस्तक के हर खंड में आत्म-जागरूकता की बात की गई है, और दुःख से निपटने के लिए भी यही ज़रूरी है। हमें अपनी ज़रूरतों पर ध्यान देना चाहिए ताकि अपने दुःख से सामना करने के अपने तरीक़ों को समझ सकें, सहायता पाने के तरीक़े खोजें और अपने स्वास्थ्य और भलाई का ख्याल रख सकें।

3. दुःख को व्यक्त करना

दुःख को व्यक्त करने का कोई सही तरीक़ा नहीं है। यदि आप शांत बैठकर चिंतन करते हुए या यादों को दोस्तों के साथ साझा करते हुए अपना दुःख व्यक्त करना चाहते हैं, तो जो कुछ भी मन में आता है, जो कुछ भी आप महसूस करते हैं, उसे व्यक्त करने की क्रिया आपके दुःख को व्यक्त करने की प्राकृतिक प्रक्रिया में मदद करती है। जब भावनाएँ बहुत अधिक व्याकुल करने वाली हों, तो आप भाग 3 में दिए गए कौशल का उपयोग कर सकते हैं।

4. समय

इसकी अपेक्षा करना कि दुःख अमुक समय में कम हो जाएगा, आपको किसी संघर्ष की स्थिति में डाल देगा। जब परिस्थितियाँ अत्यंत व्याकुल करने वाली हों, तो जब तक कि आप भविष्य के बारे में व्यापक दृष्टिकोण बनाने के लिए पर्याप्त मज़बूत महसूस नहीं करें, तब तक हर आने वाले दिन पर ध्यान केंद्रित करने से मदद मिल सकती है। अपने आपको किसी ख़ास समय-सीमा में एक निश्चित तरीक़े से महसूस करने के लिए दबाव डालना दर्द और परेशानी को बढ़ाएगा ही।

5. मन और शरीर

जैसा कि मैंने भाग 1 में बताया है, हमारी शारीरिक स्थिति, भावनाएँ, विचार और क्रियाएँ एक बुनी हुई टोकरी की तरह हैं । दूसरे को प्रभावित किए बिना हम पहले को नहीं बदल सकते। इसलिए हमें अपने अनुभव के सभी पहलुओं का ध्यान रखना और भी ज़रूरी हो जाता है। नियमित व्यायाम, अच्छा खाना और सामाजिक संपर्क बनाए रखने से हमें उस समय अपने मानसिक स्वास्थ्य को मज़बूत करने में मदद मिलेगी जब हमें इसकी सबसे अधिक आवश्यकता होगी।

6. सीमाएँ

जब हमारे आस-पास के प्रियजन हमें हमारे दुःख के प्रबंधन को लेकर तरह-तरह की सलाह दे रहे हों और बता रहे हों कि हमें कब रोज़मर्रा की ज़िंदगी में वापस आ जाना चाहिए, तो सीमाओं को बनाए रखने की अपनी क्षमता को याद रखना होगा। यदि हम आत्म-जागरूकता विकसित कर रहे हैं और

अपनी ज़रूरतों को सुन रहे हैं, तो कभी-कभी हमें अपने सर्वोत्तम हितों को पूरा करने के लिए सीमाएँ निर्धारित करना और उन्हें बनाए रखना ज़रूरी होता है।

7. व्यवस्था

मैंने पिछले अध्यायों में पूर्वानुमान और रोमांच, संरचना और लचीलेपन के बीच संतुलन की मानवीय ज़रूरत के बारे में बात की है। जब किसी नुक़सान के बाद हमारा मानसिक स्वास्थ्य कमज़ोर हो जाता है, तो इसी में समझदारी है कि हम कुछ हद तक लचीलापन अपनाएँ जो हमें शोक मनाने की अनुमति देता है, साथ ही कुछ हद तक व्यवस्था और दिनचर्या बनाए रखें मानसिक स्वास्थ्य नहीं बिगड़ेगा, क्योंकि इस दौरान आप व्यायाम और सामाजिक संपर्क जैसे स्वस्थ व्यवहारों से दूर हो चुके होंगे।

8. ध्यान केंद्रित करना

हमारे पास जब अपनी संवेदनाओं का वर्णन करने के लिए पर्याप्त शब्द नहीं होते हैं, तो अपना ध्यान केवल अपनी आंतरिक दुनिया को देखने और शरीर में उन संवेदनाओं की कल्पना करने पर केंद्रित करना चाहिए। इससे भावनाओं के बारे में जागरूकता पैदा करने में मदद मिल सकती है।

सारांश

- हम समय, काम और दृढ़ता के साथ शोक के बाद जीवन का पुनर्निर्माण कर सकते हैं।
- किसी विशेष स्थान या स्मारक के साथ अपने प्रियजन की क़रीबी को महसूस करने के नए तरीक़े तलाशें।
- जितना हो सके अपनी ज़रूरतों को सुनें।
- दुःख व्यक्त करने का कोई सही तरीक़ा नहीं है।
- आपको शोक मनाने में कितना समय बिताना चाहिए इसको लेकर कोई अपेक्षा ना पालें।

5

आत्म-संदेह पर

18

आलोचना और अस्वीकृति से निपटना

आलोचना और अस्वीकृति का सामना हम सभी को कभी न कभी करना ही पड़ता है। लेकिन हमें कोई नहीं सिखाता कि इससे किस तरह निपटा जाए ताकि यह प्रतिक्रिया हमारे आत्म-सम्मान को ध्वस्त करने के बजाय हमारे जीवन को बेहतर बना सके।

आलोचना या अस्वीकृति की आशंका भी हमें उन कामों के लिए प्रयास करने की क्षमता को कमज़ोर कर सकती है, जो हमारे लिए बहुत मायने रखते हैं। इसलिए आपके अंदर आलोचना या अस्वीकृति से स्वस्थ तरीक़े से निपटने का कौशल ना होना आपको नुक़सान पहुँचा सकता है।

इस अध्याय में आपको यह नहीं बताया जाएगा कि लोग आपके बारे में क्या सोचते हैं, इसकी परवाह करना बंद कर दें। सच कहें तो हम इस बात की परवाह करने के लिए बने हैं कि हमारे आस-पास के लोग हमें किस नज़र से देखते हैं। हमारी आलोचना इस बात का संकेत हो सकती है कि हम किसी स्तर पर किसी की उम्मीदों पर खरे नहीं उतरे हैं और कभी-कभी (लेकिन हमेशा नहीं) अस्वीकृति या दरक़िनार किए जाने के जोख़िम का संकेत दे सकती है। इसलिए इसलिए कहीं से आलोचना होने पर स्वाभाविक रूप से आपका तनाव बढ़ जाएगा। और हम इस दिशा में कुछ करने के लिए तैयार हो जाएँगे। पुराने ज़माने से ही हमारे समुदाय से अस्वीकृति मिलना हमारे अस्तित्व के लिए एक गंभीर ख़तरा थी। इन दिनों, स्थितियाँ कुछ मायनों में अलग हैं, लेकिन कुछ मायनों में समान हैं। अस्वीकृति और अकेलापन हमारे स्वास्थ्य के लिए एक बड़ा ख़तरा बना हुआ है और मस्तिष्क हमें एक समूह में सुरक्षित रखने की कोशिश करने का अपना काम जारी रखता है।

हमें सुरक्षित रखने के अलावा, दूसरे हमारे बारे में क्या सोच सकते हैं-यह कल्पना करने की हमारी क्षमता एक महत्त्वपूर्ण कौशल है। हम जिन सामाजिक समूहों में रहते हैं, यह हमें उन सामाजिक समूहों में कार्य करने में मदद करता है। हम स्वयं के अनुभव और दूसरों के साथ बातचीत करने के तरीक़े से ही नहीं, बल्कि दूसरे लोग हमारे बारे में क्या सोचते हैं, उनके हमारे बारे में क्या विचार हैं, क्या धारणाएँ हो सकती हैं, इसकी कल्पना करके अपनी पहचान और स्व का भाव विकसित करते हैं। इसे 'लुकिंग ग्लास सेल्फ़' (कूली, 1902) कहा जाता है। इसलिए यह तो स्पष्ट है कि मैं जो मानती हूँ कि आप मेरे बारे में क्या सोचते हैं, वह मेरे अगले क़दम को प्रभावित करने वाला है। इसलिए जब हम स्वयं से यह कहने की कोशिश करते हैं कि दूसरे क्या सोचते हैं इसकी परवाह करना बंद कर दो, तो भले ही हमें इससे क्षणिक उत्साह मिलता हो, लेकिन इसका प्रभाव अक्सर थोड़े समय के लिए ही होता है।

लोगों को ख़ुश करना

लोगों को ख़ुश करना सिर्फ़ लोगों के साथ अच्छा व्यवहार करना नहीं है, इससे कुछ अधिक है। हर कोई यही सलाह देगा कि लोगों के साथ अच्छा व्यवहार करना चाहिए। लेकिन लोगों को ख़ुश करना ऐसा व्यवहार है, जिसमें आप लगातार अपने आप से पहले दूसरों का ध्यान रखते हैं, भले ही इससे आपके स्वयं के स्वास्थ्य और ख़ुशहाली प्रभावित हो। दूसरों को ख़ुश रखने के प्रयास में हम अपनी ज़रूरतों, पसंद और नापसंद को व्यक्त कर पाने में असमर्थ महसूस कर सकते हैं, सीमाएँ लाँघ सकते हैं और या यहाँ तक कि स्वयं को असुरक्षित भी कर सकते हैं। हम हाँ कह देते हैं, जबकि वास्तव में हम ना कहना चाहते हैं और ना कहना भी चाहिए। हमें इस बात पर गुस्सा आता है कि लोग हमारा फ़ायदा उठा रहे हैं, लेकिन हम कुछ नहीं कर पाते। और हमारे भीतर से अस्वीकृति का डर कभी ख़त्म नहीं होता, क्योंकि हमेशा कोई ग़लत क़दम उठाने, ग़लत चुनाव करने और किसी को नाराज़ करने की आशंका बनी रहती है - भले ही उस व्यक्ति को हम नापसंद करते हों या उसके साथ हम समय नहीं बिताते।

वैसे तो हम सभी अपने साथियों की स्वीकृति और सहमति की परवाह करते हैं, लेकिन लोगों को ख़ुश करना इससे कहीं आगे की बात है। अगर हम ऐसे माहौल में पले-बड़े होते हैं, जिसमें असहमत होना या विरोध करना सुरक्षित नहीं है, अगर असहमति को क्रोध या अवमानना के साथ व्यक्त किया जाता है, तो एक बच्चे के रूप में हम उस माहौल में रहना सीख लेते हैं। दूसरे लोगों को ख़ुश रखना अपने

अस्तित्व को बचाए रखने का कौशल बन जाता है जिसे हम बचपन से ही निखारने लगते हैं। यह तो बाद में, वयस्क होने पर पता चलता है कि व्यवहार का यह तरीक़े रिश्तों के लिए हानिकारक हो जाते हैं। हम अपने हर क़दम पर दोबारा विचार करते हैं, हमेशा यह जानने की कोशिश करते हैं कि दूसरे हमसे क्या उम्मीद कर रहे हैं। इससे हमें नए संबंध बनाने में भी परेशानी होती है, क्योंकि हमें इस बात की गारंटी नहीं होती कि सामने वाला व्यक्ति भी हमें पसंद करता है, और हम बातचीत से पीछे हट जाते हैं।

लोगों को ख़ुश करने वाला जीवन जीना इस तथ्य से और भी कठिन हो जाता है कि दूसरे लोग हमेशा आलोचना के साथ अपनी असहमति व्यक्त नहीं करते हैं। अगर अगला व्यक्ति कुछ नहीं कहता है, हमें तब भी डर लग सकता है, हम उपेक्षित महसूस कर सकते हैं। जब हमारे पास कोई जानकारी नहीं होती है, तो हमारा दिमाग़ हमारे लिए ख़ाली जगहों को भरना शुरू कर देता है। स्पॉटलाइट इफ़ेक्ट शब्द को मूल रूप से थॉमस गिलोविच और केनेथ सावित्स्की (2000) ने मनुष्यों की इस प्रवृत्ति का वर्णन करने के लिए गढ़ा था कि दूसरे लोग हम पर कितना ध्यान केंद्रित कर रहे हैं। हम सभी अपने ध्यान के स्पॉटलाइट के केंद्र में हैं और हम कल्पना करते हैं कि दूसरे भी हम पर ध्यान केंद्रित कर रहे हैं, जबकि वास्तव में, हर किसी की स्पॉटलाइट आम तौर पर स्वयं पर होती है। इसलिए हम अक्सर यह मान लेते हैं कि दूसरे लोगों की हमारे प्रति नकारात्मक धारणा है या वे हमें नापसंद कर रहे हैं, जबकि हो सकता है कि वे हमारे बारे में बिलकुल भी नहीं सोच रहे होंगे।

जो लोग सामाजिक रूप से अधिक सचेत रहते हैं और व्यग्र रहते हैं, वे अपना ध्यान इस बात पर अधिक केंद्रित करते हैं कि उनके आस-पास के लोग उन्हें किस तरह देखते हैं (क्लार्क और वेल्स, 1995)। लेकिन जिन लोगों में भरपूर आत्मविश्वास होता है, उनका ध्यान बाहर की ओर होता है, उनमें अन्य लोगों को जानने की जिज्ञासा होती है।

तो, अगर हमारा दिमाग़ इस बात की परवाह करता रहता है कि बाक़ी लोग क्या सोच रहे हैं, या शायद हमारा झुकाव लोगों को ख़ुश करने की ओर है, तो हम इस प्रवृत्ति के साथ कैसे रह सकते हैं? हम यह कैसे सुनिश्चित करें कि हम सार्थक रिश्ते भी बनाए रखें, और अस्वीकृति और आलोचना की चिंताओं में भी नहीं फँसें? और जब किसी अन्य व्यक्ति की अस्वीकृति हमें हमारे लिए जैसा जीना ज़रूरी है, उस तरह से जीने से रोकती है, तो हम अपने आप को दोबारा कैसे खड़ा कर सकते हैं?

आलोचना से निपटने के लिए क्या करें :

- मददगार आलोचना को सहन करने की क्षमता बनाना और आत्म-सम्मान को बनाए रखते हुए इसे अपने लाभ के लिए उपयोग करें।
- नकारात्मक प्रतिक्रिया से सीखने के लिए तैयार रहना इससे आपको प्रगति करने में मदद मिल सकती है।
- ऐसी आलोचनाओं को पर ध्यान नहीं देना, जिसमें आपके नहीं, बल्कि किसी और के मूल्य झलकते हों।
- स्पष्ट रूप से जानना कि कौन सी राय आपके लिए बहुत मायने रखती है और क्यों, ताकि यह समझना आसान हो जाए कि कब चिंतन करना और सीखना है और कब छोड़कर आगे बढ़ना है।

लोगों को समझना

अधिकतर जो लोग जो दूसरों की बड़ी आलोचना करते हैं, वे स्वयं के प्रति भी बहुत आलोचनात्मक होते हैं। यह बताता है कि उन्होंने अपने आपसे और अन्य लोगों से किस तरह बात करना सीखा है। वे आलोचना करते हैं, क्योंकि उनकी आदत है, ज़रूरी नहीं कि उनकी आलोचना एक इंसान के रूप में आपकी योग्यता को आईना दिखाने वाली हो, ख़ासकर जब यह आपके चरित्र पर एक बहुत ही व्यक्तिगत हमला ना कि किसी ऐसी बात को लेकर जो किसी भी तरह से आपको आगे बढ़ने में मददगार साबित हो।

मनुष्य के रूप में हमारे भीतर अहंकारी सोच होती है, और हमारा आग्रह हो सकता है कि दूसरे लोग भई उन्हीं मूल्यों के अनुसार जिएँ और उन्हीं नियमों का पालन करें जो हमने अपने लिए तय किए हैं। इसका मतलब यह है कि आलोचना अक्सर दुनिया के बारे में आलोचना करने वाले व्यक्ति के दृष्टिकोण पर आधारित हो सकती है, जबकि तथ्य यह है कि हम सभी के जीवन के अनुभव, मूल्य और व्यक्तित्व अलग-अलग हैं।

हमें यह समझना होगा कि लोग अपने जीवन के नियमों के आधार पर दूसरों की आलोचना करते हैं, ख़ास तौर उन लोगों के लिए इसे समझना अधिक मददगार साबित होगा जो दूसरों को ख़ुश करने में लगे रहते हैं। हम सभी की स्वीकृति चाहते हैं, लेकिन अगर हर व्यक्ति के विचार और दृष्टिकोण अलग हैं, तो हम हर समय हर किसी को ख़ुश कैसे रख पाएँगे? यदि हमारा उस व्यक्ति के साथ घनिष्ठ संबंध है, तो हम उनकी राय को अधिक महत्त्व देंगे (जो आलोचना को अधिक पीड़ादायक

बना सकता है), लेकिन हमारे भीतर यह समझ भी हो सकती है कि इस अस्वीकृति के पीछे क्या छिपा है।

संदर्भ महत्त्वपूर्ण है, लेकिन हम हमेशा उस तक पहुँच नहीं पाते। जब हमारे पास संदर्भ ही नहीं होता है, तो आलोचना को उसके वास्तविक रूप में देखना बहुत कठिन होता है। यह एक व्यक्ति के अनुभवों पर आधारित विचार बनकर रह जाती है। स्वाभाविक प्रवृत्ति यह होती है कि हम आलोचना को एक तथ्यात्मक कथन के रूप में लेते हैं और आत्म-सम्मान पर प्रश्न उठाने लगते हैं।

आत्म-सम्मान को बढ़ावा देना

सभी आलोचनाएँ बुरी नहीं होतीं। जब प्रतिक्रिया किसी ख़ास व्यवहार पर केंद्रित होती है, तो हम दोषी महसूस करते हैं और हम रिश्ते को सुधारने के लिए अपनी ग़लतियाँ सुधारने के लिए प्रेरित होते हैं। जब आलोचना हमारे व्यक्तित्व और आत्म-सम्मान पर हमला करती है, तो हम इसे शर्म के रूप में महसूस करते हैं।

शर्म एक बहुत ही कष्टदायक भावना है, जिसमें क्रोध या घृणा जैसी अन्य भावनाएँ मिली-जुली हो सकती हैं। यह शर्मिंदगी से अलग है, जो कम तीव्र होती है और सार्वजनिक रूप से महसूस की जाती है। शर्म बहुत अधिक पीड़ा देती है। इसके कारण हम बोलने, ठीक-ठीक सोचने या कुछ भी करने में असमर्थ महसूस करते हैं। हम ग़ायब हो जाना चाहते हैं, कहीं छिप जाना चाहते हैं। इससे उबरना मुश्किल हो जाता है।

शर्म हमारे ख़तरे के तंत्र को इस तरह से सक्रिय कर देती है कि ऐसा लगता है जैसे किसी ने इसके साथ हमारी अन्य सभी भावनाओं को मिला दिया हो। इसलिए हमें क्रोध, भय या घृणा भी महसूस होती है। फिर आत्म-आक्रमण किसी पहाड़ी पर सैनिकों के झुंड की तरह आता है। यह आत्म-आलोचना, आत्म-निंदा और दोषारोपण के साथ आप पर हमला करता है। इस तरह के हमले के दौरान हमारी सहज प्रवृत्ति इन सबको ब्लॉक करने की होती है। लेकिन शर्म को नज़रअंदाज़ करना आसान नहीं है। इसलिए हम सबसे आकर्षित करने वाले, नशे के व्यसन को अपना लेते हैं। इनसे हमें तुरंत राहत मिल जाती है।

हम शर्म के प्रति लचीला रवैया अपनाना सीख सकते हैं, लेकिन यह जीवन का एक अभ्यास है। शर्म के प्रति लचीलापन रखने का मतलब यह नहीं है कि आप इसे कभी महसूस ही नहीं करते। इसका मतलब यह है कि हम गिरकर फिर से उठना सीखते हैं।

शर्म का अनुभव करने और बिना आत्म-सम्मान खोए वापस खड़े होने सक्षम होने के लिए आगे दी गई बातों का ध्यान रखना चाहिए :

- यह जानना कि आपको किस बात के लिए शर्म महसूस होती है। हमारे जीवन के कुछ पहलू और कुछ ऐसी बातें ऐस होती हैं जिन्हें हम अपने व्यक्तित्व का हिस्सा मानते हैं। यह परवरिश या शारीरिक बनावट या रचनात्मकता हो सकती है। कोई भी बात जिसे आप अपने आत्म-सम्मान से जोड़ते हैं, शर्म की वजह बन सकती है। आत्म-सम्मान की भावना को विकसित करने और बनाए रखने के लिए हमें यह समझना होगा है कि एक इंसान के रूप में हमारी योग्यता ग़लतियों से मुक्त जीवन जीने पर निर्भर नहीं है।
- आलोचना और उसके बाद आने वाले सभी निर्णयों की वास्तविकता जाँचें। चाहे वह किसी और की तरफ़ से आए या आपके अपने दिमाग़ से, निर्णय और राय तथ्य नहीं होते। वे कथा-कहानियाँ होती हैं, जो हमारे अनुभवों को बदल सकती हैं। इसलिए आत्म-सम्मान को बचाने में अपमानास्पद भाषा और व्यक्तिगत आलोचनाओं को नज़रअंदाज़ करना और विशिष्ट व्यवहारों और उनके परिणामों पर ध्यान केंद्रित करना शामिल होता है। अपने आप को याद दिलाएँ कि कमियाँ होना, ग़लतियाँ करना या विफल होना, ये सब इंसान होने का एक हिस्सा है। अपनी ग़लतियों को अपना लेने का मतलब है कि जब आप विफल होते हैं तो नाकारा नहीं महसूस करते। आप प्रत्येक अनुभव से सीखकर अपने लाभ के लिए उसका उपयोग कर सकते हैं।
- जो बोल रहे हैं, उस पर ध्यान दें। आलोचना हमेशा कम चोट पहुँचाएगी, यह तो हमारा मस्तिष्क है जो हमें सुरक्षित रखने के लिए अपना सर्वश्रेष्ठ प्रयास करता है। ऐसा कोई उपाय नहीं है जो सब कुछ हमेशा के लिए ठीक कर दे, आलोचनाएँ आपके कवच से टकराकर सकती हैं। वैसे भी जब सबसे बड़ा आलोचक आपके अपने दिमाग़ में ही हो, तो कवच का क्या उपयोग? एक कठोर टिप्पणी या आलोचना आपको थका सकती है। निश्चित ही, स्वाभावत: आप अगले पाँच घंटे अपने दिमाग़ में इसे दोहराते रहते हैं। मस्तिष्क इस पर ध्यान देना चाहता है, क्योंकि वह इसे एक ख़तरा मानता है। लेकिन हर बार जब आप अपने दिमाग़ में इस पर विचार करते हैं, तो तनाव प्रतिक्रिया शुरू हो जाती है। एक उपयोगी आलोचना पर विचार करने में समय बिताना हमारे लिए लाभदायक हो सकता है। वहीं, किसी बुरी टिप्पणी पर मनन और मंथन करना, बिना यह

समझे कि इससे आपको क्या मदद मिलेगी, अपने चरित्र पर बार-बार हमला करने जैसा ही है।

- आलोचना के बाद अपने आप से सही ढंग से बात करें। अगर आप शर्म से उबरकर वापस अपनी पूरी क्षमता के साथ कार्य करना चाहते हैं, तो यह बहुत ज़रूरी है। जब हम शर्म से घिर होते हैं तो हमें अपने आपसे नफ़रत होने लगती है और हम स्वयं को समझाते हैं कि हमें हमला जारी रखना चाहिए। अपने साथ सम्मान और सहानुभूति के साथ व्यवहार करने का विचार अनुचित और मेहरबानी जैसा लगता है, मानो इसकी वजह से आप अधिक मेहनत करना बंद कर देंगे, लेकिन वास्तव में, अगर आप चाहते हैं कि कोई व्यक्ति ज़मीन से उठ खड़ा हो, तो आपको उसे पीटना बंद करना होगा। सभी आलोचनाओं का अपने फ़ायदे के लिए इस्तेमाल करने के लिए ज़रूरी है अपनी मदद करना, अपने प्रति इतनी सहानुभूति रखना कि आप आलोचनाओं को सुन सकें और तय कर सकें कि आप इनमें से किसका उपयोग अपने फ़ायदे के लिए लेंगे और एक सबक़ समझकर उसका इस्तेमाल करेंगे। यह भी समझ सकेंगे कि कौन सी आलोचनाएँ आपके आत्मसम्मान और आत्मविश्वास कुचलने के अलावा और कुछ नहीं करतीं।
- शर्म पर बात करें। किसी ऐसे व्यक्ति से संपर्क करें जिस पर आप भरोसा करते हैं और अपना राज़ साझा कर सकते हैं। रहस्य, चुप्पी और कोई राय बना लेना शर्म को बढ़ाते हैं। सहानुभूति के साथ प्रतिक्रिया देने वाले किसी व्यक्ति के साथ अपना अनुभव साझा करने से हमें शर्म से पीछा छुड़ाने और आगे बढ़ने में मदद मिलती है।

अपने आपको समझना

आलोचनाओं का सामना करते हुए मनचाहा जीवन जीने का मतलब है इन बातों को लेकर स्पष्ट होना :

- कौन-से मशवरे आपके लिए वास्तव में मायने रखते हैं और क्यों। आपके लिए किसकी राय सबसे ज़्यादा मायने रखती है? यह कहना कि 'मुझे परवाह नहीं है कि कोई क्या सोचता है' शायद ही कभी सच होता है और इसमें असुरक्षा छिपी होती है। यह बात हमें दूसरों के साथ सार्थक संबंध बनाने से रोकती है, क्योंकि यह संवाद के किसी भी ऐसे

रास्ते को बंद कर देती है, जिसमें दोनों की आवाज़ें मायने रखती हैं। लेकिन जिनकी राय वास्तव में आपके लिए मायने रखती है उनके नामों की सूची छोटी होनी चाहिए। यह भी ध्यान दें कि कौन मायने रखता है इसका मतलब यह नहीं है कि उन्हें ख़ुश करना आपकी ज़िम्मेदारी है। इसका मतलब सिर्फ़ यह है कि आप उनकी प्रतिक्रिया सुनने के लिए तैयार हैं, भले ही वह प्रशंसा ना हो, क्योंकि आप जानते हैं उनकी राय ईमानदार होगी और आपके सर्वोत्तम हित में हो सकती है है, इसलिए आपके लिए मददगार भी हो सकती है।

- आप जो करते हैं, वह क्यों करते हैं। यदि किसी व्यक्ति की आपको स्वीकृति की ज़रूरत है, तो वह केवल आप हैं, और कोई नहीं। जब हमारा जीवन अपने मूल्यों और सबसे अहम बातों के अनुरूप नहीं चल रहा होता है, तो वह जीवन सार्थक या संतोषजनक नहीं लगता। आप किस तरह के व्यक्ति बनना चाहते हैं, आप अपना जीवन कैसे जीना चाहते हैं, आप दुनिया में किस तरह योगदान देना चाहते हैं, यही समझना वह रास्ता है जिस पर आप बने रहना चाहते हैं। जब आप ठीक से समझ जाते हैं कि आप कौन हैं और आप क्या बनना चाहते हैं, तो किन आलोचनाओं को स्वीकार करना है और किन आलोचनाओं की उपेक्षा करना है, यह चुनाव करना आसान हो जाता है।
- वे जानी-पहचानी आलोचना भरी आवाज़ें वास्तव में कहाँ से आ रही हैं और क्या वे वाजिब और मददगार हैं या हमारे लिए हानिकारक हैं। जब आपके जीवन में कोई ऐसा व्यक्ति होता है जो ज़ाहिर तौर पर आलोचनात्मक होता है, तो आप उनकी आवाज़ उनके कुछ भी कहने से पहले ही सुन लेते हैं। समय के साथ हम उनकी निरंतर आलोचना को अपने अंदर समाहित कर लेते हैं ताकि यह अपने आपसे बात करने का तरीक़ा बन जाए। इसलिए हम अत्यधिक आत्म-आलोचनात्मक हो सकते हैं, क्योंकि हमने ऐसा होना सीख लिया है। यह स्वीकार करना कि हमने अपने आपसे बात करने का यह तरीक़ा सीख लिया है, हमें यह स्वीकार करने में मदद करता है कि हम एक नया आंतरिक संवाद पुनः सीख सकते हैं जो हमारे लिए बेहतर होगा।

सारांश

- आलोचना और अस्वीकृति से स्वस्थ तरीक़े से निपटने के कौशल सीखना ज़रूरी जीवन कौशल हैं।
- हम इस बात की परवाह करने के लिए बने हैं कि दूसरे हमारे बारे में क्या सोचते हैं, इसलिए अपने आपसे यह कहना कि हमें परवाह नहीं है-कहने से काम नहीं चलेगा।
- लोगों को ख़ुश करना लोगों के साथ अच्छा व्यवहार करना भर नहीं है, उससे कहीं अधिक है। यह दूसरों की इच्छाओं या ज़रूरतों को अपनी इच्छाओं या ज़रूरतों से ज़्यादा अहमियत देना है, चाहे इसके लिए आपको अपनी सेहत और ख़ुशहाली को लेकर कितना ही नुक़सान क्यों ना उठाना पड़े।
- कुछ लोग इतनी अधिक आलोचना क्यों करते हैं, यह समझना मददगार होता है।
- आत्म-सम्मान को बढ़ाना और शर्म के प्रति लचीला बनना संभव है और संभावित रूप से जीवन बदलने वाला भी है।

19

आत्मविश्वास कैसे बनाएँ

एक छोटे-से शहर में पली-बढ़ी एक किशोरवयीन लड़की के रूप में मेरे भीतर बड़ा आत्मविश्वास था। फिर मैंने वह छोटा शहर छोड़ दिया और 100 मील दूर यूनिवर्सिटी में पढ़ने के लिए निकल गई। लेकिन मेरा अधिकांश आत्मविश्वास, जिसे मैं अपना हिस्सा मानती थी, घर पर ही रहता था। मैं असुरक्षित थी, अपने बारे में कुछ निश्चित तौर पर पता नहीं थी, मुझे ठीक से पता नहीं था कि नए माहौल में मुझे किस तरह से फ़िट होना है। समय बीतते-बीतते, यूनिवर्सिटी का जीवन ही मेरा सामान्य हो गया और मैंने एक बार फिर से ईंट-दर-ईंट जोड़कर अपना आत्मविश्वास खड़ा किया।

ग्रैजुएट होने के बाद मुझे एक एडिक्शन सर्विस के लिए एक शोधकर्ता के रूप में नौकरी मिल गई। यहाँ अब यूनिवर्सिटी वाला आत्मविश्वास पर्याप्त नहीं था। इस नए क्षेत्र में आत्मविश्वास बनाने के लिए मुझे एक बार फिर से उसी असुरक्षित भावना को सहन करना था। ऐसा ही तब हुआ जब मैंने अपनी क्लिनिकल ट्रेनिंग शुरू की, फिर क्वालिफ़िकेशन प्राप्त करने और अपने पहले बच्चे के जन्म के बाद, जब मैंने अपनी स्वयं की प्रैक्टिस शुरू की फिर जब मैंने सोशल मीडिया पर अपने काम को सार्वजनिक करना शुरू किया।

जीवन के हर मोड़ पहले पड़ाव पर पर्याप्त लगने वाला आत्मविश्वास अचानक अपर्याप्त लगने लगता और वापस मैं अपने आपको कमज़ोर महसूस करने लगती थी। आत्मविश्वास एक घर की तरह है जिसे आप अपने लिए बनाते हैं। जब आप कहीं नई जगह जाते हैं, तो आपको एक नया घर बनाना ही पड़ता है। लेकिन ऐसा करते समय हम बिलकुल शुरुआत से शुरू नहीं करते हैं। हर बार जब हम किसी अनजाने काम की ओर क़दम रखते हैं और कुछ नया करने की कोशिश करते हैं, कमज़ोरी का अनुभव करते हैं, ग़लतियाँ करते हैं, उनसे उबरते हैं और थोड़ा

आत्मविश्वास हासिल करते हैं, तो हम अगले पड़ाव की ओर इस प्रमाण के साथ बढ़ते हैं कि हम कठिन चुनौतियों से पार पा सकते हैं। हम अपने साथ उस विश्वास की छलांग को बार-बार लेने के लिए ज़रूरी साहस लेकर आते हैं। विश्वास की वही छलांग जिसे हर बार एक झूले को छोड़कर दूसरे को पकड़ते समय ट्रपीज़ कलाकार (कसरती झूले पर करामात दिखाने वाली लड़कियाँ) को लेनी चाहिए। वह कलाकार हमेशा ख़तरे में होती है, कभी पूरी तरह से सुरक्षित नहीं होती, लेकिन हर बार जब वह कोशिश करती है, तो वह जानती है कि वह उस जोख़िम का सामना उस साहस के साथ कर सकती है जो उसके लिए ज़रूरी है।

आत्मविश्वास बढ़ाने के लिए कुछ एकदम नया आज़माएँ

आत्मविश्वास से भरपूर होना और सहज होना एक ही बात नहीं है। आत्मविश्वासी बनने के बारे में सबसे ग़लत धारणा यह है कि इसका मतलब है निडर होकर जीना। आत्मविश्वास बनाने की कुंजी इसके बिलकुल विपरीत है। इसका मतलब है कि हम हमारे लिए जो महत्त्वपूर्ण और मायने रखते हैं उन कामों को करते समय अपने भीतर डर को बनाए रखने के लिए तैयार हैं। जब किसी बात को लेकर हमारे भीतर थोड़ा आत्मविश्वास आता है, तो अच्छा लगता है। हम वहीं बने रहना चाहते हैं और उसी काम को थामे रखना चाहते हैं। लेकिन अगर हम केवल वही काम करेंगे जिसके बारे में हमें आत्मविश्वास है, तो हमारा आत्मविश्वास कभी उस स्तर से आगे नहीं बढ़ सकता। अगर हम केवल वही काम करते हैं जिसके बारे में हमें भरोसा है कि इसे हम अच्छी तरह से कर सकते हैं, तो नए और अज्ञात का डर बढ़ने लगता है। आत्मविश्वास बनाने के लिए यह बेहद ज़रूरी है हम अपनी कमज़ोरियों से दोस्ती करें, क्योंकि यह कुछ समय के लिए आत्मविश्वास के बिना रहने का एकमात्र तरीक़ा है।

लेकिन आत्मविश्वास तभी बढ़ सकता है जब हम इसके बिना रहने को तैयार हों। जब हम डर के साये में क़दम रख सकें और अज्ञात के साथ बैठ सकें, तो यही साहस हमारे आत्मविश्वास को ज़मीन से ऊपर उठाता है। साहस पहले आता है, आत्मविश्वास उसके बाद। इसका मतलब यह नहीं है कि हमें भावनात्मक रूप से बहुत गहराई में उतरना है और स्वयं को परेशान करने का जोख़िम उठाना है। लेकिन इसका मतलब यह है कि हमें यह पहचानना चाहिए कि हमारा डर हमें अपना सर्वश्रेष्ठ प्रदर्शन करने में किस तरह से मदद करता है और हमें उस डर के साथ अपने रिश्ते को बदलना होगा, ताकि हमें कोई कोशिश करने से पहले उसे ख़त्म करने की जरूरत नहीं पड़े। हम डर के साथ आगे बढ़ना सीखते हैं।

यहाँ एक लर्निंग मॉडल (लकनर और नैडलर, 1991) दिया गया है, जिसका उपयोग हम आत्मविश्वास निर्माण के लिए एक मार्गदर्शक के रूप में कर सकते हैं। नोट करें कि आपके जीवन के कौन-से पहलू कंफ़र्ट ज़ोन में आ सकते हैं, कौन-से कार्य चुनौतीपूर्ण लेकिन प्रबंधनीय लगते हैं और कौन-सी बातें आप पैनिक ज़ोन में डालेंगे। जब-जब आप स्ट्रेच ज़ोन में क़दम रखते हैं, तो आप अपने साहस को बढ़ाकर अपने आत्मविश्वास का निर्माण करने का काम कर रहे होते हैं। जब आप आत्मविश्वास बनाने की कोशिश कर रहे होते हैं, तो यह आत्म-स्वीकृति, आत्म-सहानुभूति का निर्माण करने और कमज़ोरी और भय की अहमियत सीखने की एक प्रक्रिया है। यह अक्सर एक संतुलन बनाने वाला कार्य होता है जो हमेशा आसान नहीं लगता। इस दौरान, इस पुस्तक में दिए गए सभी टूल्स का उपयोग किया जा सकता है, क्योंकि वे सभी प्रयास की ओर अग्रसर होने और असुविधा को सहन करने, फिर पीछे हटने और एक बार फिर अपनी कमियों को पूरा करने की आपकी क्षमता का निर्माण करने में मदद करते हैं।

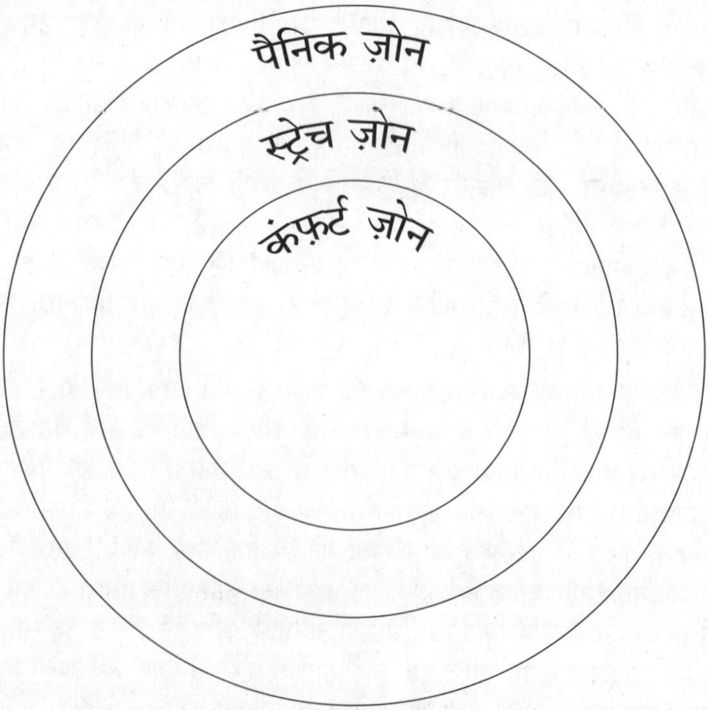

चित्र 8 : लर्निंग मॉडल (लकनर और नैडलर, 1991)

विश्वास की छलांग लगाने के लिए कुछ मुख्य बातें जो स्ट्रेच ज़ोन में क़दम रखने के लिए आवश्यक हैं :

- यह समझना कि आप प्रयास करके सुधार कर सकते हैं।
- थोड़े समय के लिए कमज़ोर होने की असुविधा को सहन करने की इच्छा।
- स्वयं के प्रति प्रतिबद्धता कि आप हमेशा अपना साथ देंगे और चाहे आप सफल हों या विफल, अपना सर्वश्रेष्ठ प्रदर्शन करेंगे। इसका मतलब है कि आत्म-सहानुभूति को जीवन अभ्यास के रूप में अपनाना और स्वयं का कोच बनना, ना कि अपनी आलोचना करना।
- यह सीखना कि विफलता से उत्पन्न होने वाली शर्म से कैसे बाहर निकला जाए ताकि किसी नाकामयाबी की शर्म से बचने के प्रयास में अपने सपनों को ना छोड़ा जाए। इस पर अधिक जानकारी के लिए सेक्शन 3 देखें।
- आत्मविश्वास बनाने के लिए हमें डर-डर कर नहीं जीना है। हमें डर का सामना करने, उसके साथ रहने और वापस बाहर निकलने का एक दैनिक पैटर्न विकसित करना होगा, ताकि अपने आपको ठीक होने और कल के लिए तैयार होने का समय मिल सके। डर से संबंधित सेक्शन 6 देखें।

आपको अपने आत्म-सम्मान पर काम करने की ज़रूरत क्यों नहीं है

आत्म-सम्मान की अवधारणा और इस विचार पर एक पूरी इंडस्ट्री बनी हुई है कि अगर हम स्वयं पर विश्वास कर सकें तो हम बेहतर प्रदर्शन करेंगे और अपने रिश्तों को बेहतर बना पाएँगे और जीवन में समग्र ख़ुशी पा सकेंगे। आत्म-सम्मान का आम तौर पर मतलब है स्वयं का सकारात्मक मूल्यांकन करने और उन मूल्यांकनों पर विश्वास करने में सक्षम होना (हैरिस, 2010)। इसलिए कोई भी व्यक्ति जो आपका आत्म-सम्मान बढ़ाने में आपकी मदद करने की कोशिश कर रहा है, वह आपसे यह पूछ सकता है कि आपको अपने बारे में क्या पसंद है और आपकी ताक़त क्या है, और आपको यह विश्वास दिलाने की कोशिश कर सकता है कि आप दुनिया में 'सफल' बन सकते हैं। लेकिन 'सफलता' की अवधारणा के साथ एक समस्या है। हम इसे धन, जीत, दूसरों से अलग दिखने और दूसरों द्वारा स्वीकार किए जाने के विचार से जोड़ते हैं। तो आपको कैसे पता चलेगा कि आप जीत रहे

हैं? आप तो स्वयं की तुलना दूसरों से करते हैं। हो सकता है कि आप ऑनलाइन जाएँ और दुनिया भर के 4.6 बिलियन इंटरनेट उपयोगकर्ताओं में से किसी को चुन लें। इतने बड़े समूह में आपको कोई ऐसा व्यक्ति ज़रूर मिल जाएगा जो किसी चीज़ में आपसे बेहतर काम कर रहा है। जब आप ऐसा करते हैं, तो आत्म-सम्मान को ठेस पहुँच सकती है, क्योंकि अगर आप विजेता नहीं हैं, तो आप स्वयं को एक पराजित व्यक्ति के रूप में देखना शुरू कर सकते हैं।

यदि आप अकेले रहें और अपनी तुलना सिर्फ़ अपने दोस्तों और परिवार से करें, तब क्या होगा? ऐसा करने से रिश्ते स्वस्थ नहीं रह जाएंगे। 'सफलता' के पैमाने को योग्यता से जोड़ना उन लोगों से जुड़ना मुश्किल बना देगा जिनसे आप अपनी तुलना कर रहे हैं। जब आपकी नौकरी चली जाती है और आपके दोस्त पदोन्नत होते हैं, तो क्या होता है? मनोवैज्ञानिकों के एक समूह द्वारा किए गए शोध से पता चला है कि ऊँचे आत्म-सम्मान का संबंध बेहतर रिश्तों या बेहतर प्रदर्शन से नहीं, अहंकार, पूर्वाग्रह और भेदभाव (बॉमिस्टर और अन्य, 2003) से है। शोध करने वालों को ऐसा कोई महत्त्वपूर्ण सबूत नहीं मिला जो यह बताए कि हस्तक्षेप के माध्यम से आत्म-सम्मान बढ़ाने की कोशिश करने से कोई लाभ हुआ है।

जब आत्म-सम्मान 'सफल' होने पर निर्भर हो तो उस पर भरोसा नहीं किया जा सकता। यह मनोवैज्ञानिक किराया है जिसे आप कभी भी चुकाना बंद नहीं कर सकते। जैसे ही आपको लगता है कि आप कमतर हैं, आप स्वयं को अयोग्य मान लेते हैं। इसलिए आप सफलता के चकरघिन्नी में लगातार भागते रहते हैं। आपकी यह भागदौड़ अपने भीतर कमी की मानसिकता और अयोग्य होने के डर से प्रेरित होती है।

सकारात्मक संकल्पों को तोड़ें

ऐसा तो हो ही नहीं सकता कि आप सोशल मीडिया प्लेटफ़ॉर्म पर जाएँ और वहाँ सकारात्मक संकल्पों की पेशकश ना की गई हो। सकारात्मक संकल्पों के पीछे विचार यह है कि यदि आप अपने आप से कोई बात बार-बार कहें तो आप उस पर विश्वास करना शुरू कर देंगे और वही बन जाएँगे। लेकिन यह काम इतना भी सरल नहीं है। जिन लोगों में पहले से ही बहुत आत्म-सम्मान है और जो स्वयं पर विश्वास करते हैं, उनके लिए सकारात्मक संकल्पों को दोहराने से थोड़ा-बहुत ही लाभ हो सकता है। लेकिन कुछ अध्ययनों से पता चला है कि कम आत्म-सम्मान वाले लोगों से यदि 'मैं मज़बूत हूँ, मैं बहुत आकर्षक हूँ', जैसे कथनों या ऐसे संकल्पों को दोहराने के लिए कहा जाता है, जिन पर वे विश्वास नहीं करते हैं, तो उन्हें बहुत बुरा

महसूस होता है (वुड और अन्य, 2009)। इसका कारण वह आंतरिक संवाद हो सकता है जो हम सभी करते हैं। यदि आप ज़ोर से कहते हैं कि आप मज़बूत और आकर्षक हैं, लेकिन आपको विश्वास नहीं है कि आप ऐसे हैं, तो आपके भीतर बैठा हुआ आलोचक आपको कई कारण देने लगेगा कि आप मज़बूत या आकर्षक क्यों नहीं हैं। फिर आपके अंदर एक लड़ाई छिड़ेगी और आपके पास आपको नीचे गिराने वाली सभी कथा-कहानियों पर ध्यान केंद्रित करने के लिए पर्याप्त समय होगा, जबकि आप उन्हें दूर धकेलने की पूरी कोशिश कर रहे हैं।

तो फिर कौन-सी तकनीक कारगर होती है? देखिए, मैंने पहले जिस अध्ययन का उल्लेख किया था, उसमें पाया गया कि जब कम आत्म-सम्मान वाले लोगों को समझाया गया कि नकारात्मक विचारों का अनुभव करना ग़लत नहीं है, ठीक है, तो उनका मूड बेहतर हो गया। उन्हें अब अपने आपको कुछ ऐसा समझाने की कोशिश करने की ज़रूरत नहीं थी, जिस पर वे अभी तक विश्वास नहीं करते थे। इसलिए, जिन दिनों हम कमज़ोर महसूस करते हैं, हमें स्वयं को यह बताने की ज़रूरत नहीं है कि हम मज़बूत हैं। हम मान सकते हैं कि कभी-कभी इस तरह महसूस करना इंसान होने का एक हिस्सा है। हम इसका सामना सहानुभूति और प्रोत्साहन के साथ कर सकते हैं। फिर हम उन बातों की तरफ़ मुड़ सकते हैं जो हमें अपनी ताक़त पर फिर से भरोसा करने में मदद करती हैं, अपने पास मौजूद सभी साधनों का इस्तेमाल करके मुश्किल समय से गुज़रते हुए उस व्यक्ति के अनुरूप आगे बढ़ें जो हम बनना चाहते हैं। हमें अपने बारे में कुछ ज़्यादा सकारात्मक मानना शुरू करने के लिए प्रमाण बनाने के लिए काम करना होगा।

हालाँकि, कम आत्म-सम्मान वाले लोगों के लिए सकारात्मक संकल्प व्यक्त करना बहुत अच्छी रणनीति नहीं हो सकती है, फिर भी शब्द तो मायने रखते ही हैं। यदि ग़लतियाँ और विफलताएँ आत्म-आक्रमण की ओर ले जाती हैं, तो इसे अनदेखा ना करें। पेशेवर एथलीटों के पास पेशेवर कोच होने की वजह होती है। रोज़मर्रा की ज़िंदगी में हमारे पास तो कोच होता नहीं है, इसलिए हमें अपने कोच की भूमिका स्वयं ही निभानी होगी। विफलता के प्रति स्वाभाविक भावनात्मक प्रतिक्रिया हमारे विचारों को प्रभावित करती है और हमें आत्म-आलोचना के प्रति अधिक संवेदनशील बनाती है। इसलिए हम इसे हमेशा रोक नहीं सकते हैं, लेकिन हम इसका जवाब एक बेहतर विकल्प के साथ दे सकते हैं। आत्म-विश्वास बनाने के लिए आपको अपना कटु आलोचक बनने के बजाय अपना कोच बनना होगा। इसमें अपनी विफलता का इस तरह से जवाब देना शामिल है जो आपको उठने, धूल झाड़कर फिर से वहाँ पहुँचने में मदद करे। एक पेशेवर कोच आपको अपशब्द कहकर अपमानित नहीं करेगा, या ऐसा कोई सकारात्मक संकल्प दोहराने के लिए

नहीं कहेगा जिस पर आप विश्वास नहीं कर सकते। कोच आपके भीतर ईमानदारी, जवाबदेही लाते हैं, बिना शर्त प्रोत्साहन और सहयोग देते हैं। वे आपके सर्वोत्तम हितों को ध्यान में रखते हुए आपके पक्ष में खड़े रहते हैं, चाहे स्कोर कुछ भी हो। अपने लिए ऐसा करना हमेशा आसान नहीं होता, लेकिन यह एक जीवन कौशल है जिसे हम अभ्यास से सीख सकते हैं, सुधार सकते हैं।

टूलकिट : आत्म-विश्वास बढ़ाने के लिए डर के साथ अपने रिश्ते को बदलना

जिस काम को करने में आपको घबराहट महसूस होती है उसे करने के लिए आत्म-विश्वास बनान के लिए आप डर की भावनाओं का स्वागत करने और उन्हें दूर किए बिना उन्हें अपने साथ रखने का अभ्यास कर सकते हैं। ऐसा करने के लिए हमें स्वयं को किसी ऐसी स्थिति में नहीं डालना है जो घबराहट देने वाली या आतंकित करने वाली हो। वास्तव में यह उचित नहीं है। इसके बजाय, हमें धीरे-धीरे आगे बढ़ने का अभ्यास कर सकते हैं। अपने कंफ़र्ट ज़ोन से थोड़ा बाहर निकलें, बस इतना कि आप बिना व्याकुल हुए तनाव प्रतिक्रिया को महसूस कर सकें।

- उस स्थिति को लिखें, जिसमें आप अधिक आत्म-विश्वास विकसित करना चाहते हैं। सबसे कमज़ोर स्थिति को सबसे ऊपर रखें। फिर उस स्थिति के ऐसे किसी भी परिवर्तन को लिखें जो चुनौतीपूर्ण तो है, लेकिन अधिक प्रबंधनीय लगता है। उदाहरण के लिए, अगर मैं सामाजिक परिस्थितियों में अपना आत्मविश्वास बढ़ाना चाहती हूँ, तो मैं पार्टियों को सूची में सबसे ऊपर रख सकती हूँ, क्योंकि यह ऐसा अवसर है, जिसमें मैं सबसे कम आत्म-विश्वास महसूस करती हूँ। इससे थोड़ा आसान एक ऐसी पार्टी हो सकती है, जिसमें मैं सभी को जानती-पहचानती हूँ। इससे आसान क़रीबी दोस्तों की एक छोटी-सी मीटिंग हो सकती है। इससे भी आसान एक भरोसेमंद दोस्त के साथ कैफ़े में जाना हो सकता है। एक बार जब आपकी सूची तैयार हो जाती है, तो आप सबसे ऊपर से शुरू नहीं करते हैं। आप उस परिदृश्य को लेते हैं, जिसमें चुनौती तो है, लेकिन फिर भी संभव लगता है। फिर आप उस व्यवहार को जितनी बार हो सके दोहराते हैं। जब आपका आत्म-विश्वास बढ़ता है और वह स्थिति एक कंफ़र्ट ज़ोन बन जाती है, तो आप सूची में अगले काम की ओर बढ़ते हैं।

- 'परफ़ेक्ट नर्चर' मूल रूप से पॉल गिल्बर्ट और डेबोरा ली द्वारा विकसित एक उपकरण है और इसका उपयोग सहानुभूति केंद्रित थेरैपी (कंपेशन फ़ोकस्ड थेरैपी, सीएफ़टी) में किया जाता है। यह आपके आत्म-विश्वास को बढ़ाने के लिए ज़रूरी आत्म-चर्चा की ओर अपना ध्यान केंद्रित करने का एक सहायक उपाय हो सकता है।
- एक परफ़ेक्ट नर्चर एक ऐसे व्यक्ति की छवि है, जिसके पास आप जब चाहें तब जा सकते हैं ताकि आप सुरक्षित और पोषित महसूस कर सकें। यदि आपको कोच का आइडिया पसंद है, तो आप इसके बजाय उसका उपयोग कर सकते हैं।

    - अपने मन में परफ़ेक्ट नर्चर या कोच की एक छवि बनाएँ (यह एक वास्तविक या काल्पनिक व्यक्ति हो सकता है)।
    - कल्पना करें कि आप वर्तमान में जिन मुश्किल सामना कर रहे हैं, आप इसके बारे में कैसा महसूस करते हैं और आप किस पर काम करना चाहते हैं, इन सब बातों को उनके साथ साझा कर रहे हैं।
    - विस्तार से इस बात की कल्पना करने के लिए अपने आपको कुछ अधिक समय दें कि वह परफ़ेक्ट नर्चर या कोच किस तरह से प्रतिक्रिया दे सकता है, इसे लिख लें। ये वे शब्द होंगे, जिनका उपयोग आप अपने आप को जवाब देने के लिए कर सकते हैं, क्योंकि आप अपना आत्म-विश्वास बनाने के लिए काम कर रहे हैं और इस दौरान महसूस होने वाली कमज़ोरियों का सामना करने पर काम कर रहे हैं।

सारांश

- अगर हम आत्म-विश्वास के बिना रहने को तैयार नहीं हैं, तो यह कभी बढ़ नहीं सकता।
- आत्मविश्वास बढ़ाने के लिए, वह करें जिसे करने का आपके भीतर विश्वास नहीं है। इसे हर दिन दोहराएँ और अपने आत्म-विश्वास को विकसित होते हुए देखें।
- आत्म-विश्वास परिस्थिति पर निर्भर होता है, लेकिन जब आप आगे बढ़ते हैं तो आपको यह विश्वास बनाए रखना चाहिए कि जैसे-जैसे आत्म-विश्वास बढ़ेगा, आप डर को सहन कर पाएँगे।
- आपको अपनी बेहद बुरी स्थिति से भी व्याकुल होने की ज़रूरत नहीं है। छोटे बदलावों से शुरुआत करें।
- अपने कटु आलोचक नहीं, बल्कि कोच बनें।
- आत्मविश्वास से पहले साहस आता है।

20

आपकी ग़लतियाँ आपका प्रतिबिंब नहीं

ज़्यादातर आत्म-संदेह और विफलता के बीच संबंध होता है। मैं आपको यह नहीं बताने जा रही हूँ कि विफल हो जाएँ तो परेशान ना हों, समय के साथ सबकुछ आसान हो जाएगा। यह सच नहीं है। विफलता कभी भी आसान नहीं होती। यह हर बार चुभती है। हम सभी सफल और सक्षम और पूर्ण होना चाहते हैं। हम सभी स्वीकार्य होना चाहते हैं और विफलता एक संकेत है कि शायद हम इस बार अपूर्ण हो गए।

केवल हमारी अपनी विफलता के साथ ही हमारे रिश्ते को बदलना ज़रूरी नहीं है, बल्कि यह भी ज़रूरी है कि हम दूसरों की विफलता पर किस तरह की प्रतिक्रिया देते हैं। अपने भीतर विफलता का भय विकसित करने के लिए आपको ट्विटर पर बहुत ज़्यादा समय बिताने की ज़रूरत नहीं है। एकाध ट्वीट में कुछ ग़लत लिख दें और ट्विटर की एक सामूहिक सेना आप पर हमला कर देगी और आपके लिए अभद्र भाषा का प्रयोग करेगी और चाहेगी कि आप अपने जीवनकाल में जितनी भी ऊँचाई पर चढ़े गए हों, आपको घसीटकर नीचे ले आया जाए। मैंने ऐसा लोगों के साथ होते देखा है, जो भाषा के प्रयोग में छोटी-छोटी ग़लतियाँ करते हैं और तुरंत उसके लिए माफ़ी माँग लेते हैं। यह मानकर कि सोशल मीडिया एक समाज के रूप में हम कौन हैं, इसका एक बड़ा प्रतिबिंब है, यह मुझे किसी भी तरह की विफलता और उससे जुड़ी शर्म के बारे में बताता है। जो लोग अपनी आलोचना को लेकर निष्ठुर होते हैं, बड़ी संभावना होती है कि वे दूसरों की आलोचना भी उसी तरह करते हैं। अगर हम मानते हैं कि ग़लतियों और कमियों का सामना अपमान और शर्म के साथ किया जाना चाहिए, चाहे इरादा कुछ भी हो, तो हम जोख़िम लेने और ग़लतियाँ करने के साथ कैसे सहज हो सकते हैं?

इस समझ ने मेरी बड़ी मदद की है कि दूसरे लोग मेरी विफलताओं पर कैसे प्रतिक्रिया देते हैं, इससे एक इंसान के रूप में मेरे व्यक्तित्व और योग्यता का सटीक आकलन नहीं होता है, बल्कि यह दर्शाता है कि वह व्यक्ति विफलता को किस तरह से देखता है। ऐसे माहौल में विफलता को स्वीकार करना कठिन है जहाँ लोग एक-दूसरे की ग़लतियों के लिए उन्हें दोषी ठहराते हैं। चाहे हम सामूहिक रूप से विफलता के प्रति कितना भी विरोधी रवैया क्यों ना रखते हों, विफलता के साथ अपने रिश्ते को बदलने की शुरुआत हमें स्वयं से ही करनी होगी। विफलता हर बार दुख देती है, चाहे माहौल सुरक्षित हो या ना हो। इसलिए, हम हर क़ीमत पर इससे बचते हैं। जब परिस्थितियाँ कठिन हो जाती हैं, तो हम हार मान लेते हैं, हम एक आसान, सुरक्षित विकल्प चुन लेते हैं, या हम दोबारा शुरुआत करने से ही इनकार कर देते हैं। ये सभी विकल्प नशे की तरह होते हैं, क्योंकि वे उसी तरह राहत का आनंद देते हैं। शुक्र है! मुझे आज इसका सामना नहीं करना पड़ा। हम ऐसा कई बार करते हैं और यह हमारे जीवन का एक पैटर्न बन जाता है, जो हमें एक कंफ़र्ट ज़ोन में फँसाए रखता है।

विफलता का विरोध करने का दूसरा तरीक़ा हम कैसे सीख सकते हैं, जिसमें अपनी विफलता को प्रगति और सीखने के एक हिस्से के रूप में स्वीकार किया जाता है? बौद्धिक रूप से कुछ समझाना एक बात होती है, लेकिन इसे महसूस करना और उस पल में वास्तव में इस पर विश्वास करना बिलकुल दूसरी बात है। इसे कहना तभी उपयोगी है, जब आप इसे स्वीकार कर सकें। विश्वास ही सब कुछ है। इसलिए हमें कुछ ऐसा कहना होगा, जिसे हम स्वीकार कर सकें। इसलिए, स्वयं को यह समझाने की कोशिश करना बेकार है कि विफल होना सुरक्षित है। हम गारंटी नहीं दे सकते कि दूसरे कैसे प्रतिक्रिया देंगे। आलोचक हमेशा मौजूद रहेंगे। जब आप गिरते हैं तो हर कोई आपकी मदद नहीं करेगा। हमारे पास एकमात्र विकल्प यह है कि हम स्वयं अपनी मदद के लिए पूरे दिल से प्रतिबद्ध हों। यह समझें कि विफलता से उबरना दूसरों पर निर्भर नहीं हो सकता। उपलब्ध मदद का उपयोग करना हमेशा ही अच्छा होता है, लेकिन हम हमेशा किसी और पर भरोसा नहीं कर सकते, इसलिए स्वयं के प्रति यह प्रतिबद्धता जताना कि हम अपने घावों को पूरी सहानुभूति के साथ सहने की ज़िम्मेदारी उठाएँगे और गिरने के बाद स्वयं ही धूल झाड़कर खड़े हो जाएँगे, इसके लिए हमें दूसरों पर निर्भर नहीं रहना है।

विफलता से उबरना

1. अपने शरीर में होने वाली संवेदनाओं और अपनी इच्छाओं तथा कार्यों के दौरान संकेतों को पहचानें। ये आपको बताते हैं कि आप कैसा महसूस

कर रहे हैं। आप स्वयं को अपनी सभी पसंदीदा निष्क्रिय करने वाली गतिविधियों का उपयोग करते हुए पाते हैं, जैसे घंटों टीवी देखना, शराब पीना या सोशल मीडिया में व्यस्त रहना। विफलता का दंश हमें निष्क्रिय बने रहने के लिए प्रेरित करता है। इसलिए भले ही आप शुरू में इस भावना पर ग़ौर ना कर पाएँ, पर आप ब्लॉकिंग बिहेवियर पर अवश्य ध्यान दे सकते हैं।

2. अटकाव से बाहर निकलें। जिम कैरी के मुखौटे को हटाने वाली कहानी याद है? जब मुखौटा यानी मास्क उनके चेहरे के ठीक सामने नहीं था, तो इसका उन पर कम प्रभाव था। हम भावना के साथ ऐसा कर सकते हैं, इसे एक अनुभव के रूप में देखकर जो हम पर छा रहा है। यदि आप भावना को लेबल कर सकते हैं, तो यह आपके दिमाग़ को इससे एक क़दम पीछे हटने में सक्षम बनाता है। यदि आप अपने विचारों के पैटर्न को लेबल कर सकते हैं, तो यह भी वही काम करेगा। आपके दिमाग़ द्वारा बताई गई बातों का विवरण, तथ्य नहीं है, बल्कि एक सिद्धांत, मत, कहानी या विचार है। वह मत आपके अतीत और वर्तमान की आलोचनात्मक आवाज़ों, कमज़ोर महसूस करने या विफलता यादों से रंगी हुई है। जैसे-जैसे हम उन आलोचनात्मक आवाज़ों के पैटर्न को जानते हैं और जान लेते हैं कि वे कहाँ से आ सकती हैं, हम उस विचारधारा को एक नाम भी दे सकते हैं। ऐसा करना हमें आत्म-आक्रमण से कुछ दूरी बनाने में मदद करने और हमें इस बारे में अधिक विकल्प देने में कारगर हो सकता है कि हम इसे तथ्य के रूप में लें या इसे केवल एक (बहुत ही बेकार) विकल्प के रूप में देखें।

3. पीड़ादायक भावनाओं को रोकने की इच्छाओं पर ध्यान दें और स्वयं को याद दिलाते रहें कि आपको उन इच्छाओं पर काम करने की ज़रूरत नहीं है। जब हम भावनाओं से लड़ना बंद कर देते हैं, बल्कि उन्हें अपनी पूरी ताक़त से अपने ऊपर हावी होने देते हैं, तो यह बहुत दर्दनाक और अस्त-व्यस्त करने वाला होता है। लेकिन यह अतीत को भी मिटा देता है। अगर हम इसे दबाने और दबाए रखने की कोशिश करते हैं, तो यह वहीं रहता है, अपने पर काम किए जाने के मौक़े का इंतज़ार करता है। भावनाओं को रोकने से विपरीत है इसके बारे में जिज्ञासु होना। इसकी ओर बढ़ें। चौथे चरण पर काम करते समय पूरे अनुभव का निरीक्षण करें।

4. अपने रास्ते पर आगे बढ़ें और अपने सबसे अच्छे दोस्त बने रहने की प्रतिबद्धता के साथ अपने आपको सँभालें। स्वयं के साथ ईमानदार रहें

और साथ ही बिना शर्त प्यार और सहयोग भी करें। अच्छे दोस्त जानते हैं कि वे हमारी बिगड़ी हुई स्थिति को ठीक नहीं कर सकते, लेकिन वे पूरी तरह से हमारे साथ खड़े रहते हैं।

5. सीखें। पेशेवर एथलीट को कोचिंग देने वाला व्यक्ति उसके प्रत्येक प्रदर्शन का विश्लेषण करता है। कोच केवल यह नहीं देखते कि कहाँ और क्या ग़लती हुई है। वे यह भी देखते हैं कि सही और कारगर क्या रहा। इसलिए जब विफलता का दर्द थम जाए, तो उस अनुभव को अपने लिए उपयोगी बनाने पर काम करें। आपने जो अच्छा किया, उसे नज़रअंदाज़ नहीं करें। जो कामयाब रहा और जो नहीं रहा, उसकी सराहना करें। अपना कोच आप बनें ताकि आप अनुभव से सीख सकें और आगे बढ़ सकें।
6. जो आपके लिए मायने रखता है उस पर लौटें। विफलताएँ और काम के बीच आने वाले विघ्न हर बार दुःख पहुँचाते हैं, लेकिन सबकुछ भूलकर वापस लौटना हमारे मूल्यों के अनुरूप हो सकता है। जब विफलता का दर्द भीतर से निकला ना हो, तो फिर से प्रयास करने के बारे में सोचना भी मुश्किल हो सकता है। कोशिश करने के बजाय हम भागना और छिपना चाहते हैं। अपने मूल्यों पर वापस लौटना और जिस कारण से आप यह काम कर रहे हैं, वह आपको अपने सर्वोत्तम हितों और उस जीवन के आधार पर निर्णय लेने में मदद करेगा जो आप जीना चाहते हैं। कोई भी निर्णय केवल दर्द के आधार पर ना लिया जाए। ऐसा कहकर मैं विफलता की भावना से होने वाली व्याकुलता को कम करके नहीं देखना चाहती। इसलिए आप अपना पूरा समय लें। पहले अपने अनुभव से निपटना ज़रूरी है, और जब आप तैयार हों तो फिर से प्रयास करें।

अधिक जानकारी के लिए मूल्यों से संबंधित अध्याय देखें, लेकिन जल्दबाज़ी में हमारे पास समय नहीं होता कि अपनी वर्कशीट को निकालकर दोबारा जाँचें कि आख़िर हमारे मूल्यों के अनुरूप क्या है। उस क्षण में, बस अपने आप से पूछें, 'जब मैं इस समय को देखता हूँ, तो मुझे किन विकल्पों पर गर्व होगा? मैं कौन से कार्य कर सकता हूँ, जिसके लिए मैं एक साल बाद आभारी रहूँगा? मैं इससे कैसे सीखकर आगे बढ़ता रह सकता हूँ?'

सारांश

- ज़्यादातर आत्म-संदेह और विफलता के बीच संबंध होता है।
- बाक़ी लोग आपकी विफलता पर कैसे प्रतिक्रिया करते हैं, यह आपके व्यक्तित्व या योग्यता का पैमाना नहीं है।
- विफलता का दंश हमें निष्क्रिय कर सकता है या भावनाओं को अवरुद्ध कर सकता है। इसलिए भले ही आप शुरू में भावना पर ग़ौर ना करें, पर आप अवरोधक व्यवहार (ब्लॉकिंग बिहेवियर) को नोटिस कर सकते हैं।
- अपने कोच आप बनें और विफलता को सीखने के अनुभव में बदल दें, क्योंकि आप उसी के अनुरूप आगे बढ़ते रहते हैं, जो आपको सबसे ज़्यादा प्रभावित करती है।
- विफलता के प्रति भावनात्मक प्रतिक्रिया व्याकुल करने वाली हो सकती है, इसलिए सँभलने के लिए पूरा समय लें।

21

जो हैं, पर्याप्त हैं

आत्म-स्वीकृति के रास्ते पर चलते हुए अधिकतर लोगों को इस ग़लत धारणा की बाधा से टकराना पड़ता है कि इससे आलस्य और आत्मसंतुष्टि पैदा होगी। उन्हें लगता है कि आत्म-स्वीकृति का मतलब यह मानना कि आप जैसे हैं, वैसे ही ठीक हैं, इसलिए आपके भीतर सुधार, काम, उपलब्धि या बदलाव के लिए कोई प्रेरणा नहीं होगी। वास्तव में इसका उलट है। शोध से पता चलता है कि जो लोग अपने भीतर आत्म-स्वीकृति की भावना विकसित कर लेते हैं और अपने प्रति सहिष्णुता बरतना सीखते हैं, उनमें विफलता का डर कम होता है, विफल होने के बावजूद मज़बूत बने रहने और फिर से प्रयास करने की अधिक संभावना होती है और आम तौर पर उनमें अधिक आत्म-विश्वास होता है (नेफ़ और अन्य, 2005)।

अपने आपको स्वीकार करके हम अपने प्रति जो सहानुभूति और स्वीकार्यता दिखाते हैं, इसका अर्थ यह नहीं है कि हम दुनिया के प्रति उदासीन हो रहे हैं और मुश्किल हालात में निष्क्रिय होकर हार स्वीकार कर रहे हैं, आत्म समर्पण कर रहे हैं। अपने आपसे बिना शर्त प्यार रखने का मतलब कभी-कभी इसके विपरीत होता है। इसका मतलब यह हो सकता है कि आप ऐसा कोई मुश्किल रास्ता अपनाएँ, जो आपके हित में हो। इसका मतलब है कि जब आप विपरीत परिस्थितियों में हो या अपने आपसे घृणा कर रहे हों तो अपना तिरस्कार नहीं करना। इसके बजाय गिरने के बाद दोबारा ऊपर उठने के लिए अपनी पूरी ताक़त झोंक देना। अंतर यह होता है कि जब आप प्रयास करते हैं, तो आप डर और कमी के बजाय प्यार और संतोष के साथ प्रयास करते हैं।

यदि हम आत्म-स्वीकृति विकसित करने के लिए काम नहीं करते हैं, तो हम अपने आपको एक ऐसा जीवन जीने के लिए तैयार कर लेते हैं, जिसमें हमें लगातार

आश्वासन की ज़रूरत पड़ सकती है, हम ऐसी नौकरियों में फँस सकते हैं, जिनसे हम नफ़रत करते हैं या नुक़सान पहुँचाने वाले रिश्तों में उलझ सकते हैं, या क्रोध और आक्रोश के साथ जीवन जीने लगते हैं।

तो फिर हम आत्म-स्वीकृति की शुरुआत कैसे करें?

अपने आपको समझना

पढ़ने-सुनने में यह बात आसान लगती है, लेकिन बहुत से लोग अपने व्यवहार के उन पहलुओं को जाँचे-परखे बिना ही जीवन जीते रहते हैं, जो उनके जीवन के अनुभव को प्रभावित करते हैं। आत्म-स्वीकृति बनाने के लिए हमें सबसे पहले यह समझना होगा कि हम कौन हैं और हम क्या बनना चाहते हैं। यह आत्म-जागरूकता का अभ्यास करने से आता है। हम आत्म-चिंतन के माध्यम से आत्म-जागरूक बनते हैं। जर्नल बनाने, किसी थैरेपिस्ट के पास जाने या दोस्तों से बात करने से हमें स्वयं पर और अपने अनुभव पर चिंतन करने में मदद मिल सकती है और हम इस बारे में और अधिक जान सकते हैं कि हम कौन हैं और हम जो करते हैं, वह क्यों करते हैं। आत्म-स्वीकृति में अपनी ज़रूरतों को सुनना और उन्हें पूरा करना शामिल है। अगर हम ध्यान नहीं देंगे तो हम संकेतों को पहचान नहीं पाएँगे।

इस प्रक्रिया के दौरान हमें अपने उन हिस्सों पर ध्यान देना होगा जिन पर हमें गर्व है और उन हिस्सों पर भी जिनके बारे में हम सोचना पसंद नहीं करते, वे बातें जिन्हें हम नापसंद करते हैं, जिनके बारे में हमें चिंता या पछतावा होता है या जिन्हें हम बदलना चाहते हैं। लेकिन जब हम स्वयं के उन अधिक कठिन पहलुओं पर चिंतन करते हैं, तो यह ज़रूरी है कि हम एक पर्यवेक्षक वाली सहानुभूति के साथ उस पर विचार करें। अगर कठिन परिस्थितियों पर चिंतन करने से तीव्र भावनाएँ पैदा होती हैं और जिनकी वजह से सोचना कठिन हो जाता है, तो इस समस्या से निपटने में मदद पाने के लिए किसी थैरेपिस्ट से सहायता लेना ठीक हो सकता है।

आत्म-स्वीकृति की तसवीर बनाना

मान लीजिए कि इस पुस्तक को बंद करते साथ आप बिना शर्त के आत्म-स्वीकृति के साथ अपना जीवन जीना शुरू कर देते हैं। तो कैसा होगा? आप अलग तरीक़े से क्या करेंगे? आप किस बात के लिए हाँ और किस बात के लिए ना कहेंगे? आप किस पर ज़्यादा मेहनत करेंगे? आप किस चीज़ को छोड़ देंगे? आप स्वयं से कैसे बात करेंगे? आप दूसरों से कैसे बात करेंगे?

उन सवालों के जवाब विस्तार से लिखने की कोशिश करें और एक दृश्य बनाएँ कि आत्म-स्वीकृति का विचार आपके व्यवहार में किस तरह से बदलाव लाएगा। ज़्यादातर बदलावों की तरह, कार्रवाई पहले होती है और भावना बाद में आती है। इसलिए आत्म-सम्मान के साथ जीवन जीने का मतलब है, इसे जीवन का अभ्यास बनाना। यह काम कभी ख़त्म नहीं होता। आपकी यात्रा जारी रहती है। आप बिना शर्त आत्म-स्वीकृति के अनुरूप जीने के लिए हर दिन काम करते हैं।

बिना शर्त अपने आपको स्वीकार करना

जब आप अपने जीवन भर अपने साथ रहने वाले आत्म-बोध को बनाए रखते हैं, तो आप कई तरह की भावनात्मक स्थितियों का भी अनुभव करते हैं जो लगातार गतिशील रहती हैं, पल-पल बदलती रहती हैं। हम अलग-अलग परिदृश्यों में अलग-अलग भूमिकाएँ और व्यवहार अपनाते हैं और कई लोग उन्हें स्वयं के अलग-अलग हिस्सों के रूप में देखते हैं। हमारे शुरुआती जीवन के अनुभवों और दुनिया ने उन भावनात्मक स्थितियों पर किस तरह से प्रतिक्रिया दी, इसके सहारे हम महसूस कर सकते हैं कि हमारे कुछ हिस्से दूसरे हिस्सों की तुलना में कम स्वीकार्य हैं। बचपन से वयस्कता की ओर बढ़ते हुए जब आपको गुस्सा अस्वीकार्य था, तो जब आप गुस्से में हों तो अपने साथ सहानुभूति और स्वीकार्यता के साथ व्यवहार करना बहुत कठिन लग सकता है। इससे आत्म-स्वीकृति इस बात पर निर्भर हो जाती है कि आप कैसा महसूस करते हैं।

आज़माएँ : विभिन्न भावनाओं पर किस तरह से प्रतिक्रिया करनी है, इसके बारे में आप जागरूकता विकसित कर सकते हैं और दूर हटने और सहानुभूति के साथ उन पर प्रतिक्रिया करने का अभ्यास कर सकते हैं। इसके लिए आप नीचे दिए गए अभ्यास का उपयोग कर सकते हैं, जिसका उपयोग करुणा केंद्रित थेरैपी (कंपेशन फ़ोकस्ड थेरैपी, सीएफ़टी) (आयरन्स और ब्यूमोंट, 2017) में किया जाता है।

हाल ही में हुई किसी घटना के बारे में कुछ देर सोचें, जिसने आपके मन में कई तरह की भावनाएँ जगाई हों। किसी ऐसी भावना के साथ शुरुआत करना अच्छा होगा, जो बहुत ज़्यादा परेशान करने वाली ना हो, ताकि अभ्यास करते समय आप व्याकुल नहीं हो जाएँ।

1. घटना के बारे में कुछ विचार लिखें।
2. इसके कारण उत्पन्न होने वाली विभिन्न भावनाओं को लिखें, जैसे क्रोध, उदासी, चिंता।
3. **आपने जिन भावनाओं को पहचाना है, उनमें से एक-एक करके प्रत्येक भावना से जुड़ें और नीचे दिए गए प्रश्नों के उत्तर खोजें।**
    1. आपको अपने शरीर में वह भावना कहाँ महसूस हुई? आपको कैसे पता चला कि वह भावना आपके अंदर थी?
    2. आपके कौन-से विचार उस भावना से जुड़े थे? अगर वह भावना बोल सकती, तो वह आपसे क्या कहती?
    3. उस भावना के साथ आपके मन में क्या-क्या इच्छाएँ आईं? अगर वह भावना परिणाम तय कर पाती, तो वह आपको क्या करने के लिए मजबूर करती? (जैसे, चिंता आपको कहीं दूर भाग जाने के लिए मजबूर कर सकती थी, क्रोध आपको किसी पर चिल्लाने के लिए मजबूर कर सकता था)।
    4. आपके उस हिस्से को किस चीज़ की ज़रूरत है? उस भावना को शांत करने में किस बात से मदद मिलेगी?

जैसे ही आप अपने भीतर मौजूद हर भावना के साथ यह अभ्यास कर लें, तो अपने सहानुभूतिशील स्व के लिए सवालों के जवाब देकर अभ्यास को समाप्त करें। आपका वह हिस्सा जो स्वयं को बिना शर्त प्यार और स्वीकृति दिखाना चाहता है।

जब आप प्रत्येक भावना के लिए ऐसा करते हैं, तो अपने आप को अगली भावना से जुड़ने से पहले स्वयं को एक क़दम पीछे हटने का समय दें (अगर बहुत सारी मिश्रित भावनाएँ हों तो)। हर बार जब आप ऐसा करते हैं, तो आप उन भावनाओं को शांत करने और उनसे व्याकुल हुए बिना उन्हें अच्छी तरह समझने की क्षमता को मज़बूत कर रहे होते हैं।

यह उन मिश्रित भावनाओं को परख़ने के लिए एक सहायक अभ्यास हो सकता है, जिससे हमें यह देखने में मदद मिलेगी कि वे जिन भावनाओं को कभी हम अस्वीकार्य मानते थे, वे भी स्वाभाविक ही हैं। प्रत्येक अभ्यास स्थिति की व्याख्या करने का एक अलग तरीक़ा दर्शाता है, इसलिए हमें किसी दिशा में आगे बढ़ना है, इस बारे में अलग-अलग निष्कर्ष पर पहुँच सकते हैं। इस तरह के भावनात्मक अनुभवों को गहराई से समझने के लिए समय निकालने से हमें उन परिस्थितियों में

भी सहानुभूति के साथ जुड़ने में मदद मिल सकती है, जहाँ हमें स्वयं के प्रति कठोर होना सिखाया गया है।

आत्म-आलोचना को ठुकराना

- आपकी आत्म-आलोचना कैसी होती है? आप कौन से शब्द इस्तेमाल करते हैं?
- यह किस पर केंद्रित है?
- आप किस बात को लेकर अपनी आलोचना करते हैं? रंग-रूप, प्रदर्शन, व्यक्तित्व के दुर्गुण, तुलना?
- आत्म-आलोचना के कुछ प्रकार अधिक हानिकारक हो सकते हैं।
- कभी आत्म-आलोचना का रूप यह हो सकता है कि आप विफलता के बाद स्वयं को अयोग्य बताने लगें।
- लेकिन जब बात इससे भी आगे बढ़ जाती है और आप स्वयं के प्रति घृणा और नफ़रत महसूस करते हैं, तो स्थिति और भी व्यापक और शर्मनाक हो जाती है।

आज़माएँ : यह एक त्वरित अभ्यास है, जो हमें अपने भीतर के आलोचक से कुछ दूरी बनाने और उसे वैसा ही देखने में मदद कर सकता है, जैसा वह है।

जैसे ही आप अपनी आलोचना करने के लिए अलग-अलग तरीक़ों पर विचार कर लेते हैं, तो उस आलोचक की कल्पना करने के लिए थोड़ा समय दें, जो आपके दिमाग़ से बाहर का व्यक्ति है। वह कैसा दिखेगा? जब वह आपसे बात करेगा तो उसके चेहरे का भाव और आवाज़ का लहज़ा कैसा होगा? वह कौन सी भावनाएँ व्यक्त करेगा? उसे अपने सामने पाकर कैसा महसूस होगा? उसका इरादा क्या हो सकता है? क्या यह किसी तरह से आपको बचाने का एक ग़लत प्रयास है? क्या यह कोई ऐसा व्यक्ति है, जिसके साथ आप समय बिताना चाहेंगे? क्या यह कोई ऐसा व्यक्ति है, जो आपको ख़ुशहाल जीवन जीने में मदद कर सकता है? और अंत में स्वयं से पूछें, उस आलोचक के साथ हर दिन, पूरा समय बिताने का क्या प्रभाव पड़ता है?

अपने दयावान पक्ष को तलाशना

जब आपके भीतर बैठा आलोचक आपके जीवन के अधिकांश समय के लिए एक क़रीबी (लेकिन अवांछित) साथी बन गया है, तो उन्हें हटाने का फ़ैसला करना लगभग असंभव है। कुशलता के साथ की गई अभ्यास क्रिया का मतलब है कि आपके मस्तिष्क के लिए उन तंत्रिका मार्गों तक आसानी से पहुँचा जा सकता है। इसलिए वह आवाज़ समय-समय पर बोलेगी। हमें स्वयं को एक नई, स्वस्थ और अधिक सहायक आवाज़ प्रदान करके नए सिरे से अभ्यास करने की ज़रूरत है। जिस तरह से आपने अपने भीतर बैठे आलोचक को देखने और सुनने के लिए समय निकाला, उसी तरह आइए अपने दयावान पक्ष से मुलाक़ात करें। वह पक्ष जो आपका भला चाहता है और आत्म-हमले से होने वाले नुक़सान को जानता है। आपका वह हिस्सा अभी भी चाहता है कि आप आगे बढ़ें और कुछ हासिल करें, लेकिन शर्म नहीं प्यार से।

इस बात पर विचार करने के लिए कुछ समय निकालें कि सहानुभूति भरी आत्म-चर्चा कैसी लग सकती है। याद रखें, यह सकारात्मक सोच से अलग है। सहानुभूति से भरा व्यक्ति ईमानदार और दयालु, उत्साहवर्धक और सहायक होता है, और आपका भला चाहता है। दूसरों के प्रति करुणा दिखाते समय आप कौन-से शब्दों का उपयोग करेंगे? दूसरों ने आपके प्रति करुणा के कौन से शब्द व्यक्त किए हैं? किसी ऐसे समय को याद करें, जब किसी ने आपके प्रति करुणा, सहानुभूति दिखाई हो। उन्होंने आपकी ओर किस नज़र से देखा? उन्होंने क्या कहा? इससे आपको कैसा महसूस हुआ? उस व्यक्ति तक से मिलना कैसा होगा?

आज़माएँ: अपने दयावान, सहानुभूति भरे पक्ष को मज़बूत करने के लिए हमें बस नियमित रूप से कुछ अभ्यास करने होंगे। अपने आप को एक सहानुभूतिपूर्ण पत्र लिखने की कोशिश करें। सहजता से लिखें, जिस तरह से आप ऐसे किसी क़रीबी दोस्त को लिखेंगे, जो पीड़ित है या बदलने की पूरी कोशिश में लगा हुआ है। आप अपने मित्र को यह बात कैसे जताएँगे कि आप हमेशा उनके साथ हैं और चाहते हैं कि उसका दु:ख कम हो? कोई और उस पत्र को ना पढ़े। लेकिन अपने सहानुभूतिशील स्व के साथ जुड़ने और इसे व्यक्त करने के विभिन्न तरीक़ों के बारे में सोचने की प्रक्रिया से उन मानसिक मांसपेशी को बनने में मदद मिलती है, जिसका उपयोग आप ज़रूरत के समय कर सकते हैं।

अगर आपको लगता है कि आप अपने लिए सहानुभूति जुटा नहीं पा रहे हैं तो किसी ऐसे व्यक्ति पर ध्यान केंद्रित करें, जिसे आप बिना शर्त प्यार करते हैं और कल्पना करें कि आप उन्हें पत्र लिख रहे हैं या उन शब्दों का उपयोग करें, जो प्रियजन ने अतीत में आपसे कहे हैं।

सारांश

- यह एक ग़लत धारणा है कि आत्म-स्वीकृति आलस्य, आत्मसंतुष्टि और प्रेरणा की कमी का कारण बनेगी।
- वास्तव में शोध से पता चला है कि जिनमें आत्म-स्वीकृति होती है और जो अपने प्रति सहानुभूति रखना सीखते हैं, उनमें विफलता का डर कम होता है और विफल होने पर पुनः प्रयास करने की संभावना अधिक होती है।
- आत्म-स्वीकृति और हार को स्वीकार करना एक ही बात नहीं है।
- स्व-सहानुभूति में अक्सर वह कठिन रास्ता अपनाना शामिल होता है, जो आपके सर्वोत्तम हित में हो।

6

डर पर

22

चिंता को दूर भगाएँ!

बचपन से ही मुझे ऊँचाई से डर लगता है। बड़े होते-होते मैं ज़्यादातर समय ऊँचाई से बचने में क़ामयाब रही। लेकिन जब मैं अपने पति से मिली, तो हम साथ में इटली घूमने गए। हम पीसा की झुकी हुई मीनार देखने गए और हम उसे देखते रहे। पति ने दो टिकट लिए थे। हम चोटी पर जा रहे थे। मैंने गहरी साँस लेने के बाद मीनार की ओर देखा, जो 3.99 डिग्री पर झुकी हुई थी और लगता था कि अब गिरी कि तब गिरी।

मेरा दिल ज़ोर-ज़ोर से धड़कने लगा और मुझे लगा कि मैं बीमार हो गई हूँ। लेकिन टिकट ख़रीदे जा चुके थे, इसलिए हम ऊपर चढ़े। पीसा की झुकी हुई मीनार के टॉप पर जाने के लिए, मीनार के अंदर घुमावदार पत्थरों की संकरी सीढ़ियाँ चढ़नी पड़ती हैं। आपके पैरों के नीचे की ज़मीन समतल नहीं होती और जैसे ही आप मीनार पर चढ़ते हैं, आपको ऐसा लगता है कि यह गिरने ही वाली है। कम से कम उस समय तो मुझे ऐसा ही लग रहा था। मेरे पीछे लोगों की कतार लगी हुई थी, मैं आगे बढ़ती रही। टॉप पर पहुँचने के बाद तो झुकाव और भी ज़्यादा महसूस हुआ। हर कोई नज़ारा देखने के लिए एकदम किनारे पर पहुँच गया। मैं किनारे से जितनी दूर हो सकती थी, चली गई और ज़मीन पर बैठ गई। मैं ऐसा ज़ाहिर करना चाहती थी कि मैं तो बस आराम करने के लिए बैठ गई हूँ। लेकिन अब तक मेरी शर्मिंदगी मेरे भीतर की मौत के डर पर हावी हो गई। बेशक, फ़र्श पर बैठने से मैं सुरक्षित नहीं हो गई थी। लेकिन यह तर्क पर आधारित नहीं था। मेरा दिमाग़ मेरे शरीर के बाक़ी हिस्सों को नीचे उतरने के लिए मज़बूत संकेत भेज रहा था। मैंने बाहर का नज़ारा देखने से बचने के लिए चट्टान पर नज़रें गड़ा लीं। मैथ्यू ने मेरी फ़र्श पर बैठी हुए तसवीर खींची और अब यह हमारे लिए एक मज़ेदार याद

है। लेकिन उस समय मेरे भीतर क्या हो रहा था? मुझे फ़र्श पर बैठ जाने की इच्छा क्यों हुई?

बचपन से ही मुझे ऊँचाई को लेकर फ़ोबिया था, इसका मतलब था कि जैसे ही मैंने टिकट देखे और टॉवर के ऊपर चढ़ने की कल्पना की, मेरा शरीर प्रतिक्रिया करने लगा। मेरा दिल तेज़ी से धड़कने लगा, मेरी साँसें उथली और तेज़ हो गईं, मेरी हथेलियाँ पसीने से तर हो गईं। इमारत के असंतुलन को देखकर मैंने अनुमान लगा लिया कि मैं किसी भी पल गिरकर मर सकती हूँ। लेकिन दिमाग़ का अलार्म सिस्टम मुझे सुरक्षित जगह पर जाने के लिए कह रहा था, स्मोक अलार्म की तरह है। इस सिस्टम के पास सभी तथ्यों को जाँचने का समय नहीं होता। इसका काम ख़तरे को भाँपकर मुझे बताना है।

यह अलार्म सिस्टम मेरे शरीर में संकट के संकेतों से जानकारी लेता है, मेरी इंद्रियों से मेरे आस-पास के बारे में जानकारी लेता है और जब मैंने आख़िरी बार ऐसा महसूस किया था, तब क्या हो रहा था, इसकी यादों के साथ इनको जोड़ता है। जिस तरह स्मोक अलार्म आग लगने पर बजता है, इसी तरह वह तब भी बज सकता है, जब कोई टोस्ट बना रहा हो। फ़र्श पर बैठने की तीव्र इच्छा मेरे मस्तिष्क की ओर से आया एक सुझाव था, जिसे मेरे शरीर ने बहुत गंभीरता से लिया (टॉवर पर मौजूद बाक़ी सभी लोगों के लिए यह बहुत मज़ेदार था)। डर बहुत ज़्यादा था, इसलिए मैंने सुरक्षित महसूस करने के लिए सबसे पहले वही किया, जो मैं सोच सकती थी। मैं चाहती थी कि मेरा डर दूर भाग जाए।

सुरक्षित जगह पर पहुँचने की तीव्र इच्छा होने में कोई दोष नहीं है, हमारा मस्तिष्क तो हमें सुरक्षित रखने के लिए अपना सर्वश्रेष्ठ काम कर रहा है। ज़रूरी बात यह है कि मेरे कार्यों ने मुझे और अधिक सुरक्षित नहीं बनाया, बल्कि बस मुझे सुरक्षित महसूस करने में मदद की।

मुझसे सबसे अधिक बार पूछे जाने वाले सवालों में से एक है- चिंता या व्यग्रता को कैसे दूर किया जाए? सवाल उचित है। चिंता हर हाल में ख़राब ही होती है। जब आप व्यग्र होते हैं यानी चिंतित होते हैं, तो आपका शरीर वास्तव में कड़ी मेहनत कर रहा होता है, इसलिए यह थकाऊ भी होती है। कोई भी व्यक्ति हर दिन चिंता लेकर जीना नहीं चाहता।

इसीलिए पीसा की झुकी हुई मीनार में मेरे साथ परेशानी खड़ी हो गई, मैंने ऊँचाई से लगने वाले डर से निपटने के लिए बहुत कम प्रयास किया। मैंने यथासंभव अपने डर से बचने की कोशिश की। मैं ज़मीन पर बैठ गई, मैंने बाहर का नज़ारा देखने से परहेज़ किया। जब भी संभव हुआ मैंने अपनी आँखें बंद कर लीं। मैंने स्वयं को यह समझाने की कोशिश की कि मैं ऊँचाई पर नहीं हूँ। इससे पहले कि

मेरा डर बाहर निकलता, मैं टावर से बाहर निकल आई। जैसे ही मेरे पैर एक बार फिर से फ़ील्ड ऑफ़ ड्रीम्स की आरामदायक घास पर पड़े, मुझे राहत महसूस हुई और मेरा शरीर तुरंत शांत हो गया। मेरे दिमाग़ ने कहा, 'ओह! यह बड़ा ख़तरनाक था। फिर कभी यहाँ मत आना!' मैंने डर को जल्द से जल्द दूर करने के लिए हर संभव कोशिश की। लेकिन हमें तुरंत राहत देने वाले हर काम हमें लंबे समय तक अटकाए रखते हैं।

जो मुझे अब पता है, अगर मुझे तब पता होता तो मैं ऊँचाई के अपने डर से निपटने का प्रयास करती। मैं टॉवर के टॉप पर जाती और बाहर का नज़ारा देखती। मेरे भीतर सभी भावनाएँ वैसी ही होतीं, लेकिन इस बार मैं उन्हें टालने की कोशिश किए बिना अपने भीतर मौजूद रहने देती। मैं अपनी साँसों पर नियंत्रण करके उनका जवाब देती और धीरे-धीरे साँस लेने पर ध्यान केंद्रित करती। मैं स्वयं को याद दिलाती कि मेरा शरीर और मस्तिष्क इस तरह से प्रतिक्रिया इसलिए कर रहे हैं, क्योंकि ऊँचाई को लेकर बचपन में मेरी यादें अच्छी नहीं थीं। मेरे भीतर उनको लेकर असुरक्षा की भावना है। मैं स्वयं को बार-बार याद दिलाती कि मैं वास्तव में सुरक्षित थी। मैं अपना ध्यान इस बात पर लगाती कि मैं वहाँ क्यों गई थी और मैं धीरे-धीरे साँस लेती रहती। जब मेरा डर कम होने लगे और मेरा शरीर शांत हो जाए, तभी मैं नीचे उतरती। फिर मैं उस पैटर्न को यथासंभव अधिक दिनों तक दोहराती, यह जानते हुए कि समय के साथ मेरा शरीर स्थिति के लिए अभ्यस्त हो जाएगा और मेरी डर की तीव्र प्रतिक्रिया धीरे-धीरे कम हो जाएगी।

डर हमारी उत्तरजीविता प्रतिक्रिया का एक हिस्सा है। यह बेहद असुविधाजनक माना जाता है, और डर से बचने और फिर उसे टालने की इच्छा प्रबल होती है। अगर हम जीवित हैं, तो यह सिस्टम हमें सुरक्षित रखने के लिए अद्भुत ढंग से काम करता है। जिस क्षण आप सड़क पार कर रहे होते हैं और आपको बहुत क़रीब से एक कार का हॉर्न सुनाई देता है, इससे पहले कि आप स्थिति के बारे में सोच भी पाएँ, आप बहुत तेज़ी से फुटपाथ की ओर भागते हैं। फिर आप अपने पूरे शरीर में एड्रेनालाइन का उछाल महसूस करते हैं। यह आपकी डर प्रतिक्रिया है, जो अपने सबसे अच्छे रूप में काम कर रही है। लेकिन एक सिस्टम जो इतनी तेज़ी से काम करता है, उसके पास यह सोचने का समय नहीं होता कि कौन से संकेत सही हैं और कौन-से ख़तरे के कम विश्वसनीय संकेत हो सकते हैं। यह महसूस करता है, यह कार्य करता है। आप बच जाते हैं। 'धन्यवाद, मस्तिष्क।'

अन्य परिस्थितियों में जब आपका जीवन ख़तरे में नहीं होता है, तब भी इच्छाएँ वैसी ही होती हैं। आपको किसी मीटिंग में बोलने के लिए कहा जाता है तो आपका दिल धड़कने लगता है। हो सकता है कि आपका दिल आपके शरीर

को सतर्क रहने और प्रदर्शन करने के लिए तैयार कर रहा हो। लेकिन अगर आप इसे डर समझते हैं और कमरे से बाहर निकलने के बहाने तलाशते हैं, भविष्य में ऐसी मीटिंग को टालते हैं तो आप कभी भी मीटिंग में अपनी बात रखने का अनुभव नहीं कर पाएँगे।

जो बातें हमें अपने डर से तुरंत राहत देती हैं, वे आगे चलकर उस डर को बढ़ाती ही हैं। हर बार जब हम डर के कारण किसी काम को करने से मना करते हैं, तो हम अपने उस विश्वास की एक बार फिर पुष्टि करते हैं कि यह काम सुरक्षित नहीं था या हम इसे सँभाल नहीं सकते थे। जब-जब हम डर के कारण अपने जीवन से कुछ हटाते हैं, तो जीवन थोड़ा सिकुड़ जाता है। इसलिए आज डर से छुटकारा पाने के हमारे प्रयासों का मतलब है कि यह डर आगे चलकर हमारे जीवन के विकल्पों पर हावी हो जाएगा।

डर को नियंत्रित करने और उसे ख़त्म करने के हमारे प्रयास ही असली समस्या बन जाते हैं। ये हमारे हर क़दम को निर्धारित करते हैं। डर हर मोड़ पर, हर नई परिस्थिति में, हर रचनात्मक प्रयास और हर सीखने के अनुभव में मौजूद होता है। अगर हम इसे अनुभव करने के लिए तैयार नहीं हैं, तो हमें हासिल क्या होगा?

सारांश

- यह बात समझ में आती है कि आप चिंता को ग़ायब करना चाहते हैं। यह असहज होना चाहिए।
- डर से लड़ने के लिए आपको सबसे पहले उसका सामना करने के लिए तैयार रहना चाहिए।
- डर से भागने और उसे टालने केवल अल्पकालिक राहत मिलती है, दीर्घकालिक रूप से चिंता बढ़ती है।
- डर को नियंत्रित करने और उसे ख़त्म करने के प्रयास ही असली समस्या बन जाते हैं, जो हमारे हर क़दम को निर्धारित करते हैं।
- ख़तरे की प्रतिक्रिया को तेज़ी से काम करना होता है, इसलिए इससे पहले कि आप स्थिति के बारे में विस्तार से सोच पाएँ, अलार्म बज जाता है।

23

चिंता बढ़ाने वाले कार्य

जब हमें किसी काम को लेकर व्यग्रता यानी चिंता महसूस होती है, तो सबसे स्वाभाविक मानवीय प्रतिक्रिया होती है उससे बचना। हम जानते हैं कि अगर हम दूर रहेंगे, तो अभी के लिए उससे सुरक्षित महसूस करेंगे। लेकिन, टालने से ना केवल चिंता बनी रहती है, बल्कि समय के साथ यह और भी बदतर हो जाती है। आपका मस्तिष्क एक वैज्ञानिक की तरह सीखता है। हर बार जब उसे कोई अनुभव होता है, चाहे वह सकारात्मक हो या नकारात्मक, वह अपनी मान्यताओं-विश्वासों के लिए सबूत के रूप में देखता है। जिस काम से आपको डर लगता है, अगर आप उससे बचते हैं, तो आप अपने मस्तिष्क में इस बात का सबूत बनाने का मौक़ा नहीं देते कि आप उससे निपटकर आगे बढ़ सकते हैं। अपने मस्तिष्क को सिर्फ़ यह बताना काफ़ी नहीं है कि कोई चीज़ या कोई काम सुरक्षित नहीं है। आपको उसका अनुभव करना होगा। मस्तिष्क को समझाना होगा, इसलिए आपको उस व्यवहार को बार-बार दोहराना होगा। जितनी बार ज़रूरत हो, उतनी बार। आप जो काम ज़्यादातर करते हैं, वे आपका कम्फ़र्ट ज़ोन बन जाते हैं। इसलिए, अगर आप किसी काम को लेकर कम चिंतित महसूस करना चाहते हैं, तो उसे जितना हो सके उतना करें। चिंता से निपटने के लिए कौशल का इस्तेमाल करें और समय के साथ यह कम हो जाएगी। जिन कामों से हमें डर लगता है, जब हम उनका सामना करना सीख जाते हैं, तो हम मज़बूत हो जाते हैं। जब हम हर दिन ऐसा करते हैं, तो समय के साथ हममें विकसित होते हैं। कल्पना करें कि अगले पाँच सालों के लिए अगर आप अपने जीवन के बारे में निर्णय डर के बजाय उस जीवन के आधार पर लेते जो आप जीना चाहते हैं।

हम डर की परेशानी को कई तरह से टालते हैं। अगर आपको किसी सामाजिक कार्यक्रम को लेकर चिंता या व्यग्रता होती है, तो आप उसमें शामिल नहीं होकर उससे बच सकते हैं। या हो सकता है कि आप जाएँ, लेकिन जाने से पहले आप बहुत ज़्यादा शराब पी लें। शराब पीने से उस पल की चिंता कम हो सकती है, जिससे आपको अगले सामाजिक कार्यक्रम में भी ऐसा ही करने की ज़रूरत महसूस होगी। ये सुरक्षा व्यवहार उस पल की चिंता को कम करने के लिए एक ही तरह से काम करते हैं। लेकिन वे हमें भविष्य में हमारे भीतर का डर कम नहीं करते हैं। वास्तव में, वे इसका उल्टा करते हैं। वे भविष्य को लेकर हमारी चिंता बढ़ा देते हैं और हम उन सुरक्षा व्यवहारों का उपयोग करने पर निर्भर हो जाते हैं, जिससे जीवन और भी कठिन हो जाता है।

यहाँ कुछ सामान्य सुरक्षा व्यवहारों की सूची दी गई है, जो उस पल की चिंता को कम करते हैं, लेकिन हमें लंबे समय तक उलझाए रखते हैं :

पलायन : चाहे वह सामाजिक स्थिति हो, सुपरमार्केट हो या कोई बंद जगह, जब चिंता होती है तो हम जल्दी से जल्दी वहाँ से निकल जाना चाहते हैं।

चिंताजनक आनाकानी : जिस क्षण आप किसी सामाजिक स्थिति से बचने के लिए उस आमंत्रण को ठुकरा देते हैं या सुपरमार्केट में महसूस होने वाली चिंताजनक भावना से बचने के लिए फूड डिलीवरी का विकल्प चुनते हैं, तो आपको तुरंत राहत मिल जाती है। 'ओह। चलो, मुझे आज उस भावना का सामना नहीं करना पड़ेगा।' लेकिन जितने अधिक समय तक आप किसी स्थिति से दूर रहते हैं, डर उतना ही बढ़ता जाता है। फिर वह दिन आता है, जब आपको उसका सामना करना ही पड़ता है, और अब यह भारी लगता है।

प्रतिकार करने वाली रणनीतियाँ : यह बहुत अधिक चिंता का अनुभव करने के बाद हो सकता है। जैसे, संक्रमण या बीमारी के डर से ग्रस्त कोई व्यक्ति अस्पताल में भर्ती होने के बाद बार-बार नहा सकता है।

पूर्वानुमान : इसे संवेदनशीलता भी कहा जाता है। ऐसा तब होता है, जब हम किसी भयावह स्थिति में होने वाले विभिन्न अत्यंत ख़राब परिदृश्यों का पूर्वाभ्यास और पूर्वानुमान लगाते हैं। हम अक्सर आश्वस्त हो जाते हैं कि इससे लाभ हो रहा है, क्योंकि अगर हम तैयार हैं तो इससे हमारी सुरक्षा होगी, लेकिन यह रचनात्मक योजना के बिना अति-सतर्कता और अत्यधिक चिंता का कारण बन सकता है, जिससे चिंता बढ़ जाती है।

आश्वासन तलाशना : चिंता और संदेह के क्षणों में हम किसी प्रियजन से यह आश्वासन माँग सकते हैं कि सब कुछ ठीक हो जाएगा। किसी प्रियजन को संकट में देखना कठिन होता है, इसलिए वे अक्सर चिंता को शांत करने में मदद करने के लिए आपको आश्वासन देने के लिए तैयार रहते हैं। लेकिन समय के साथ ऐसी तत्काल राहत हमारी आदत बन सकती है और हम उस दूसरे व्यक्ति पर निर्भर रह सकते हैं। हमें फिर लगभग लगातार आश्वासन की आवश्यकता हो सकती है, या फिर हमें जो व्यक्ति हमें सुरक्षित महसूस कराता है, उसके बिना घर से बाहर निकलने में कठिनाई महसूस हो सकती है। यह हमारे रिश्ते पर भारी पड़ सकता है।

सुरक्षा व्यवहार : अगर हम अपने आप पर यह भरोसा नहीं करते कि हम चिंता से निपटने में सक्षम हैं, तो हम उन बातों पर भी निर्भर हो सकते हैं, जिन्हें हम सुरक्षा से जोड़ते हैं। हम बिना 'यदि ऐसा हो गया तो' वाली औषधि के बिना कहीं जाने में अक्षम महसूस कर सकते हैं, या हम हर जगह मोबाइल फ़ोन ले जाते हैं, क्योंकि इसे देखते रहने से हम सामाजिक कार्यक्रमों में लोगों से बातचीत करने से बच सकते हैं।

सारांश

- जब हम किसी स्थिति को लेकर चिंतित होते हैं, तो सबसे स्वाभाविक मानवीय प्रतिक्रिया होती है उसे टालना।
- लेकिन टालने से चिंता बनी रहती है।
- सिर्फ़ अपने मस्तिष्क को यह बताना कि कोई परिस्थिति सुरक्षित है, पर्याप्त नहीं है।
- आपको उस पर सच में विश्वास करने के लिए उसका अनुभव करना होगा।
- आपके मस्तिष्क को यक़ीन की ज़रूरत होगी, इसलिए आपको उस व्यवहार को बार-बार दोहराना होगा।
- जो काम आप सबसे ज़्यादा करते हैं, वे अक्सर आपका कम्फ़र्ट ज़ोन बन जाते हैं।
- अगर आप किसी काम को लेकर कम चिंतित होना चाहते हैं, तो उसे जितनी बार हो सके करते रहें।

24

चिंता को तुरंत शांत कैसे करें

अगर आप चिंता से जूझ रहे हैं तो आप शायद ऐसी ही किसी सलाह की उम्मीद कर रहे हैं, जिसका आप अभी, इसी समय इस्तेमाल कर सकें। सीखने में आसान कुछ ऐसा जो तुरंत असर करे। बहुत से लोग थेरैपी की शुरुआत में ऐसा महसूस करते हैं। इसीलिए मैं हमेशा लोगों को यह पहला कौशल जल्दी से जल्दी सिखाती हूँ। इसे सीखना आसान है और चिंता की तीव्रता को कम करने में बस कुछ ही मिनट लगते हैं। कम से कम, यह चिंता को घबराहट यानी पैनिक में बदलने से रोकता है।

जब चिंता शुरू होती है, तो आप तेज़ी से साँस लेना शुरू कर देते हैं। यह आपके शरीर का जीवित रहने की प्रतिक्रिया को बढ़ावा देने के लिए अतिरिक्त ऑक्सीजन प्राप्त करने का तरीक़ा है।

आपको ऐसा लगता है कि आप ठीक से साँस नहीं ले पा रहे हैं। इसलिए आप तेज़ गति से, उथली साँसों के साथ साँस लेते हैं। इससे आपके सिस्टम में ऑक्सीजन अधिक मात्रा में पहुँच जाती है। यदि आप अपनी साँसों को लेने की गति को धीमा कर दें, तो आप शरीर को शांत कर सकते हैं। इतना ही नहीं, बल्कि यदि आप श्वास को छोड़ने की अवधि लंबी हो या श्वास भीतर लेने की तुलना में अधिक प्रबल हो तो आपकी हृदय गति धीमी करने में मदद मिलती है। जब दिल की धड़कन कम हो जाती है, तो चिंता की प्रतिक्रिया भी कम हो जाती है।

कुछ लोग लंबी साँस छोड़ते समय साँसों की गिनती करना पसंद करते हैं, जैसे 7 तक गिनते हुए साँस अंदर लेना और 11 तक गिनते हुए साँस बाहर छोड़ना या कोई अन्य तरीक़ा आज़माएँ, जो आपके लिए उपयुक्त हो।

धीमी गति से साँस लेने की तकनीक का अभ्यास करने के लिए कुछ समय निकालना अच्छा होगा। यह एक चिंता प्रबंधन उपकरण है, जो तत्काल काम करता है। आप इसे कहीं भी, कभी भी कर सकते हैं और किसी को भी यह पता नहीं चल पाएगा कि आप इसे कर रहे हैं। मेरी पसंदीदा तकनीकों में से एक है स्क्वायर ब्रीदिंग। इसके लिए नीचे दिए गए चरणों का पालन करें।

टूलकिट : स्क्वायर ब्रीदिंग

चरण 1. अपनी नज़र किसी चौकोर चीज़ पर केंद्रित करें : पास की खिड़की, दरवाज़ा, तसवीर का फ्रेम या कंप्यूटर स्क्रीन।

चरण 2. अपनी आँखों को नीचे बाएँ कोने पर केंद्रित करें और साँस लेते समय 4 तक गिनें और अपनी आँखों को ऊपर के कोने तक ले जाएँ।

चरण 3. अपनी साँस को 4 सेकंड तक रोके रखें और अपनी आँखों को ऊपर से दूसरे कोने तक ले जाएँ।

चरण 4. जैसे ही आप साँस छोड़ते हैं, अपनी आँखों को नीचे की ओर झुकाएँ, एक बार फिर 4 तक गिनें।

चरण 5. 4 सेकंड तक रुकें और फिर से शुरू करने के लिए नीचे बाएँ कोने पर वापस जाएँ।

तो, आप 4 सेकंड के लिए साँस अंदर लेते हैं, 4 सेकंड के लिए रोकते हैं, 4 सेकंड के लिए छोड़ते हैं और 4 सेकंड के लिए फिर से रोकते हैं। किसी वर्गाकार चीज़ पर ध्यान केंद्रित करना एक मार्गदर्शक के रूप में कार्य कर सकता है और आपको साँस लेने–छोड़ने पर ध्यान केंद्रित रखने में मदद कर सकता है। इस वजह से बहुत जल्दी विचलित होने की आशंका कम हो जाती है। यदि आप इसे कुछ मिनटों के लिए आज़माते हैं और आपको लगता है कि यह कारगर नहीं है, इसी तरीक़े से साँस लेने–छोड़ने की प्रक्रिया जारी रखें। आपके शरीर को प्रतिक्रिया देने में कुछ समय लगता है।

एक अतिरिक्त टिप यह है कि इसका अभ्यास हर दिन करें, तब भी जब आपको कोई चिंता ना हो। जब कोई अभ्यास नियमित तौर पर किया जाता है, तो जब आप स्वयं को डर से व्याकुल पाते हैं, तो इसका उपयोग करना बहुत आसान होता है।

गतिविधि

एक और उपकरण जिसका लगभग तुरंत प्रभाव पड़ता है, और जिसमें महारत हासिल करने के लिए बहुत कम अभ्यास की आवश्यकता होती है, वह है व्यायाम। जब आपकी चिंता प्रतिक्रिया सक्रिय होती है, तो आपकी मांसपेशियाँ ऑक्सीजन और एड्रेनालाइन से भर जाती हैं, जो तेज़ी से चलने के लिए तैयार हो जाती हैं। यदि आप नहीं चलते हैं और उस ईंधन को जलाते नहीं हैं, तो आपका शरीर एक रॉकेट की तरह बन जाता है, जिसके इंजन चालू हैं और वह कहीं नहीं जा रहा। काँपना, हिलना-डुलना, तेज़ पसीना आना और घर के चारों ओर घूमने की इच्छा पैदा होती है।

व्यायाम बेहतरीन चिंता प्रबंधन उपायों में से एक है, क्योंकि यह आपके ख़तरे की प्रतिक्रिया के प्राकृतिक मार्ग का अनुसरण करता है। आपका शरीर हरकत करने के लिए बना है। इसे गतिशील रखें और आपका शरीर अपने द्वारा उत्पादित ऊर्जा और तनाव हार्मोन का उपयोग करके फिर से संतुलित हो सकता है।

यदि आपका दिन तनावपूर्ण है, तो बाहर थोड़ी देर जॉगिंग करने या पंच बैग के साथ आधे घंटे तक ज़ोरदार व्यायाम करने का प्रयास करें। शारीरिक गतिविधि आपके शरीर को शारीरिक तनाव से मुक्त करेगी ताकि जब आप आराम करने के लिए बैठें, तो आप शांत महसूस कर सकें और अधिक आसानी से सो सकें, जिससे आपको और अधिक तरोताज़ा होने में मदद मिलेगी।

यहाँ मेरी अतिरिक्त सलाह यह है कि व्यायाम भी एक प्रभावशाली निवारक उपाय है, इसलिए उन दिनों में भी व्यायाम करने का प्रयास करें, जब आप चिंतित नहीं हैं। इस तरह आप अपने आप को एक बेहतर आने वाला कल देने के लिए तैयार कर रहे हैं। इसके लिए आपका मानसिक स्वास्थ्य आपको धन्यवाद देगा।

सारांश

- जब हम चिंतित होते हैं तो हमारी साँसें तेज़ हो जाती हैं और हर साँस उथली हो जाती है।
- शरीर को शांत करने के लिए धीमी और गहरी साँस लें।
- साँस को छोड़ने की अवधि लंबी हो और ज़्यादा प्रबल बनाने की कोशिश करें।
- साँस लेने-छोड़ने की प्रक्रिया के लिए कुछ समय दें और चिंता प्रतिक्रिया कम होने लगेगी।

25

चिंताजनक विचारों के साथ क्या करें

’90 के दशक की शुरुआत में कई अन्य बच्चों की तरह, मुझे शुक्रवार की शाम को थोड़ी देर तक जागने की अनुमति थी, ताकि मैं कैजुअल्टी देख सकूँ। यह टेलीविज़न शो एक दुर्घटना और आपातकालीन विभाग के बारे में था। यह विशेष एपिसोड (एकमात्र एपिसोड जो मुझे आज भी याद है) एक ऐसे व्यक्ति के बारे में था, जो फ़्लैट्स के एक ब्लॉक की छठी मंज़िल पर रहता था। नीचे आग लग जाती है और वह ऊपर फँस जाता है। कुछ देर बाद, मैं बिस्तर पर लेट गई, मेरे दिमाग़ में यह एपीसोड चल रहा था। अगर मेरे घर में आग लग जाए तो मैं क्या करूँगी? *क्या घर में अभी आग लगी हुई है? मुझे कैसे पता चलेगा? अगर मैं समय पर नहीं जाग पाई तो क्या होगा? शायद मुझे जागते रहने की कोशिश करनी चाहिए। शायद मुझे बेडरूम का दरवाज़ा खोलकर नीचे की ओर देखना चाहिए।* मैं लेटी रही, आँखें खुली थीं, *अलग-अलग परिदृश्यों की कल्पना कर रही थी। मैं कल्पना कर रही थी कि मेरे साथ सो रही छोटी बहन को जगा रही थी, धुएँ का बादल मेरे कमरे में है, उसे दरवाज़ा खोलकर बाहर का रास्ता दे रही थी,* खिड़कियाँ खोलकर मदद के लिए पुकार रही थी। जल्द ही मेरे बेडरूम के दरवाज़े के ऊपर लगे काँच के पैनल से आती हुई गर्म रोशनी आग की नारंगी चमक की तरह दिखने लगी। मैं निष्क्रिय और चुपचाप पड़ी रही, चटकने की आवाज़ें सुनती रही और धुएँ का इंतज़ार करती रही।

उस रात, मैंने ना केवल यह माना कि मेरे घर में आग लग सकती है, बल्कि मैंने अपने दिमाग़ में इसे बार-बार घटित होते देखा। मैंने हर परिदृश्य को ऐसे माना जैसे कि वह घटित हो रहा हो। मैंने इसे अपने दिमाग़ में बार-बार एक फ़िल्म की तरह चलाया।

जब आपके दिमाग़ में कोई चिंताजनक विचार आता है, तो यह एक कार दुर्घटना के पास से गुज़रने जैसा होता है : आप इसे देखे बिना नहीं रह सकते। ख़तरे के विचार किसी विशेष कारण से आपका ध्यान आकर्षित करते हैं। आपका दिमाग़ एक कहानी पेश करता है कि क्या हो सकता है और अगर बहुत बुरी स्थिति बनने की आशंका है, तो आपको बेहतर तरीक़े से तैयार रहना चाहिए।

जैसा कि मैंने पिछले अध्याय में बताया था, आपका मस्तिष्क कुछ हद तक स्मोक अलार्म की तरह काम करता है। जब भी आपको अपने आस-पास कोई ख़तरा महसूस होता है, तो वह अलार्म बज उठता है और आपके शरीर को बचने के लिए कहता है। इसे आपकी लड़ो या भागो (फ़ाइट ऑर फ़्लाइट) प्रतिक्रिया कहते हैं। आपका शरीर या तो उस ख़तरे से लड़ने के लिए तैयार हो जाता है, या आपकी उम्मीद से जल्दी निकल भागता है।

स्मोक अलार्म को इसलिए लगाया जाता है ताकि आग लगने पर वह बज उठे। जीवित रहने के लिए एक आवश्यक उपकरण। स्मोक अलार्म की तरह ही, हम तब भी चिंतित हो सकते हैं, जब वास्तव में हम पर ख़तरा ना हो। लेकिन जब आपका टोस्ट जल जाता है और स्मोक अलार्म बज उठता है, तो आप स्मोक अलार्म को हटाते नहीं है। अगर आप समझ लेते हैं कि यह क्यों लगाया है और यह किस तरह काम करता है, तो आप इसके साथ काम करना शुरू कर सकते हैं, समायोजन कर सकते हैं, खिड़की खोल सकते हैं। अब आपको यह आइडिया समझ में आ गया होगा। हम अपने अस्तित्व को बचाकर रखने वाली प्रतिक्रिया (सरवाइवल रेस्पाँस) को नहीं हटा सकते। हम ऐसा नहीं करना चाहेंगे। लेकिन हम यह समझ सकते हैं कि यह उत्तेजित क्यों होती है और इसके साथ समायोजन कर सकते हैं ताकि हम झूठे अलार्म का पता लगा सकें और उसके अनुसार कार्य कर सकें।

कुछ दूरी बनाएँ

विचार तथ्य नहीं हैं। वे अनुमान, कहानियाँ, यादें, विचार और सिद्धांत हैं। वे आपके मस्तिष्क द्वारा आपके द्वारा अनुभव की जा रही संवेदनाओं के लिए एक संभावित स्पष्टीकरण के रूप में प्रस्तुत की गई रचनाएँ हैं। हम जानते हैं कि वे तथ्य नहीं हैं, क्योंकि वे आपकी शारीरिक स्थिति (हार्मोन, रक्तचाप, हृदय गति, पाचन और हाइड्रेशन वग़ैरह), आपकी प्रत्येक इंद्रियों और आपके पिछले अनुभव की यादों से बहुत अधिक प्रभावित होते हैं।

तो इसका उन चिंताजनक विचारों से क्या लेना-देना जो हमारे दिमाग़ में आते हैं? इसका मतलब है कि उस विचारों और किसी भी अन्य विचार की शक्ति इस बात पर निर्भर करती है कि हम उस पर कितना विश्वास करते हैं। हम उस विचार को किस हद तक वास्तविकता का सच्चा प्रतिबिंब मानते हैं। हमारी भावनात्मक स्थिति पर विचारों की शक्ति का असर कम करने का सबसे अच्छा तरीक़ा है कि पहले उनसे कुछ दूरी बना ली जाए। हम अपने दिमाग़ के अंदर मौजूद किसी चीज़ से दूरी कैसे बना सकते हैं?

विचारों से दूरी कई तरीक़ों से बनाई जा सकती है। सचेतनता यानी माइंडफुलनेस एक बेहतरीन कौशल है, जिसका अभ्यास करके आप अपने विचारों पर ध्यान दे सकते हैं और उनमें उलझे बिना उन्हें जाने दे सकते हैं। लेकिन जब हम चिंतित होते हैं तो विचारों के पूर्वाग्रहों के प्रकारों के बारे में जागरूक होना भी मदद करता है। अगर आप किसी विचार को उसके वास्तविक रूप में पहचान सकें और उसे एक पूर्वाग्रहयुक्त अनुमान की तरह लेबल कर सकें, तो उस विचार से दूर रहा जा सकता है। तब आपका दिमाग़ उसे सिर्फ़ एक संभावित दृष्टिकोण के रूप में देख सकता है। तब हम विकल्पों पर बेहतर ढंग से विचार करने में सक्षम होते हैं।

चिंताजनक विचारों से दूरी बनाने का एक तरीक़ा है दूरी बनाने वाली की भाषा का उपयोग करना। यह भावना की तीव्रता को कमज़ोर करने में मदद करता है। 'इस भाषण के दौरान स्वयं को मूर्ख बनाने जा रहा हूँ', कहने के बजाय कहिए, 'मेरे मन में स्वयं को मूर्ख बनाने के विचार आ रहे हैं। मैंने देखा है कि ये विचार चिंता को सक्रिय करते हैं।' मुझे पता है कि इस तरह से सोचना या बोलना शुरू में अजीब लग सकता है। लेकिन यह आपको विचारों से दूर रहने और उन्हें एक अनुभव के रूप में देखने में मदद करता है, आपके रूप में नहीं। उन विचारों से दूरी बनाने का एक और तरीक़ा है, जो मेरी व्यक्तिगत पसंद है- विचारों को लिखना। यह तरीक़ा चिंताजनक विचारों तक ही सीमित नहीं है। जब भी आप अपनी भावनात्मक स्थिति से कुछ दूरी बनाना चाहते हैं और एक नया दृष्टिकोण पाना चाहते हैं, तो जो कुछ भी आप सोच रहे हैं, महसूस कर रहे हैं, उसे लिख लें। काग़ज़ पर आपने जो लिखा है उसे देखना-पढ़ना आपके अनुभव को समझने और उस पर व्यापक दृष्टि डालने का एक सशक्त तरीक़ा हो सकता है।

बुरा महसूस कराने वाले पक्षपाती विचारों को पहचानें

जब हम चिंतित होते हैं तो कुछ पूर्वाग्रहयुक्त विचार सामान्यतः उभरते हैं :

आपदासूचक

आपदाजनक स्थिति तब बनती है, जब आपका दिमाग़ अत्यंत ख़राब संभावित परिदृश्य तक पहुँच जाता है और आगे क्या हो सकता है इसकी भविष्यवाणी करने लगता है। यह आपके दिमाग़ में आपकी व्यक्तिगत हॉरर फ़िल्म बनाकर उसे दोहराता रहता है। यह एक संभावित भविष्यवाणी है, लेकिन एकमात्र नहीं है, ऐसी कई हो सकती हैं। जब हम इसे अपने दिमाग़ में बार-बार चलाते हैं और मान लेते हैं कि ऐसा ही होगा, तो चिंता बढ़ जाती है। पिछले अध्याय में मैंने अपने बचपन में ऊँचाई के डर और इसका सामना करने के अपने शुरुआती प्रयासों का उल्लेख किया था। पीसा की झुकी हुई मीनार के टॉप पर मेरे मन में चल रहे विचार कि मैं मरने वाली हूँ, आपदाजनक विचार थे, जो बार-बार दोहराए गए थे। लेकिन वे विचार उस कहानी का केवल एक संभावित अंत थे, क्योंकि वास्तविक अंत तो यह था कि मैं सीढ़ियों से नीचे उतरी और अपनी छुट्टियों का आनंद लेती रही।

वैयक्तिकरण

वैयक्तिकरण तब होता है, जब हमारे पास दुनिया के बारे में कुछ सीमित या अस्पष्ट जानकारी होती है और हम उसे अपने से जोड़ लेते हैं। जैसे, मैं सड़क पर चल रही हूँ और सड़क की दूसरी तरफ़ मुझे एक सहेली दिखाई देती है। मैं उसका नाम पुकारती हूँ और हाथ हिलाती हूँ, लेकिन वह हाथ हिलाकर जवाब नहीं देती। तुरंत, मेरे वैयक्तिकरण विचार मुझे बताते हैं कि वह मुझसे नफ़रत करती होगी। मैंने ऐसा कुछ कह दिया होगा कि वह नाराज़ हो गई होगी। हो सकता है कि हमारे सभी दोस्त मेरी बुराई करते हों। मुझे लग रहा था कि मेरे पास दोस्त हैं, लेकिन मेरे पास कोई नहीं है।

इस बात के स्पष्टीकरण के रूप में मेरे दिमाग़ ने जो कहानी पेश की है, उसके हज़ारों संभावित विकल्प हैं। हो सकता है कि उसने मेरी आवाज़ सुनी ही ना हो। हो सकता है कि वह आम तौर पर कॉन्टैक्ट लेंस पहनती हो। हो सकता है कि उसका अभी-अभी घर पर झगड़ा हुआ हो और वह इसलिए किसी से बात नहीं करना चाहती हो कि कहीं वह सड़क पर ही फूट-फूट कर रोने नहीं लगे। हो सकता है कि वह दिवास्वप्न देख रही हो। यह सूची बहुत लंबी हो सकती है। वैयक्तिकरण पूर्वाग्रह हमारा ध्यान चाहता है, क्योंकि यह जोख़िम-केंद्रित है। अगर मेरे दोस्त अचानक मुझसे नफ़रत करने लगे, तो यह ऐसी बात है, जिस पर मुझे ध्यान देना चाहिए।

मानसिक फ़िल्टर

मानसिक फ़िल्टर वह प्रवृत्ति है, जिसमें हम उन सभी जानकारियों-सूचनाओं को अपने पास रखते हैं, जो हमें बुरा महसूस कराती हैं, और उन सभी को नज़रअंदाज़ कर देते हैं, जो हमें इससे अलग महसूस करा सकती हैं। मान लीजिए कि आप सोशल मीडिया पर कुछ पोस्ट करते हैं और आपको 50 कमेंट आते हैं। उनमें से 49 टिप्पणियाँ सकारात्मक और उत्साहवर्धक होती हैं। एक नकारात्मक होती है और किसी ऐसी बात की ओर इशारा करती है, जिसके बारे में आप पहले से ही असुरक्षित महसूस कर रहे थे। मानसिक फ़िल्टर तब होता है, जब हम अपना ध्यान उस एक नकारात्मक टिप्पणी पर केंद्रित करते हैं और बाक़ी 49 पर विचार करना भूल जाते हैं। मेरे मामले में मानसिक फ़िल्टर तब काम कर रहा था, जब मैंने इस तथ्य पर ध्यान केंद्रित किया कि पीसा की मीनार झुकी हुई है और यह नहीं सोचा कि यह सैकड़ों वर्षों से इसी तरह खड़ी है और इसकी सुरक्षा पर लगातार नज़र रखने वाले पेशेवरों की एक बड़ी टीम है।

मस्तिष्क स्वाभाविक रूप से ख़तरनाक सूचनाओं पर ध्यान केंद्रित करना चाहता है, क्योंकि इसका काम हमें सुरक्षित रखना है। अगर हम पहले से ही तनावग्रस्त या चिंतित हैं, तो मस्तिष्क और भी ज़्यादा ऐसा करेगा। मस्तिष्क शरीर से यह सूचना लेता है कि सब ठीक नहीं है, और संभावित कारणों के लिए आस-पास के वातावरण (और आपकी याददाश्त) को स्कैन करना शुरू कर देता है। यह तब होता है, जब मानसिक फ़िल्टर काम करना शुरू कर देता है। आपका मस्तिष्क चिंता के लक्षणों को समझने के मिशन पर होता है। लेकिन, अगर हम देख पाते हैं कि मानसिक फ़िल्टर सक्रिय है, तो हम उस जानकारी में छिपे हुए उस पूर्वाग्रह को पहचान सकते हैं, जिस पर हम ध्यान केंद्रित कर रहे हैं और फिर सोच-समझकर उपलब्ध अन्य जानकारी पर विचार करना चुनते हैं।

अतिसामान्यीकरण

अतिसामान्यीकरण तब होता है, जब हम किसी एक अनुभव को सभी अनुभवों पर लागू करते हैं। यदि आप किसी नौकरी के लिए साक्षात्कार देते हैं और आपको मना कर दिया जाता है, तो अतिसामान्यीकरण के विचार इस तरह से होंगे, 'मुझे कभी नौकरी नहीं मिलेगी, इसलिए किसी और जगह आवेदन करने का क्या मतलब है?' या ब्रेकअप के बाद, 'मैंने हर रिश्ते को बर्बाद कर दिया है, इसलिए मैं अब कभी किसी डेट पर नहीं जाऊँगा।' अतिसामान्यीकरण दो कारणों से चिंता को और भी बदतर बना देता है। पहला तो यह कि यह भावनाओं को बहुत तीव्र उछाल देता है, यह एक समस्या को जीवन की बहुत बड़ी समस्या में

बदल देता है। दूसरे, यह अक्सर हमें भविष्य में उस स्थिति से बचने के लिए प्रेरित करता है, जिससे चिंता बढ़ती है और उसका सामना करना और भी कठिन बना देता है।

लेबलिंग

लेबलिंग अतिसामान्यीकरण के समान ही है, लेकिन इसमें किसी एक घटना या निश्चित समय अवधि को लेना और उसका उपयोग करके आप एक व्यक्ति के रूप में कौन हैं, इस पर व्यापक राय बना लेना शामिल है।

यदि आप अपने जीवन में चिंता के एक दौर से गुज़र रहे हैं, और उसी बिंदु से स्वयं को एक चिंतित व्यक्ति के रूप में लेबल करते हैं, तो आप स्वयं के लिए और अपनी पहचान के लिए एक अवधारणा बनाना शुरू करते हैं। जो इस बात पर प्रभाव डालती है कि आप भविष्य में कैसा महसूस करेंगे और कैसा व्यवहार करेंगे। हमारे जीवन में प्रत्येक भावना, व्यवहार और दौर अस्थायी है और ज़रूरी नहीं कि यह स्थायी रूप से हम कौन हैं, इसका प्रतिबिंब हो।

इसलिए, जब आप महसूस करते हैं कि आप स्वयं को एक निश्चित प्रकार के व्यक्ति के रूप में लेबल कर रहे हैं, तो इसे अनदेखा ना करें। ऐसा करने से भविष्य में आपके मस्तिष्क द्वारा निर्मित भावनाओं पर प्रभाव पड़ता है। इसकी जगह आप अनुभव की विशेषताओं को अस्थायी मानकर स्वीकार करें, इससे आपको एक व्यक्ति के रूप में उन अनुभवों से दूर रहने में मदद मिलेगी, जिनका आप रास्ते में सामना करते हैं। एक चिंतित व्यक्ति के रूप में पहचान बदलना चिंता को कम करने की तुलना में बहुत कठिन है।

फ़ैक्ट चेक

चूँकि किसी भी विचार की शक्ति इस बात पर निर्भर करती है कि हम उसे किस हद तक वास्तविकता का सच्चा प्रतिबिंब मानते हैं, इसलिए 'विचार चुनौती' कई लोगों के लिए एक मददगार प्रक्रिया हो सकती है। अगर कोई विचार आपको परेशान कर रहा है, तो यह पता लगाने में समझदारी है कि यह जानकारी झूठी है या इसके बारे में वास्तव में चिंता करनी चाहिए। 'विचार चुनौती' एक सरल प्रक्रिया है। जब आप शुरू करते हैं तो घटना के बीत जाने के बाद इसे पीछे मुड़कर देखना आसान होता है। अगर आपको लगता है कि विचार चिंताजनक हैं, तो आप उन्हें चुनौती देने के लिए इन चरणों का पालन कर सकते हैं–

1. चिंताजनक विचार को लिखें।
2. जिस पृष्ठ पर लिख रहे हों उस पर एक रेखा खींचकर दो कॉलम बनाएँ। तथ्यों का मूल्यांकन करने वाले वकील की तरह उन सभी सबूतों की सूची बनाएँ, जो यह साबित करते हैं कि यह विचार एक सच्चा तथ्य है। सबूत तभी मायने रखता है, जब वह सबूत के तौर पर अदालत में टिक सके।
3. दूसरे कॉलम में उन सभी सबूतों को सूचीबद्ध करें, जो साबित करते हैं कि विचार एक तथ्य नहीं है।
4. यदि अभ्यास से पता चलता है कि चिंताजनक विचार आपकी प्रारंभिक धारणा से कम तथ्यात्मक है, तो स्थिति के बारे में सोचने के वैकल्पिक तरीक़ों पर विचार करना शुरू कर देना चाहिए।

यह अभ्यास बहुत सरल है, लेकिन विचार के प्रति हमारे शुरुआती विश्वास को कम करने और वैकल्पिक व्याख्याओं पर विचार करने का अवसर खोलने में मददगार हो सकता है। पर अगर आपको लगता है कि इससे केवल आपके भीतर एक बहस छिड़ जाएगी कि विचार किस हद तक सच है, तो यह तकनीक कम मददगार होगी। अगर ऐसा होता है, तो विचार को चुनौती देने वाले अभ्यास को रहने दें, इसके बजाय अन्य तकनीकों का उपयोग करें, जो विचार से स्वयं को दूर करने पर ध्यान केंद्रित करती हैं।

ध्यान का बिंदु

2010 का नया साल है। मैं नीला बॉयलर सूट पहन रही हूँ और अपनी आँखें बंद करके ज़िप लगा रही हूँ। मैं एक गहरी साँस लेती हूँ, मानो यह मेरी आख़िरी साँस है। मुझे लग रहा है मैं बीमार हूँ। मैं बॉयलर सूट के सामने वाले हिस्से से अपनी हथेलियों से पसीना पोंछ लेती हूँ। मैं अपनी आँखें खोलती हूँ और मैथ्यू मुझे देखकर मुस्करा रहा है।

'तैयार हो?' उसकी मुस्कान इतनी चौड़ी है कि ऐसा लगता है कि उसके मुँह में एक हैंगर है।

मैं जवाब में मुस्कराती नहीं हूँ।

'नहीं।' मैं एक और साँस लेती हूँ और मेरे कंधे ऊपर उठते हैं। वे ऊपर ही बने रहते हैं और तनाव में रहते हैं, जबकि मैं अपने होंठों को सिकोड़कर साँस बाहर छोड़ती हूँ। आख़िर मैं इसके लिए राज़ी क्यों हुई? हम सिडनी हार्बर ब्रिज के नीचे

वाले दरवाज़े की ओर बढ़ते हैं। मैं अपना सिर हिलाना शुरू करती हूँ और स्वयं से कहती हूँ कि मैं यह कर सकती हूँ। हम एक सँकरी धातु की जाली से आगे बढ़ते हैं और मैं यहाँ से ज़मीन को देख सकती हूँ। मेरे मुँह से कुछ अपशब्द निकलते हैं और मैं दोनों तरफ़ की धातु की सलाखों को कसकर पकड़ लेती हूँ। मैं रोना चाहती हूँ। मैट पूछता है कि क्या मैं ठीक हूँ और मुझे आगे बढ़ते रहने के लिए कहता है। उसके शब्द आग में घी की तरह हैं और मैं बुरी तरह चिढ़ जाती हूँ।

'मैं बढ़ ही रही हूँ! इतना ख़राब आइडिया किसका था! मुझे इससे नफ़रत है!' तब मुझे अहसास हुआ कि मैं अभी भी पुल के नीचे ही हूँ और मामला और भी बदतर होता जा रहा है। जब हम पुल पर चढ़ने के लिए सीढ़ियों की ओर बढ़ते हैं, तो मेरे पैरों की मांस-पेशियाँ इतनी बुरी तरह थरथरा रही थीं कि उनमें दर्द होने लगा था। मुझे थोड़ा-थोड़ा अहसास था कि मैं कराह रही हूँ। मुझे पता है कि अब वापस लौटने का कोई रास्ता नहीं है, इसलिए मैं एक के बाद एक पैर बढ़ाती जाती हूँ। जैसे ही हम 134 मीटर ऊँचे पुल के टॉप पर पहुँचते हैं, गाइड रुकता है और मुड़ जाता है।

'वह क्यों रुक रहा है? वह क्यों रुक रहा है?' मैं मन ही मन और भी गालियाँ देने लगी।

वह आस-पास के दृश्य के बारे में कुछ बता रहा है पर मुझे कोई दिलचस्पी नहीं है। फिर वह हम सभी को पीछे मुड़कर देखने के लिए कहता है। मैं अपने दोनों हाथों को रेलिंग से हटाना नहीं चाहती थी, मैंने उसे कसकर पकड़ रखा था, इसलिए मैं अपने शरीर को जितना हो सके उतना घुमा लिया, हाथ छोड़े बिना।

तभी मैं मैट को घुटनों के बल बैठे हुए देखती हूँ, एक अँगूठी का बॉक्स पकड़े हुए।

मेरी आँखों में आँसू भरे हुए थे, बहने को तैयार। मैं जैसे-तैसे एक पल के लिए रेलिंग को छोड़ने में कामयाब हो जाती हूँ।

हमारे इस ख़ूबसूरत, यादगार पल के दौरान मेरे हाथों ने रेलिंग को कसकर पकड़ रखा था।

साथ के सभी लोग तालियाँ बजाते हैं और पुल के बीच से होकर दूसरी तरफ़ उतरने के लिए आगे बढ़ना शुरू कर देते हैं। हम दोनों बात करने के लिए कुछ पल ठहर जाते हैं। मैं उससे पूछती हूँ कि उसने यह सब कैसे जमाया। पुल के बीच से होकर दूसरी तरफ़ की सीढ़ियों से नीचे उतरते हुए उसने मुझे समझाया। मैं मुस्कराती हूँ, हँसती हूँ और अपना सिर हिलाती हूँ। मैट बताता है कि यहाँ सिडनी में रहने वाला उसका परिवार और उसके परिवार के सदस्य जो हमारे साथ ट्रिप पर थे, वे सभी सीढ़ियों के सामने वाले रेस्तराँ से देख हमें देख रहे हैं। मैं दूसरी तरफ़ देखती

हूँ तो पाती हूँ कि वे सभी हाथ हिलाकर हमारा अभिवादन कर रहे हैं। मैं एक हाथ हिलाती हूँ और दूसरे हाथ से अँगूठी को थामती हूँ।

तब मुझे अहसास होता है कि मैंने तो रेलिंग को पकड़ा ही नहीं है। नीचे उतरने हुए मैंने रेलिंग का सहारा नहीं लिया था।

हमारा मस्तिष्क हर दिन हर सेकंड बहुत सारी जानकारी ग्रहण करता है और उसकी प्रोसेसिंग करता है। लेकिन हमारे आस-पास की दुनिया में असीमित जानकारियाँ हैं। अगर आपका मस्तिष्क हर जानकारी को प्रोसेस करने की कोशिश करे, तो आप काम ही नहीं कर पाएँगे। इसलिए मस्तिष्क चुनता है कि उसे किस पर ध्यान देना है। हमारा ध्यान स्पॉटलाइट की तरह है। हम उस स्पॉटलाइट को नियंत्रित कर सकते हैं, लेकिन हम मंच पर आने वाले अभिनेताओं को नियंत्रित नहीं कर सकते। हम यह नियंत्रित नहीं कर सकते कि वे वहाँ कितना समय बिताते हैं, वे क्या कहते हैं या वे कब निकल जाते हैं। हमें बस इतना करना है कि एक समय में उनमें से एक या दो पर स्पॉटलाइट केंद्रित करें। अगर हम अपना ध्यान उन चिंताजनक विचारों पर केंद्रित करते हैं, जो अत्यंत ख़राब परिदृश्यों और ऐसी छवियों की कहानियाँ बताते हैं, जिनका सामना आप नहीं कर सकते, तो ऐसे विचारों को मौक़ा मिल जाता है कि वे आपके मस्तिष्क को बताएँ कि सब ठीक नहीं है। जब आप अपने ध्यान की स्पॉटलाइट को मंच पर मौजूद अन्य विचारों पर स्थानांतरित करते हैं, जो एक अलग कहानी पेश करते हैं, तो वे आपकी शारीरिक प्रतिक्रिया पर भी अपना प्रभाव डालेंगे। जब आप उन पर ध्यान केंद्रित कर रहे होते हैं, तो हो सकता है कि अन्य विचार मंच से नहीं हटें। वे फिर से स्पॉटलाइट की प्रतीक्षा में वहीं रुक सकते हैं। लेकिन ऐसा ना हो तो आपकी भावनात्मक स्थिति पर उनका प्रभाव कम पड़ता है।

मेरी सगाई की कहानी मेरे ध्यान केंद्रित करने का एक उत्कृष्ट उदाहरण है। पुल पर चढ़ते समय मैं इस बात पर ध्यान केंद्रित कर रही थी कि कहीं दुर्घटनावश मैं गिरकर मर गई तो! वहीं नीचे उतरते समय, मैंने जीने पर ध्यान केंद्रित कर रही थी।

बेशक, हम हर दिन अपने घातक विचारों से अपना ध्यान हटाने के लिए किसी सरप्राइज़ प्रपोज़ल पर निर्भर तो नहीं रह सकते। लेकिन अपने ध्यान की स्पॉटलाइट को मार्गदर्शित करने की शक्ति का प्रयोग करना एक शक्तिशाली उपाय है। इसमें विचारों को रोकना नहीं होता है। जैसे ही आप अपने दिमाग़ से किसी विचार को ख़त्म करने की कोशिश करते हैं और उसे बिलकुल भी नहीं रखते, वह विचार पहले से कहीं ज़्यादा बार उभरता है। इस तरह लोग घुसपैठ करने वाले विचारों के चक्र में फँस जाते हैं। अगर आप इसे अपने पास रखने के लिए तैयार नहीं हैं, तो आप ऐसा ही करेंगे। यह सोचकर कि आप उन चिंताजनक विचारों से

कैसे दूर रह सकते हैं, आप अपना स्पॉटलाइट उन पर केंद्रित कर रहे हैं। जब आप स्पॉटलाइट को दूसरे विचारों पर ले जाना चुनते हैं, तो चिंताजनक विचार मंच पर बने रह सकते हैं। आप जानते हैं कि वे उपस्थित हैं, लेकिन वे शो के स्टार नहीं हैं।

जब वे चिंताजनक विचार उठते हैं और आप उन पर ध्यान केंद्रित करते हैं और भविष्य में होने वाली उस भयावह घटना के बारे में सोचना शुरू करते हैं, तो ऐसा करने से आपका शरीर प्रतिक्रिया करता है। इतना ही नहीं, हर बार जब आप अपने दिमाग़ में सबसे अत्यंत ख़राब स्थिति की कल्पना करते हैं कि कुछ भयानक हो रहा है और आप उसका सामना नहीं कर पा रहे हैं, तो आप एक ऐसा अनुभव बना रहे होते हैं, जिसका उपयोग आपका मस्तिष्क दुनिया के लिए आपकी अवधारणाओं या टेम्पलेट्स को बनाने में मदद करने के लिए करता है। जितना अधिक आप इसे दोहराते हैं, आपके मस्तिष्क के लिए इसे फिर से बनाना उतना ही आसान हो जाता है।

आप अपने ध्यान के स्पॉटलाइट को किस ओर केंद्रित करते हैं, यह आपके अनुभव को बनाने में मदद करता है। इसलिए उस स्पॉटलाइट पर नियंत्रण करना सीखना वास्तव में दुनिया के आपके भविष्य के भावनात्मक अनुभव में एक निवेश होगा। तो क्या हुआ अगर मंच पर कोई अन्य अभिनेता नहीं हैं? जब हम चिंता करने में अच्छी तरह से अभ्यस्त हैं, तो हम कैसे चुनते हैं कि हमें और क्या सोचना है?

तो अगर मंच पर कोई और कलाकार ना हो तो क्या होगा? जब हम चिंता करने में माहिर हैं तो हम इसका चुनाव कैसे करें कि हमें कुछ और क्या सोचना है?

एक नई आत्म-चर्चा के बजाय किस पर ध्यान केंद्रित करें

चिंताजनक विचार ख़तरे पर केंद्रित होते हैं। जब हम उनके साथ समय बिताते हैं, तो वे आपके शरीर और मस्तिष्क को ख़तरे की प्रतिक्रिया को बढ़ाने के लिए प्रेरित करते हैं। उस ख़तरे की प्रतिक्रिया को कम करने के लिए हमें एक ऐसी विचारधारा विकसित करनी चाहिए, जो शांति को बढ़ाए।

जब मेरे बेटे का ढाई साल की उम्र में ऑपरेशन हुआ, तो उसके चेहरे की सूजन के कारण उसकी आँखें बंद हो गई थीं। वह जब नींद से जागा तो अपनी आँखें नहीं खोल पाया। उसे हाई डिपेंडेंसी यूनिट की तरह-तरह की अजीबोगरीब आवाज़ें सुनाई पड़ती थीं। बहुत सारी बीप करने वाली मशीनें, लोगों की आवाज़ाही और तरह-तरह की आवाज़ों को वह पहचान नहीं पा रहा था। उसके भीतर ख़तरे

की प्रतिक्रिया भड़क उठी और उसने मुझे पुकारा। जब तक मैं उसके पास कमरे में नहीं पहुँच गई, मैंने उसके हाथों को अपने हाथों में नहीं लिया और उससे बात नहीं की, तब तक वह बेसुध था। मैं उसे देखने के लिए मजबूर नहीं कर सकती था। मैं उसके दर्द को कम नहीं कर सकती थी। मेरे पास ऐसे कोई जादुई शब्द नहीं थे, जिनसे उसकी सारी परेशानी दूर हो जाती। मैंने बस उसके कान में धीरे-से बात की, उसे यह अहसास दिलाया कि मैं उसके पास हूँ और वह सुरक्षित है। जो व्यक्ति उसका रखवाला है, वह उसके पास है और वह कहीं नहीं जा रहा। उस पल से, इस भयावह स्थिति को स्वीकार करने और उससे आगे बढ़ने में उसने अपनी अद्भुत क्षमता दिखाई। अगले कुछ दिनों तक उसकी आँखें बंद रहीं, लेकिन वह जीवन जीता रहा, अपने खिलौनों के साथ खेलता रहा और अपने साथ का आनंद लेता रहा। सहानुभूति ने उसे दुनिया का सामना करने के लिए पर्याप्त सुरक्षित महसूस करने में मदद की थी, तब भी जब सब कुछ ठीक नहीं था।

जब हमें दया और सहानुभूति मिलती है, तो इससे हमारी ख़तरे की प्रतिक्रिया कमज़ोर पड़ती है और हमें सुरक्षित महसूस करते हैं। ऐसा तब भी होता है, जब वह दया किसी दूसरे व्यक्ति से मिल रही हो या हमारे अपने विचारों से। अपने आप से बात करने के तरीक़े को बदलने से आपके मस्तिष्क की केमिस्ट्री और आपकी भावनात्मक स्थिति बदल जाती है।

यह आसान नहीं है। स्व-सहानुभूति का केवल एक दिन आत्म-आलोचना और आत्म-हमले के अभ्यास के पूरे जीवन को पलट नहीं सकता। यह एक जीवन-अभ्यास है, जिसके लिए निरंतर काम करना पड़ता है। लेकिन यह जीवन को बदल सकता है। याद रखें, सहानुभूति जताना हमेशा ही आसान काम नहीं होता। इसका मतलब यह नहीं है कि डरने की कोई बात नहीं है। यह एक कोच है, जो आपके कान में शांत और मज़बूती से आपको प्रोत्साहित कर रहा है, आपका समर्थन कर रहा है, आपको याद दिला रहा है कि आप इस क्षण से आगे बढ़ सकते हैं और आगे बढ़ेंगे।

एक सहानुभूतिपूर्वक विचार प्रक्रिया पर अपना ध्यान केंद्रित करने के मेरे पसंदीदा तरीक़ों में से एक है अपने आपसे पूछना, 'अगर मैं इस दौरान किसी दोस्त को कोचिंग दे रही होती, तो मैं क्या और कैसे कहती?' अच्छा कोच वह नहीं है, जो आपको बचाने के लिए दौड़ पड़ता है, बल्कि वह है, जो आपके साथ ईमानदार है और आपको मुश्किल क्षणों से गुज़रने के लिए अपने भीतर ताक़त खोजने के लिए प्रोत्साहित करता है, ताकि आप अपनी ताक़त खोज सकें।

रीफ़्रेमिंग

क्लिनिकल ट्रेनिंग के अंत में मुझे एक वाइवा टेस्ट देना पड़ा। यह परीक्षा साक्षात्कार की तरह होती है, जिसमें आप विशेषज्ञों के एक पैनल के सामने बैठते हैं और अपने शोध पर सवालों के जवाब देते हैं। मेरी परीक्षा के दिन मैं यूनिवर्सिटी पहुँची और वेटिंग रूम में प्रवेश किया। अंदर बुलाए जाने से पहले हमें यहाँ बैठना था। जब मैं वहाँ धड़कते दिल के साथ अपनी बारी का इंतज़ार करते हुए बैठी थी, तो एक साथी ट्रेनी आँसू बहाते हुए वेटिंग रूम में लौटी। वह रो रही थी, तभी स्टाफ़ के एक सदस्य ने उसके कंधे पर हाथ रखा और उसे वेटिंग रूम से बाहर ले गया। वेटिंग रूम में बचे हुए सभी लोगों की आँखें हैरत से चौड़ी हो गईं, आतंकित होकर एकदूसरे को देखने लगीं। हम सभी बेचैन हो गए। मैं खड़ी हुई और कमरे से बाहर निकल गई, एक ट्यूटर के पास से गुज़री जिन्होंने मुझे शुभकामनाएँ दीं। फिर उन्होंने मुझे एक बेहतरीन सलाह दी।

उन्होंने मुझसे कहा कि मैं परीक्षा का आनंद लेने की कोशिश करूँ। इन वर्षों में मैंने जो कुछ सीखा है, जिस विषय पर काम किया है, यह परीक्षा उसी को दिखाने का एक अवसर है। उन्होंने कहा कि यह एकमात्र ऐसा अवसर है, जब कोई मेरी थीसिस को पूरा पढ़ेगा और उसमें वास्तविक रुचि दिखाएगा, इसलिए मेरे पास उस रुचि का आनंद उठाने का मौक़ा है। मैं सहमति में सिर हिलाते और मुस्कराते हुए वेटिंग रूम में लौट आई। जब तक मैं सुरक्षित स्थान पर नहीं पहुँच गई, तब तक मुझे यह अहसास नहीं था कि उन्होंने मुझे अपने पूरे अनुभव को रिफ्रेम यानी फिर से परिभाषित करने में कैसे मदद की थी। मैं जिस हाई प्रेशर वाली स्थिति का सामना कर रही थी, उसमें कुछ भी नहीं बदला, लेकिन मेरी घबराहट दूर हो गई और अब मुझमें साहस, आनंद और उत्साह का मिश्रण शामिल था। जिस तरह से मेरे वाइवा को जोख़िम से चुनौती में बदल दिया गया था, उसी तरह आप इसी तकनीक का उपयोग अन्य अनुभवों के साथ कर सकते हैं, जिन्हें आप एक ख़तरे या ऐसे काम के रूप में सोचते हैं, जिसका आप सामना नहीं कर सकते। रीफ़्रेमिंग का मतलब यह नहीं है कि आप मौजूदा परिस्थिति में निहित जोख़िमों को नकार दें। मेरी परीक्षा में विफल होने का जोख़िम अभी भी था। लेकिन यदि मैंने केवल उस जोख़िम पर ही ध्यान केंद्रित करने का निर्णय लिया होता तो मेरी तनाव प्रतिक्रिया बहुत अधिक होती और संभवतः मुझे कार्य करना अधिक कठिन लगता।

रीफ़्रेमिंग तब होती है, जब आप स्थिति की दोबारा इस तरह से व्याख्या करने पर विचार करते हैं, जो आपको इससे आगे बढ़ने में मदद करने वाली है। किसी अनुभव को चुनौती के रूप में फिर से तैयार करना हमें भागने की इच्छा से बचाता है और कुछ हद तक नियंत्रित लड़ाई की इच्छा में बदलने में मदद कर सकता है।

हम इरादे के साथ किसी चीज़ की ओर बढ़ सकते हैं। अगला क़दम रीफ्रेमिंग करने में मदद कर सकता है।

मूल्यों और पहचान पर विचार करें

जब चिंताजनक विचार सुर्ख़ियों में छाए रहते हैं, तो हमें उन विचारों को सामने लाना चाहिए, जो हमारे लिए सबसे ज़्यादा मायने रखते हैं। कुछ फ़ैसलों को डर के आधार पर लेना समझदारी है। अगर आपकी ज़िंदगी जोख़िम में है, तो यही वो समय है जब हमारे लिए ये विचार सबसे ज़्यादा मूल्यवान होते हैं। लेकिन जब हम अपने फ़ैसले अपने मूल्यों और सबसे ज़्यादा मायने रखने वाली बातों के आधार पर लेते हैं, तो ज़िंदगी ज़्यादा समृद्ध और परिपूर्ण हो जाती है।

ऐसा करने का एक आसान तरीक़ा है कि हम ऐसे सवालों पर वापस जाएँ जैसे कि 'यह मेरे लिए इतना महत्त्वपूर्ण क्यों है? एक साल बाद, जब मैं इस पल को याद करूँगा, तो कौन-सा एक्शन या प्रतिक्रिया मुझे गर्व महसूस कराएगी, मैं आभार मानूँगा? मैं इस स्थिति में किस तरह का व्यक्ति बनना चाहता हूँ? मैं किन मूल्यों के लिए खड़ा होना चाहता हूँ?'

आपके मूल्य आपकी पहचान का हिस्सा भी बन सकते हैं। चाहे आप एक साहसी व्यक्ति बनना चाहते हों या एक स्वस्थ और तंदुरुस्त व्यक्ति या एक सामाजिक और मिलनसार व्यक्ति, इस बारे में स्पष्टता होने पर आपको चिंताजनक विचारों के लिए वैकल्पिक विचारों को सामने लाने में मदद मिल सकती है। यदि आप संवाद शुरू करने को लेकर चिंतित रहते हैं, लेकिन आपने तय किया है कि आप स्वयं को एक ऐसे व्यक्ति के रूप में देखेंगे, जो मिलनसार और सामाजिक है, तो यह एक टेम्पलेट बनाने में मदद करता है, एक ऐसी अवधारणा बनाने में सहायता कर सकता है कि आप सामाजिक परिस्थितियों में किस तरह व्यवहार करेंगे, तब भी जब आपको चिंता सता रही हो। या शायद मैं अपनी पहचान किसी ऐसे व्यक्ति के रूप में करने का विकल्प चुनता हूँ, जो साहस के साथ जीता है, तो मैं अपने आपसे पूछ सकता हूँ कि मैं इस स्थिति पर कैसी प्रतिक्रिया दूँगा। अगर मुझे साहस से कोई क़दम उठाना होता, तो वह क्या होता? कौन-सी प्रतिक्रिया मुझे आज रात अपनी डायरी में लिखने और अगले साल इस समय को याद करने पर गर्व महसूस कराएगी?

सारांश

- जब आप पूर्वाग्रहों को देखें तो उन्हें लेबल करके चिंताजनक विचारों से कुछ दूरी बनाएँ।
- याद रखें कि जब चिंताजनक विचार लगातार आपका ध्यान चाहते हैं, तब भी आप अपने ध्यान की स्पॉटलाइट को नियंत्रित कर सकते हैं।
- सहानुभूति हमारे ख़तरे की प्रतिक्रिया को कमज़ोर करती है, चाहे वह सहानुभूति किसी और से मिल रही हो या आपके अपने दिमाग़ के अंदर से।
- ख़तरे को एक चुनौती के रूप में रीफ़्रेम करना हमें साहसी बनने के लिए प्रेरित करता है।
- अपने मूल्यों के अनुरूप कार्य करें ताकि आप अपने निर्णय ज़रूरी बातों के आधार पर लें, ना कि भय के आधार पर।

26

अपरिहार्य का डर

सभी भयों में सबसे बड़ा भय हमारी अपनी मृत्यु का है। हर इंसान इस अनिवार्यता के साथ जीता है कि जीवन का अंत होना ही है और अंतिम अनिश्चितता यह है कि हम नहीं जानते कि यह कब और कैसे होगा। ज्ञात और अज्ञात का यह भय लगातार हमारे वर्तमान की शांति और संतुष्टि को कमज़ोर करता रहता है। यहाँ तक कि अपनी मृत्यु की आशंका के बारे में सोचते के साथ ही हम तुरंत शक्तिहीन और भयभीत महसूस कर सकते हैं, साथ ही हमारे भीतर जीवन की निरर्थकता की भावना भी जन्म ले सकती है।

कुछ लोगों के लिए मृत्यु का भय सीधे तौर पर रोज़मर्रा की ज़िंदगी पर हावी हो जाता है, जिससे हमें हर मोड़ पर मौत की आशंका सताने लगती है। कुछ लोगों में यह भय स्वास्थ्य और जोख़िम उठाने से जुड़े अन्य छिपे हुए छोटे-मोटे डर के रूप में अप्रत्याशित तरीक़ों से उभर सकता है। दोनों में ही हमारे जीवन की गुणवत्ता को बाधित कर सकते हैं और यहाँ तक कि नष्ट भी कर सकते हैं।

यह तर्क दिया गया है कि मृत्यु के भय से कई अन्य मानसिक स्वास्थ्य समस्याएँ भी हो सकती हैं (इवरच और अन्य, 2014)। स्वास्थ्य संबंधी चिंता के कारण हम बीमार होने और अस्पताल जाने के डर से भर जाते हैं, साथ ही हमें पीड़ादायक मौत की आशंका भी सताती है। जिन लोगों को पैनिक अटैक पड़ता है, वे आम तौर पर दिल की बढ़ी हुई धड़कनों को हार्ट अटैक समझ लेते हैं और मरने का डर पैनिक अटैक को ट्रिगर करता है। ऊँचाई, साँप या ख़ून का डर हो, सभी इस पूर्वानुमान के इर्द-गिर्द केंद्रित होते हैं कि इनके संपर्क में आने पर मृत्यु की आशंका अधिक होती है।

मौत की आशंका जीवन भर बनी रहती है, लेकिन हम निरंतर उस भय की स्थिति में नहीं रह सकते। इसलिए हम अपने जीवन में सुरक्षा व्यवहार अपनाकर स्वयं को सुरक्षित रखते हैं। ये व्यवहार हमें इसके निरंतर ख़तरे से बचाते हैं। हम किसी भी प्रकार का जोख़िम उठाने पर सख़्त सीमाएँ लगा सकते हैं, दूसरों के साथ हमारे संबंधों और उनके द्वारा याद किए जाने की हमारी इच्छा के आधार पर हम प्रसिद्धि या धन के माध्यम से अमर होने का प्रयास करते हैं। और इसके लिए हमें भला कौन दोषी ठहरा सकता है? स्टैनफ़ोर्ड यूनिवर्सिटी में साइकियाट्री के इमीरिटस प्रोफ़ेसर इरविन यालोम ने अपनी पुस्तक, *स्टारिंग एट द सन* में इसका विस्तृत वर्णन किया है।

'हर पल मौत के बारे में पूरी तरह से जागरूक रहते हुए जीना आसान नहीं है। यह सूरज से नज़रें मिलाने की कोशिश करने जैसा है : आप इसे सिर्फ़ एक सीमा तक ही झेल सकते हैं।'

वह यह भी सुझाव देते हैं, 'हालाँकि मृत्यु शारीरिक रूप से हमें नष्ट कर देती है, लेकिन मृत्यु का विचार हमें बचाए रखता है'। इस अर्थ में कहा जाए तो, मृत्यु के बारे में हमारी मानवीय चिंता केवल एक बेचैनी या पीड़ा नहीं है, जिसे समाप्त किया जाना चाहिए। मृत्यु के बारे में हमारी जागरूकता का सामना करना भी हमारे जीने के तरीक़े में नया अर्थ और उद्देश्य खोजने का एक बड़ा साधन बन सकता है। हम सभी को मरना है, यह तथ्य जीवन को नए तरीक़े से परिभाषित कर सकता है और हमें यह चुनने में मदद कर सकता है कि हम अपना जीवन अधिक सावधान इरादे से कैसे जिएँ। इसी संबंध में, मृत्यु को हम जो अर्थ देते हैं, वह आज हमारी ख़ुशहाली पर प्रभाव डाल सकता है (नीमेयर, 2005)।

स्तन कैंसर को मात देने वाले मरीजों पर मैंने जो शोध किया उसमें कई मरीजों ने बताया कि उनके जीवन में सकारात्मक परिवर्तन आया है। उन्होंने इसका कारण मृत्यु का सामना करना बताया। यह अनुभव भय को बढ़ाता है, साथ ही उन्हें यह पुनर्मूल्यांकन करने का अवसर देता है कि वे अपने सीमित समय को क्या अर्थ देने जा रहे हैं।

लेकिन हमें मौत के इतने क़रीब जाकर उसका सामना करने की ज़रूरत नहीं है। स्वीकृति और प्रतिबद्धता थेरैपी (एक्सेप्टेंस ऐंड कमिटमेंट थेरैपी –एसीटी) में हम अपने अंतिम संस्कार के तरीक़े के बारे में सोच-विचार करके या जो अब जीवित नहीं हैं, ऐसे अपने व्यक्तिगत नायकों के बारे में सोचकर ऐसा कर सकते हैं। ये अभ्यास हमें जीने के बारे में सोचने के लिए आमंत्रित करते हैं, इस तथ्य के बावजूद नहीं कि सबकुछ ख़त्म हो जाएगा, बल्कि इसलिए कि हम जीवित हैं। आपके जीवन का क्या उद्देश्य है, इस सवाल का सामना करने से जीवन में उथल-पुथल और

परिवर्तन दोनों हो सकते हैं। हालाँकि यह प्रक्रिया कष्टकारी हो सकती है, लेकिन हमें उस पीड़ा पर ध्यान केंद्रित नहीं करना है, बल्कि विकल्प को सशक्त बनाना है। जैसे, आप कल्पना करते हैं कि आप अपने जीवन को उस हिसाब से जीने में सक्षम हैं, जो आपके लिए सबसे महत्त्वपूर्ण है। फिर आप यह सोचते हैं कि तब आपका जीवन कैसा दिखेगा। यदि आप अपने द्वारा चुने गए जीवन के अर्थ और उद्देश्य के साथ जीते, तो आप दिन-प्रतिदिन कैसा व्यवहार करते? आप किस दिशा में कड़ी मेहनत करेंगे? आप क्या छोड़ देंगे? आप किसको लेकर प्रतिबद्ध होंगे, भले ही आप इसे पूरा ना कर सकें?

इस तरह से मृत्यु के बारे में विचार करने से हमें यह स्पष्टता हासिल करने में मदद मिल सकती है कि अभी हमारे लिए क्या मायने रखता है।

मृत्यु के प्रति हमारा डर ख़त्म करना असंभव लगता है, क्योंकि हम जानते हैं कि यह अवश्यंभावी है। भय को समझा जा सकता है और भविष्यवाणी यथार्थवादी है। लेकिन मृत्यु के बारे में हमारी अवास्तविक मान्यताएँ तर्कसंगत भय को और भी बदतर बना देती हैं। इस हद तक कि यह भय सामान्य दैनिक जीवन में हस्तक्षेप कर सकता है। हमारी मान्यताएँ कुछ इस तरह की हो सकती हैं, 'मेरा परिवार मेरे बिना नहीं रह पाएगा,' या 'मृत्यु का दर्द यातनापूर्ण होगा।'

अगर हम मृत्यु के अपने डर के बारे में बात करें, तो ज़्यादातर लोग इस संभावना को चुनौती देकर अपने डर को कम करने की कोशिश करते हैं कि मौत तो कभी भी आ सकती है। यह प्रयास अक्सर नेक इरादे से किया जाता है, लेकिन मददगार नहीं होता, क्योंकि हम सभी जानते हैं कि अंततः मरना तो है ही और हम सभी यह भी जानते हैं कि मौत बिना किसी चेतावनी के आ सकती है। जब हम अभी स्वयं को इससे सुरक्षित महसूस करके मृत्यु के डर से बचने की कोशिश करते हैं, तो वही डर पक्के तौर पर कहीं और फिर से उभर आएगा और हमें जीवन की नश्वरता की याद दिलाई जाएगी।

हमें जीवन के एक हिस्से के रूप में मृत्यु की निश्चितता और यह कैसे घटित होगी; इसकी अनिश्चितता को गहनता से स्वीकार करने की आवश्यकता है। कुछ लोगों के लिए, जीवन के ये दो तथ्य ही जीवन के अर्थ का स्रोत हैं। अन्य लोग इसके बारे में सोचने की कोशिश नहीं करते हैं और ऐसे जीते हैं, जैसे कि अगर वह पर्याप्त रूप से सुरक्षित रहें तो मौत कभी आएगी ही नहीं। हम मृत्यु से जुड़े किसी भी विषय से बचते हैं। हम इसके बारे में बात करने और इसे देखने से बचते हैं। ये टालने के पैटर्न उन विषयों के इर्द-गिर्द बनते हैं, जिन्हें हम जोख़िम भरा मानते हैं और जोख़िम के स्तर के बारे में हमारा अनुमान इसको लेकर हमारी चिंता के स्तर के साथ-साथ बढ़ने लगता है।

जब ऐसा होता है, तो आपके जीवन में कई तरह के भय उभर सकते हैं। लेकिन जब तक हम मृत्यु के भय से निपटते नहीं, तब तक एक भय शांत होता है और कुछ समय बाद दूसरा भय उभर आता है।

तो अगर भयानक डर से घिरे हुए हैं और हम जानते हैं कि यह निश्चित रूप घटित होना ही है, तो हम क्या कर सकते हैं? अगर हम बिना किसी डर के अपनी रोज़मर्रा की ज़िंदगी को अच्छी तरह से जीना चाहते हैं, तो हमें जीवन के एक हिस्से के रूप में मृत्यु को स्वीकार करने की दिशा में अपना रास्ता खोजना होगा। स्वीकृति का मतलब यह नहीं है कि हम मृत्यु को चाहते हैं। दरअसल, यह उस वास्तविकता के विरुद्ध संघर्ष को टालना है, जिसे हम नियंत्रित नहीं कर सकते।

मृत्यु को स्वीकार करना जीवन को त्यागने जैसा नहीं है। बल्कि ठीक इसके विपरीत है। मृत्यु को स्वीकार करने से हम जीवन को अर्थपूर्ण बना पाते हैं। इससे जीवन को सार्थक बनाकर उसके अनुरूप जीवन जीने पर काम करना हमें मृत्यु को जीवन के एक हिस्से के रूप में स्वीकार करने की अनुमति दे सकता है।

यह हमारे जीने के तरीक़े को बदल सकता है। हम ऐसे तरीक़े से जी सकते हैं, जो हमारे मूल्यों से प्रेरित हो और जो सार्थक हो। हम उन बातों पर अधिक ध्यान दे सकते हैं, जो हमारे लिए सबसे ज़्यादा मायने रखती हैं और उद्देश्य के साथ जी सकते हैं।

अपने किसी परिचित की मृत्यु और उसके परिणामस्वरूप होने वाला दुःख हमें अपनी मृत्यु के क़रीब पहुँचा सकता है। अगर वह व्यक्ति अचानक मर सकता है, तो मैं भी मर सकता हूँ। मेरे और मेरे जीवन का क्या अर्थ है? मेरे आज का क्या मतलब है?

मृत्यु के साथ हमारे रिश्ते को बदलना

मृत्यु के प्रति लोगों में स्वीकार्यता विकसित करने के अलग-अलग तरीक़े हैं। इनमें से तीन, जो नीचे दिए गए हैं, मूल रूप से गेसर, वोंग और रेकर (1988) द्वारा प्रस्तावित किए गए थे।

- **विशिष्ट दृष्टिकोण के आधार पर स्वीकार्यता :** मृत्यु के बाद के जीवन या स्वर्ग में जाने की संभावना के बारे में विश्वास रखने से व्यक्ति को अपनी मृत्यु की स्वीकृति विकसित करने में मदद मिलती है।
- **पलायन स्वीकार्यता :** जो लोग अपने जीवन में बहुत अधिक पीड़ा का अनुभव करते हैं, वे मृत्यु को स्वीकार कर सकते हैं या गले भी लगा

सकते हैं, क्योंकि इसे उस पीड़ा से संभावित राहत या पलायन के रूप में माना जाता है।

- **तटस्थ स्वीकार्यता :** यह तब होती है, जब मृत्यु को ना तो वांछनीय माना जाता है और ना ही दुख से मुक्ति का साधन, बल्कि इसे जीवन का एक स्वाभाविक हिस्सा माना जाता है, जिस पर हमारा कोई नियंत्रण नहीं होता।

आज़माएँ : एक्सेप्टेंस ऐंड कमिटमेंट थैरेपी (एसीटी) में यह कल्पना करने के लिए कहा जाता है कि आप अपना स्वयं का समाधि-लेख लिखें। अगर आप अपनी क़ब्र या समाधि पर कुछ पंक्तियाँ लिख पाते, तो आप क्या लिखना चाहते? यह अनुमान नहीं लगाना है कि दूसरे क्या कहेंगे, बल्कि अपने बारे में आपको सोचना है कि आख़िर आपके जीवन का उद्देश्य क्या है। आप जो सार्थक जीवन जीना चाहते हैं, उसकी शुरुआत आज से ही करें (हेस, 2005)।

जिन लोगों को इन अभ्यासों को करने में कठिनाई हो रही हो, उन्हें किसी थेरैपिस्ट की मदद लेना चाहिए।

मृत्यु के बारे में अपनी उन मान्यताओं को जानने की कोशिश करें, जो डर को और भी बदतर बनाती हैं। हम में से प्रत्येक की कई धारणाएँ होती हैं, जो या तो हमारे लिए सहायक होती हैं या हानिकारक। इसका एक उदाहरण यह हो सकता है कि मृत्यु अन्याय है और हमें इससे नहीं गुज़रना चाहिए। इस तरह की मान्यता चिंता को बढ़ा सकती है और मृत्यु के विचार आने पर परेशानी बढ़ा सकती है। उन मान्यताओं में से कुछ के बारे में विचार करना और उन्हें चुनौती देने के लिए समय निकालना सार्थक होगा। हालाँकि इस काम का कुछ हिस्सा इतना भावनात्मक है कि इसे किसी भरोसेमंद व्यक्ति के साथ मिलकर करना मददगार होता है। यह कोई ऐसा व्यक्ति हो सकता है, जिसे आप जानते हैं या कोई थेरैपिस्ट जो आपको इस स्थिति से बाहर निकलने में मदद कर सकता है।

टूलकिट : मृत्यु के प्रति हमारे भय को दूर करने के लिए लिखना

इस विषय पर अपनी भावनाओं को व्यक्त करने वाला लेखन हमें मृत्यु के भय का पता लगाने में मदद कर सकता है, क्योंकि यह हमें अपनी अंतर्दृष्टि और खोजों को खोए बिना इससे बाहर निकालने और वापस खड़े होने में मदद करता है। आप किसी भी समय लिखना रोक सकते हैं और फिर जब आप तैयार हों तो दोबारा यह काम कर सकते हैं।

मृत्यु के डर का सामना करना आसान नहीं है, यहाँ एक उच्च प्रशिक्षित थेरैपिस्ट बड़ी मदद कर सकते हैं, आपके जीवन में बड़ा अंतर ला सकते हैं। जो लोग ऐसे विकल्पों तक पहुँच नहीं सकते उनके लिए किसी भरोसेमंद दोस्त या प्रियजन से जुड़ना भी एक बड़ा सहारा हो सकता है, क्योंकि यह ऐसा अनुभव है जिसका हम सभी सामना करते हैं।

यहाँ कुछ प्रश्न दिए गए हैं, जिनका उपयोग आप जर्नलिंग, थेरैपी या किसी प्रियजन के साथ संवाद साधने में कर सकते हैं।

- मृत्यु के बारे में आपके डर क्या हैं? वे आपके रोज़मर्रा के जीवन में कैसे सामने आते हैं?
- मृत्यु के बारे में आपकी ऐसी कौन-सी मान्यताएँ हैं, जो दूसरों से अलग हैं?
- ये अंतर हमें क्या समझाते हैं?
- जीवन के अंत या नुक़सान को लेकर आपके पिछले अनुभवों ने अब तक जीवन और मृत्यु के बारे में आपके विश्वासों को कैसे गढ़ा?
- मृत्यु से सुरक्षित महसूस करने के लिए आप किस तरह के व्यवहार करते हैं?
- आप अपने जीवन को किस तरह से सार्थक बनाना चाहेंगे या किस तरह का जीवन जीना चाहेंगे?
- आप यहाँ अपनी कैसी छाप छोड़ना चाहेंगे?
- आपके जीवन का यह अर्थ आपके द्वारा आज किए जाने वाले वास्तविक कार्यों और और जैसे-जैसे आप अपने जीवन के अगले पड़ावों की ओर बढ़ते हैं, उसमें विकल्पों में कैसे परिवर्तित हो सकता है?
- कल्पना करें कि भविष्य में आप अपने जीवन के अंत के क़रीब हैं और

जीवन के इस अध्याय को देख रहे हैं, जो अभी शुरू हुआ है। यदि आप मुस्कराहट के साथ पीछे मुड़कर देखें, अपने द्वारा चुने गए विकल्पों और प्रत्येक दिन के प्रति अपने दृष्टिकोण से संतुष्ट और संतुष्ट महसूस करें, तो दैनिक जीवन कैसा दिखना चाहिए?

- यदि आपके जीवन का यह अगला अध्याय सबसे अधिक सार्थक और उद्देश्यपूर्ण बनना हो, तो इसमें क्या शामिल होगा?
- यदि मृत्यु के बारे में आपकी जागरूकता आपके जीवन को कम करने के बजाय उसे बेहतर बनाने के लिए होती, तो यह कैसा दिखता?

सारांश

- मृत्यु के प्रति हमारा सामूहिक भय ज्ञात और अज्ञात दोनों के प्रति है।
- कुछ लोगों के लिए, मृत्यु के क़रीब आना विकास और सकारात्मक जीवन परिवर्तन लाता है।
- मृत्यु को स्वीकार करना जीवन को छोड़ने जैसा नहीं है। बल्कि इसके बिलकुल विपरीत है।
- मृत्यु को स्वीकार करने से हम जीवन को अर्थ दे पाते हैं।

7

तनाव पर

27

क्या तनाव चिंता से अलग है?

तनाव और चिंता यानी व्यग्रता दोनों ही ऐसे शब्द हैं, जो तरह-तरह के अनुभवों के लिए व्यापक रूप से इस्तेमाल किए जाने वाले शब्द बन गए हैं। आजकल जब लोग यह कहते हैं कि वे तनावग्रस्त थे और इसलिए उनकी चिंता और अधिक बढ़ गई, तो आश्चर्य नहीं होता। या वे ऐसा भी कह सकते हैं कि अत्यधिक चिंता की वजह से वे तनावग्रस्त हैं। अधिकतर लोग अपने अनेक तरह के अनुभवों का वर्णन करने के लिए इन शब्दों का परस्पर उपयोग करते हैं। लोग काम की समय-सीमा को लेकर तनावग्रस्त हो सकते हैं या बाथरूम में मकड़ी दिखाई दे जाए तो चिंतित हो सकते हैं। पोस्ट ऑफ़िस में क़तार में इंतज़ार करना पड़ जाए तो आप तनावग्रस्त हो सकते हैं, जिससे आपको काम पर पहुँचने में देर हो सकती है। लेकिन आप अपनी नौकरी छूट जाने के तनाव से निपटने और किराया चुकाने के लिए होने वाली जद्दोजहद के बारे में भी बात कर सकते हैं। अगला व्यक्ति उन दोनों परिस्थितियों को चिंताजनक बता सकता है।

लेकिन आप देखेंगे कि इस पुस्तक में दोनों को अलग-अलग खंडों में रखा गया है। जिसे हम तनाव कहते हैं उसका अनुभव मस्तिष्क में उसी तंत्र से बनता है, जहाँ से भावनाएँ निर्मित होती हैं (फ़ेल्डमैन बारेट- 2017)। आपके मस्तिष्क को आपके शरीर से लगातार बाहरी दुनिया की माँगों के बारे में जानकारी मिलती रहती है और मस्तिष्क यह पता लगाने की कोशिश करता रहता है कि कितना प्रयास करने की आवश्यकता है। यह शरीर में बनकर निकलने वाली ऊर्जा की मात्रा को बाहरी दुनिया की माँगों से मिलान करने की कोशिश करता है, ताकि यह सुनिश्चित

हो सके कि कुछ भी बर्बाद ना हो। जब हमारी आंतरिक शारीरिक स्थिति पर्यावरण से अच्छी तरह मेल खाती है, तो हम इसे ज़्यादातर सकारात्मक भावना के रूप में समझते हैं, भले ही इसमें तनाव शामिल हो, उदाहरण के लिए, जब आप किसी बड़ी खेल प्रतियोगिता के लिए उत्साहित और तैयार महसूस करते हैं। लेकिन जब वह आंतरिक वातावरण बाहरी दुनिया की माँगों से मेल नहीं खाता है, तो हम इसे नकारात्मक रूप में समझते हैं। जब हम थके हुए होते हैं, लेकिन तनावग्रस्त होते हैं और सो नहीं पाते हैं। या जब हम इतने तनाव में होते हैं कि हम किसी परीक्षा या नौकरी के साक्षात्कार में सवालों पर ध्यान केंद्रित नहीं कर पाते हैं। ऐसे समय में हमारा यह पूर्वानुमान होता है कि हम वर्तमान माँगों का सामना नहीं कर सकते।

तनाव और चिंता दोनों ही सतर्कता की अवस्थाओं से जुड़े हैं। लेकिन यह पुस्तक जिस उद्देश्य के लिए लिखी गई है उसमें चिंता, भय और भय के अनुभव के साथ आने वाले अत्यधिक चिंतित करने वाले विचारों से जुड़ी है। इसके विपरीत, डाकघर में लाइन में लगने वाले तनाव का मतलब चिंता से अलग होगा। अगर आप लाइन में लगने वाले तनाव को महसूस करते हैं, तो ऐसा इसलिए हो सकता है, क्योंकि उस दिन आपको बहुत सारे काम निपटाने थे। तनाव में यह वृद्धि आपकी सतर्कता को बढ़ाएगी, जिससे आपको यह निर्णय लेने में मदद मिलेगी कि आपको लाइन में बने रहना है या दिन भर के कामों को देखते हुए इस काम की प्राथमिकता पर दोबारा विचार करना है। अगर यह भावना चिंतित या व्यग्र करने वाली थी, तो इसका संबंध चिंताजनक विचारों और पूर्वानुमानों से हो सकता है कि कुछ ख़तरनाक घट सकता है।

इसीलिए, भले ही तनाव और चिंता के तंत्र समान हैं, पर हम उन्हें अलग-अलग तरीक़ों से देखते-समझते हैं। यदि आप बिस्तर पर लेटे हैं और नीचे काँच टूटने की आवाज़ सुनाई देती है, तो आपकी तनाव प्रतिक्रिया सक्रिया हो उठेगी, लेकिन बड़ी संभावना है कि आप उस अनुभूति को चिंता और भय के रूप में देखेंगे। आपके भीतर ख़तरे से लड़ने या भागने की इच्छा जाग सकती है। जब आपके सिर पर बेरोज़गारी का ख़तरा मंडरा रहा होता है या आप नौकरी और परिवार के भरण-पोषण-दोनों तरह की ज़रूरतों को पूरा करने के लिए संघर्ष कर रहे होते हैं, तो इस तनाव प्रतिक्रिया को अलग अर्थ दिया जाता है। इन्हें तत्काल ख़तरा नहीं माना जाता है। हम इनसे अलग तरह से लड़ना-बचना होगा।

इसलिए चूँकि हमने तनाव प्रतिक्रिया को लड़ो या भागो तक सीमित कर दिया है, वास्तव में ऐसे कई तरीक़े हैं, जिनसे तनाव प्रतिक्रिया भिन्न हो सकती है। स्रावित किए गए हार्मोन, हृदय संबंधी परिवर्तन और अन्य शारीरिक प्रतिक्रियाओं के अनुपात में अंतर हो सकता है, जो अलग-अलग मनोवैज्ञानिक अनुभव और व्यवहार संबंधी अलग-अलग इच्छाएँ जगाते हैं।

जब हमारा मस्तिष्क हमें कुछ करने के लिए तैयार कर रहा होता है तो हम तनाव महसूस करते हैं। चाहे वह सुबह उठना हो, प्रेज़ेंटेशन शुरू करना हो या कार चलाकर कहीं जाना हो, आपका मस्तिष्क सतर्कता बढ़ाने और यह सुनिश्चित करने के लिए आपको ऊर्जा देता है कि आप अपने वातावरण के साथ प्रतिक्रिया करने के लिए तैयार हैं, चाहे वह कैसी भी स्थिति हो। कॉर्टिसोल, जिसे हम सभी हानिकारक तनाव हार्मोन के रूप में जानते हैं, वास्तव में ईंधन के लिए आपके रक्तप्रवाह में ग्लूकोज़ के रूप में तुरंत ऊर्जा को प्रवाहित करता है। आपके फेफड़े और हृदय ऑक्सीजन मांसपेशियों और मस्तिष्क तक आवश्यक ऊर्जा पहुँचाने के लिए तेज़ी से काम करना शुरू कर देते हैं। उसके बाद एड्रेनालाइन और कॉर्टिसोल आपकी मांसपेशियों को उस ऊर्जा का सबसे कार्यक्षम उपयोग करने में मदद करते हैं। अब आप अपने सामने आने वाली किसी भी चुनौती से निपटने के लिए तैयार हैं। यानी आपका शरीर बेहतरीन ढंग से काम कर रहा है। आपकी इंद्रियाँ तीक्ष्ण हो जाती हैं और आपका मस्तिष्क सूचनाओं को अधिक तेज़ी से संसाधित कर रहा होता है।

जब आपका मस्तिष्क अपने सभी संसाधनों को बाँट देता है, तो अब उसे आराम या पोषक तत्वों के रूप में कुछ वापस पाने की भी उम्मीद होती है। लेकिन जब उसे कुछ भी वापस नहीं मिलता है, तो उसे घाटा होता है। अगर ऐसा बार-बार होता है, तो आपके शरीर के संसाधनों की भरपाई नहीं हो पाती है। अगर आप पर्याप्त नींद नहीं ले रहे हैं या ठीक से खाना नहीं खा रहे हैं, या अगर आप हर दिन अपने जीवन-साथी से बहस कर रहे हैं, तो यह घाटा बढ़ता जाता है। समय के साथ आपका कमज़ोर पड़ चुका शरीर स्वयं को बचाने के लिए संघर्ष करता है और बीमारी की चपेट में आ जाता है।

यदि आपको अपने अस्तित्व को लेकर किसी ख़तरे का सामना कर रहे हैं, तो आपकी अनुभव प्रतिक्रिया लड़ो या भागो वाली होगी। लेकिन जब आप किसी तनावपूर्ण स्थिति का अनुभव करते हैं, जिससे तत्काल कोई ख़तरा नहीं है, तो आप एक चुनौती प्रतिक्रिया का अनुभव कर सकते हैं, जो आपको उसी तरह चुनौती का सामना करने में सक्षम बनाती है, लेकिन इसमें तीव्र भय की अनुभूति कम और आगे बढ़ने की उत्तेजना अधिक होती है।

पूर्वानुमानित तनाव तब अनुभव किया जाता है, जब हम अनुमान लगा पाते हैं कि कुछ तनावपूर्ण होने वाला है और हमें बहुत कुछ करना होगा। आप जानते हैं कि आपका अगले सप्ताह नौकरी के लिए इंटरव्यू है और इसमें आप नर्वस रहेंगे और आपको तनाव होने वाला है, इसलिए आप समय से पहले ही उस चुनौती का अनुमान लगाना शुरू कर देते हैं। जब हम यह ग़लत अनुमान लगाते हैं कि हमें एक ऐसी चुनौती का सामना करना पड़ेगा, जिसका हम सामना नहीं कर सकते,

तो हम चिंतित हो जाते हैं, क्योंकि हम उस तनाव से होने वाली शारीरिक और मनोवैज्ञानिक परेशानी से डरने लगते हैं। जब तनाव किसी शारीरिक ख़तरे से शुरू होता है और शरीर गतिमान होने के लिए सक्रिय होता है, तो आगे बढ़ने और सुरक्षा तक पहुँचने की प्रक्रिया शरीर को वापस बेस-लाइन पर आने के लिए आमंत्रित करती है। लेकिन अगर हम उन मनोवैज्ञानिक कारणों से तनाव प्रतिक्रिया को ट्रिगर करते रहते हैं, तो शारीरिक उथल-पुथल लंबे समय तक बनी रह सकती है और शांत होने का कोई स्पष्ट रास्ता नहीं होता है। यही वह समय है, जब हमारे साथ शारीरिक स्वास्थ्य, मानसिक स्वास्थ्य और व्यवहार पर पड़ने वाले दुष्प्रभावों की समस्या शुरू हो जाती है (सैपोलस्की, 2017)।

सारांश

- तनाव और चिंता शब्द अक्सर एक दूसरे के पूरक के तौर पर इस्तेमाल किए जाते हैं।
- जब हम अपने आस-पास के वातावरण की माँगों को पूरा करने में सक्षम होते हैं तो हम अच्छा महसूस करते हैं, भले ही उसमें तनाव शामिल हो।
- जब हमारा मस्तिष्क हमें कुछ करने के लिए तैयार कर रहा होता है तो हम तनाव महसूस करते हैं।
- मस्तिष्क आपकी सतर्कता बढ़ाने और आपके परिवेश पर प्रतिक्रिया करने के लिए ऊर्जा को मुक्त करने की अनुमति देता है।
- हम चिंता को भय-आधारित प्रतिक्रिया मानते हैं। लेकिन इस तरीक़े से आपकी समग्र तनाव प्रतिक्रिया आपकी आवश्यकताओं को पूरा करने के लिए अलग ढंग से काम कर सकती है।

28

तनाव कम करना ही एकमात्र समाधान क्यों नहीं है

जहाँ तक संभव हो तनाव कम करना आम तौर पर एक अच्छा विचार है। लेकिन तनाव को कम करना अक्सर तनाव प्रबंधन समाधान के रूप में प्रस्तुत किया जाता है और यह मेरे लिए कभी भी सहज नहीं रहा। इसका एक कारण यह है कि यह एक अस्पष्ट शब्द है, जिसके बारे में कोई नहीं जानता कि वास्तव में क्या करना है, और दूसरा कारण यह है कि तनाव के कई ऐसे कारक हैं, जिनके साथ कोई समझौता नहीं किया जा सकता।

हमारे जीवन में कुछ तनाव ऐसे होते हैं, जिन्हें हम चुनते हैं (खेल प्रतियोगिता से पहले का तनाव या शादी-ब्याह जैसे किसी बड़े आयोजन की तैयारी), सबसे तीव्र तनाव जिसका हम सामना करते हैं, वह अक्सर वैकल्पिक नहीं होता है। मुक्केबाज़ रिंग में प्रवेश करते समय बहुत अधिक दबाव में हो सकता है, लेकिन अपनी बायोप्सी की रिपोर्ट जानने के लिए अस्पताल जाते समय भी बहुत दबाव हो सकता है। दवाब आपकी वित्त व्यवस्था पर विचार करके यह महसूस करने से भी बढ़ सकता है कि कहीं आपको घर ना गंवाना पड़ जाए। ये ऐसे क्षण हैं, जिनमें तनाव की प्रतिक्रियाएँ बहुत तीव्र होती हैं और हमें उनसे अत्यंत स्वस्थ और कुशल तरीक़े से निपटने के लिए रीयल टाइम टूल्स की आवश्यकता होती है।

तनाव के साथ हम इंसानों का प्यार-नफ़रत का रिश्ता है। हमें हॉरर मूवी का रोमांच या रोलरकोस्टर की रफ़्तार पसंद है। हम आगे बढ़कर अपनी तनाव प्रतिक्रिया में इन तीव्र उठानों को चुनते हैं और हम बड़े उत्साह के साथ उनका अनुमान लगाते हैं। हमें लगता है कि हम अनियंत्रित हो रहे हैं, लेकिन हम जानते हैं कि यह बस

एक पल के लिए है। हमें डर लगता है, लेकिन साथ ही हमें भरोसा है कि हम मरने वाले नहीं हैं। हम पर्याप्त नियंत्रण बनाए रखते हैं और अनुभव को रोक लेते हैं। बहुत कम तनाव हो तो जीवन उबाऊ हो जाता है। पर्याप्त तनाव जीवन को आकर्षक, मज़ेदार और चुनौतीपूर्ण बनाता है। लेकिन बहुत अधिक हो जाए तो ये लाभ नहीं मिल सकते (सैपोलस्की, 2017)। हमें पूर्वानुमान और रोमांच के बीच एक बढ़िया संतुलन बनाना चाहिए। जिस तरह से हमारी भावनाएँ पूरी तरह से बुरी नहीं होती हैं, उसी तरह तनाव भी पूरी तरह से बुरा नहीं होता है। यह हमारे मस्तिष्क या शरीर की ख़राबी या कमज़ोरी नहीं है। यह संकेतों की एक शृंखला है, जिसका उपयोग हम यह समझने के लिए कर सकते हैं कि आख़िर हमें चाहिए क्या है।

तनाव कुछ समय का हो, तो सकारात्मक प्रभाव पड़ता है। तनाव प्रतिक्रिया में एड्रेनालाइन का स्राव शरीर में बैक्टीरिया और वायरल संक्रमण दोनों से लड़ने में मदद करता है। यह हृदय गति को बढ़ाता है, संज्ञानात्मक कार्य को तेज़ करता है और पुतलियों को फैलाता है। यह सब आपको अपना ध्यान केंद्रित करने, अपने परिवेश का मूल्यांकन करने और अपनी माँगों को पूरा करने के लिए प्रतिक्रिया देने में मदद करता है।

हम एक लोकप्रिय दृष्टिकोण के चलते यह मानने लगे हैं कि तनाव जीवित रहने का एक पुराना तंत्र है, जिसकी अब कोई आवश्यकता नहीं है। इसका मतलब यह है कि जब हम इसके प्रभावों को महसूस करना शुरू करते हैं तो हमारे दिल की धड़कनें तेज़ हो ज़ाती हैं और हथेलियाँ पसीने से तर हो जाती हैं और हमें लगता है कि हम सामना करने में विफल हो रहे हैं या शरीर कमज़ोर पड़ रहा है। इसे हमारे सिस्टम के दोष या डिसऑर्डर का संकेत माना जाता है और माना जाता है कि इस संकेत को बंद करने की आवश्यकता है। लेकिन मामला ऐसा नहीं है कि सही-ग़लत साफ़-साफ़ कहा जा सके। तनाव हमेशा हानिकारक नहीं होता है और हमारा मुख्य उद्देश्य हमेशा इसे ख़त्म करना नहीं होता है।

विज्ञान ने हमें तनाव के ख़तरों के बारे में तो समझाया ही है, साथ ही इसके कार्य के बारे में भी विस्तार से बताया है कि हम इसका अपने लाभ के लिए कैसे उपयोग कर सकते हैं, तनाव को ख़तरनाक बनने से रोकने के लिए अपने मन और शरीर को किस प्रकार सर्वोत्तम ढंग से पुनः सक्रिय कर सकते हैं।

इसलिए जब आप दफ़्तर में या स्कूल में प्रेज़ेंटेशन शुरू करते समय तनाव महसूस करते हैं, तो आपका शरीर आपको अपना सर्वश्रेष्ठ प्रदर्शन करने में मदद कर रहा होता है। ऐसी स्थितियों में, हम पूरी तरह शांति और आराम नहीं चाहते हैं। हम चाहते हैं कि हम सतर्क रहें और हमारी सोच स्पष्ट बनी रहे ताकि हम उस समय जिस लक्ष्य पर काम कर रहे हैं उसे प्राप्त कर सकें। हम नहीं चाहते कि तनाव

इतना अधिक हो कि इसका हमारे प्रदर्शन पर हानिकारक प्रभाव पड़े या हमें हालात से मुँह चुराकर भागना पड़े। जब हमें तनाव की आवश्यकता ना हो तो उसे कम करना और जब हमें इसकी आवश्यकता हो तो उसे बढ़ाना सीखना ही स्वस्थ तनाव प्रबंधन की नींव है।

हम अपने सार्थक जीवन से तनाव को अलग नहीं कर सकते। आपके व्यक्तिगत मूल्य चाहे जो भी हों, आप जिस भी उद्देश्य को पाने का प्रयास करते हैं, उसे पाने के लिए आपको तनाव की आवश्यकता होगी ही। तनाव प्रतिक्रिया हमें अपने लक्ष्यों तक पहुँचने में सक्षम बनाने में एक प्रमुख उपकरण है। अक्सर वे बातें जो हमारे लिए सर्वाधिक महत्त्वपूर्ण होती हैं, उनमें सबसे अधिक तनाव देने की क्षमता होती है। अगर कोई बात हमारे लिए मायने रखती है, तो उसके लिए आगे बढ़ना उचित है। इसलिए तनाव का अनुभव करना केवल विभिन्न समस्याओं की चेतावनी का संकेत नहीं है। यह एक ऐसे जीवन को भी दर्शा सकता है, जिसमें हम उन कामों पर काम कर रहे हैं, जिनकी हमें बहुत परवाह है और उद्देश्य और सार्थक जीवन जी रहे हैं। अगर हम सीख सकें कि तनाव का अपने फ़ायदे के लिए कैसे उपयोग किया जाए और जब हमें इसकी ज़रूरत ना हो तो इसकी तीव्रता कम करना सीख सकें, तो तनाव हमारा सबसे मूल्यवान उपकरण हो सकता है।

सारांश

- तनाव हमेशा दुश्मन नहीं होता। यह हमारा सबसे मूल्यवान हथियार भी है।
- तनाव की अवधि बीत जाने के बाद वापस पुरानी स्थिति में आना, तनाव को ख़त्म करने की कोशिश करने से कहीं ज़्यादा यथार्थवादी है।
- तनाव आपको बेहतर प्रदर्शन करने और महत्त्वपूर्ण कार्यों को निपटाने में मदद करता है, लेकिन हम लगातार तनाव की स्थिति में रहने के लिए नहीं बने हैं।
- हमें मज़ेदार और चुनौतीपूर्ण जीवन के लिए तनाव की आवश्यकता होती है, लेकिन बहुत अधिक तनाव से ये लाभ नहीं मिल पाते।

29

जब अच्छा तनाव बुरा बन जाता है

तनाव प्रतिक्रिया तब सर्वाधिक कारगर साबित होती है, जब यह थोड़े समय के लिए और सीमित होती है। जब हमारी परिस्थितियाँ लगातार तनाव का कारण बनती हैं, जिसे हम बदल नहीं सकते, या हमें नहीं पता कि इस तनाव को कैसे कम किया जाए, तो हमारा शरीर प्रयासों के लिए अपने आपको पुनः शक्तिसंपन्न नहीं बना पाता। कल्पना करें कि आप दूसरे गियर में तेज़ गति से मोटरवे पर गाड़ी चला रहे हैं। इस तरह आप कुछ ही समय तक गाड़ी चला पाएँगे, क्योंकि नुक़सान होना तो तय है।

जब तनाव लंबे समय तक बना रहता है, तो हमारा मस्तिष्क उन स्वाभाविक कामों की ओर प्रवृत्त होता है, जिनके लिए कम ऊर्जा की आवश्यकता होती है। हमारे आवेगों को नियंत्रित करने, जानकारी को याद रखने और निर्णय लेने की हमारी क्षमता कमज़ोर हो जाती है। समय के साथ, हमारा प्रतिरक्षा तंत्र प्रभावित होता है। तनाव थोड़े समय का हो, तो एड्रेनालाइन हमारे प्रतिरक्षा कार्य को बैक्टीरिया और वायरल संक्रमण से लड़ने में मदद करने के लिए मदद करता है। लेकिन लंबे समय तक एड्रेनालाइन का अधिक उत्पादन और कोर्टिसोल के असामान्य पैटर्न जीवन प्रत्याशा को कम करते हैं (कुमारी और अन्य, 2011)।

जब एड्रेनालाइन लगातार क्रॉनिक स्ट्रेस (लंबे समय से बने आ रहे तनाव) के माध्यम से हमारे प्रतिरक्षा तंत्र को सहारा दे रहा होता है और फिर हम रुक जाते हैं और एड्रेनालाइन का स्तर गिर जाता है, तो प्रतिरक्षा तंत्र भी कमज़ोर हो जाता है। यही कारण है कि आपने ऐसे लोगों के बारे में सुना होगा, जो लगातार दिन-रात

मेहनत करते-करते जब अंततः आराम करने के लिए रुकते हैं, तो लगभग तुरंत ही बीमार पड़ जाते हैं।

बर्नआउट एक ऐसा शब्द है, जिसका उपयोग काम पर अत्यधिक और लंबे समय तक तनाव की प्रतिक्रिया के बारे में बताने के लिए किया जाता है, हालाँकि केवल वेतनभोगी नौकरी के परिवेश में ही हम बर्नआउट का अनुभव नहीं करते हैं। देखभाल करने वाली भूमिका में हों, माता-पिता की भूमिका या स्वयंसेवा की भूमिका भी व्यक्ति बर्नआउट का अनुभव कर सकता है।

लोग अक्सर भावनात्मक रूप से थका हुआ और कमज़ोर महसूस करते हैं, जैसे कि वे ऊर्जाहीन और शक्तिहीन हो चुके हैं, जूझने के लिए उनके पास कोई संसाधन नहीं है। वे अन्य लोगों से या अपने आपसे कटा हुआ महसूस कर सकते हैं। उन्हें अक्सर यह महसूस हो सकता है कि वे अयोग्य हैं और अब उनके भीतर उपलब्धियों को हासिल करने की पहले जैसी इच्छा या भावनाएँ नहीं रह गई हैं।

बर्नआउट तब होता है, जब हमारी अल्पकालिक तनाव प्रतिक्रिया लंबे समय तक बार-बार ट्रिगर होती है, हमें बीच में आराम करने और ठीक होने का पर्याप्त मौक़ा नहीं मिलता। व्यक्ति और नीचे दी गई स्थितियों में से किसी एक के बीच अक्सर एक पुराना बेमेल होता है :

1. **नियंत्रण** – ऐसी स्थिति में रहना, जिसमें आपके पास अपनी ज़रूरतों को पूरा करने के लिए आवश्यक संसाधन नहीं हैं।
2. **पुरस्कार** – रोज़गार परिदृश्य में यह वित्तीय स्थिति को लेकर हो सकता है। लेकिन साथ-साथ यह सामाजिक मान्यता या स्वीकार्यता की भावना भी हो सकती है, चाहे वह कार्य वातावरण में हो या किसी अन्य क्षेत्र में।
3. **समुदाय** – ससकारात्मक मानवीय संपर्क की कमी और यह भावना कि किसी को सामाजिक समर्थन या अपनेपन का एहसास है।
4. **निष्पक्षता** – जब इस सूची में किसी अन्य कारक में असमानता महसूस होती है। जब कुछ लोगों की ज़रूरतें या माँगें दूसरों की तुलना में ज़्यादा पूरी होती हैं।
5. **मूल्य** – जब आपकी माँगों का आपके व्यक्तिगत मूल्यों के सीधे टकराव होता है।

आपको स्पष्ट कर दूँ कि बर्नआउट एक गंभीर स्वास्थ्य समस्या है। जिसे भी लगता है कि वह बर्नआउट का अनुभव कर रहा है, उसे जल्द से जल्द क़दम उठाना चाहिए। लेकिन हमें यथार्थवादी भी होना चाहिए। कुछ दबावों को आप नकार सकते हैं (जैसे कि 50 घंटे के कार्य सप्ताह के अलावा कोई दूसरा काम चुनना) लेकिन कुछ ऐसे हैं, जिन्हें नकारना संभव नहीं (जैसे कि शारीरिक बीमारी या वित्तीय दबाव या रिश्ते टूटने का भावनात्मक तनाव)।

जब आप अपने सिर पर छत बनाए रखने और अपने बच्चों का हर दिन भरण-पोषण करने के लिए दो-दो नौकरियाँ करते हुए संघर्ष कर रहे हों, और साथ ही साथ आप सर्वश्रेष्ठ माता-पिता बनने की कोशिश कर रहे हों, तो आपके पास अपने जीवन से तनाव को दूर करने और ध्यान और योग वाली एक सुखद सुबह की दिनचर्या अपनाने का कोई विकल्प नहीं है। लेकिन बर्नआउट से निपटने के लिए हॉलीडे फ़ोटो की तरह दिखने की ज़रूरत नहीं है। अपने स्वास्थ्य का ध्यान रखते हुए बड़ी-बड़ी माँगों और उससे जुड़े तनाव के साथ जीना एक बड़ा संतुलन साधने वाला काम है, जिसमें आप कभी एक ओर तो कभी दूसरी ओर झुक सकते हैं। ऐसा कोई अचूक उपाय नहीं है, जो सब कुछ ठीक कर दे। एक व्यक्ति की माँगों को संतुलित करने में जो उपाय काम आता है, वह दूसरे के लिए व्यवहारिक नहीं होगा।

जब हम तनाव को कम नहीं कर पाते या हम बहुत लंबे समय तक तनाव में रहते हैं, तो यह तनाव दीर्घकालिक बन सकता है। दीर्घकालिक तनाव के लक्षण अलग-अलग व्यक्तियों में अलग-अलग होते हैं। उनमें से कुछ लक्षण नीचे दिए गए हैं।

दीर्घकालिक तनाव के लक्षण :

- नियमित रूप से नींद में खलल।
- भूख में परिवर्तन।
- बार-बार बेचैनी और चिड़चिड़ापन जो रिश्तों पर असर डाल सकता है।
- कार्यों पर ध्यान केंद्रित करने में समस्याएँ।
- थकने पर भी आराम करने में समस्या।
- लगातार सिरदर्द रहना या चक्कर आना।
- पेट की समस्याएँ।
- यौन समस्याएँ।
- धूम्रपान, शराब की लत या अधिक खाने पर निर्भर रहना।

- अत्यधिक तनाव महसूस करना और उन छोटे-मोटे तनावों से बचना, जिन्हें सामान्यतः नियंत्रित किया जा सकता है।

आज़माएँ : अगर आपको बर्नआउट का अनुभव हो रहा है, तो नीचे दिए गए प्रश्नों के उत्तर देने का प्रयास करें। फिर अपने उत्तरों पर विचार करें और देखें कि आपके लिए इसका क्या अर्थ है। बर्नआउट के कुछ मान्य मापदंड हैं (क्रिस्टेंसन और अन्य, 2005 और मासलाच और अन्य, 1996) लेकिन अपने अनुभव के आप ही विशेषज्ञ हैं। आपकी वर्तमान स्थिति आपके स्वास्थ्य को किस तरह प्रभावित कर रही है, इस पर विचार करने से आपको यह तय करने में मदद मिल सकती है कि स्थितियों को कब बदलना है।

- आप कितनी बार भावनात्मक रूप से थका हुआ महसूस करते हैं?
- सुबह उठने के बाद दिन भर में किए जाने वाले कार्यों का विचार करके आप थका हुआ महसूस करते हैं?
- जब आपके पास ख़ाली समय होता है, तो क्या आपमें उस समय का आनंद लेने की पर्याप्त ऊर्जा होती है?
- क्या आप लगातार शारीरिक बीमारियों के प्रति संवेदनशील बने रहते हैं?
- क्या आप समस्याओं से निपटने में अपने आपको सक्षम महसूस करते हैं?
- क्या आपको लगता है कि आपके प्रयास और उपलब्धियाँ सार्थक हैं?

मस्तिष्क और शरीर के बीच संचार दोनों तरफ़ से होता है। इसका मतलब यह है कि जब आपका शरीर लंबे समय तक तनाव में रहता है, तो इसके बारे में लगातार संदेश आपके बहुत ही अनुकूल मस्तिष्क में बदलाव लाते हैं, जो आपके शरीर को नियंत्रित करने की कोशिश कर रहा होता है। यही कारण है कि तनाव शारीरिक और मानसिक दोनों तरह के स्वास्थ्य के लिए बहुत हानिकारक है। यह आपके सभी पहलुओं और हर हिस्से को प्रभावित करता है (मैकएवेन और जियानारोस, 2010)।

तनाव को प्रबंधित करने और स्वस्थ रहते हुए इसे अपने लाभ के लिए उपयोग करने में संतुलन साधते हुए हमें आने वाली माँगों को पुनःपूर्ति के साथ संतुलित करने

की आवश्यकता है। हमारे पास जितनी अधिक माँगें होंगी, हमें उतनी ही अधिक पुनःपूर्ति की आवश्यकता होगी। जितना अधिक तनाव बाल्टी में डाला जाता है, हमें इसे संसाधित करने और चल रही माँगों के लिए जगह बनाने के लिए उतने ही अधिक रिलीज वाल्व की आवश्यकता होती है।

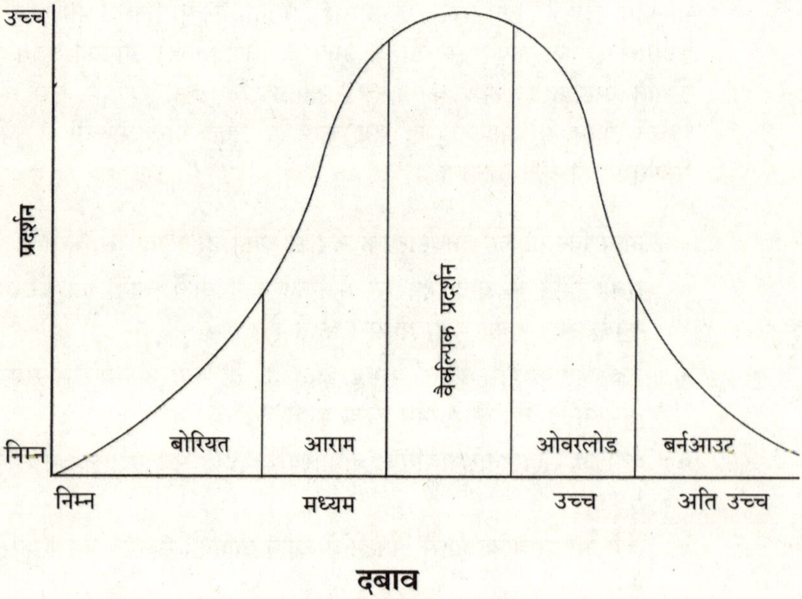

चित्र 9 : तनाव वक्र। तनाव की एक निश्चित सीमा आपको अपना सर्वश्रेष्ठ प्रदर्शन करने में मदद करती है। इससे आगे बढ़ने पर आपका प्रदर्शन कम हो जाता है।

अच्छी ख़बर यह है कि हम कुछ सरल उपायों से शरीर पर तनाव के प्रभाव को कम कर सकते हैं, जिनका उल्लेख मैं अगले अध्याय में करूँगी।

सारांश

- तनाव प्रतिक्रिया अल्पकालिक हो तभी बहुत अच्छी तरह से काम करती है।
- क्रॉनिक स्ट्रेस मोटरवे पर अपनी कार को दूसरे गियर में चलाने की कोशिश करने जैसा है। नुक़सान होने में अधिक समय नहीं लगता।
- बर्नआउट सिर्फ़ कार्यस्थल की समस्या नहीं है।
- ऐसा कोई उपाय नहीं है, जो हर तनाव के लिए कारगर हो। एक व्यक्ति के लिए सही संतुलन दूसरे के लिए अव्यवहारिक होगा।
- यदि आपमें बर्नआउट के लक्षण दिख रहे हैं, तो ध्यान दें और अपनी आवश्यकताओं की पूर्ति शुरू करके तुरंत प्रतिक्रिया दें।

30

तनाव को अपने लिए कारगर बनाना

डर पर पिछले भाग में मैंने शरीर और मन को तीव्र गति से शांत करने के लिए एक साँस लेने की तकनीकों का उपयोग करने के बारे में बात की थी। ये तकनीकें तनाव के लिए भी उतनी ही मददगार हैं। आपकी साँस सीधे आपके हृदय गति और तनाव या शांति के स्तर को प्रभावित कर सकती है। जब आप साँस लेते हैं, तो डायाफ़्राम नीचे चला जाता है, जिससे छाती में अधिक जगह बनती है, जो हृदय को और अधिक फैलने और रक्त प्रवाह की दर को धीमा करने की गुंजाइश बनाती है। जब मस्तिष्क को इस बारे में जानकारी मिलती है, तो उसका काम तब हृदय को तेज़ करने के लिए संकेत भेजना होता है।

इसके विपरीत जब आप साँस छोड़ते हैं, तो डायाफ़्राम ऊपर चला जाता है, जिससे हृदय के लिए कम जगह बचती है और इसलिए रक्त तेज़ी से प्रवाहित होता है। इससे आपका मस्तिष्क आपके हृदय की गति को धीमा करने के लिए संकेत भेजता है।

- जब बाहर छोड़ी जाने वाली साँसें अंदर भरी जाने वाली साँसों से लंबी और अधिक तीव्र होती हैं, तो इससे हृदय गति धीमी हो जाती है और शरीर शांत हो जाता है।
- जब अंदर भरी जाने वाली साँसें बाहर छोड़ी जाने वाली साँसों से लंबी होती हैं, तो हम अधिक सतर्क और सक्रिय हो जाते हैं।

इसलिए, अपने तनाव को शांत करने के सबसे तात्कालिक तरीक़ों में से एक यह है कि आप अपनी साँसों को अंदर लेने की अपेक्षा बाहर छोड़ने वाली साँसों को अधिक लंबा और अधिक शक्तिशाली बनाएँ।

ध्यान देने वाली बात यह है कि जब आप तनाव से बेचैनी महसूस कर रहे हों तो आपका उद्देश्य उत्तेजित और चिंतित अवस्था से शांत और ध्यान की स्थिति में जाना नहीं है। जब दुनिया हमसे माँग कर रही हो तो हम सतर्क रहना चाहते हैं। जैसे-जैसे आप साँस लेने की इस तकनीक का उपयोग करेंगे, आप देखेंगे कि आपके दिमाग़ की सोचने और समस्या को हल करने की क्षमता अधिक स्पष्ट हो जाती है। इस अर्थ में कहा जाए तो हम तमाम तनाव को दूर करने और परम विश्राम को पाने के लिए प्रेरित नहीं कर रहे हैं, बल्कि आपको सर्वोत्तम संभव स्थिति में लाना चाहते हैं, जिसमें आप तनाव प्रतिक्रिया (जैसे सतर्कता) के फ़ायदों का उपयोग करने में सक्षम हों और नुक़सान (जैसे चिंता और बेचैनी) की तीव्रता को कम कर सकें।

हालाँकि, यदि आप विश्राम का अभ्यास करने के लिए समय निकाल रहे हैं या वेग पूर्वक साँस लेने और छोड़ने की क्रिया में रुचि रखते हैं, तो आप गहन विश्राम की शारीरिक स्थिति लाने के लिए इस तकनीक का प्रयोग लंबी अवधि तक कर सकते हैं।

ऐसा तब होता है, जब आपके पास अधिक समय होता है और कोई ध्यान भटकने की गुंजाइश नहीं होती है, ताकि आप विश्राम करने के लिए लंबी साँसें छोड़ सकें या अन्य विश्राम तकनीकों का उपयोग कर सकें। लेकिन जब आप किसी कार्य में व्यस्त होते हैं और आपको सर्वोत्तम प्रदर्शन करने की ज़रूरत होती है, तो साँस लेने-छोड़ने की यह तकनीक उस कठिन दौर से गुज़रने में आपकी मदद करने के लिए एक अच्छा विकल्प है।

दूसरों की ओर मुड़ें

मुझे यक़ीन है कि ज़्यादातर माता-पिता बिस्तर पर लेटे-लेटे अपने मन में इसका अनुभव कर सकते हैं कि घर में आग लगने की स्थिति में वे क्या करेंगे। आप हरसंभव परिदृश्य के बारे में सोचते हैं कि आप अपने बच्चों को किस तरह जितनी जल्दी हो सके सुरक्षित कर सकें। लड़ो या भागो मोड में कैसे सुरक्षित रहना है? लड़ो या भागो पूरा परिदृश्य नहीं है, कहानी का एक हिस्सा मात्र है। दूसरों के साथ जुड़ना और उनकी सुरक्षा करना हमारे अस्तित्व की प्रवृत्ति का उतना ही ज़रूरी हिस्सा है जितना कि आग से लड़ना या उससे बच निकलना। कुछ तनावपूर्ण परिस्थितियाँ

आपसे अधिक स्वार्थी व्यवहार करवा सकती हैं, लेकिन अन्य परिदृश्यों में हम दूसरों के प्रति और भी अधिक देखभालपूर्ण रवैया अपनाने के लिए प्रेरित होते हैं।

शोध से यह भी पता चलता है कि जब हम तनाव के समय दूसरों की देखभाल करने पर ध्यान केंद्रित करते हैं तो यह हमारे मस्तिष्क की केमिस्ट्री को इस तरह से बदल देता है कि आशा और साहस दोनों की भावनाएँ पैदा होती हैं (इनागाकी और अन्य, 2012)। यह हमें दीर्घकालिक क्रॉनिक स्ट्रेस और ट्रॉमा के हानिकारक प्रभावों से बचाने में भी मदद करता है। इसलिए यह लचीलेपन का स्रोत बन जाता है (मैकगोनिगल, 2012)। यह प्रवृत्ति और मित्रता तनाव प्रतिक्रिया संतान की सुरक्षा के लिए विकसित हो सकती है, लेकिन तनाव प्रतिक्रिया सामान्य है, जिसका अर्थ है कि हम अपने साहस का उपयोग सामने आने वाले किसी भी चुनौतीपूर्ण परिदृश्य में कर सकते हैं। दूसरों के साथ जुड़ना हमें तनाव से उबरने में मदद करता है।

सामाजिक अलगाव मन और शरीर को बहुत तनावग्रस्त कर देता है। जिन लोगों से हम प्यार करते हैं उनका व्यक्तिगत रूप से अभिवादन करना और अपने रिश्तों में पूरी तरह से जुड़ना अल्पकालिक और दीर्घकालिक तनाव के प्रभावों को कम करता है।

लक्ष्य

हमारे सामने जो कुछ भी आता है, ख़ासकर सेल्फ़-इम्प्रूवमेंट इंडस्ट्री में, वह है आपका सर्वश्रेष्ठ होना, भीड़ से अलग दिखना और असाधारण होना। जब आप नए लोगों से मिलते हैं, तो सबसे पहले आपसे पूछा जाता है, 'आप क्या करते हैं?' सवाल उचित है, लेकिन यह हमारे करियर पर ध्यान केंद्रित करने को दर्शाता है। जीवन के लक्ष्य अक्सर प्रतिस्पर्धी दृष्टिकोण से निर्धारित किए जाते हैं, हर कोई उपलब्धि के प्रतीकों के साथ स्वयं को पर्याप्त साबित करने का प्रयास करता है। हमें यह विश्वास दिलाया जाता है कि ख़ुशी असाधारण बनने से कहीं परे है। बहुत से लोग जो कुछ अलग तरीक़े से आगे बढ़ना चाहते हैं, उन्हें बर्नआउट और मानसिक स्वास्थ्य संकटों से गुज़रते हुए सीखना पड़ता है।

लेकिन विज्ञान अब इस भ्रांति को उजागर कर रहा है। जो लोग अपने जीवन को स्व-केंद्रित लक्ष्यों के आधार पर गढ़ते हैं, उन्हें अवसाद, चिंता और अकेलेपन से अधिक जूझना पड़ता है। जबकि, जो लोग अपने लक्ष्यों को स्वार्थ से परे किसी उद्देश्य पर केंद्रित करते हैं, वे अधिक आशावादी, आभारी, प्रेरित, उत्साहित महसूस करते हैं, साथ ही बेहतर स्वास्थ्य और जीवन संतुष्टि का अनुभव करते हैं (क्रॉकर और अन्य, 2009)। बेशक, हम सभी एक ऐसे दौर से गुज़रते हैं, जब हम स्वयं

पर ध्यान केंद्रित करते हैं और ऐसा भी समय आता है, जब हम अपने स्वार्थ से बड़े लक्ष्यों पर ध्यान केंद्रित करते हैं। महत्त्वपूर्ण बात है कि हमारे पास इन मानसिकताओं के बीच अंतर करने की क्षमता है। हमें तनाव के अपने अनुभव को कम करने के लिए केवल इस बात पर विचार करने में थोड़ा समय बिताना होगा कि हमारे विकल्प और प्रयास किसी बड़े उद्देश्य को कैसे हासिल कर सकते हैं। जब हम इस बात पर ध्यान केंद्रित करते हैं कि हमारे कार्य, चाहे बड़े हों या छोटे, दूसरों की कैसे मदद कर सकते हैं, तो हम मुश्किल परिस्थितियों में होने वाले तनाव पर कम प्रतिक्रिया दिखाते हैं (एबेलसन और अन्य, 2014)।

तो वास्तविक दुनिया में इसका क्या मतलब है? जब हम तनावपूर्ण घटनाओं के दौरान अपने जुड़ाव को अपने मूल्यों से जोड़ने और दूसरों के लिए कुछ अलग करने के लिए सचेत प्रयास करते हैं, तो हम तनाव से निपटना आसान पाते हैं। हम अपने संघर्ष के अर्थ को इस तरह से बदलते हैं कि हम तनाव से बचने और उससे बचने के बजाय दृढ़ रहने के लिए प्रेरित होते हैं। परीक्षण कम ख़तरनाक हो जाता है, क्योंकि यह अब हमारे आत्म-मूल्य को साबित करने के बारे में नहीं है। हमारा आत्म-मूल्य बदलाव लाने के हमारे प्रयासों में निहित हो जाता है।

आज़माएँ : आत्म-केंद्रित होकर कुछ करने के बजाय इससे आगे बढ़कर कुछ बड़ा कैसे करें।

जब आप तनाव महसूस करते हैं और आपको इससे दूर भागने या इसे टालने की इच्छा होती है, तो कुछ समय के लिए अपने मूल्यों की जाँच करें। अपने आप से सवाल पूछें :

- यह प्रयास या लक्ष्य मेरे मूल्यों के साथ कैसे फ़िट बैठता है?
- मैं किस तरह का योगदान देना चाहता हूँ?
- मैं जो कर रहा हूँ, उससे मैं दूसरों के लिए क्या बदलाव लाना चाहता हूँ?
- मैं इस दौरान किसके लिए खड़ा होना चाहता हूँ? मेरे प्रयासों का मेरे लिए क्या मतलब है?

टूलकिट : तनाव के लिए ध्यान का उपयोग

ध्यान कोई विश्वास प्रणाली या नए ज़माने का चलन नहीं है। यह एक ऐसी तकनीक है, जिसका हमारे मस्तिष्क और हमारे जीवन की गुणवत्ता पर एक शक्तिशाली प्रभाव पड़ता है, विज्ञान भी इस पर काम कर रहा है। वैज्ञानिक इस प्रक्रिया के बारे

में समय-समय पर और अधिक जानकारी देते रहते हैं, लेकिन जो ज्ञात है वह यह है कि यह मस्तिष्क की संरचना और कार्य को इस तरह से बदलता है, जिससे हमें तनाव कम करने और भावनाओं को नियंत्रित करने की हमारी क्षमता में सुधार करने में मदद मिलती है।

जब हम तनावग्रस्त होते हैं, तो हमारे पास आराम करने के लिए समय नहीं होता है। योग निद्रा एक ध्यान तकनीक है, जो आराम और गहन विश्राम दिलाती है। यह एक सरल तकनीक है, जिसे अक्सर मार्गदर्शित ध्यान ऑडियो का उपयोग करके किया जाता है, जो आपको धारणा अभ्यासों (जैसे श्वास और शरीर के विभिन्न हिस्सों पर ध्यान केंद्रित करना) की ओर ले जाता है। हाल के वर्षों में शोधकर्ताओं द्वारा इस पर बहुत अधिक काम किया गया है और बताया गया है कि इससे तनाव को कम करने (बोरचर्ड और अन्य, 2012), नींद में सुधार (अमिता और अन्य, 2009) और सामान्य तंदुरुस्ती और ख़ुशहाली को बढ़ाने में मदद मिलती है। अधिकांश मार्गदर्शित ध्यान 30 मिनट को होते हैं, लेकिन हाल ही में 11 मिनट के ध्यान पर किए गए शोध से यह भी पता चला है कि योग निद्रा की छोटी ख़ुराक भी उन लोगों को तनाव से निपटने में मदद कर सकती है, जो लंबे समय तक ध्यान नहीं कर पाते हैं (मोस्ज़ेक और अन्य, 2020)।

इसलिए जब आपसे अधिक काम की माँग की जा रही हो और आपके पास समय कम हो, तो सोशल मीडिया पर बेवजह स्क्रॉल करने की तुलना में 10 मिनट की योग निद्रा का अभ्यास करने के लिए छोटे ब्रेक लेना बेहतर विकल्प होगा।

ध्यान सभी बीमारियों का इलाज नहीं है। व्यायाम की तरह, यह भी एक और संभावित प्रभावशाली उपाय है। ध्यान के कई अलग-अलग प्रकार हैं, लेकिन यहाँ कुछ अभ्यास दिए गए हैं, जिन पर शोध किया गया है :

- माइंडफुलनेस मेडिटेशन। इसे सबसे ज़्यादा प्रचारित किया जाता है और इसे कई मनोवैज्ञानिक चिकित्सीय दृष्टिकोणों के एक हिस्से के रूप में पढ़ाया जाता है। यह वर्तमान क्षण के प्रति सचेत रहने और बिना कोई धारणा बनाए अपनी संवेदनाओं का अवलोकन करने का मानसिक कौशल सिखाता है। यह वर्तमान क्षण में उपयोग करने के लिए एक बेहतरीन उपाय है, जो हमें तनाव और भावनाओं से निपटने में मदद करता है। यह आपके मस्तिष्क को अतीत या भविष्य के विचारों से वापस खींचकर वर्तमान में लाने में मदद करता है और अनुभवों को हमारे द्वारा लिए गए निर्णयों और उन्हें दिए गए अर्थों से अलग करके देखने की क्षमता का निर्माण करता है।

- ध्यान जिसमें चित्रों या मंत्रों (कोई शब्द या वाक्यांश जिसका आपके लिए अर्थ या महत्त्व हो) या वस्तुओं का उपयोग करके आपका ध्यान केंद्रित करने में मदद की जाती है।
- मार्गदर्शित ध्यान जो हमें सहानुभूति और दया विकसित करने में मदद करते हैं।

ध्यान लगाने का मतलब यह नहीं है कि आप स्वयं को मोमबत्तियों से घेर लें और पूरे दिन ध्यान लगाकर बैठ जाएँ। ध्यान लगाने का मतलब वर्तमान क्षण पर ध्यान देना और संवेदनाओं को आते-जाते देखना है, उन संवेदनाओं में उलझना या उनसे संघर्ष नहीं करना है। इसका मतलब है बिना कोई धारणा बनाए और बिना किसी जल्दबाज़ी के, जो भी अनुभव आएँ उनको खुले दिल से स्वीकारें और जिज्ञासु बने रहें। ध्यान हमें औपचारिक रूप से सचेतनता का अभ्यास करने में सक्षम बनाता है। जैसे हम तब तक ड्राइविंग अनुदेशों के माध्यम से गाड़ी चलाना सीखते हैं, जब तक कि हमें सहजता के साथ गाड़ी चलाने की प्रैक्टिस ना हो जाए, वैसे ही ध्यान के माध्यम से माइंडफुलनेस का अभ्यास करना सीखा जाता है।

चाहे आप पहले से ही ध्यान लगा रहे हों और आप उन कौशलों को अपनी दिन-प्रतिदिन की गतिविधि में लाना चाहते हों या आप ध्यान लगाने के लिए कठिन प्रयत्न कर रहे हों, और अधिक कुशलता से ध्यान लगाने की कोशिश करना चाहते हों, तो यहाँ कुछ तरीक़े दिए गए हैं, जिनसे आप ध्यान लगाने का अभ्यास कर सकते हैं :

ध्यानपूर्वक चलना-टहलना

- शुरुआत अपने पैरों के तलवों की संवेदना पर ध्यान देने से करें। जब वे ज़मीन से संपर्क बनाते हैं तो कैसा महसूस होता है। पैर जब ज़मीन से ऊपर उठता है और आगे बढ़ता है, उस पर ध्यान दें। पैर का ज़मीन से कितने समय तक संपर्क रहता है।
- चलते समय अपनी बाहों की गतिविधियों पर ध्यान दें। उसे बदलने की कोशिश ना करें, बस ध्यान दें।
- पूरे शरीर पर ध्यान देने के लिए अपनी जागरूकता का विस्तार करें और देखें कि स्वयं को आगे बढ़ाने पर कैसा महसूस होता है। ध्यान दें कि इस प्रक्रिया में सहायता के लिए आपके शरीर के कौन-से हिस्सों को

गतिशील रहना होता है और कौन-से हिस्से उस प्रक्रिया को समायोजित करने के लिए स्थिर रहते हैं।

- अपने आस-पास की आवाज़ों पर ध्यान केंद्रित करने के लिए फ़ोकस को और आगे बढ़ाएँ। उन आवाज़ों को पहचानने की कोशिश करें, जिन्हें आप आम तौर पर नोटिस नहीं करते हैं, कोई निर्णय नहीं देना है, कोई धारणा नहीं बनानी है।
- हर बार जब आपका मन कहीं भटकने लगे और एक नई कहानी सुनाना शुरू करे, तो धीरे-से अपना ध्यान इस पल में चलने के अपने अनुभव पर वापस लाएँ।
- चलते समय आप जो कुछ भी देख सकते हैं, उस पर ध्यान दें। आगे बढ़ते हुए रंग, रेखाएँ, बनावट और अपनी दृश्य धारण की गति पर ग़ौर करें।
- जब आप साँस लें, तो अपना ध्यान हवा के तापमान और किसी भी गंध या उसकी अनुपस्थिति पर केंद्रित करें।

ध्यानपूर्वक स्नान

हममें से कई लोगों के लिए सुबह का स्नान वह समय होता है, जब हमारा दिमाग़ दिन भर की योजना बनाने, हमें जो कुछ भी करना है उसके बारे में चिंता करने में बीतता है। या कई लोग उस डरने लगते हैं, अब गर्म पानी से बाहर निकलकर अपना दिन शुरू करना होगा। लेकिन स्नान के वे कुछ मिनट माइंडफुलनेस यानी सचेतनता का अभ्यास करने का एक बढ़िया अवसर हो सकते हैं। बहुत-सी संवेदी जानकारियाँ ऐसी होती हैं, जो दिन के बाक़ी हिस्सों की तुलना में इस समय असामान्य लगती हैं, और इसलिए कुछ लोगों को शॉवर के नीचे रहते हुए स्वयं को वर्तमान में स्थिर करना आसान लगता है।

- शरीर पर पानी के पड़ने की अनुभूति पर अपना ध्यान केंद्रित करें। यह आपको सबसे पहले कहाँ प्रभावित करता है और शरीर के कौन-से हिस्से पानी के संपर्क में नहीं हैं।
- पानी के तापमान पर ध्यान दें।
- साबुन और शैंपू से आने वाली किसी भी गंध पर ध्यान दें।
- अपनी आँखें बंद करें और आवाज़ें सुनें।

- हवा में भाप और पानी की बूँदों को अलग-अलग सतहों पर गिरते हुए देखें।
- जब आप शॉवर के नीचे खड़े हों तो शरीर में होने वाली किसी भी संवेदना पर ध्यान दें।

ध्यानपूर्वक दाँतों को ब्रश करना

- स्वाद पर अपना ध्यान केंद्रित करें।
- टूथब्रश के हिलने से होने वाली अनुभूति को पहचानें।
- अपने हाथ की हरक़त और टूथब्रश को किस मज़बूती से पकड़ रखा है, इस पर ध्यान दें।
- ब्रश करने और बहते पानी की आवाज़ सुनें।
- मुँह धोते समय होने वाली अनुभूतियों पर ध्यान दें।
- जब भी आपका मन भटके, तो धीरे-से अपना ध्यान वर्तमान प्रक्रिया की विभिन्न अनुभूतियों पर वापस लाएँ।
- उस गतिविधि पर ध्यान देने की कोशिश करें, जिसे आप हर दिन उसी जिज्ञासा के साथ करते हैं, जैसे कि यह आपके लिए बिलकुल नई बात हो।

आप किसी भी दैनिक गतिविधि के साथ ऐसा ही कर सकते हैं, चाहे वह तैराकी हो, दौड़ना हो, कॉफ़ी पीना हो, कपड़े तह करना हो या बर्तन धोना हो। बस कोई एक रोज़मर्रा की सामान्य गतिविधि चुनें और उस गतिविधि को ध्यानपूर्वक करें। याद रखें, अगर आपको लगता है कि आपका दिमाग़ भटक रहा है, तो आप ग़लत नहीं कर रहे हैं। हर दिमाग़ लगातार भटक रहा है और दुनिया को समझ रहा है। माइंडफुलनेस परम अखंड एकाग्रता नहीं है। यह ध्यान देने की प्रक्रिया है कि आपका दिमाग़ कब अपना ध्यान भटकाता है और अभिप्रायपूर्वक अपने फ़ोकस को वर्तमान क्षण पर वापस लाने का विकल्प चुनता है।

विस्मयप्रेरित भावना

जिस तरह से ध्यान हमें अपने विचारों और भावनाओं से कुछ दूरी बनाने में मदद कर सकता है, उसी तरह एक और अनुभव है, जो इसी तरह का प्रभाव डालता है। विस्मय किसी विशाल अस्तित्व का सामना करने की भावना है, जो हमारी मौजूदा

समझ से परे है। हम सुंदरता, प्राकृतिक दुनिया और असाधारण क्षमता की उपस्थिति से विस्मय का अनुभव कर सकते हैं। वे क्षण जो हमें इस नए अनुभव को समायोजित करने के लिए स्थितियों का पुनर्मूल्यांकन करने और उन पर फिर से विचार करने के लिए मजबूर करते हैं, इनमें एक शक्तिशाली और क़रिश्माई नेता के आमने-सामने होने से लेकर रात में आसमान को निहारने और ब्रह्मांड और यहाँ तक कि पैदा होने की संभावनाओं पर विचार तक शामिल हो सकते हैं। कुछ विस्मयकारी अनुभव जीवन में एक बार ही आते हैं, जैसे कि बच्चे के जन्म को देखना। दूसरों से अधिक बार जुड़ा जा सकता है। शायद जंगल में टहलना, समुद्र को देखना या किसी शक्तिशाली गायक को सुनना भी विस्मय जगा सकता है।

मनोविज्ञान शोध कार्यों ने अब तक इस क्षेत्र की उपेक्षा की है, लेकिन हम देखते हैं कि लोग रोज़मर्रा की ज़िंदगी के अव्यवस्थित विवरणों से अलग होने और छोटी चीज़ों से ध्यान हटाकर व्यापक दुनिया और किसी ऐसी चीज़ पर ध्यान केंद्रित करके विस्मित होते हैं, जो बहुत बड़ी लगती है। लेकिन सकारात्मक मनोविज्ञान के क्षेत्र के जन्म के बाद से, शोध कार्यों ने सकारात्मक भावनाओं के महत्त्व को भी स्वीकार करना शुरू कर दिया है, ना कि केवल नकारात्मक भावनाओं के उन्मूलन को (फ्रेडरिक्सन, 2003)।

यहाँ विस्मय और कृतज्ञता के बीच कुछ संबंध है, लेकिन अभी तक किसी भी अनुभवजन्य साक्ष्य का अभाव है। लोगों को विस्मय से जुड़े अपने अनुभवों के बारे में बात करते हुए सुनने पर मुझे लगता है कि लोग अपने आपको बौना महसूस करते हैं, और ऐसा करने से, अधिक आसानी से पहचान पाते हैं कि उनके लिए सबसे ज़्यादा क्या मायने रखता है। ऐसा लगता है कि कृतज्ञता और जीवित रहने का अवसर मिलना आश्चर्य पैदा करता है। और इसके लिए आपको थाईलैंड के किसी समुद्र तट पर रहने या नियाग्रा फ़ॉल्स तक जाने की आवश्यकता नहीं है। इसे विचारों और कल्पना पर ध्यान केंद्रित करके महसूस किया जा सकता है। कई सेल्फ़ हेल्प गुरु और मोटिवेशल स्पीकर इस बारे में बात करते हैं कि कैसे जन्म लेने की संभावना 400 ट्रिलियन में से एक है। इस विचार को समझना भी मुश्किल है और हमें यह सोचने और स्वीकार करने के लिए मजबूर करता है कि हम कितने भाग्यशाली हैं कि हमें थोड़े समय के लिए ही सही, पर जीने का यह मौक़ा तो मिला है। वे विचार विस्मय की भावना और मुझसे बड़ा भी कुछ है-इस भावना को ट्रिगर करते हैं। विशाल ब्रह्मांड में स्वयं को छोटा महसूस करने से बेहतर कुछ नहीं है, जिससे आपका तनाव कम हो और नए दृष्टिकोण से सुकून मिले। अपने मन में इसे समायोजित करने की कोशिश में, हर चीज़ को फिर से देखने की ज़रूरत होती है और आपको जो कुछ भी महसूस होता है, उस पर कुछ नया दृष्टिकोण मिलता है।

इसलिए, जब आप तनाव से निपट रहे हों, तो क्यों ना पता लगाया जाए कि आपके अंदर विस्मय की भावना किस वजह से पैदा होती है, चाहे वह जानवरों या प्रकृति के साथ समय बिताना हो, असाधारण प्रदर्शन देखना हो या आसमान में सितारों को देखना हो। इन अनुभवों को रिकॉर्ड करने से मदद मिलती है, शायद जर्नलिंग के ज़रिये, ताकि आप अपने ऊपर पड़ने वाले प्रभाव को समझ सकें और फिर बाद में यादों में वापस लौट सकें, भले ही आप उस जगह पर वापस नहीं जा सकें।

सारांश

- साँस लेने के तरीक़े जैसी सरल क्रिया को बदलने से आपके तनाव के स्तर पर असर पड़ेगा।
- विज्ञान हमें बता रहा है कि ध्यान का मस्तिष्क और तनाव से निपटने के तरीक़े पर महत्त्वपूर्ण प्रभाव पड़ता है।
- दूसरों से जुड़ने से हमें तनाव से उबरने में मदद मिलती है। सामाजिक अलगाव मन और शरीर को अधिक तनाव में डाल देता है।
- प्रतिस्पर्धा के बजाय योगदान पर आधारित लक्ष्य हमें प्रेरित रहने और तनाव के दौरान मज़बूत बने रहने में मदद करते हैं।
- अपना दृष्टिकोण बदलने के लिए विस्मय के अनुभवों की तलाश करें।

31

सही समय पर सही ढंग से निपटना

तनाव हमारे लिए कितना बुरा है, इस बारे में हम बहुत सारी जानकारियों से घिरे हुए हैं, इसलिए ज़्यादातर हस्तक्षेप तनाव से छुटकारा पाने और ज़्यादा आराम और विश्राम को बढ़ावा देने पर ध्यान केंद्रित करते हैं। लेकिन इसका उन घटनाओं के लिए क्या अर्थ है, जो तनाव का कारण बनती हैं और जिनके साथ कोई समझौता नहीं किया जा सकता? जब आप नौकरी के लिए इंटरव्यू या परीक्षा देने जाते हैं तो आपका तनाव बढ़ जाता है और आप उसका सामना कैसे करते हैं? हम उन क्षणों से कैसे निपटते हैं और अपना ध्यान कैसे केंद्रित करते हैं? जब आप उच्च दबाव वाली स्थिति का सामना करते हैं, तो ऐसा लगता है कि विश्राम करने और तनाव दूर करने के तरीक़े पर सभी बेहतरीन शोध बहुत मददगार साबित नहीं होते। इधर आपकी परीक्षा शुरू होने को है और उधर आप गहन विश्राम देने वाले अभ्यास में शामिल होने की हड़बड़ी नहीं कर सकते, और महीनों बाद हाथ आए एकमात्र जॉब इंटरव्यू में कम परफ़ेक्शनिस्ट बनने की क़सम खाने से आपका तनाव कम नहीं होने वाला है। ऐसी स्थितियों में हमें वास्तव में कुछ ऐसे निश्चित टूल्स की आवश्यकता है, जो हमें तनाव का उपयोग बेहतर प्रदर्शन करने में कर सके और हमें उस अनुभव से सीखने में मदद मिल सके। हमें यह जानना होगा कि जिन स्थितियों में समझौता नहीं किया जा सकता उनकी माँगों का सही ढंग से सामना कैसे किया जाए।

इन उच्च दबाव वाली, अल्पकालिक स्थितियाँ ही तनाव हमारे लिए फ़ायदेमंद साबित होता है, इसलिए लक्ष्य उस तनाव को ख़त्म करके इंटरव्यू में उसी तरह आराम से जाना नहीं होना चाहिए, जो आराम आप घर के सोफ़े पर बैठकर महसूस करते हैं। हमारा मूल मक़सद दबाव के फ़ायदों का उपयोग करना है, लेकिन इसे

अपने ऊपर हावी नहीं होने देना है और इसे अपने प्रदर्शन पर हानिकारक प्रभाव भी नहीं डालने देना है।

मानसिकता – तनाव के साथ आपका नया रिश्ता

शोध से पता चलता है कि हम अपने तनाव के बारे में किस तरह से सोचते हैं, इसका असर दबाव की स्थिति में हमारे प्रदर्शन पर पड़ता है। तनाव प्रतिक्रिया को एक समस्या के रूप में देखने के बजाय इसे एक कौशल के रूप में देखना होगा। एक ऐसा कौशल जो लोगों को अपनी भावनाओं को दबाने की कोशिश में कम ऊर्जा ख़र्च करने के बजाय उनके सामने जो भी माँगें हैं, उन्हें पूरा करने पर ध्यान केंद्रित करने में मदद करता है। नतीजतन, वे तनाव को लेकर कम चिंतित होते हैं, अधिक आत्मविश्वास महसूस करते हैं और बेहतर प्रदर्शन करते हैं। मानसिकता में यह बदलाव, 'चाहे कितनी भी तनावपूर्ण स्थिति क्यों ना हो, अपना सर्वश्रेष्ठ प्रयास करना है' से लेकर 'जब आपको तनाव के लक्षण महसूस हों, तो अपनी ऊर्जा और ध्यान को अपना सर्वश्रेष्ठ प्रदर्शन देने के लिए लगाएँ' के बीच का सूक्ष्म अंतर हो सकता है। इस बात के भी प्रमाण हैं कि ऐसा करने से हम तनाव से कम थकावट महसूस करते हैं (स्ट्रैक और एस्टेव्स, 2014)। जब हम किसी बड़ी घटना की तैयारी में तनाव को कम करने पर अपना ध्यान केंद्रित करते हैं, चाहे वह कुछ भी हो, हम इस ग़लत धारणा को मज़बूत कर रहे होते हैं कि तनाव एक समस्या है, जिसे हल किया जाना चाहिए। जब आप कहीं जाने की कोशिश कर रहे हों और तनाव अपने सिर पर आ जाए, तो उसे अपने साथ ले जाएँ। इसे ध्यान केंद्रित करने और ऊर्जावान होने और सटीकता के साथ आगे बढ़ने में आपकी मदद करने दें। आप दबाव में प्रदर्शन करने के लिए बने हैं और आप बिलकुल वैसा ही करेंगे। स्वयं को यह बात याद दिलाने से तनाव के उन संकेतों का अर्थ बदल जाता है, जिन्हें अन्यथा हम किसी समस्या के 'लक्षण' के रूप में देख सकते हैं। वास्तव में, शोध से पता चलता है कि यदि किसी को यह याद दिला दिया जाए कि दबाव में उनका प्रदर्शन बेहतर होता है, तो उनके वास्तविक प्रदर्शन में 33 प्रतिशत तक सुधार होता है (जेमीसन और अन्य, 2018)।

अभद्र भाषा

भाषा के सही इस्तेमाल से भी अपनी मानसिकता को बदला जा सकता है। हम जिन शब्दों का इस्तेमाल करते हैं, वे किसी स्थिति के अर्थ और उसके प्रति हमारे दृष्टिकोण को बहुत हद तक निर्धारित कर सकते हैं। कल्पना करें कि आप एक

पेशेवर एथलीट हैं और प्रतियोगिता के लिए लॉकर रूम में जाने से ठीक पहले आपके कोच ने कहा, 'आप कमाल करने वाले हैं।' इससे ना केवल आपका तनाव बढ़ेगा, बल्कि आपके आने वाले विचार विनाशकारी लगने लगेंगे, जो आपके तनाव को घबराहट में बदल देंगे।

सोशल मीडिया पर हर दिन ऐसे-ऐसे कथन और उद्धरण आते हैं, जिनमें से कुछ अगर सही समय पर सही व्यक्ति तक पहुँच जाएँ तो सत्य से परिचित हो सकेंगे। लेकिन इनसे क्या फ़र्क पड़ता है?

उनमें से कुछ इस बात पर ध्यान केंद्रित करते हैं कि क्या करना बंद करना है या जीवन में किन चीज़ों से बचना है। क्या नहीं करना है, इसका संकल्प लेकर ध्यान केंद्रित करने में एक बड़ी समस्या है। हमारे पास ध्यान का केवल एक स्पॉटलाइट है और जब हम इसे इस बात पर केंद्रित करते हैं कि क्या नहीं करना है, तो हमें इस बात पर ध्यान केंद्रित करने में दिक़्क़त होती है कि हमें सही काम को अच्छी तरह से करने के लिए क्या करना है।

कुछ विचार पूरी तरह से सकारात्मक होने पर ध्यान केंद्रित करते हैं। ये आपको आगे बढ़ाने वाले हो सकते हैं, लेकिन केवल तभी जब आपका उन पर विश्वास हो। केवल 'सकारात्मक रहें' या 'आप बहुत अच्छा कर रहे हैं' कहा जाना बहुत अस्पष्ट है और आपके सामने आने वाली चुनौती से कैसे आगे बढ़ना है, इस बारे में कोई स्पष्ट मार्गदर्शन नहीं करता है।

डॉ. डेव एलरेड एक बेहतरीन परफ़ॉर्मेंस कोच हैं, जो दुनिया के कई टॉप खिलाड़ियों के साथ काम करते हैं, और उन्हें अत्यधिक और बहुत सार्वजनिक दबाव में अपने उच्चतम स्तर का प्रदर्शन करने में मदद करते हैं। जब वह अपने खिलड़ियों के लिए सकारात्मक संकल्प तैयार करते हैं, तो वह सुनिश्चित करते हैं कि वे संकल्प निरपेक्ष ना रहें, ठोस और तथ्यात्मक रहें – कुछ ऐसे संकल्प जिन पर खिलाड़ी विश्वास कर सकता है। इसके लिए वे आवश्यक मानसिकता बनाते हैं और उन्हें याद दिलाते हैं कि प्रक्रिया को बनाए रखने से सुधार होगा। जब कथन यह स्पष्ट करते हैं कि किस पर ध्यान केंद्रित करने की आवश्यकता है, तो वे हमें दिशा देते हैं। एलरेड (2016) 'कैसे करें' कथन से शुरू करने का सुझाव देते हैं, फिर बताते हैं कि सही प्रक्रिया अपनाने से क्या होता है, और तीसरी बात आपके इरादे से मेल खाने वाली भावनात्मक स्थिति को व्यक्त करना। जब तनाव अधिक होता है और हमारी एकाग्रता या प्रदर्शन करने की क्षमता को बाधित करने की धमकी मिलती है, तो हम पहले से ही ऐसे कथन तैयार कर सकते हैं, जो हमें अपने विचारों, भावनाओं और कार्यों को अपने इरादों से मेल खाने में मदद कर सकें। आपकी माँगों के अनुसार आपके कथन बदल जाएँगे। ज़रूरी बात यह है कि उन्हें छोटा, ठोस, सटीक और

निर्देशात्मक रखा जाए और आपको उस प्रक्रिया की भावना से परिचित कराया जाए, जिसका आपने आयोजन से पहले अभ्यास किया होगा।

रीफ़्रेमिंग

हमने इस पुस्तक के अन्य खंडों में रीफ़्रेमिंग का उल्लेख किया है, लेकिन यह यहाँ भी विशेष रूप से सहायक है। रीफ़्रेमिंग भाषा या कल्पना की शक्ति का उपयोग करके किसी स्थिति को देखने के तरीक़े को समायोजित करना है। आप अपने आप को किसी ऐसी स्थिति के बारे में समझाने की कोशिश नहीं कर रहे हैं, जिसके बारे में आपको विश्वास नहीं है कि वह सच हो सकती है। आप बस अपने संदर्भ के ढाँचे को बदलने की कोशिश कर रहे हैं। स्थितियों को नए नज़रिए से देखने से हम अनुभव से नया अर्थ निकाल सकते हैं और ऐसा करने से हमारी भावनात्मक स्थिति भी बदल सकती है। डर वाले भाग में हमने चिंता को उत्साह में बदलने के बारे में बात की है। इस मामले में हम तनाव की संवेदनाओं को दृढ़ संकल्प में बदल सकते हैं, या ख़तरे को चुनौती में बदल सकते हैं। सिर्फ़ इन शब्दों को बदलने से अनुभव की जा रही शारीरिक संवेदनाओं की वास्तविकता के बारे में कोई झूठ बोले बिना उसके अर्थ को बदला जा सकता है। नए शब्दों के साथ हम उन भावनाओं को अपनाने का विकल्प चुन रहे हैं। पुराने शब्द हमें अप्रिय लगते हैं और हम उनसे किनारा कर लेते हैं।

फ़ोकस

उच्च-तनाव की स्थितियों में हमारा दृष्टिकोण संकीर्ण हो जाता है। ऐसा होना ही चाहिए, क्योंकि इससे हमें सबसे ज़रूरी माँगों पर ध्यान केंद्रित करने में मदद मिलती है। लेकिन अगर उस तनाव की संवेदनाएँ बेचैन करती हैं, तो हम कुछ ऐसा कर सकते हैं, जिससे शरीर उस हाई आउटपुट को बनाए रख सके और साथ ही मन भी शांत रह सके। इस पर चल रहे शोध से पता चलता है कि संकीर्ण दृष्टिकोण से हटकर अधिक मनोरम और विहंगम दृश्य की ओर मुड़ने से मन शांत होता है। इसका मतलब यह नहीं है कि आप अपने चारों ओर देखने के लिए अपने सिर को घुमाएँ, इसका अर्थ यह है कि बस अपनी नज़र को विस्तारित होने दें और अपने आस-पास के वातावरण को और अधिक देखें। दृश्य प्रणाली(विज़ुअल सिस्टम) स्वायत्त तंत्रिका तंत्र (ऑटोमेटिक नर्वस सिस्टम) का हिस्सा है और इसलिए इस तरह से अपनी नज़र को विस्तारित करने से मस्तिष्क के तनाव और सतर्कता के

स्तर से जुड़े सर्किट तक पहुँचने में मदद मिलती है। ह्यूबरमैन (2021) बताते हैं कि यह किस तरह सक्रियता के उच्च स्तरों के साथ अधिक सहज होने के लिए एक शक्तिशाली तकनीक है। हम नहीं चाहते कि तनाव प्रतिक्रिया बंद हो जाए, क्योंकि हमें अक्सर उच्च दबाव की स्थितियों में इसकी आवश्यकता होती है। हम बस यह चाहते हैं कि हमारा दिमाग़ इसके साथ अधिक सहज हो, जिससे हमारी तनाव सहने की सीमा बढ़ जाए।

विफलता

दबाव अक्सर इसलिए होता है, क्योंकि दाँव ऊँचे होते हैं। हम मानते हैं कि विफलता यानी शर्मिंदगी है। यह तर्कसंगत है। जब विफलता को एक बड़े ख़तरे के रूप में समझा जाता है, तो मस्तिष्क उस ख़तरे पर ध्यान केंद्रित करना चाहता है ताकि हम उससे बच सकें। जिन लोगों की किसी भी बड़ी या छोटी विफलता के बाद अपने आप पर हमला करने की प्रवृत्ति होती है, उनके लिए आशंकित विफलता के किसी भी संकेत से तनाव बढ़ने की संभावना होती है।

हम सभी के पास ध्यान देने की सीमित क्षमता होती है और जब हमें तनावपूर्ण परिस्थितियों में प्रदर्शन करना पड़ता है, तो हमें चुनौती का सामना करने में मदद करने जा रही उस स्पॉटलाइट पर पूरा नियंत्रण रखने और उस पर ध्यान केंद्रित करने की आवश्यकता होती है। उस पल में विफलता के डर और ग़लत हो सकने वाली हर बात के बारे में चिंता करने से बचने के लिए हमें प्रक्रिया पर एक संकीर्ण ध्यान केंद्रित करना होगा, जिससे संभावित परिणामों के बारे में चिंता करने वाले विचारों गुंजाइश ही ना बचे।

इसके लिए पहले से ही अभ्यास करते रहने से मदद मिल सकती है, अगर परिस्थिति को देखते हुए यह संभव हो तो। प्रक्रिया से सहज होने और इसे पूरा करने से कैसा महसूस होता है, इसके लिए आप पहले से ही उन मार्गदर्शक कथनों को तैयार कर सकते हैं, जो आपको याद दिलाएँगे कि यदि आपको उस दिन इसकी आवश्यकता है तो आपको किस पर ध्यान केंद्रित करना है और क्या अपेक्षा करनी है। यदि आपकी प्रक्रिया आपके लिए एक सहज और सुगम मार्ग बन जाती है, तो आपको उस प्रक्रिया पर विश्वास करने का अवसर मिल जाता है।

हमारे सामने आने वाली चुनौतियों और विफलता की वास्तविकताओं के आधार पर हम विफलता की अपनी धारणा को बदलने के लिए रीफ़्रेमिंग कौशल का उपयोग कर सकते हैं।

आज़माएँ : यदि आप जर्नलिंग के ज़रिए इस विषय को जानना चाहते हैं, तो आपका मार्गदर्शन करने के लिए यहाँ कुछ बिंदु दिए गए हैं।

- अपनी विफलता पर आपकी प्रतिक्रिया कैसी होती है?
- क्या आप उन्हें नकारते हैं और तुरंत आगे बढ़ जाते हैं, मानो ऐसा कभी हुआ ही नहीं?
- क्या आप तुरंत ही स्वयं पर हमला करने लगते हैं, भला-बुरा कहते हैं और अपने चरित्र पर दोषारोपण करने लगते हैं?
- या फिर आप दुनिया को दोष देना शुरू कर देते हैं कि उसने आपके लिए जीवन इतना कठिन क्यों बना दिया है? विफलता से कैसे निपटना है, हमें यह कभी ठीक से सिखाया ही नहीं जाता।

जब हम मानते हैं कि ग़लतियाँ और विफलताएँ हमारे व्यक्तित्व और हमारे आत्म-सम्मान से जुड़ी हैं, तो सबसे छोटी से छोटी विफलता से भी हमें शर्मिंदा होने और हार मानने, पीछे हटने और कहीं भाग जाने की इच्छा होगी। पीड़ादायक भावनाओं को रोकने का मन होगा। परफ़ेक्शनिस्ट लोगों के साथ ऐसा अक्सर होता है। दूसरों की नज़र में परिपूर्ण बने रहने पर ध्यान केंद्रित किया जाता है और यह मान लिया जाता है कि दूसरे लोग संपूर्णता से कम कुछ नहीं चाहते हैं। अगर मुझसे चूक हुई तो मैं पराजित हूँ, विफल हूँ। चाहे वह विफलता कितनी भी छोटी और अस्थायी क्यों ना हो।

लेकिन जब हम अपने व्यक्तित्व पर इन बहुतरफ़ा हमलों पर ध्यान दिए बिना विफलता का जवाब देते हैं और इस बात के प्रति सजग रहकर उस पल की बारीक़ियों पर ध्यान केंद्रित करते हैं कि अपूर्णता एक सामान्य इंसान का एक आंतरिक हिस्सा है, तो भावनात्मक परिणाम अलग होता है। निर्णय लेने में चूक या किसी ग़लत विकल्प चुनने के लिए दोषी महसूस करना हमें स्वयं के साथ ईमानदार बनाने की गुंजाइश देता है कि हम जान सकें कि ग़लती कहाँ हुई, बिना यह महसूस किए कि हम हमेशा के लिए विफल हो गए हैं। यह एक व्यक्ति के रूप में हम पर हमला करने के बजाय सटीक व्यवहार पर ध्यान केंद्रित करता है।

महत्त्वपूर्ण बात यह है कि आप अभी भी अपने कार्यों की जवाबदेही स्वीकारते हैं। आत्म-सहानुभूति का अर्थ स्वयं को लगातार दोषमुक्त करना नहीं है। यह एक अलग घटना के रूप में विशिष्ट ग़लती पर ध्यान केंद्रित करना है ताकि आप उससे सीखें और अपने मूल्यों की ओर वापस लौट सकें। यह सुधार जारी रखने और

ग़लतियों से सीखकर आगे बढ़ने का मार्ग है। दूसरी ओर, शर्म हमें निष्क्रिय और पंगु बना देती है।

विफलता हमेशा कठिन होती है और हमारे तनाव को बढ़ाती है। तनाव के समय में हमारी नकारात्मक धारणाएँ सक्रिय हो सकती हैं (ओस्मो और अन्य, 2018)। इस तरह के विचार हमारे मन में आने लगते हैं, 'मैं एक विफल इंसान हूँ, मैं पूरी पराजित हूँ, मैं बेकार हूँ, मैं कुछ भी नहीं हूँ।' ये विचार और इनके साथ महसूस होने वाली शर्म हमें पूरी तरह से अकेला और अलग-थलग महसूस कराती है। हम उन विचारों को तथ्य मान लेते हैं। हमें लगता है कि हम अकेले पड़ गए हैं और इसलिए हम अपनी भावनाओं को छिपाते हैं। लेकिन देखा गया है कि इस धरती पर 7 अरब लोगों में इस तरह की मूल मान्यताएँ दुनिया भर में देखी जाने वाली पंद्रह या बीस आम नकारात्मक मूल मान्यताओं की सूची का हिस्सा हैं। इसका मतलब है कि हम अकेले ऐसे इंसान नहीं हैं। मनुष्य होने के नाते प्यार के योग्य महसूस करने और एक सुरक्षित समूह में रहने की आवश्यकता हम सभी के भीतर है।

जब हम विफलता को शर्मनाक मानते हैं तो हमें ऐसा लग सकता है कि हमारी स्वीकार्यता ख़तरे में है और इसीलिए हमारा अस्तित्व भी ख़तरे में है। यह एक ऐसी भावना है, जो हमें स्थितियों को ठीक करने की कोशिश करने से भी रोक सकती है, क्योंकि हम तो मानते हैं कि समस्या हम ही हैं, ना कि कोई विशिष्ट व्यवहार या विकल्प।

जब हम घर से बाहर निकलकर दुनिया में होते हैं और जोख़िम उठा रहे होते हैं, शर्म को लेकर संवेदनशील बन जाते हैं, तो हमें उस शर्म से निपटने और उससे बाहर निकलने के कौशल की आवश्यकता होती है। हम सभी को वापस लौटने के लिए एक ऐसी सुरक्षित जगह की आवश्यकता होती है, जहाँ आकर हम एक इंसान के रूप में अपनी योग्यता पर सवाल उठाए बिना अपनी विफलता से सीख सकें। वह जगह हमारा अपना मन होना चाहिए। जब कोई हमारा प्रिय व्यक्ति पीड़ित होता है, तो हम उसके प्रति दया और सहानुभूति दिखाते हैं, क्योंकि हम जानते हैं कि उसे इसकी ज़रूरत है। जब हम विफल होते हैं तो हमें अपने साथ भी ऐसा ही करना चाहिए। ऐसा करना ही हमारे वापस खड़े होने और आगे बढ़ना सुनिश्चित करने का सबसे पक्का तरीक़ा है।

लेकिन हम अपना कम से कम विरोध कैसे करें और अपने साथ कैसे खड़े हों, जिसकी हमें सख़्त ज़रूरत है?

शर्म के प्रति लचीलापन

जब हम किसी विफलता के बाद शर्म महसूस करते हैं तो इसमें अक्सर एक बहुत बड़ा विचार पूर्वाग्रह शामिल होता है। हम एक घटना, कार्रवाई, विकल्प या यहाँ तक कि व्यवहार का एक पैटर्न पकड़ लेते हैं और हम इसका उपयोग एक सार्वजनिक बयान देने के लिए करते हैं कि हम कौन हैं और एक व्यक्ति के रूप में हमारी हैसियत क्या है। केवल एक विशिष्ट जानकारी के आधार पर पूरे व्यक्ति पर फ़ैसला दे दिया जाता है, आपकी ताक़त, कमज़ोरियों और इरादों की उपेक्षा की जाती है। ऐसा व्यवहार है, जो हम अपने किसी प्रियजन के साथ नहीं करेंगे। कोई ऐसा व्यक्ति जिसे आप बिना शर्त प्यार करते हैं, उससे अगर ग़लती हो जाए, तो आप नहीं चाहेंगे कि वह स्वयं को एक नाकारा व्यक्ति समझने लगे। आप चाहते हैं कि वे अनुभव से सीखें और आगे बढ़ें, ऐसे विकल्प चुनें, जो उस व्यक्ति के अनुरूप हों, जैसा वे बनना चाहते हैं। ग़लती होने के बावजूद आप उनकी भलाई चाहते हैं और इसलिए आप नहीं चाहेंगे कि उनके लिए अपशब्द कहे जाएँ।

टूलकिट : शर्म के प्रति लचीलापन बनाना

शर्म बहुत तीखी और बेहद पीड़ादायक हो सकती है। पराजय और विफलताओं से जुड़ी शर्म के प्रति लचीलापन बनाने के लिए यहाँ कुछ सुझाव दिए गए हैं :

- अपनी भाषा के चयन सतर्कतापूर्वक करें। 'मैं...हूँ' कथन आपके व्यक्तित्व और आपके व्यक्तित्व पर सार्वजनिक हमले करते हैं, जो आपके भीतर शर्म के अहसास को बढ़ाते हैं, फिर से जगाते हैं।
- जो हुआ उस पर चिंतन करते समय, आपने जिस व्यवहार को ग़लत माना केवल उसी के बारे में सोचें। एक व्यवहार या व्यवहारों का समूह आपका संपूर्ण व्यक्तित्व नहीं है।
- स्वीकार करें कि शर्म महसूस करने वाले आप अकेले नहीं हैं। विफलता या बाधा के बाद, अनेक मनुष्य शर्म की भावनाओं के प्रति संवेदनशील होते हैं। आत्म-घृणा के विचार आना सामान्य है। ये विचार दुनिया भर के लोगों में देखे जाते हैं, लेकिन ज़रूरी नहीं कि वे मददगार या सही हों।
- स्वीकार करें कि यह भावना, पीड़ादायक और तीव्र होने के साथ-साथ अस्थायी भी है। हम भावना पर नियंत्रण करने के लिए आत्म-शांति कौशल का उपयोग कर सकते हैं।

- आप अपने किसी प्रियजन से इस परिस्थिति में कैसे बात करेंगे?
- आप कैसे जताएँगे कि आप उनसे प्यार करते हैं, साथ ही ईमानदार भी हैं और उन्हें उनके कार्यों के लिए जवाबदेह होने में सक्षम बनाते हैं?
- किसी ऐसे परिचित व्यक्ति से बात करें, जिस पर आप भरोसा करते हों। शर्म को छुपाने से यह बनी रहती है। इसे साझा करने से हमें असफलता के बाद शर्मिंदगी के सामान्य मानवीय अनुभव को जानने में मदद मिलती है। अच्छे दोस्त हमें अपनी ग़लतियों के लिए जवाबदेह बने रहने में भी मदद कर सकते हैं, क्योंकि हम उन पर भरोसा करते हैं कि वे हमारे साथ ईमानदार रहेंगे, जबकि वे हमें हर समय स्वीकार करते रहेंगे।
- इस स्थिति में आप जैसा व्यक्ति बनना चाहते हैं उसके लिए कैसी प्रतिक्रिया सबसे ज़्यादा मेल खाती? अब से आप किस तरह आगे बढ़ सकते हैं ताकि जब आप पीछे मुड़कर इस समय को देखें तो आपको गर्व और कृतज्ञता महसूस हो?

सारांश

- हम तनाव के बारे में जैसा सोचते हैं, इसका असर इस बात पर पड़ता है कि हम दबाव में कैसा प्रदर्शन करते हैं।
- तनाव को मदद करने वाले कौशल के रूप में देखने से आपको भावनाओं को दबाने की कोशिश में कम ऊर्जा ख़र्च करनी पड़ेगी और आप उन माँगों पर ध्यान केंद्रित कर पाएँगे, जिन्हें आपको पूरा करना है।
- प्रदर्शन के लिए, लिए गए सकारात्क संकल्पों या मंत्रों को इस पर केंद्रित रखें कि क्या करना है। इस पर नहीं कि क्या नहीं करना है।
- अपने तनाव के स्तर को समायोजित करने पर अपना ध्यान केंद्रित करें।
- विफलता के साथ अपने रिश्ते बनाने पर काम करें और उच्च दबाव की स्थितियों में तनाव से निपटने के लिए शर्म के प्रति लचीलापन विकसित करें।

8

सार्थक जीवन पर

32

समस्या 'मैं बस ख़ुश रहना चाहता हूँ' की

थैरेपी के दौरान जब हम आगे बढ़ने के तरीक़े पर प्रकाश डालना शुरू करते हैं और सोचते हैं कि हम क्या चाहते हैं, तो 'मैं बस ख़ुश रहना चाहता हूँ।' लगभग हर किसी से यह वाक्य सुनकर आश्चर्य नहीं होता।

लेकिन वर्षों से ख़ुशी की अवधारणा को जीवन के साथ निरंतर आनंद और संतुष्टि की मायावी परीकथा जैसा प्रस्तुत किया गया है। आपको सोशल मीडिया पर जहाँ-तहाँ बहुतायत में 'सकारात्मक रहें, ख़ुश रहें, अपने जीवन से नकारात्मकता को ख़त्म करें' जैसी पोस्ट पढ़ने को मिल जाएँगी।

हमें यह धारणा दी जाती है कि ख़ुशी सामान्य और स्वाभाविक स्थिति है और इससे बाहर की कोई स्थिति मानसिक स्वास्थ्य से जुड़ी समस्या हो सकती है। हमें यह विचार भी बेचा जाता है कि अगर हम भौतिक संपदा हासिल कर पाएँ, तो ख़ुशी आएगी और हमेशा बनी रहेगी।

लेकिन मनुष्य हमेशा ख़ुश रहने के लिए नहीं, जीवित रहने की चुनौतियों का सामना करने के लिए बने हैं। भावनाएँ हमारी शारीरिक स्थिति, हमारे कार्यों, विश्वासों और हमारे आस-पास चल रही गतिविधियों का प्रतिबिंब होती हैं। ये सभी गतिविधियाँ, स्थितियाँ लगातार बदलती रहती हैं। इसलिए, एक सामान्य स्थिति वह होती है, जो लगातार बदलती रहती है। अपनी किताब द *हैप्पीनेस ट्रैप* में, रस हैरिस समझाते हैं कि भावनाएँ मौसम की तरह होती हैं। वे लगातार गतिमान रहती हैं और बदलती रहती हैं, कभी-कभी पूर्वानुमान के अनुसार, कभी-कभी अचानक और अप्रत्याशित रूप से। भावनाएँ हमेशा हमारे अनुभव का हिस्सा होती हैं। लेकिन,

मौसम की तरह ही, कुछ पल सुखद होते हैं और कुछ को सहना मुश्किल होता है। ऐसा भी समय होता है, जब हमारे पास अपनी भावनाओं के बारे में कुछ ख़ास कहने जैसा नहीं होता। जब हम मानवीय अनुभव की प्रकृति को इस तरह से समझते हैं, तो यह स्पष्ट हो जाता है कि हमें हमेशा ख़ुश रहने-रखने के वादे के साथ जो कुछ भी बेचा जा रहा है, और अगर ख़ुशी का मतलब जीवन में दु:खद भावनाएँ होनी ही नहीं हैं, तो वह अपने वादे पर खरा नहीं उतर सकता। एक इंसान के नाते जो-जो भावनाएँ हमारे मन में आती हैं, उनका अनुभव करते हुए भी हम एक ख़ुशहाल और संतुष्ट जीवन जी सकते हैं। यह मान लेना कि ख़ुशी का मतलब निरंतर सकारात्मक बने रहना है, हमें यह विश्वास दिला सकता है कि निराश होने का मतलब विफलता है। हमें लगता है कि हम कुछ ग़लत कर रहे हैं, या हमें डर लगता है कि हमें कोई मानसिक स्वास्थ्य समस्या हो सकती है। कभी-कभी हम ख़ुश नहीं रह पाते, क्योंकि हम इंसान हैं और ज़िंदगी में मुश्किलों भरा समय भी होता है।

हमारे जीवन में जो चीज़ें हमें सबसे ज़्यादा ख़ुशी देती हैं, वे खुशियों की भावनाओं से कहीं ज़्यादा कुछ लेकर आती हैं। इसका सबसे अच्छा उदाहरण हमारे जीवन में मौजूद लोग हैं। आपका परिवार, जो आपके लिए दुनिया से बढ़कर है, जब वे कुछ ग़लत करते हैं तो आपको बहुत ज़्यादा परेशानी हो सकती है। माता-पिता अपनी भूमिकाएँ निभाते हुए सार्थकता, प्यार और ख़ुशी महसूस करते हैं। लेकिन उन्हें कभी-कभी बहुत दर्द, डर और शर्म भी महसूस होती है। इसलिए ख़ुशी के पल एक बहुत बड़े गुलदस्ते में सिर्फ़ एक फूल की तरह हैं। आपको सभी तरह की भावनाओं को महसूस करना होगा। भावनाएँ समूह में आती हैं।

सार्थकता क्यों मायने रखती है

कुछ लोग थैरेपी इसलिए लेते हैं, क्योंकि वे जीवन में खोया हुआ महसूस करते हैं। वे किसी ख़ास समस्या के बारे में नहीं बता पाते, लेकिन वे जानते हैं कि वे सही महसूस नहीं कर रहे हैं। उनके लिए किसी भी बात को लेकर उत्साहित होना या ऊर्जा या उत्साह के साथ स्वयं को कार्यों में लगाना मुश्किल होता है। बिना किसी स्पष्ट और विशिष्ट समस्या के, उन्हें समस्या का समाधान करना और यह तय करना मुश्किल लगता है कि किस दिशा में जाना है। ऐसा नहीं है कि वे अपने लक्ष्यों को प्राप्त करने के लिए संघर्ष कर रहे हैं। बस वे यह नहीं समझ पाते कि सबसे पहले किस लक्ष्य को निर्धारित करना चाहिए, और क्या उनमें से कोई भी लक्ष्य पूरा करने लायक़ है। कई मामलों में ऐसा अपने मूल मूल्यों से अलग होने के कारण होता है।

उनके लिए जो बातें सबसे ज़्यादा मायने रखती हैं, जीवन ने उन्हें उन्हीं से दूर कर दिया है। अपने मूल्यों पर वास्तविक स्पष्टता प्राप्त करने की दिशा में काम

करने से कई लाभ हो सकते हैं। यह आपको उस दिशा में मार्गदर्शन दे सकता है जिधर आप जाना चाहते हैं, उन लक्ष्यों के प्रकारों पर आप विचार कर पाएँगे, जो आपके लिए सबसे अधिक संतुष्टिदायक और उद्देश्यपूर्ण होंगे। यह आपको जीवन में पीड़ादायक क्षणों के माध्यम से दृढ़ बने रहने में मदद कर सकता है और सबसे ज़रूरी बात कि स्वयं को याद दिला सकता है कि भले ही समय कठिन है, पर आप सही रास्ते पर हैं।

मूल्य क्या हैं?

मूल्य और लक्ष्य एक जैसे नहीं होते। लक्ष्य एक ठोस, सीमित चीज़ है, जिसके लिए आप काम कर सकते हैं। एक बार जब आप इसे हासिल कर लेते हैं, तो वह अंतिम बिंदु होता है। फिर आपको अगले लक्ष्य की तलाश करनी होती है। एक लक्ष्य परीक्षा पास करना, अपनी टु डू लिस्ट में से सब कुछ पूरा करना या व्यक्तिगत सर्वश्रेष्ठ प्रदर्शन करना हो सकता है।

मूल्य ऐसे कार्यों का समूह नहीं हैं, जिन्हें पूरा किया जा सकता है। मूल्य विचारों का एक समूह है कि आप अपना जीवन कैसे जीना चाहते हैं, आप किस तरह के व्यक्ति बनना चाहते हैं और आप किन सिद्धांतों के लिए खड़े होना चाहते हैं।

अगर जीवन एक संपूर्ण यात्रा होती, तो मूल्य वह मार्ग होता, जिसका आप अनुसरण करना चुनते हैं। मार्ग कभी समाप्त नहीं होता। यह आपकी यात्रा करने का एक संभावित तरीक़ा है, और अपने मूल्यों के अनुरूप जीवन जीना वह सचेत प्रयास है, जो आप हमेशा अपने निर्धारित मार्ग पर बने रहने के लिए करते हैं। यह मार्ग बाधाओं से भरा है, जिनको पार करते हुए आपको आगे बढ़ना है। कुछ बाधाएँ बड़ी हो सकती हैं और आपको भरोसा भी नहीं होता कि आप उन्हें पार कर पाएँगे या नहीं। लेकिन आप अपना सर्वश्रेष्ठ प्रयास करते हैं, क्योंकि इस मार्ग पर बने रहना आपके लिए बहुत महत्त्वपूर्ण है, इसी पर चलकर आप अपने लक्ष्य हासिल कर पाएँगे।

कई अन्य रास्ते भी हैं, जिनमें दूसरी तरह की बाधाएँ और चुनौतियाँ हैं। लेकिन इस रास्ते पर टिके रहना और जो भी बाधा सामने आए, उसका सामना करना, उन सभी घटनाओं और कार्यों को अर्थ और उद्देश्य देता है। इस रास्ते को चुनने का इरादा ही आपको उन बाधाओं को पार करने में सक्षम बनाता है, जो अन्यथा आपके सामने नहीं आई होतीं। इसलिए आप अपने जीवनकाल में बहुत सी परीक्षाएँ पास करने के लिए कड़ी मेहनत कर सकते हैं, क्योंकि आपके मूल्यों में से एक आजीवन सीखते रहना और व्यक्तिगत विकास हो सकता है।

आप जो काम करते हैं, जिस दृष्टिकोण से करते हैं और आप उन्हें क्यों करना चुनते हैं–यही आपके मूल्य हैं। आपके मूल्य यह नहीं बताते कि आप कौन हैं, कौन नहीं हैं। मूल्य ऐसा कुछ नहीं है, जो आप हासिल करते हैं, पूरा करते हैं।

कभी-कभी हम अपने मूल्यों के अनुरूप जीवन जीने से भटक जाते हैं। ऐसा इसलिए हो सकता है, क्योंकि जीवन में कुछ ऐसा घटित हो जाता है, जो हमें अलग-अलग दिशाओं में खींचता है। या ऐसा इसलिए भी हो सकता है, क्योंकि हमें अपने मूल्यों के बारे में स्पष्ट समझ नहीं थी। जैसे-जैसे हम परिपक्व और विकसित होते हैं, हमारे मूल्य भी बदल सकते हैं। हम आज़ाद होते हैं और घर से दूर चले जाते हैं, हम उन लोगों से सीखते हैं, जिनसे हमारा सामना होता है, दुनिया के बारे में अधिक सीखते हैं, शायद हमारी संतानें हों, शायद ना हों। यह सूची लंबी हो सकती है। इन सभी कारणों से, हमारे लिए जो महत्त्वपूर्ण है, उसका नियमित मूल्यांकन करना एक ज़रूरी अभ्यास है। ऐसा करके हम ज़रूरत पड़ने पर नई दिशा तय करने के लिए सचेत निर्णय ले सकते हैं और सुनिश्चित कर सकते हैं कि हम उस मार्ग के क़रीब बने रहें ताकि जीवन सार्थक लगे।

जब हमारे मूल्य स्पष्ट नहीं होते हैं, तो हम अपने लक्ष्यों को इस आधार पर निर्धारित कर सकते हैं कि हमें क्या करना चाहिए, दूसरों की अपेक्षाएँ, या यह अनुमान लगाकर कि एक बार जब हम उस लक्ष्य को प्राप्त कर लेंगे, तो हम आखिरकार काफ़ी हो जाएँगे, अंततः हम आराम कर पाएँगे और जो हम हैं उससे ख़ुश रह सकेंगे। इसका एक बड़ा दोष यह है कि यह उन स्थितियों के बारे में कठोर मापदंड रखता है, जिनमें आप संतुष्ट और ख़ुश रह सकते हैं। यह जीवन की संतुष्टि और ख़ुशी को भी भविष्य पर छोड़ देता है (क्लियर, 2018)।

मैं यह सुझाव नहीं दे रही हूँ कि आपको कभी भी अपने लिए लक्ष्य निर्धारित नहीं करने चाहिए। लेकिन, जब आप कोई काम करते हैं, तो आप उसे क्यों कर रहे हैं, यह स्पष्ट होना इसमें मदद कर सकता है। और यह जानना भी ज़रूरी है कि जीवन में सभी अच्छी चीज़ें लक्ष्यों के अंतिम बिंदु पर हमारा इंतज़ार नहीं कर रही हैं, बल्कि जिस प्रक्रिया से हम गुज़रते हैं उसमें भी बहुत कुछ अच्छा निहित है। स्थितियों के भविष्य में बेहतर होने की उम्मीद करने के बजाय, आपके लिए सबसे ज़्यादा मायने रखता है उसके अनुसार अभी जीवन जीकर उसे सार्थक और उद्देश्यपूर्ण बना लिया जाए, तो कैसा रहेगा? तब यह होगा कि आपको अपनी पूरी ताक़त से बदलाव और उपलब्धि की ओर प्रयास करना तो करना ही है, लेकिन अब आप सार्थक जीवन की प्रतीक्षा नहीं कर रहे हैं, क्योंकि इसे आपने पहले ही सार्थक बना लिया है।

सारांश

- हमें अक्सर यह विचार बेचा जाता है कि ख़ुशी सामान्य और स्वाभाविक बात है और इससे अलग कोई भी स्थिति मानसिक स्वास्थ्य की समस्या हो सकती है।
- कभी-कभी हम ख़ुश नहीं रह पाते, क्योंकि हम इंसान हैं और जीवन कठिन है।
- जो बातें जीवन को सार्थक बनाती हैं, वे हमें ख़ुशियों से कहीं ज़्यादा कुछ देती हैं। वे हमें ख़ुशी, प्यार, आनंद, डर, शर्म और कभी-कभी दुख का मिला-जुला भाव भी देती हैं।
- अपने व्यक्तिगत मूल्यों पर स्पष्टता प्राप्त करने से हमें सार्थक और सोद्देश्य लक्ष्य प्राप्त करने में मदद मिलती है।
- अपने मूल्यों को सर्वोपरि रखने से हम जीवन में कष्टदायक समय में भी दृढ़ बने रह पाते हैं, हमें यह अहसास रहता है कि हम सही रास्ते पर हैं।

33

जो मायने रखता है उस पर काम करना

कुछ ऐसे सरल अभ्यास हैं, जिन्हें आप अपने आज के मूल्यों के रूप में स्पष्ट करने के लिए उपयोग में ला सकते हैं। यह ध्यान देने योग्य है कि हम जीवन के जिस चरण में हैं और जिन परिस्थितियों का सामना कर रहे हैं उनके आधार पर समय के साथ मूल्य बदलते हैं। ना केवल हमारे मूल्य बदलते हैं, बल्कि हमारे कार्य और उन मूल्यों के साथ उनका संबंध भी बदलता है। सुख-दु:खों के साथ हमारा जीवन चलता रहता है, और जब हम परिवर्तन या संघर्ष का सामना करते हैं, तो हमें यह प्रभावित करने वाली बातों से छिटककर दूसरी दिशा की ओर बढ़ी सकती है। इसलिए समय-समय पर मूल्यों की जाँच के लिए समय निकालना और पुनर्मूल्यांकन करना अच्छा होता है। यह कम्पास और नक़्शे को एकसाथ देखने का तरीक़ा है। मैं किस दिशा में जा रहा हूँ? क्या मैं इस दिशा में जाना चाहता हूँ? यदि नहीं, तो मैं अपनी दिशा को कैसे समायोजित कर सकता हूँ ताकि मैं उसी दिशा में वापस जा सकूँ, जो मेरे लिए सबसे ज़्यादा मायने रखती है?

चित्र 10 : मूल्य - उन मूल्यों पर घेरा लगाएँ, जो आपके लिए प्रासंगिक और महत्त्वपूर्ण हैं।

उत्साह ईमानदारी विश्वास निष्पक्षता
दया परवाह सहानुभूति शक्ति
महत्त्वाकांक्षी विश्वसनीय ज़िम्मेदार वर्तमान
लचीलापन जिज्ञासा खुलापन साहसी
वफ़ादारी रचनात्मकता साहसी
कृतज्ञता भरोसा समझदारी धार्मिकता
स्थिरता निष्कपटता जागरूकता स्वतंत्रता
संबंध स्वीकार्यता प्रिय दृढ़-संकल्पित
धैर्य पेशेवराना सम्माननीय साहस

चित्र 11 : यह चार्ट मूल्यों और लक्ष्यों के बीच अंतर के कुछ उदाहरण समझाता है, जो उन मूल्यों के अनुरूप हो सकते हैं और यह भी बताता है कि वे किस प्रकार दिन-प्रतिदिन के कार्यों में परिवर्तित हो सकते हैं।

मूल्य	लक्ष्य	दिन-प्रतिदिन का व्यवहार
आजीवन सीखना, जिज्ञासा, व्यक्तिगत प्रगति।	शैक्षिक पाठ्यक्रम।	पढ़ना, अध्ययन करना, उन परीक्षाओं या प्रदर्शनों के माध्यम से स्वयं को चुनौती देना, जो कौशलों को बढ़ाते और विस्तारित करते हैं तथा सीखने को बढ़ावा देते हैं।

दूसरों के प्रति प्रेम और सहानुभूति।	प्रियजनों की विशेष तिथियों को याद रखना, समय-समय पर रिश्तेदारों से मिलना।	हर दिन छोटे-छोटे तरीक़ों से प्यार और सहानुभूति व्यक्त करना। जन्मदिन और सालगिरह की तारीख़ें लिखकर रखना। प्रियजन के साथ समय बिताना। सड़क पार करने में किसी बुज़ुर्ग पड़ोसी की मदद करना।

टूलकिट : मूल्यों की जाँच-परख़

पुस्तक के अंत में दिए गए स्पेयर टूल्स सेक्शन में, आपको एक ख़ाली ग्रिड मिलेगा, जिसका उपयोग आप अपने जीवन के प्रत्येक क्षेत्र के सर्वाधिक मूल्यवान मुद्दों पर विचार करने के लिए कर सकते हैं। इन बॉक्स में सूचीबद्ध उदाहरण केवल शुरुआत करने के उद्देश्य से दिए गए हैं। आपको इनका पालन करने की बिलकुल भी आवश्यकता नहीं है। आप उनकी जगह पर अपने लिए सर्वाधिक उपयुक्त मूल्यों और लक्ष्यों को लिख सकते हैं। प्रत्येक बॉक्स के लिए यह सोचने का प्रयास करें कि आपके जीवन के इस क्षेत्र में आपके लिए कौन से मूल्य सबसे महत्त्वपूर्ण हैं। यहाँ कुछ संकेत दिए जा रहे हैं, जिनसे आपको मदद मिल सकती है।

- आप अपने जीवन के इस क्षेत्र में किस तरह के व्यक्ति बनना चाहेंगे?
- आप किसके लिए खड़े होना चाहते हैं?
- आप अपने प्रयासों से क्या दर्शाना चाहते हैं?
- आप क्या योगदान देना चाहते हैं?
- आप अपने जीवन के इस क्षेत्र में कौन से गुण या उत्कृष्टता लाना चाहते हैं?

रिश्ते	स्वास्थ्य	रचनात्मकता
पालन–पोषण	आध्यात्मिकता / आस्था	योगदान
सीखना और प्रगति	खेल / मनोरंजन	कामकाज

इस अभ्यास का मुख्य भाग तब शुरू होता है जब आप प्रत्येक बॉक्स में अपने मूल्यों को लिख लेते हैं। स्वीकृति और प्रतिबद्धता थैरेपी (एक्सेप्टेंस ऐंड कमिटमेंट थैरेपी–एक्ट) में हम प्रतिभागियों से 0–10 के पैमाने पर यह मूल्यांकन करने के लिए कहते हैं कि उनके लिए मूल्यों का प्रत्येक सेट कितना महत्त्वपूर्ण है।

इस पैमाने पर, 10 सबसे अधिक महत्त्वपूर्ण होगा और 0 बिलकुल नहीं। फिर हम प्रतिभागियों से यह रेटिंग देने के लिए कहते हैं कि वे इसी पैमाने पर उन मूल्यों के कितने क़रीब महसूस करते हैं, 10 मूल्य के बहुत क़रीब और 0 बिलकुल नहीं। फिर हम महत्त्व की रेटिंग और वे इसके कितने क़रीब हैं, इसकी रेटिंग के बीच के अंतर को देखते हैं। यदि यह अंतर बड़ा है, तो यह संकेत हो सकता है कि आपके लिए जो सबसे अधिक मायने रखता है आप उसके अनुरूप नहीं चल रहे हैं। उदाहरण के लिए, यदि आप मानते हैं कि आपके लिए अपने स्वास्थ्य और अपने शरीर की देखभाल करना सबसे अधिक महत्त्वपूर्ण है, तो 10 में से 10 अंक देते हैं, लेकिन आप इस बात को 10 में से केवल 2 अंक देते हैं कि आप इसके अनुरूप चल हैं या नहीं, क्योंकि आप नुक़सानदेह भोजन कर रहे हैं और आपने व्यायाम करना बंद कर दिया है, तो यह बात आपको अपने जीवन के उस क्षेत्र में कुछ सकारात्मक परिवर्तन करने के लिए प्रेरित करती है।

यह अभ्यास आपको अपने जीवन के उन क्षेत्रों का संकेत देता है, जिनकी ओर आपको मुड़ना चाहिए। यह जीवन में प्रतिस्पर्धा करने वाली प्राथमिकताओं का एक विस्तृत दृश्य पाने का एक शानदार तरीक़ा है। यह हमें यह मजबूर नहीं करता कि हमें क्या करना चाहिए या कैसे करना चाहिए। यह हमें बस एक नक़्शा देता है, स्थितियाँ अभी जैसी हैं उनका एक सिंहावलोकन प्रदान करता है। वहाँ से, हम यह चुन सकते हैं कि जिस रास्ते पर चलना चाहते हैं, उसके क़रीब पहुँचने के लिए क्या कार्रवाई करनी है।

महत्त्वपूर्ण बात यह है कि इस अभ्यास का संबंध हमारे सामने दिन–प्रतिदिन आने वाली तमाम समस्याओं और सुखद या दुःखद भावनाओं से नहीं है। यह जीवन के उन अर्थों के बारे में है, जो हम सबसे कठिन और सबसे आसान दिनों से हासिल करते हैं। यह अभ्यास हमसे यह नहीं कहता कि जब तक सबकुछ ठीक ना हो जाए, हम इंतज़ार करते रहें और फिर हम जैसा व्यक्ति बनना चाहते हैं, वैसा बनने की शुरुआत करें। यह हमें इस बारे में सोचने के लिए प्रेरित करता है कि चाहे हमारे आस–पास कुछ भी हो रहा हो, हम किस तरह अपने मूल्यों के अनुसार कैसे जीने का विकल्प चुन सकते हैं।

एक बार जब आप अपने जीवन के कुछ सबसे महत्त्वपूर्ण पहलुओं और उस क्षेत्र में अपने मूल्यों की पहचान कर लेते हैं, तो आप इस सरल अभ्यास का उपयोग करके यह जाँच कर सकते हैं कि आप इस समय अपने मूल्यों के कितने क़रीब हैं। यह अभ्यास मूल रूप से टोबियास लुंडग्रेन नामक एक स्वीडिश थेरैपिस्ट (एक्सप्टेंस ऐंड कमिटमेंट थेरैपी) द्वारा तैयार किया गया था। इसे मैंने अपने तरीक़े से अनुकूलित किया है और मैं इसका उपयोग करना पसंद करती हूँ।

तारे के आकार में छह पैमाने हैं, तारे के प्रत्येक बिंदु पर एक है। प्रत्येक पैमाने को अपने जीवन के उस क्षेत्र के साथ लेबल करें, जो आपके लिए विशेष रूप से महत्त्वपूर्ण है। 0–10 के पैमाने पर, एक क्रॉस का निशान लगाएँ, जो दर्शाता है कि आप वर्तमान में इस क्षेत्र में अपने मूल्यों के अनुरूप कितना जी रहे हैं। उदाहरण के लिए, आपको लग सकता है कि आप अपने स्वास्थ्य को उस तरह से प्राथमिकता नहीं दे रहे हैं, जैसा आप चाहते हैं, इसलिए आप इसे 10 में से 5 अंक देते हैं। लेकिन अपने रिश्तों में आपको लग सकता है कि आप जिस तरह के साथी बनना चाहते हैं, उसके अनुरूप आप पहले से ही जी रहे हैं, इसलिए आप उसे 10 में से 9 देते हैं।

एक बार जब आप उन सभी पर एक निशान लगा देते हैं, तो आप निशानों को जोड़ने के लिए रेखाएँ खींच सकते हैं और देख सकते हैं कि आपका तारा किस तरह आकार लेता है। यदि तारा असमान है, तो छोटे बिंदु वे क्षेत्र हैं, जिन पर आपको ध्यान देने की आवश्यकता है। आपको पुस्तक के पीछे स्पेयर टूल्स सेक्शन में रिक्त मान वाले सितारे मिलेंगे, जिन्हें आप भर सकते हैं।

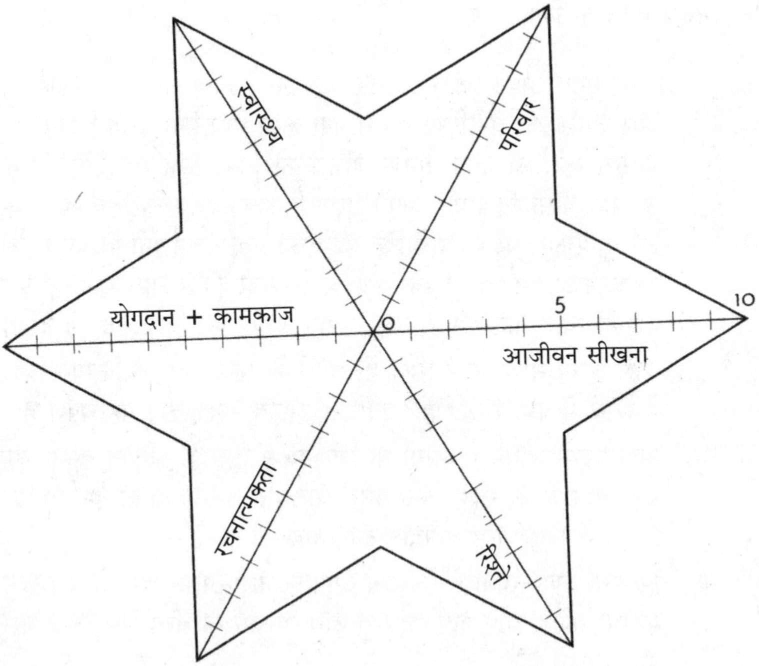

चित्र 12 : वैल्यू स्टार

इस बात को लेकर आसानी से भ्रमित हुआ जा सकता है कि हमारे मूल्य हमारी अपनी इच्छाओं का कितना प्रतिनिधित्व करते हैं और वे किस हद तक दूसरों की अपेक्षाओं से निर्धारित होते हैं। इस मुद्दे पर स्पष्टता होनी आवश्यक है। इसका मतलब यह नहीं है कि हमारे परिवार या समुदाय के प्रति कर्तव्य या प्रतिबद्धता की हमारी भावना ज़रूरी नहीं है या हमें इसे नहीं चुनना चाहिए। लेकिन यह पता लगाना कि कौन से मूल्य वास्तव में आपके अपने हैं और कौन से थोपे गए हैं, यह बता सकता है कि हमारे जीवन के कुछ पहलू कम संतोषजनक या असंबद्ध क्यों लगते हैं।

आज़माएँ : अपने मूल्यों की नियमित जाँच-परख करने का एक और तरीक़ा है इसे जर्नलिंग या सरल आत्म-चिंतन विधि में शामिल करना। यहाँ कुछ प्रश्न दिए गए हैं जो उस चिंतन को प्रेरित करने में मदद करेंगे। मैं मूल्यों की खोज करते समय व्यक्तिगत रूप से और दूसरों को थैरेपी देते समय भी इनका उपयोग करना पसंद करती हूँ।

खोज करने के लिए प्रश्न :

1. अगर आप अपने जीवन के इस अगले अध्याय पर पीछे मुड़कर देखें और जीवन की चुनौतियों का सामना करने के तरीक़े पर गर्व और संतुष्टि महसूस करें, तो आप दैनिक जीवन को किस तरह से देखेंगे? अगला अध्याय कैसा दिखेगा? अपने उत्तर में अपने स्वयं के विकल्पों, कार्यों और दृष्टिकोण पर ध्यान केंद्रित करने का प्रयास करें, ना कि अन्य लोगों या घटनाओं पर जो आपके नियंत्रण से बाहर हैं। विचार करने का प्रयास करें कि चाहे कुछ भी हो जाए, आप जीवन को किस तरह से देखेंगे ।
2. आप अपने साथ अपने रिश्ते में, अपने स्वास्थ्य और व्यक्तिगत विकास में स्वयं से क्या चाहते हैं? इनमें से आपके लिए क्या महत्त्वपूर्ण है?
3. आप अपने जीवन में लोगों के लिए किस तरह के व्यक्ति बनना चाहते हैं? आप उनके साथ किस तरह बातचीत करना चाहते हैं और उनके जीवन में किस तरह योगदान देना चाहते हैं?
4. आपको क्या लगता है कि जब आपके आस-पास लोग हों तो वे कैसा महसूस करें? आप अपने दोस्तों और परिवार के बीच किस तरह प्रस्तुत होना चाहते हैं?
5. अगर आपको सिर्फ़ एक बार ही जीने का मौक़ा मिले, तो आप इस धरती पर रहते हुए क्या प्रभाव डालना चाहेंगे?
6. अगर कोई नहीं जानता कि आपने अपना समय कैसे बिताया, तो क्या आप तब भी यही कर रहे होते?
7. जैसे-जैसे आप इस दिन या इस सप्ताह से आगे बढ़ते जाएँगे, वह कौन सा मूल्य है, जिसे आप प्रत्येक विकल्प और कार्य में उपयोग करने का प्रयास करेंगे? यहाँ उदाहरण के तौर पर लिखा जा सकता है, 'आज मैं प्रत्येक अनुभव, विकल्प और कार्य में उत्साह/साहस/सहानुभूति/जिज्ञासा का उपयोग करने का विकल्प चुनता हूँ। मैं ऐसा इस प्रकार करूँगा...'

सारांश

- कुछ सरल अभ्यासों का उपयोग आप अपने वर्तमान मूल्यों पर स्पष्टता प्राप्त करने के लिए कर सकते हैं, जैसे कि वे आज हैं।
- मूल्य समय के साथ बदल सकते हैं और क्या हम उनके अनुसार जीते हैं, यह भी बदल सकता है। इसलिए नियमित रूप से मूल्यों की जाँच करते रहने से मदद मिलती है।
- जब हम अपने मूल्यों का उपयोग अपने लक्ष्य-निर्धारण के लिए करते हैं, तो यह हमारे दैनिक उद्देश्य को बनाने में भी मदद करता है।
- ध्यान इस बात पर नहीं होना चाहिए कि आप अपने लिए क्या चाहते हैं, बल्कि इस बात पर हो कि आप किस तरह के व्यक्ति बनना चाहते हैं, आप क्या योगदान देना चाहते हैं और आप चाहे कुछ भी हो जाए, जीवन का सामना किस तरह से करना चाहते हैं।

34

जीवन को सार्थक कैसे बनाएँ

तो, जब आप यह पता लगा लेते हैं कि आपके लिए क्या महत्त्वपूर्ण है और फिर महसूस करते हैं कि आप उन मूल्यों के अनुरूप नहीं जी रहे हैं, तो क्या होता है? आप उस दिशा में कैसे आगे बढ़ना शुरू करते हैं? जब हम तय करते हैं कि परिवर्तन का समय आ गया है, तो एक बहुत बड़ा, मौलिक नया लक्ष्य सामने आ सकता है। उदाहरण के लिए, मान लीजिए कि आप अपने मूल्यों को परख़ते हैं और तय करते हैं कि आपको व्यायाम करके अपने स्वास्थ्य की देखभाल शुरू करने की आवश्यकता है। अगले ही पल, आप नए लक्ष्य तय करना शुरू कर देते हैं : शायद आप मैराथन दौड़ेंगे या पौष्टिक आहार लेना बढ़ा देंगे। लेकिन सिर्फ़ लक्ष्य रखने से यह सुनिश्चित नहीं होता कि आपका जीवन बदलेगा और हमेशा बदला ही रहेगा। आपके रोज़मर्रा के दोहराए जाने वाले व्यवहार ही आपको आपको उस दिशा में आगे बढ़ने के लिए प्रेरित करता है।

आपका लक्ष्य मैराथन पूरा करना हो सकता है। लेकिन मैराथन हो या ना हो, जीवन बदलने वाला हिस्सा उन गतिविधियों से आता है, जिन्हें आप हर दिन दौड़ने के लिए शामिल करते हैं, दौड़ने वाले समूह में शामिल होते हैं जो आपको आगे बढ़ने में मदद करते हैं, जिस तरह से आप धीरे-धीरे अपनी दूरी बढ़ाते हैं और अपने खान-पान में बदलाव करते हैं। एक लक्ष्य निर्धारित करने से आपको सही दिशा में शुरुआती धक्का देने में मदद मिल सकती है। लेकिन यह याद रखना चाहिए कि लक्ष्य का अंतिम बिंदु, उसका पूरा होना, वास्तव में एक सीमा है। यदि आपने अपने मूल्यों का पुनर्मूल्यांकन किया है और आप अपने जीवन में सर्वाधिक महत्त्वपूर्ण बातों के आधार पर एक नई दिशा में आगे बढ़ना चाहते हैं, तो आप उस

दिशा में आगे बढ़ना चाहेंगे। बहुत से लोग मैराथन दौड़ते हैं और कुछ ही समय बाद अपने रनिंग शूज़ उठाकर रख देते हैं।

मूल्यों की जाँच नियमित रूप से करना लाभदायक होता है, क्योंकि आपके मूल्यों का विवरण समय के साथ बदल सकता है। लेकिन यह आपको अपने जीवन जीने के ढंग की रोज़मर्रा की बारीकियों पर ध्यान केंद्रित करने का अवसर भी देता है। हम स्वयं से पूछते हैं, 'मैं आज किस तरह का व्यक्ति बनना चाहता हूँ?' और 'मैं आज उस दिशा में क़दम बढ़ाने के लिए क्या करने जा रहा हूँ?' अगर आपकी पहचान ऐसे व्यक्ति की है जो हर दिन अपने स्वास्थ्य का ध्यान रखता है, तो मैराथन ख़त्म होने के बाद भी आपकी दिनचर्या लंबे समय तक वैसी ही बनी रह सकती है।

इस तरह से काम करना दोतरफ़ा हमला है। आप जिस व्यक्ति के रूप में बनना चाहते हैं, उसके बारे में सोचने और कल्पना करने में समय बिताने और उन विचारों को ठोस, टिकाऊ कार्यों में बदलने से, आप यह बदलना शुरू कर सकते हैं कि वे प्रयास कितने सार्थक लगेंगे। बदलाव कठिन है, इसलिए अपने बारे में स्पष्टता और पहचान की स्थायी भावना, 'क्योंकि मैं अब यही हूँ', आपको तब भी बने रहने में मदद करती है जब वह बदलाव अनिवार्य रूप से आपके अपने दिमाग़ या आपके आस-पास के लोगों के प्रतिरोध का सामना करता है। समय के साथ, एक बार जब सोचने और व्यवहार करने के नए तरीक़े अपनी जगह बना लेते हैं, तो अपने बारे में आपकी मान्यताएँ भी बदलने लगती हैं।

तो आप वास्तव में स्वास्थ्य और फ़िटनेस को प्राथमिकता देने वाले व्यक्ति बन जाते हैं, मैराथन दौड़ने का शुरुआती लक्ष्य बनाकर नहीं, बल्कि एक नई जीवन-शैली के साथ बने रहने से। अब आप व्यायाम इसलिए करते हैं, क्योंकि आपकी उससे पहचान बनती है, इसलिए नहीं कि यह कोई लक्ष्य है, जिसे आपको हासिल करना है। और अब, मैराथन का शुरुआती विचार लगभग अप्रासंगिक हो जाता है।

यदि परिणाम पर अत्यधिक ध्यान केंद्रित किया तो हो सकता है कि हम आसानी से हार मान जाएँ, ऐसा जल्दी से परिणाम नहीं मिलने या रास्ते में प्रतिरोध और बाधाओं का सामना करने के कारण हो सकता है। जब आप पहली बार कोई लक्ष्य निर्धारित करने का फ़ैसला करते हैं, तो आप इसके बारे में उत्साहित हो सकते हैं और प्रेरणा की चिंगारी भड़क सकती है। लेकिन प्रेरणा माचिस की लौ की तरह है। यह स्वयं ही जलकर बुझ जाती है। यह ईंधन का एक अस्थिर स्रोत है। लेकिन अगर आपके पास छोटे-छोटे कार्यों की एक दिनचर्या है, जिन्हें करते रहना बहुत मुश्किल नहीं है, तो आपकी पहचान की नई भावना आपको बनाए रखने में मदद करेगी।

सारांश

- जब हम तय कर लेते हैं कि बदलाव का समय आ गया है, तो एक बहुत बड़ा क्रांतिकारी नया लक्ष्य सामने आ सकता है।
- केवल एक लक्ष्य रखना ही यह सुनिश्चित करने के लिए पर्याप्त नहीं है कि आपका जीवन बदलता रहे और वह बदलाव हमेशा बना रहे।
- आप जिस व्यक्ति के रूप में बनना चाहते हैं, उसके बारे में सोचने और कल्पना करने में समय व्यतीत करने, और उन विचारों को ठोस, स्थायी कार्यों में बदलने से यह पता चल सकता है कि वे प्रयास कितने सार्थक हैं।
- अपने इरादों को अपनी पहचान की भावना से जोड़ने से नए व्यवहार को प्रारंभिक लक्ष्य से कहीं आगे तक जारी रखने की अनुमति मिलती है।

35

रिश्ते

हम रिश्तों के बारे में बात किए बिना सार्थक जीवन की चर्चा नहीं कर सकते। हमारे रिश्ते ही हमें इंसान बनाते हैं। जब ख़ुशहाल जीवन जीने की बात आती है, तो रिश्ते धन-दौलत, शोहरत, सामाजिक वर्ग, पद-प्रतिष्ठा, वंशाणु (जीन्स) और उन सभी चीज़ों से बढ़कर होते हैं, जिन्हें बनाने और बनाए रखने के लिए हमें सबसे पहले और सर्वाधिक प्रयास करने के लिए कहा जाता है। हमारे रिश्ते और हम उनमें कितने ख़ुश हैं, इसका संबंध हमारे समग्र स्वास्थ्य से है। वे रिश्तों के समीकरण के मूल में हैं। हमारे स्वस्थ रिश्ते जीवन भर हमारे शारीरिक और मानसिक स्वास्थ्य की रक्षा करते हैं (वाल्डिंगर, 2015)। इसका मतलब सिर्फ़ जीवनसाथी और शादी नहीं है, बल्कि हमारे सभी रिश्ते हैं, जिनमें दोस्त, परिवार, बच्चे और हमारा समुदाय शामिल है। यह तथ्य विभिन्न स्वास्थ्य उपायों और जैविक संकेतकों पर वैज्ञानिक डेटा के साथ-साथ वास्तविक लोगों की कहानियों में भी सामने आता है। मरने वाले व्यक्ति के सबसे बड़े पाँच पछतावों में से एक होता है, 'काश मैं अपने दोस्तों के संपर्क में रहता' (वेयर, 2012)।

लेकिन हम कौन हैं और हमें अपना जीवन कैसे जीना है, और हम कितने समय तक और कितनी ख़ुशी के साथ जीते हैं, इसका हमारे जीवन पर बहुत शक्तिशाली प्रभाव होने के कारण, हम सभी को यह अनुमान लगाने के लिए छोड़ दिया जाता है कि हमें अपने रिश्तों को स्वस्थ बनाने के लिए क्या करना चाहिए। इसके लिए हमें कोई मैनुअल नहीं दिया जाता।

हम जन्म से ही दूसरों के साथ जुड़ना और उनके अनुभवों से सीखना शुरू कर देते हैं। हम अपने माता-पिता, भाई-बहनों, विस्तारित परिवार के सदस्यों और साथियों के साथ शुरुआत से ही रिश्तों के लिए खाका तैयार कर लेते हैं। हमें ये

सबक़ बहुत कच्ची उम्र में सीखना पड़ता है, जब हम अपने रिश्ते नहीं चुन सकते, बल्कि अपने अस्तित्व के लिए पूरी तरह से उन पर निर्भर होते हैं।

व्यवहार के वे पैटर्न जिन्हें हम अपने रिश्तों को प्रबंधित करने के लिए जीवन के शुरुआती दिनों में ही सीख लेते हैं, कभी-कभी वयस्क रिश्तों में हमारे लिए बहुत अधिक मददगार साबित नहीं हो पाते हैं।

लेकिन, यह देखते हुए कि रिश्ते लंबे और ख़ुशहाल जीवन के लिए बहुत महत्त्वपूर्ण हैं, हम (वयस्क होने पर भी) उन्हें बेहतर बनाने के तरीक़े पर काम करना कैसे शुरू कर सकते हैं? व्यक्तिगत थेरैपी और युगल थेरैपी दोनों से प्राप्त ज्ञान हमें इसमें मदद कर सकता है। संज्ञानात्मक विश्लेषणात्मक चिकित्सा (कॉग्निटिव एनालिटिक थेरैपी) एक ऐसी थेरैपी है, जो हमारे जीवन में शुरुआती दौर में विकसित होने वाले रिश्तों के पैटर्न को पहचानती है और यह बताती है कि हमारे वयस्क रिश्तों में वे कैसे काम करते हैं। कॉग्निटिव एनालिटिक थेरैपी तक जो लोग पहुँच पाते हैं, उनके लिए यह उन भूमिकाओं को खुलकर समझाने वाली प्रक्रिया हो सकती है, जो आप रिश्तों में स्वयं को निभाते हुए पाते हैं और वे चक्र जिनमें आप फँस जाते हैं।

लेकिन हममें से जो लोग कॉग्निटिव एनालिटिक थेरैपी जैसी थेरैपी का लाभ नहीं उठा सकते, वे अपने रिश्तों को बेहतर ढंग से समझने और उन्हें बेहतर बनाने के लिए क्या कर सकते हैं?

सबसे पहले, कुछ मिथकों को जानना महत्त्वपूर्ण है, जिन पर हम प्रचलित परंपरा और संस्कृति के कारण विश्वास करते हैं, जिससे हमें लगता है कि हम कोई बहुत बड़ी ग़लती कर रहे हैं। इनमें से अधिकांश मिथक अंतरंग संबंधों के साथ-साथ मित्रों और परिवार के साथ जुड़े संबंधों से भी जुड़े हैं।

रिश्तों से जुड़े मिथक

- **प्यार करना, अंतरंग संबंध बनाना मुश्किल नहीं होना चाहिए।** इस विचार का कि अगर कोई आपके लिए सही है तो आप दोनों के साथ अंतरंग संबंधों को लेकर सबकुछ सही होगा, ख़ुशी और संतुष्टि रहेगी और हर समय सब कुछ ठीक चलना चाहिए, वास्तविक जीवन पर कोई असर नहीं पड़ता है और ज़्यादातर लोग अपने रिश्तों से असंतुष्ट महसूस करते हैं। लंबे समय तक चलने वाला एक रिश्ता ऐसी नाव की सवारी नहीं है जो बहाव के साथ आराम से बहती जाती है। आपको पतवार उठानी होगी और मूल्यों के आधार पर चुनना होगा कि आपको क्या करना है,

इस नाव पर सवार होकर आप कहाँ जाना चाहते हैं। फिर आपको उस पर काम करना होगा। उन कार्यों को लगातार दोहराना होगा। यदि आप अपने उद्देश्य को चुनने और उस पर काम करने की तुलना में नाव को चलाते रहने में अधिक समय बिताते हैं, तो स्थितियाँ ग़लत दिशा में जा सकती हैं।

- **सहमति बने।** किसी रिश्ते या दोस्ती में असहमति ग़लत है। यह ज़रूरी नहीं है कि आप हर बार, हर मुद्दे पर एकमत हों। आप दो अलग-अलग लोग हैं, जिनमें से प्रत्येक की अपनी संवेदनशीलताएँ, पृष्ठभूमि के अनुभव, ज़रूरतें और सामना करने के तरीक़े हैं। अगर आप सच में खुले दिल से किसी दूसरे व्यक्ति से जुड़ते हैं, तो आप निःस्संदेह उनके व्यक्तित्व कुछ ऐसे कमज़ोर हिस्सों को खोज लेंगे, जिन्हें आपको जीवन भर सहन करने और स्वीकार करना होगा, क्योंकि आपको अपने इस रिश्ते को पोषित करना है, आगे बढ़ाते रहना है।
- **हमेशा साथ रहना होगा।** चाहे दोस्ती हो या अंतरंग संबंध, कुछ समय अलग-अलग भी बिताना ग़लत नहीं है। आपको एक ही व्यक्ति के दूसरा हिस्से बनने की ज़रूरत नहीं है। आप दो अलग-अलग और अनोखे व्यक्ति हैं और यदि आप अपने आपको विशिष्ट बनाने वाले पहलुओं को पोषित करते हैं, तो इससे आपका रिश्ता ख़तरे में नहीं पड़ सकता। आपसी संबंधों को लेकर यह मिथक हमें संबंध के टूट जाने, पार्टनर द्वारा छोड़ दिए जाने के डर को बढ़ाता है और कई लोगों को अपने पार्टनर या स्वयं को रिश्ते के भीतर रहते हुए एक व्यक्ति के रूप में विकसित नहीं होने देता है। जब हम किसी रिश्ते में सुरक्षित महसूस करते हैं, तो हम अलग-अलग व्यक्तित्व के रूप में अधिक स्वतंत्र महसूस कर सकते हैं और अपने साथी के जीवन के अन्य पहलुओं से ख़तरा महसूस नहीं करते हैं।
- **हमेशा ख़ुश रहना।** परी-कथाओं से लेकर हॉलीवुड फ़िल्मों तक कहानी हमेशा रिश्ते की शुरुआत के साथ ही ख़त्म हो जाती है, मानो सफ़र केवल सही व्यक्ति को खोजने और उसके बाद उसके साथ रहते हुए अंतहीन ख़ुशी पाने में है। कोई भी रिश्ता एक यात्रा है, जिसमें चलते हुए रास्ते में स्वाभाविक रूप से कई उतार-चढ़ाव और मोड़ आते हैं, धक्के खाने पड़ते हैं। बहुत मज़बूत रिश्तों में भी बुरे दिन, टकराव और असहमति के दौर आते हैं। ऐसा समय भी आएगा जब एक या दोनों साथी विफलता या भारी नुक़सान या बीमारी और कष्ट का सामना करेंगे।

ऐसा समय भी आएगा जब आपके मन में मिली-जुली भावनाएँ होंगी या आप रिश्ते को लेकर पहले से कम जोश महसूस करेंगे। ऐसा समय भी आएगा जब एक या दोनों एकदूसरे को वास्तव में क्या चाहिए-इस बात को लेकर भ्रमित होंगे। ऐसा समय भी होगा जब हम ग़लती कर बैठेंगे और दूसरे व्यक्ति को दर्द पहुँचाएँगे। अगर हम हमेशा ख़ुश रहने के मिथक को मानते हैं, तब तो हम यह मान बैठेंगे कि इस रिश्ते को तो बस यहीं ख़त्म हो जाना चाहिए और यह सोचे-समझे बिना रिश्ते को ख़त्म कर देते हैं कि सभी रिश्तों को रास्ते में धक्के खाने पड़ते हैं। ऊबड़-खाबड़ रास्ते पर आप भले ही गिर जाएँ पर, वापस खड़े होना और साथ आना असंभव नहीं है।

- **सफल रिश्ते का मतलब है हर क़ीमत पर साथ रहना।** रिश्ते हमारे स्वास्थ्य और ख़ुशी पर एक शक्तिशाली प्रभाव डालते हैं, लेकिन सिर्फ़ रिश्ता होना ही काफ़ी नहीं है। अगर रिश्तों का हमारे जीवन पर सकारात्मक प्रभाव पड़ना है, तो इसका मतलब है उन संबंधों की गुणवत्ता को बेहतर बनाने के लिए काम करना होगा और उनके बारे में सावधानी से, सोच-समझकर चुनाव करना भी है। हम अपने प्रति पूरी ज़िम्मेदारी ले सकते हैं, हम किसी दूसरे पर बदलाव नहीं थोप सकते। ऐसे रिश्ते को ख़त्म करना ही ठीक है, जो आपकी शारीरिक या मानसिक सेहत को नुक़सान पहुँचाता है।

रिश्तों को बेहतर कैसे बनाएँ

जब हम अपनी देखभाल करते हैं तो हम अपने रिश्तों को बेहतर बना रहे होते हैं और जब हम अपने रिश्तों पर काम करते हैं तो हम स्वयं को बेहतर बना रहे होते हैं। इसलिए, इस पुस्तक में स्वयं की देखभाल करने पर ध्यान केंद्रित करने वाले, जो टूल्स दिए गए हैं वे आपको अपने रिश्तों में वह व्यक्ति बनने में मदद करेंगे, जो आप बनना चाहते हैं। रिश्तों में बेहतर होने का मतलब यह नहीं है कि आप यह सीखें कि किस तरह दूसरे व्यक्ति को आप जैसा चाहते हैं, वैसा करने या बनने के लिए मजबूर किया जाए। कपल्स थेरैपी में आप अपने रिश्ते पर एक साथ मिलकर काम कर सकते हैं। लेकिन आप अपनी व्यक्तिगत ज़रूरतों और पैटर्न और उन चक्रों को समझकर भी अपने रिश्तों पर काम कर सकते हैं जिनमें आप फँस जाते हैं। जब आप स्वयं को बेहतर तरीक़े से समझते हैं और अपने जीवन में लोगों (जिनमें आप भी शामिल हैं) के साथ संवाद करने और जुड़ने के नए उपायों का अभ्यास करते

हैं, तो आप अपने रिश्तों की गुणवत्ता में वास्तविक परिवर्तन कर सकते हैं। आप कैसे व्यक्ति बनना चाहते हैं, आप अपने जीवन में लोगों के लिए किस तरह से मौजूद रहना चाहते हैं और उन रिश्तों में सीमाओं को कैसे बनाए रखना है और स्वयं को कैसे पोषित करना है, इसकी समझ एक कम्पास की तरह काम कर सकती है। इसलिए जब हम रिश्तों के उतार-चढ़ाव की जटिलताओं में गुम और भ्रमित महसूस करते हैं, तो हमें अपनी दिशा पाने के लिए दूसरों की ओर देखने की ज़रूरत नहीं होती। हम स्वयं के पास वापस आते हैं। हम जो पेंटिंग बना रहे हैं, उससे पीछे हटते हैं और देखते हैं कि हमारी वर्तमान पसंद उस बड़ी तसवीर के साथ कैसे फ़िट बैठती है जिसे हम बनाने की कोशिश कर रहे हैं।

लगाव

हमारे संबंधों या लगाव का अंदाज़ जीवन के आरंभ में ही बन जाता है। ये हमारी पसंदगी के साथ शुरू नहीं होते हैं। मस्तिष्क हमें सुरक्षित रखने के लिए हमारी परवाह करने वाले से जुड़ने के लिए तैयार होता है। यह हर बच्चे को माता-पिता के साथ निकटता की तलाश करने, ज़रूरत पड़ने पर सुरक्षा और आराम के लिए अपने माता-पिता के पास जाने और उस रिश्ते का उपयोग करके एक सुरक्षित आधार बनाने में सक्षम बनाता है। जब बच्चे के पास वह सुरक्षित आधार होता है, तो बच्चा दुनिया की खोज करने और जो कुछ उसने सीखा है उसका उपयोग करके नए रिश्ते बनाने में सुरक्षित महसूस करता है। लेकिन जब जीवन में कुछ विपरीत घटता है और माता-पिता बच्चों को वह निरंतर संबंध और सुरक्षा नहीं दे पाते हैं जिसकी उन्हें उस सुरक्षित भावना को विकसित करने के लिए ज़रूरत होती है, तो ये असुरक्षित आंतरिक प्रक्रियाएँ हमारे वयस्क रिश्तों तक जा सकती हैं (सीगल और हार्टज़ेल, 2004)।

इनसे वयस्कों के रूप में दूसरों के साथ हमारे संबंधों पर प्रभाव पड़ता है, क्योंकि वे हमारे द्वारा बनाए गए टेम्पलेट हैं कि रिश्तों में क्या अपेक्षा करनी है और कैसे व्यवहार करना है। एक विशेष लगाव शैली होना कोई आजीवन कारावास नहीं है जो यह तय कर दे कि आपको दूसरों के साथ कैसे संबंध बनाने हैं। लेकिन, यह उन कुछ चक्रों को समझने का एक मददगार तरीक़ा हो सकता है, जिनमें हम वयस्क के रूप में फँस जाते हैं। हमारा मस्तिष्क अनुकूलनशील है, इसलिए उन पैटर्नों को समझना और बार-बार कुछ अलग करने के लिए सचेत विकल्प बनाना, अंततः हमारा नया आदर्श बन सकता है।

व्यग्रतापूर्ण लगाव

व्यग्रतापूर्ण लगाव शैली में लगातार इस तरह के आश्वासन की आवश्यकता हो सकती है कि आपसे प्यार किया जाता है और अगला व्यक्ति आपको छोड़कर जाने वाला नहीं है। व्यग्रतापूर्ण लगाव शैली वाले लोग ऐसे माहौल में पले-बढ़े हो सकते हैं, जिसमें उन्हें असुरक्षा महसूस होती रहती थी कि उनकी परवाह या देखभाल करने वाले व्यक्ति लौटकर नहीं आएँगे, या वे ऐसा माहौल में रहते थे, जहाँ उन्हें लगातार स्नेह या प्रतिक्रिया नहीं मिलती थी और चाहने वाले लगातार उपलब्ध नहीं रहते थे।

व्यग्रतापूर्ण लगाव लोगों को ख़ुश करने वाले व्यवहारों में दिखाई दे सकता है, जैसे व्यक्तिगत ज़रूरतों को व्यक्त करने या टकराव और संघर्ष से बचना, अपनी व्यक्तिगत ज़रूरतों की क़ीमत पर साथी की ज़रूरतों को पूरा करने पर ध्यान केंद्रित करना।

छोड़े जाने से बचने पर लगातार ध्यान एक स्वयंसिद्ध भविष्यवाणी बन सकता है, क्योंकि आश्वासन की निरंतर आवश्यकता उन लोगों को नियंत्रित कर सकती है, जिनकी लगाव शैली से बचने की प्रवृत्ति हो, और इससे टकराव भी हो सकता है। व्यग्र या चिंताग्रस्त व्यक्ति अपने उस साथी से नाराज़ हो सकता है जिससे उसे लगातार आश्वासन नहीं मिलता है, लेकिन वह टकराव के डर से अपनी ज़रूरतों को पूरी तरह से व्यक्त भी नहीं कर पाता है। इन स्थितियों में समस्या का समाधान न तो निरंतर आश्वासन देते रहना है, ना ही ज़रूरतों को ख़ारिज़ करना और उम्मीद करना कि ये दूर हो जाएँ। इसके बजाय, व्यग्र या चिंतित साथी स्वतंत्र रूप से अपने भीतर सुरक्षा की भावना पैदा करने का अभ्यास कर सकता है, इसके लिए उसे आत्म-बोध विकसित करने और स्वयं को शांत करने का अभ्यास सीखना होगा। साथी दूसरे व्यक्ति के कहने का इंतज़ार किए बिना निरंतर अधिकाधिक संबंध में रहकर इसमें मदद कर सकता है। तो ये ऐसी बातें हैं, जिन पर हम व्यक्तिगत रूप से और एक जोड़े के रूप मिलकर भी काम कर सकते हैं।

टाल-मटोली भरा लगाव

यह लगाव शैली व्यग्रतापूर्ण लगाव शैली के लगभग विपरीत लग सकती है। निकटता और अंतरंगता ख़तरा और असुरक्षा महसूस कर सकती है, भले ही संबंध की मानवीय आवश्यकता हो। आत्मनिर्भरता सुरक्षित महसूस करती है, किसी रिश्ते को बनाए रखने के लिए स्वयं को बस इतना ही आसरा देती है, लेकिन उन संबंधों में असुविधा, अक्षमता और भय का अनुभव करती है और भावनात्मक रूप से निष्ठुर होने और अंतरंगता या टकराव से बचने की इच्छा से जूझती है।

इन व्यवहारों को अक्सर मान लिया जाता है कि प्यार या देखभाल की कमी है। टाल-मटोली भरी लगाव शैली वाले लोगों ने बचपन में कुछ ऐसा अनुभव किया होता है, जिसमें माता-पिता उनसे शारीरिक या भावनात्मक रूप से जुड़ने और उनकी ज़रूरतों को पूरा करने के लिए उपलब्ध नहीं थे। निर्भरता के कारण अस्वीकृति हो सकती है या देखभाल करने वाले ग़ैर-ज़िम्मेदार हो सकते हैं।

एक ग़लत धारणा है कि टाल-मटोल भरी लगाव शैली वाले लोग संबंध नहीं चाहते या उन्हें संबंधों की आवश्यकता नहीं होती। वे भी किसी और की तरह ही इंसान हैं, लेकिन जीवन में बहुत पहले ही उनके सुरक्षात्मक पहरेदारों ने अपना काम ठीक से नहीं किया। जहाँ, व्यग्रता से जुड़े व्यक्ति को आत्मनिर्भरता की कमज़ोरी को सहन करने पर काम करना चाहिए, जबकि टाल-मटोल वाले व्यक्ति को घनिष्ठ संबंध बनाने में शामिल असुरक्षितता के प्रति सहनशीलता बढ़ाना सीखना होगा। पार्टनर इसमे इस बात की समझ विकसित करके मदद कर सकता है कि अंतरंगता असुरक्षित या असहज क्यों लगती है और धीरे-धीरे निकटता बढ़ाने मिलकर काम कर सकता है।

सुरक्षित लगाव

जब माता-पिता अपने बच्चे की भावनात्मक और शारीरिक ज़रूरतों पर भरोसेमंद तरीक़े से प्रतिक्रिया देते हैं, तो वह बच्चा समय के साथ यह सीख पाता है कि वह जो महसूस करता है, उसे संप्रेषित किया जा सकता है और उस पर प्रतिक्रिया दी जा सकती है। उसे अपनी ज़रूरतों को व्यक्त करने में डर नहीं लगता और वह सीखता है कि वह उन ज़रूरतों को पूरा करने के लिए किसी से कहने में सक्षम है। इसका मतलब यह नहीं है कि पैरेंटिंग एकदम सही थी, लेकिन यह उस सुरक्षित आधार को बनाने के लिए पर्याप्त विश्वसनीय थी और जब ग़लतियाँ हुईं तो उसे सुधारा गया ताकि उसका विश्वास बना रहे।

सुरक्षित रूप से जुड़ा हुआ बच्चा हमेशा ख़ुश नहीं रहता है, और रोने से पहले अपनी हर ज़रूरत का अनुमान लगाता है। जब अभिभावक छोड़कर जाते हैं तो बच्चे को अपनी परेशानी व्यक्त करने में असुरक्षा महसूस नहीं होती, दोबारा मिलने पर संबंध पूर्ववत हो जाते हैं। जैसे-जैसे वे वयस्क होते जाते हैं, वे निकटता का आनंद लेंगे, अपनी ज़रूरतों और भावनाओं को व्यक्त कर करेंगे, कुछ आज़ाद भी बने रहेंगे।

सुरक्षित लगाव एक वयस्क के रूप में स्वस्थ संबंधों को प्रबंधित करने के लिए एक ठोस आधार है, लेकिन यह आदर्श संबंध विकल्पों या व्यवहारों की गारंटी

नहीं है। सुरक्षित लगाव शैली वाले लोग, भिन्न लगाव शैली वाले व्यक्ति के साथ बेहतर रिश्ते बना सकते हैं, इसके लिए उन्हें उस साथी को समझने और उनके प्रति सहानुभूति दिखाने के लिए कड़ी मेहनत करनी होगी, जिनके साथ शुरुआती वर्षों में एक अलग अनुभव था।

असंगत लगाव

यदि माता-पिता विश्वसनीय और सुसंगत देखभाल और भावनात्मक समर्थन प्रदान करने में असमर्थ हैं, या यदि वह रिश्ता अपमानजनक है, तो इस तरह का व्यवहार असंगत लगाव पैदा कर सकता है। एक बच्चा इसे देखभाल करने वालों की टालने या प्रतिरोधी प्रतिक्रियाओं के रूप में देख सकता है, क्योंकि उसके लिए तरह-तरह के अनुभव भ्रामक और विचलित करने वाला होते हैं। जिस व्यक्ति की ओर से बच्चों को सुरक्षा चाहिए, वह भयावह और ख़तरनाक भी हो सकता है। आगे चलकर, बड़े होने पर यह लगाव शैली भावनाओं से निपटने में कठिनाइयाँ और तनाव ला सकती है। छोड़ दिए जाने के भय और रिश्तों में जटिलताओं के जवाब में अलगाव की आशंका भी हो सकती है।

अन्य लगाव शैलियों की तरह इसमें भी सहयोग के साथ परिवर्तन संभव है। अंतरंगता और संबंध की संवेदनशीलता, साथ ही अलगाव के भय को प्रबंधित करने की क्षमता बनाने पर काम करना पड़ सकता है।

बचपन के हमारे अनुभव वयस्क होने पर रिश्तों में स्वयं को व्यक्त करने के तरीक़े को प्रभावित कर सकते हैं, लेकिन वे आजीवन कारावास की सज़ा की तरह नहीं होने चाहिए। रिश्तों का का काम है स्वयं के बारे में और अपने सबसे क़रीबी लोगों के बारे में जानना। अपने स्वयं के रिश्तों के पैटर्न को पहचानना और उसके बारे में समझ बनाना, साथ ही साथ जिन लोगों के साथ हमारे रिश्ते है, उन लोगों के बारे में भी जानना, हमारे रिश्तों को बेहतर बनाने की दिशा में एक बड़ा क़दम है। इससे दूसरों के व्यवहार को व्यक्तिगत समझने से बचने और सचेत विकल्प बनाने की हमारी संभावना बढ़ जाती है जो आप दोनों को एक क़रीबी और भरोसेमंद संबंध बनाने में मदद मिल सकती है। इससे आप दोनों का जीवन बेहतर बनता है।

तो, हम इसे कैसे अमल में ला सकते हैं? आज से अपने रिश्तों को बेहतर बनाने के लिए हम क्या कर सकते हैं? ज़्यादातर बातों की तरह इसका भी कोई त्वरित समाधान नहीं है। लंबे समय तक चलने वाला उपाय करने का अर्थ यह नहीं है, इससे सबकुछ ठीक हो जाएगा। इसका मतलब यह है कि रोज़मर्रा के छोटे-छोटे विकल्पों को सोच-समझकर ध्यानपूर्वक चुनना। इसका मतलब है अपने मूल्यों की

ओर मज़बूती से और लगातार आगे बढ़ने की कोशिश करना। यह सुनिश्चित करने का तरीक़ा कि आपके दैनिक कार्य प्रतिक्रियात्मक ना होकर इरादे से प्रेरित हों, यह है कि आपको हर बार पीछे हटकर यह सोचना चाहिए कि आप स्थितियों को किस तरह बनाना-देखना चाहते हैं।

रिश्तों पर शोध करने वाले जॉन गॉटमैन (गॉटमैन और सिल्वर, 1999) का सुझाव है पुरुष और स्त्री अपने रिश्ते में कितने संतुष्ट हैं, यह निर्धारित करने वाला सबसे महत्त्वपूर्ण कारक (70 प्रतिशत) उनकी दोस्ती की गुणवत्ता है। इसलिए दोस्ती को कैसे विकसित किया जाए और बेहतर दोस्त बनने के लिए क्या करना चाहिए, इस पर सक्रिय रूप से ध्यान केंद्रित करना चाहिए।

जब हम दोस्ती की गुणवत्ता सुधारने पर काम करते हैं, तो हम नियमित रूप से एक-दूसरे के सान्निध्य का आनंद लेते हुए और एक-दूसरे के लिए आपसी सहानुभूति और सम्मान बनाए रखने के लिए कड़ी मेहनत करके, एक-दूसरे को बेहतरीन तरीक़े से जानने, रोज़मर्रा की ज़िंदगी में प्रशंसा और परवाह व्यक्त करने के तरीक़े खोजकर ऐसा कर सकते हैं। दोस्ती को मज़बूत करने के लिए हम जीवन को जितना अधिक निकटता और अनुभवों से भरेंगे, रिश्ता उतना अधिक असहमति, तनावपूर्ण घटनाओं और बाधाओं से सुरक्षित रहेगा। अगर हम एक साथ मिलकर काम करने में अभ्यस्त हैं और एक-दूसरे के लिए हमारे मन में गहरा सम्मान और कृतज्ञता है, तो जीवन के उतार-चढ़ाव की लहरों पर सवार होना पार होना बहुत आसान है।

संबंध

इस पुस्तक में मैंने भावनाओं को जड़वत करने और टालने के ख़तरों के बारे में बहुत कुछ बताया है। रिश्ते, चाहे वे अंतरंग हों या दोस्तों या परिवार के सदस्यों के साथ हों, सभी स्वाभाविक रूप से भावनाओं से बुने-गुँथे होते हैं। जब इंसान आपस में बातचीत करते हैं, तो हम एक-दूसरे को कुछ महसूस कराते हैं। किसी प्रियजन के शब्दों से ऐसा लग सकता है मानो उन्हें आपकी समस्या से कोई लेना-देना नहीं है या उनकी बातों से आप व्याकुल हो सकते हैं। जब भावनाएँ तीव्र हो जाती हैं, तो हम पीछे हट जाते हैं। जब हम ऐसा करते हैं, तो दो व्यक्तियों के बीच संबंध टूट जाता है। और फिर भी, कोई भी कपल थेरैपिस्ट और इस संबंध में लिखा गया शोध साहित्य आपको बताएगा कि एक-दूसरे की ओर आना एक गहरे और भरोसेमंद संबंध की नींव है (गोटमैन और सिल्वर, 1999)।

अपने आपसे, अपनी भावनाओं से और अपने प्रियजन से दूर होने से रिश्तों और हमारे मानसिक स्वास्थ्य पर नकारात्मक प्रभाव पड़ता है (हरि, 2018)। हम ऐसी चीज़ों से घिरे रहते हैं, जो हमें संवदेनशील पलों से बचने के लिए लुभाती हैं। हम सोशल मीडिया स्क्रॉलिंग करते-करते सुन्न हो जाते हैं या हम स्वयं को काम में झोंक देते हैं और स्वयं को बेहद व्यस्त कर लेते हैं कि कुछ सोचने का समय ही नहीं मिलता। या हम अपने संबंध से कट जाते हैं ताकि हम बाहरी दुनिया के कहने पर स्वयं को बेहतर बनाने के बारे में सोचें। हम कुछ हद तक परफ़ेक्ट दिखने की कोशिश करते हैं या अमीर बनने-दिखने की कोशिश करते हैं। इनमें से कुछ भी हमारे कनेक्शन को कारगर बनाने के लिए ज़रूरी नहीं है। तो असल क्या काम करता है? यहाँ विशेषज्ञ उन तरीक़ों के बारे में बता रहे हैं, जिनसे हम एक सार्थक और लंबे समय तक चलने वाला कनेक्शन यानी संबंध बना सकते हैं।

आत्म-जागरूकता : रिश्ते इसलिए जटिल हो जाते हैं, क्योंकि हमारे लिए हर बार यह समझ पाना आसान नहीं होता कि आख़िर दूसरे चाहते क्या हैं, क्या सोचते हैं या क्या महसूस करते हैं। लेकिन हम अपने बारे में यह समझ सकते हैं। अपने रिश्तों को बेहतर बनाने के लिए सबसे प्रभावशाली शुरुआत स्वयं से ही होती है। स्वयं को दोष देने या अपने आप पर हमला करने की कोशिश में नहीं, बल्कि जिज्ञासा और सहानुभूति के साथ। उन चक्रों को समझना जिनमें हम फँसते हुए प्रतीत होते हैं और जो हमें उसके प्रति संवेदनशील बनाता है। यह उन चक्रों को तोड़ने का तरीक़ा खोजने का मार्ग प्रशस्त करता है। हम हमेशा यह गारंटी नहीं दे सकते कि रिश्तेदारी में दूसरा व्यक्ति इस तरह से आत्म-चिंतन करने के लिए इच्छुक होगा। लेकिन जब हम अपने व्यवहार में बदलाव करना शुरू करते हैं, तो इससे दूसरा व्यक्ति भी अलग तरह से प्रतिक्रिया करने के लिए प्रेरित हो सकता है। इसका मतलब यह नहीं है कि हम बदल जाएँ और उम्मीद करें कि वे भी बदल जाएँगे। इसका मतलब यह है कि आप इस बात पर ध्यान केंद्रित करें कि आप रिश्ते में कौन बनना चाहते हैं, आप कैसे व्यवहार करना चाहते हैं और आप रिश्ते में क्या लाना चाहते हैं, साथ ही आपकी सीमाएँ कहाँ हैं और क्यों हैं।

भावनात्मक संवेदनशीलता : जब कोई रिश्ता कठिनाई में पड़ता है तो हम अपनी भावनाएँ व्यक्त नहीं कर पाते हैं, वे तर्कहीन नहीं होतीं। सुरक्षित भावनात्मक संबंध हमारे मस्तिष्क की सर्वोच्च प्राथमिकता है, जिसका काम हमें जीवित रहने में मदद करना है। जब हम चिल्लाते हैं, चीख़ते हैं, रोते हैं, पीछे हट जाते हैं और चुप रहते हैं, तो हम सभी एक ही बात पूछ रहे होते हैं, तरीक़ा बस अलग होता है। सवाल हैं 'क्या तुम मेरे साथ खड़े हो? क्या मैं तुम्हारे लिए इतना मायने रखता हूँ कि तुम मेरे साथ रहो? जब मुझे तुम्हारी सबसे ज़्यादा ज़रूरत होगी, तो तुम क्या

करोगे?' हमने पहले जिन लगाव शैलियों पर चर्चा की, वे अलग-अलग तरीक़े हैं जिनसे हमने उन सवालों को पूछना सीखा। जब हमें लगता है कि हमारा संबंध टूट गया है, तो हमारा मस्तिष्क अलार्म बजाता है-लड़ो-या-भागो और हम फिर से सुरक्षित महसूस करने के लिए जो कुछ भी कर सकते हैं, वह करना शुरू कर देते हैं। हो सकता है कुछ आक्रामकता दिखाएँ, कुछ पीछे हटें और छिप जाएँ, या अपने आपको भावनात्मक रूप से शून्य करके यह जताएँ कि आपको कोई परवाह नहीं है। जैसे ही हम हमला करने और दूर चले जाने के चक्र में फँसते हैं, तो लौटकर साथ आना लगभग असंभव लगता है, इस तथ्य के बावजूद कि अलगाव से ही संकट खड़ा हुआ है। अपनी पुस्तक *होल्ड मी टाइट* में, क्लीनिकल साइकोलॉजी की प्रोफ़ेसर और भावनात्मक रूप से केंद्रित युगल चिकित्सा की विशेषज्ञ सू जॉनसन ने सुझाव दिया है कि यदि हम दोबारा नहीं जुड़ते हैं, तो हम अलग-थलग और अलगाव महसूस करते रहते हैं। वापस आने का एकमात्र तरीक़ा भावनात्मक रूप से क़रीब आना और दूसरे को आश्वस्त करना है। वह बताती हैं कि जहाँ एक साथी भावनात्मक प्रतिक्रिया पाने के लिए उन्मत्त प्रयास कर सकता है, या हमला कर सकता है, वहीं दूसरे व्यक्ति को यह संदेश जा सकता है कि वे विफल हो रहे हैं और वे रुक जाएँगे या और दूर चले जाएँगे। इस समस्या के समाधान के लिए हम अपने साथी के जुड़ाव और लगाव की ज़रूरतों के लिए उसके प्रयासों को ध्यान में रखकर अभ्यास कर सकते हैं। भावनाओं से व्याकुल होने पर ऐसा करना आसान नहीं है, इसलिए इसमें अनिवार्य रूप से आत्म-सुखदायक पर काम करना और अपने स्वयं के संकट को प्रबंधित करना भी शामिल है। दूसरे, इसमें संवेदनशीलता, दया और करुणा के साथ उन लगाव संकेतों का जवाब देना शामिल है, जिससे दूसरे व्यक्ति को पता चले कि वे आपके लिए मायने रखते हैं। यह महत्त्वपूर्ण है कि जब हम ऐसा करते हैं, तो हम दूर हटने के बजाय संबंध बनाए रखें, क़रीब रहें और उत्साहित रहें (जॉनसन, 2008)।

सम्मानजनक शिकायत : ज़्यादातर लोगों को इस बात का अंदाज़ होता है कि किस तरह की प्रतिक्रिया उन्हें संदेश को समझने और सीखने में मदद करती है और किस तरह की प्रतिक्रिया उन्हें शर्मिंदगी के चक्र में डाल देती है। जब हम एक-दूसरे पर दोषारोपण करने का खेल खेलते हैं, तो जीत किसी की नहीं होती। एक स्वस्थ संबंध बनाने का मतलब किसी दूसरे को ख़ुश करने के लिए अपनी ज़रूरतों को भुला देना नहीं है, बल्कि यह संबंध माँग करता है कि हम उस सहानुभूति और परवाह का इस्तेमाल करें, जो हम निराशाओं और समस्याओं से निपटने के दौरान पाना चाहते हैं।

ऐसा नहीं है कि स्वस्थ रिश्तों में टकराव नहीं होता। संबंधों में पड़ी दरारों को सावधानीपूर्वक ठीक करने की आवश्यकता होती है। किसी भी संघर्ष की वजह चाहे जो भी हो, प्रत्येक व्यक्ति को प्यार और अपनेपन, ग़लतियों या अनुपयोगी व्यवहार पैटर्न से अलग होकर स्वयं को स्वीकार करना ही बुनियादी आवश्यकता होती है। थेरैपी के मूलभूत पहलुओं में से एक जो आत्मचिंतन और परिवर्तन पर काम करने की क्षमता के लिए एक ठोस आधार बनाता है, वह है एक ऐसा रिश्ता बनाना, जिसमें स्वीकृति हो, एक-दूसरे के प्रति कोई धारणा ना बनाई जाए और बिना शर्त सम्मान दिया जाए। जब हमें लगता है कि हम पर हमला हो रहा है या हमें दूर किया जा रहा है, जब हम शर्मिंदा या दुःखी महसूस करते हैं, तो आगे बढ़ने का सबसे अच्छा तरीक़ा सोचने की स्थिति में नहीं होते हैं। हम बस जीवित रहने की स्थिति में यानी सर्वाइवल मोड में होते हैं। किसी कठिन संवाद के दौरान, आप किस तरह से बातचीत करेंगे, इस बारे में सावधानीपूर्वक विचार करने और उसकी तैयारी करने से आप निराशा की वजह से आलोचना और अवमानना का रास्ता नहीं अपनाएँगे। किसी के व्यक्तित्व पर सार्वजनिक तौर हमलों के बजाय सही व्यवहार और सही भाषा के उपयोग पर ध्यान केंद्रित करने से सभी शांत रह सकते हैं। आप जो महसूस करते हैं और जिसकी आपको ज़रूरत है, उसके बारे में स्पष्ट रहने से बेवजह अनुमान नहीं लगाए जाते। साथ ही अगर आपकी भूमिकाएँ उलट दी जाएँ तो जिस प्रशंसा और सम्मान को आप पाना चाहते हैं, वही सामने वाले को दिया जाए तो संबंध सुधारने की यह शुरुआत हो सकती है। बेशक, इनमें से कुछ भी करना इतना आसान नहीं है, ख़ासकर जब भावनाएँ बहुत ज़्यादा पीड़ादायक हों, इसलिए संबंध सुधारने के लिए ज़रूरी है कि हम अपने निजी मूल्यों पर विचार करते रहें कि हम किस तरह का साथी बनना चाहते हैं।

- **सुधारना :** जब संबंधों की मरम्मत यानी उन्हें सुधारने की बात आती है तो हमारी प्राथमिकता होती है फिर से जुड़ना। इसमें आपस में जो कुछ भी हुआ उसमें अपनी भूमिका को स्वीकारना, दोनों व्यक्तियों की ओर से समझौता करना और समायोजन शामिल है। फिर से जुड़ने के लिए उन तत्वों की भी आवश्यकता होती है, जिनके कारण पहले संबंध बना था- स्वीकृति, सहानुभूति, एक-दूसरे के लिए प्यार और कृतज्ञता। जब भावनाएँ पीड़ादायक होती हैं, तो इस सकारात्मकता तक पहुँचना लगभग असंभव होता है, इसलिए ये तुरंत हो, ज़रूरी नहीं है। अधिक कुशलता से फिर से संपर्क बनाने से पहले, थोड़ा पीछे हटना और शांत होने के लिए थोड़ा समय लेकर नुक़सान को कम करना अच्छा होता है। ये सब आदर्शवादी बातें लगती हैं और वास्तविक जीवन हमेशा ऐसा नहीं होता

है। पुरानी आदतों को छोड़ना बहुत मुश्किल है। लेकिन रिलेशनशिप परफ़ेक्शनिस्ट बनने का फ़ायदा नहीं है। कभी-कभी हम ग़लत हो जाते हैं। रिश्तों को सुधारने की कुंजी है दृढ़ बने रहना और एक क़दम पीछे हटकर, पुनर्मूल्यांकन करना। और जब सबकुछ ग़लत हो गया हो, तो सुधार करने की पूरी कोशिश करने के लिए प्रतिबद्ध होना है। कोई भी बात बार-बार दोहराई जाने पर वह आदत बन जाती है।

- **कृतज्ञ होना :** पिछले अध्यायों में मैंने कृतज्ञता पर ध्यान केंद्रित करने के महत्त्व के बारे में बात की है। रोज़मर्रा की भागदौड़ भरी ज़िंदगी में जब हमें किसी स्थिति को बदलने के लिए एक साथी की ज़रूरत होती है, या जब वे आपको बहुत परेशान करने लगते हैं, तो हम उस पर बहुत ज़्यादा ध्यान देने लगते हैं। सचेत होकर उनकी अच्छी बातों पर ध्यान केंद्रित करना और उनकी प्रशंसा करना अपेक्षाकृत सरल कार्य है, जो ना केवल आपकी भावनात्मक स्थिति को प्रभावित कर सकता है, बल्कि उनके प्रति कैसा व्यवहार करने का विकल्प चुनते हैं, इस पर भी असर डाल सकता है।
- **साझा अर्थ और मूल्य :** यदि हम अपना जीवन किसी दूसरे व्यक्ति के साथ बिताने का विकल्प चुनते हैं, तो हमारे मूल्यों का महत्त्व, अपने विस्तृत परिदृश्य को देखने के लिए हमारा पीछे हटना केवल हमारा नहीं हो सकता। जीवन की चुनौतियों का सामना करने में सक्षम बनाने वाले रिश्ते के लिए यह जानना ज़रूरी कि हमारे व्यक्तिगत मूल्य एकसाथ कहाँ फ़िट होते हैं और कहाँ हमारे साथी के मूल्यों के साथ ओवरलैप होते हैं। और जहाँ मूल्यों में भिन्नता है, उनका सम्मान करना होगा। इसकी शुरुआत ऐसे होगी कि आप दोनों एक-दूसरे की किस तरह परवाह करना और करवाना चाहते हैं, किस तरह का संवाद करना चाहते हैं और संवाद करवाना चाहते हैं, समर्थन करना चाहते हैं और समर्थन पाना चाहते हैं। यही बात आगे आपके व्यक्तिगत लक्ष्यों और आपके जीवन के लिए साझा सपनों पर विचार करने के लिए भी लागू हो सकती है। आपके रिश्ते और पारिवारिक जीवन के कुछ पहलू हो सकते हैं, जो आप दोनों के लिए पवित्र हों, जबकि कुछ ऐसे भी होंगे जहाँ एक साथी किसी मूल्य को बनाए रखता है, क्योंकि वह जानता है कि यह दूसरे के लिए बहुत महत्त्वपूर्ण है। उदाहरण के लिए, रिश्तेदारों के साथ पारिवारिक समारोहों में जाना शायद आपको पसंद ना हो। पर क्योंकि आप जानते हैं कि आपके साथी के लिए आपका साथ मायने रखता है, तो आप उनके साथ

जाते हैं, उनका साथ देते हैं। जैसा कि मैंने पिछले अध्यायों में बताया है कि जब आप दुविधा में होते हैं कि आगे कैसे बढ़ना है, तो अत्यंत महत्त्वपूर्ण बातों पर स्पष्टता प्राप्त करना आपके लिए एक कम्पास और मार्गदर्शक के रूप में कार्य करता है। जब हम किसी रिश्ते में बंधे होते हैं, तो यह हमारे साथी के लिए सबसे ज़्यादा क्या मायने रखता है, यह जानने में समय लगाने से रिश्ते को मज़बूत करने में और एक ऐसा रिश्ता बनाने में मदद मिल सकता है, जिसमें दोनों साथी आगे बढ़ें, फले-फूलें।

टूलकिट : इस बारे में स्पष्ट होना कि आप किस तरह का साथी बनना चाहते हैं

नीचे दिए गए जर्नल संकेत एक युगल के रूप में आपके साझा मूल्यों का पता लगाने में मदद कर सकते हैं। आप इनका उपयोग अपने जीवन के किसी भी रिश्ते पर विचार करने के लिए कर सकते हैं। चूँकि हम दूसरों पर परिवर्तन थोप नहीं सकते, इसलिए ध्यान इस बात को समझने और पहचानने पर लगाना है कि हम व्यक्तिगत रूप से क्या कर सकते हैं।

- इस अध्याय में सूचीबद्ध लगाव शैलियों में से कौन सी शैली आपके लिए अनुकूल है?
- यह आपके रिश्तों में किस तरह उपस्थित रहती है?
- आप अपने भविष्य की ज़िम्मेदारी लेने के साथ-साथ पिछले अनुभवों के अनपेक्षित परिणामों के लिए किस तरह सहानुभूति व्यक्त कर सकते हैं?
- आप अपने साथी और रिश्ते के किन पहलुओं की सराहना करते हैं और आभार महसूस करते हैं?
- आप किस तरह का साथी बनना चाहते हैं?
- कौन से छोटे-छोटे बदलाव आपको उस दिशा में आगे बढ़ने में मदद कर सकते हैं?

सारांश

- जब ख़ुशहाल जीवन की बात आती है, तो रिश्ते धन-दौलत, शोहरत, सामाजिक वर्ग और उन सभी चीज़ों से बेहतर होते हैं, जिनके लिए हमें प्रयास करने के लिए कहा जाता है।
- हमारे रिश्ते और उनसे हमें कितनी ख़ुशी मिलती है, ये हमारे समग्र स्वास्थ्य से अलग बात नहीं है। वे इस समीकरण के मूल में हैं।
- स्वयं पर काम करने से आपके रिश्तों के अच्छे बने रहने में मदद मिलती है और अपने रिश्तों पर काम करने से स्वयं को मदद मिलती है।
- जीवन के शुरुआती दौर में हमारी लगाव की शैली अक्सर हमारे वयस्क जीवन के रिश्तों में झलकती है।

36

सहायता कब माँगनी चाहिए

प्रिय डॉ. जूली,

मैंने आपके वीडियो देखे। इनसे मुझे थेरैपी शुरू करने की प्रेरणा मिली। अब तक सब कुछ बहुत अच्छा चल रहा है और मेरे लिए चीज़ें बेहतर होने लगी हैं।

धन्यवाद।

अगर किसी के मन में यह सवाल उठता है कि मानसिक स्वास्थ्य के बारे में बात करना क्यों ज़रूरी है, तो यहाँ एक कारण दिया जा रहा है। ऑनलाइन मानसिक स्वास्थ्य शिक्षा देने के अपने पहले वर्ष में मुझे ऊपर दिए गए मैसेज की ही तरह इतने अधिक मैसेज आए कि मुझे उनकी संख्या तक याद नहीं है। हर मैसेज शब्द अलग हैं, कहानियाँ अनूठी हैं, लेकिन संदेश एक ही है। और इस तरह थेरैपी देने वाली मैं अकेली नहीं हूँ। इंटरनेट पर मानसिक स्वास्थ्य और थेरैपी के बारे में बात करने वाले और भी लोग हैं। व्यक्तिगत स्तर पर मैं इसी तरह मदद कर सकती हूँ। जब आप मानसिक स्वास्थ्य में उतार-चढ़ाव से गुज़र रहे होते हैं, तो निर्णय लेना और कार्रवाई करना और भी मुश्किल हो सकता है। इसलिए आपको जिस मदद की ज़रूरत है उसे माँगना भी मुश्किल हो जाता है। और ऐसे कोई नियम नहीं हैं, जो आपको बताएँ कि आपको कब, किस समय किसी प्रोफ़ेशनल से मिलना है। मुझसे अक्सर पूछा जाता है कि अपने मानसिक स्वास्थ्य के लिए प्रोफ़ेशनल मदद कब लेनी चाहिए।

दुनिया में कई लोगों के लिए प्रोफ़ेशनल मेंटल हेल्थ सपोर्ट लेना आसान नहीं है। सांस्कृतिक वर्जनाओं और महँगी सेवाओं से लेकर उपलब्धता और संसाधनों तक, बहुत सी वास्तविक बाधाएँ हैं, जो बड़ी संख्या में लोगों को उन सेवाओं तक पहुँचने से रोकती हैं, जो उनके लिए मददगार हो सकती हैं। उन सभी बाधाओं को पार करना समाज के सामने एक बड़ी चुनौती है। व्यक्तिगत स्तर पर यदि आप इतने भाग्यशाली हैं कि आपको सेवाओं तक पहुँचने का मौक़ा मिला है और आप किसी भी तरह से अपने मानसिक स्वास्थ्य के बारे में चिंतित हैं, तो यह क़दम उठाना जीवन बदलने वाला हो सकता है। किसी प्रोफ़ेशनल से मिलने और बातचीत शुरू करने भर से आपको विकल्प मिल सकते हैं।

जब लोग थैरेपी के बारे में बात करने आते हैं तो वे अक्सर कहते हैं कि उन्हें नहीं लगता कि उन्हें इस थैरेपी की ज़रूरत है। दूसरे लोगों की स्थिति और भी बुरी होगी। इसलिए वे थैरेपी की ओर बढ़ने से पहले स्थिति के आपे से बाहर होने का इंतज़ार करते हैं। उस समय तक समस्या पहाड़ बन चुकी होती है। समय रहते मदद ना माँगना, स्थिति के बदतर होने का इंतज़ार करने की रणनीति शारीरिक और मानसिक दोनों तरह से आपके स्वास्थ्य के लिए ठीक नहीं है। सच तो यह है कि हमेशा कोई न कोई ऐसा होगा, जो हमसे भी बदतर होगा। लेकिन अगर आपको इस दौरान पेशेवर मदद लेने का मौक़ा मिलता है, तो आपका मानसिक स्वास्थ्य इसके लिए आपको धन्यवाद दे सकता है और जीवन आपकी वर्तमान समझ से कहीं अधिक बदल सकता है। मेरा विश्वास करें। मैंने ऐसा होते हुए देखा है। मैंने लोगों को निराशा की गहराइयों से स्वयं को बाहर निकालकर नए सिरे से जीवन को सुधारते हुए देखा है। ऐसा होता है, और यह आपके साथ भी हो सकता है। एक दिन या एक हफ़्ते में नहीं। अपने स्वास्थ्य और अपने इच्छित जीवन के प्रति कई दिनों और कई सप्ताहों की प्रतिबद्धता ज़रूरी होगी।

जब पेशेवर मदद पाने का कोई रास्ता नहीं होता, तो हमें एक-दूसरे की पहले से कहीं ज़्यादा ज़रूरत होती है। इंटरनेट ने बहुत सारे शैक्षिक संसाधनों को ज़्यादा उपलब्ध कराया है और मानसिक स्वास्थ्य के बारे में वैश्विक बातचीत शुरू की है। जो लोग कभी अपने संघर्षों में अकेले महसूस करते थे, वे समझने लगे हैं कि शारीरिक स्वास्थ्य की तरह ही मानसिक स्वास्थ्य में उतार-चढ़ाव भी इंसान होने का एक सामान्य हिस्सा है। ठीक होने, उपचार और विकास की कहानियाँ सुनाई जा रही हैं। उम्मीद के बीज बोए जा रहे हैं। यह संदेश सुनाई देने लगा है कि हमारा मानसिक स्वास्थ्य पूरी तरह से हमारे हाथ से बाहर नहीं है। हम उन भावनात्मक स्थितियों की दया पर नहीं हैं जो हमें प्रभावित करती हैं। ऐसी चीज़ें हैं जो हम सीख सकते हैं, ऐसे बदलाव जो हम अपने स्वास्थ्य की ज़िम्मेदारी लेने के लिए कर सकते हैं। इसमें

आपके पास जो कुछ भी उपलब्ध है, उससे आप जितना सीख सकते हैं, सीखना और चीज़ों को आज़माने, ग़लतियाँ करने, फिर से कोशिश करने, थोड़ा और सीखने और आगे बढ़ते रहने के लिए कड़ी मेहनत करना शामिल है।

जब प्रोफ़ेशनल मदद पाने का कोई रास्ता नहीं होता, तो हमें एक–दूसरे की पहले से कहीं ज़्यादा ज़रूरत होती है। इंटरनेट ने बहुत सारे शैक्षिक संसाधनों को उपलब्ध कराया है और मानसिक स्वास्थ्य के बारे में वैश्विक बातचीत शुरू की है। जो लोग कभी अपने संघर्षों में अकेले महसूस करते थे, वे समझने लगे हैं कि शारीरिक स्वास्थ्य की तरह ही मानसिक स्वास्थ्य में उतार–चढ़ाव भी इंसान होने का एक सामान्य हिस्सा है। ठीक होने, उपचार और विकास की कहानियाँ सुनाई जा रही हैं। उम्मीद के बीज बोए जा रहे हैं। यह संदेश सुनाई देने लगा है कि हमारा मानसिक स्वास्थ्य पूरी तरह से हमारे हाथ में है। हम हमें प्रभावित करने वाली भावनात्मक स्थितियों की दया पर निर्भर नहीं हैं। ऐसे कौशल और उपाय हैं, जिन्हें हम सीख सकते हैं, और अपने स्वास्थ्य की ज़िम्मेदारी लेने के लिए कई बदलाव कर सकते हैं। इसमें आपके पास जो भी उपलब्ध है, उससे जितना संभव हो सके सीखना और उपायों को आजमाने के लिए कड़ी मेहनत करना, ग़लतियाँ करना, पुनः प्रयास करना, थोड़ा और सीखना और आगे बढ़ते रहना शामिल है।

एक आदर्श दुनिया में सभी कारगर उपचार हर उस व्यक्ति के लिए उपलब्ध होंगे जिसे उनकी ज़रूरत है, जब उन्हें उनकी ज़रूरत होगी। लेकिन हम ऐसी आदर्श दुनिया में नहीं रहते हैं। इसलिए अगर प्रोफ़ेशनल सेवाएँ उपलब्ध नहीं हैं, तो सीखने और उन लोगों के साथ साझा करने के हर अवसर का लाभ उठाएँ, जिन पर आप भरोसा करते हैं। मानवीय संबंध और शिक्षा हमें अपने मानसिक स्वास्थ्य में बड़े बदलाव करने में मदद कर सकती है।

सारांश

- जब भी आप अपने मानसिक स्वास्थ्य को लेकर चिंता महसूस करें, वही समय सहायता लेने का सबसे अच्छा समय है।
- यदि आप सुनिश्चित नहीं हैं कि आपको कितनी सहायता की आवश्यकता है, तो कोई प्रोफ़ेशनल आपको निर्णय लेने में मदद कर सकता है।
- एक आदर्श दुनिया में चिकित्सीय सेवाएँ सभी के लिए उपलब्ध होंगी। लेकिन हमारे पास वह आदर्श दुनिया नहीं है।
- यदि सेवाएँ आपके लिए सुलभ नहीं हैं, तो रिकवरी के बारे में जितना संभव हो सके सीखने और भरोसेमंद प्रियजन से सहयोग लेने का अवसर ना चूकें।

9

कार्य-योजनाएँ

37

पैनिक अटैक गाइड

शुरुआत करने से पहले

अपनी बात शुरू करने से पहले बता दूँ कि मैं यह बात अच्छी तरह से जानती हूँ कि अगर आपने इस अध्याय को खोजने के लिए पुस्तक के पन्नों को अभी-अभी पलटा है, तो हो सकता है कि आप इसे जल्दबाज़ी में पढ़ें। शायद आपका विचार यह हो कि बस मुझे तो बता दीजिए कि मुझे क्या करना चाहिए ताकि मैं अपनी सारी समस्याओं को भूल जाऊँ। इस अध्याय को लिखते समय मैंने इसी बात को अपने दिमाग़ में सबसे ऊपर रखा। इसलिए मैं आपको आश्वस्त कर सकती हूँ कि इसमें कोई भी ऐसी अनावश्यक सामग्री नहीं है, जिसे छोड़ा जा सके।

जब आप पैनिक अटैक की समस्या से निपट रहे होते हैं, तो आपको अपनी योजना में कई क़दम शामिल करने होते हैं। वे थोड़ी अलग दिशा में जा सकते हैं या आपके लिए उनकी प्रासंगिकता अलग हो सकती है। लेकिन हर क़दम एक बड़ी पहेली का एक महत्त्वपूर्ण हिस्सा है। इसलिए मैं आपसे आग्रह करती हूँ कि आप कोई एक क़दम ही ना चुनें, बल्कि हर क़दम पर काम करें और यह जानते हुए कि कुछ चीज़ें दूसरों की तुलना में ज़्यादा चुनौतीपूर्ण लगेंगी, प्रक्रिया पर भरोसा करें।

पहला महत्त्वपूर्ण क़दम जिसे अनदेखा नहीं किया जा सकता है, वह यह समझना है कि पैनिक अटैक का अनुभव करते समय आपके शरीर और दिमाग़ में क्या चल रहा है। यह बहुत ज़रूरी है, क्योंकि पैनिक अटैक के दौरान हम जो सोचते हैं, वह अक्सर वैसा नहीं होता, जैसा लगता है। दूसरा, हम उन ख़तरनाक लक्षणों को कैसे समझते हैं, इसी में उन पर क़ाबू पाने की हमारी शक्ति निहित है।

चरण 1 : पैनिक अटैक के बारे में जानें

पैनिक अटैक क्या है?

पैनिक अटैक छोटी अवधि का एक डर होता है, जो इतना तीव्र हो जाता है कि आप पर हावी हो जाता है। ज़्यादातर पैनिक अटैक 5 से 30 मिनट के बीच चलते हैं, लेकिन यह बहुत ज़्यादा लंबे भी लग सकते हैं, क्योंकि अटैक बहुत डरावना होता है। ऐसा महसूस हो सकता है कि आपका दम घुट रहा है या आपको दिल का दौरा पड़ रहा है। आपको लगता है कि आप अब मरने वाले हैं।

पैनिक अटैक तीव्र लक्षणों की एक शृंखला की तरह महसूस हो सकता है। शारीरिक संवेदनाएँ इतनी तीव्र हो सकती हैं कि ये जानलेवा लगने लगती हैं।

तत्काल लड़ो या भागो प्रतिक्रिया होती है, इसलिए अगर थोड़ा घूमने-फिरने से आपको बेहतर महसूस होता है, तो अधिक संभावना है कि आप जो महसूस कर रहे हैं वह एंग्ज़ाइटी है। जब किसी को दिल का दौरा पड़ता है, तो घूमने-फिरने से तकलीफ़ और बढ़ने लगती है।

स्थिति के अनुसार अनुभव अलग-अलग हो सकता है। कभी-कभी आपको साँस की तकलीफ़ महसूस हो सकती है। अन्य समय में कुछ और परेशानी हो सकती है। अगर आप आश्वस्त नहीं हैं कि आपको पैनिक अटैक पड़ता है या नहीं, तो मैंने नीचे सामान्य लक्षणों की एक सूची दी है। पैनिक अटैक में हमेशा ये सभी लक्षण शामिल नहीं होते हैं, लेकिन इसमें यह डर अवश्य शामिल होता है कि जान जाने वाली है, कुछ ख़तरनाक होने वाला है।

- काँपना या थरथराना
- भ्रमित होना
- पसीना आना, गर्मी महसूस होना
- चक्कर आना
- मुँह सूखना
- साँस लेने में तकलीफ़
- दिल की धड़कन तेज़ होना, घबराहट, सीने में दर्द
- घुटन महसूस होना

- मतली और पेट में तकलीफ़
- डी-रियलाइजेशन (ऐसा महसूस होना कि आप एक स्वप्न जैसी स्थिति में हैं)
- डी-पर्सनलाइजेशन (स्वयं से अलग महसूस करना मानो आप स्वयं को दूर से देख रहे हों)

इसका क्या कारण है?

पैनिक अटैक को समझना बहुत मुश्किल हो सकता है, क्योंकि ऐसा महसूस हो सकता है कि वे कहीं से भी आ सकते हैं। एंग्ज़ाइटी पर पिछले अध्यायों में मैंने समझाया था कि विचार, भावनाएँ और शारीरिक संवेदनाएँ सभी एक दूसरे से बहुत गहराई से जुड़ी हुई हैं। लेकिन हम हमेशा प्रत्येक को अलग-अलग ग़ौर नहीं करते हैं। हम एक समग्र अनुभव करते हैं। थेरैपी में एक बार जब हम उन सभी को अलग करना शुरू करते हैं, तो हम आसानी से देख पाते हैं कि शुरुआत कैसे हुई। जब एंग्ज़ाइटी शुरू होती है, तो उसके साथ कई शारीरिक संवेदनाएँ आती हैं। यह एंग्ज़ाइटी तब और बढ़ जाती है, जब उनमें से एक या दो शारीरिक संवेदनाएँ हमें डराती हैं।

चूँकि, एंग्ज़ाइटी को असहज और लक्षणों को सक्रिय करने वाला माना जाता है, तो कई शारीरिक लक्षण जानलेवा स्थितियों के समान ही ख़तरनाक लगते हैं। और इसलिए मन स्वाभाविक रूप से सवाल करता है, 'यह दिल का दौरा तो नहीं है?' या 'क्या मैं बेहोश होने वाला हूँ?,' या 'क्या मैं दम घुटने से मर रहा हूँ?'

यह चिंता से एंग्ज़ाइटी से पैनिक की ओर जाने वाला महत्त्वपूर्ण मोड़ है। हम एंग्ज़ाइटी के असुविधाजनक लेकिन सुरक्षित लक्षणों को ख़तरनाक और जानलेवा समझने की ग़लती करते हैं। इसलिए एंग्ज़ाइटी आपको ऐसा महसूस कराती है, जैसे आपके साथ कुछ भयानक हो रहा है, और जैसे ही आप इसे सच मानते हैं, यह जल्दी से आतंक में बदल जाता है।

ऐसा क्यों होता रहता है?

पैनिक अटैक तब तक जारी रहता है, जब तक आप उस स्थिति से बच नहीं जाते या आपका शरीर थक नहीं जाता। यह अनुभव इतना भयानक होता है कि यह पुष्टि

करता है कि एंग्ज़ाइटी वास्तव में ख़तरनाक है और इसे हर क़ीमत पर टाला जाना चाहिए।

किसी समय आपको अपनी भावनाओं के साथ जीने की अपनी क्षमता पर जो भरोसा था, अब उसे पैनिक अटैक ने क्षतिग्रस्त कर दिया है। वास्तव में, अब आपको पूरा यक़ीन है कि डर का सामना होने पर आप उससे निपट नहीं पाएँगे। नतीजतन, आप उन संवेदनाओं के प्रति अति-सतर्क हो जाते हैं और जब वे महसूस होती हैं, तो आप आतंकित हो जाते हैं, एंग्ज़ाइटी पैनिक में बदल जाती है।

यह 'डर का डर' आपके शरीर को एंग्ज़ाइटी के किसी भी लक्षण के प्रति निरंतर सतर्कता रहने के लिए कहता है। इसलिए जब आप बस पकड़ने के लिए दौड़ने के बाद अपने दिल की धड़कन को महसूस करते हैं, तो यह अनुभूति अकेले ही पैनिक अटैक को ट्रिगर करने के लिए पर्याप्त हो सकती है। इसलिए नहीं कि दौड़ने के कारण आपको पैनिक अटैक आया। बल्कि इसलिए कि दौड़ने के साथ होने बढ़ने वाली दिल की धड़कन आपको एंग्ज़ाइटी के समान महसूस हो सकती है और उन विचारों को एक बार फिर से ट्रिगर कर सकती है।

कुछ लोगों के लिए एक बंद जगह में गर्मी का अहसास भी इसी तरह की परेशानी खड़ी कर सकता है। पसीना आना और साँस फूलने को आसानी से साँस लेने दिक़्क़त का रूप दिया जा सकता है। आप तेज़ी से साँस लेना शुरू कर देते हैं और जल्दी ही हाइपरवेंटिलेट हो सकते हैं और इससे पैनिक अटैक हो सकता है। यही कारण है कि बहुत से लोग जो पैनिक अटैक का अनुभव करते हैं, वे उन स्थितियों की पूरी श्रृंखला से बचना शुरू कर देते हैं, जिनसे उन्हें पहले डर नहीं लगता था। वे स्थितियाँ जो शारीरिक संवेदनाएँ पैदा करती हैं, उस अहसास के बहुत क़रीब लगती हैं, जिससे हम बचने की बहुत कोशिश कर रहे हैं, यानी डर।

जब आपको संदेह होता है कि पैनिक अटैक ख़तरनाक है, तो निश्चित रूप से आप इस बात को लेकर चिंतित होंगे कि दूसरा पैनिक अटैक कब आ सकता है। यह जल्दी ही यह आपके मन और ध्यान पर हावी हो सकता है, क्योंकि आप इनसे बचने की कोशिश में अपना पूरी क्षमता लगा देते हैं। इसके साथ ही इधर-उधर से संदेश भी मिलते हैं कि डर और व्यग्रता सामान्य मानवीय भावनाएँ नहीं हैं, बल्कि ये ऐसी बीमारी हैं, जिन्हें ख़त्म करना और टालना चाहिए। जब हम एंग्ज़ाइटी और पैनिक को अपने साथ होने वाली किसी घटना के रूप में देखते हैं, तो वे बढ़ती हैं और हमारे जीवन के बाक़ी हिस्सों पर उनका प्रभाव गहरा और दूरगामी हो जाता है।

आगे बढ़ने से पहले कुछ बातों का ध्यान रखें :

- जब हम डर से डरते हैं तो पैनिक अटैक बार-बार आते हैं।
- यहाँ मुख्य समस्या यह है कि हम मानते हैं कि ये संवेदनाएँ या भावनाएँ ख़तरनाक हैं और उसके बाद हम उनसे बचते हैं।
- सिर्फ़ एक पैनिक अटैक कुछ शारीरिक संवेदनाओं और ख़तरे के बीच संबंध बना सकता है, साथ ही उन संकेतों को स्कैन करने और फिर स्थिति से बचकर उन पर प्रतिक्रिया करने और भविष्य में भी उससे बचने की प्रवृत्ति पैदा कर सकता है।

चरण 2 : कहानी बदलें

सामान्य विचार जो पैनिक अटैक को ट्रिगर करते हैं और वे सच क्यों नहीं होते

हमने पिछले पृष्ठों में बताया कि सामान्य विचार जो पैनिक अटैक को ट्रिगर करते हैं, वे सच नहीं हैं और आप चिंता के बारे में क्या सोचते हैं और इससे होने वाली पीड़ादायी संवेदनाएँ उस एंग्ज़ाइटी के पैनिक में बदलने की मुख्य उत्प्रेरक हैं। इसका मतलब यह है कि आप अपने शरीर को शांत करने के लिए दुनिया की सभी बेहतरीन साँस लेने की तकनीकें सीख सकते हैं, लेकिन आपका मन अधिक से अधिक एंग्ज़ाइटी को ट्रिगर करना जारी रख सकता है। पैनिक अटैक की आग को भड़काने वाले कई विचार वास्तविकता नहीं होते हैं, बल्कि यह दर्शाते हैं कि आपका सर्वाइवल रिस्पाँस बहुत अधिक हो गया है और आपको लगता है कि कुछ भयावह होने वाला है। इसे देखते हुए, आइए कुछ बहुत आम विचारों को टेबल में शामिल करें। मैंने एंग्ज़ाइटी सेक्शन (व्यग्रता भाग) में इनके बारे में अधिक जानकारी दी है, लेकिन यहाँ विशेष रूप से पैनिक से जुड़े विचार दिए जा रहे हैं।

पैनिक थॉट 1 : 'कुछ भयानक हो रहा है!'

आप अपने मन में 'कुछ भयानक' के लिए रिक्त स्थान भर सकते हैं, चाहे वह दिल का दौरा, बेचैनी या दम घुटना, बेहोशी और शर्म या गंभीर बीमारी से जुड़े विचार हों। पहली बार जब आप पैनिक अटैक का अनुभव करते हैं तो यह समझना मुश्किल होता है कि क्या हो रहा है। अटैक की पहली घटना में कई लोग

अस्पताल जाएँगे और जाँच करवाएँगे। लेकिन जो लोग अटैक के कई का अनुभव ले चुके हैं, उनके लिए पैनिक अटैक की पहचान करना आसान हो जाता है। एक बार जब हम पहले से ही इस तरह की हलचल से गुज़र चुके होते हैं, तो हम उन भयावह विचारों को चुनौती देना शुरू कर सकते हैं। जो बाधा हमें आश्वस्त होने से रोकती है, वह अनिश्चितता का बीज है, जो कहता है कि आप कभी भी पूरे यक़ीन से नहीं कह सकते कि इस बार कुछ अलग नहीं है। इस विचार का विरोध करने में अपनी मदद के लिए, एंग्ज़ाइटी और पैनिक के सभी अलग-अलग संकेतों को रिकॉर्ड करने में समय व्यतीत करें ताकि आप एंग्ज़ाइटी से पैनिक की ओर बढ़ते हुए हर बारीक़ी को जान सकें। इससे आपको एंग्ज़ाइटी को पहचानने में मदद मिलेगी और फिर मौत या किसी और ख़तरे का सामना करने संबंधी विचार उठेंगे।

पैनिक थॉट 2 : 'यह कभी ख़त्म नहीं होने वाला है!'

यह विचार अलग-अलग तरीक़ों से आ सकता है। जब आप घबराहट यानी पैनिक में होते हैं, तो संभावना है कि आपके मन में यह विचार आता है कि यह यह घबराहट कभी ख़त्म नहीं होगी। लेकिन पैनिक अटैक के बीच आपके मन में यह भी विचार आ सकता है कि 'ये घबराहट के दौरे कभी ख़त्म नहीं होने वाले हैं। मैं हमेशा इनके नियंत्रण में रहूँगा।' इनमें से कोई भी विचार आपके लिए मददगार नहीं है और ना ही यह ज़रूरी है कि इनमें से कोई भी विचार सच हो। इस तर्क का विरोध करने एक तरीक़ा यह पता लगाना है कि वास्तव में पैनिक अटैक कितने समय तक चलते हैं। आप अपने किसी परिवार के किसी भरोसेमंद सदस्य से यह काम करने के लिए कह सकते हैं, ताकि आपको यह अंदाज़ा हो सके कि अटैक कितने समय तक चलते हैं। आपका शरीर शारीरिक रूप से हमेशा के लिए पैनिक की स्थिति में नहीं रह सकता। पैनिक में आपका शरीर बहुत ज़्यादा मेहनत कर रहा होता है और जल्दी ही थक जाता है। इसलिए इस जानकारी को याद रखें कि इसका मतलब यह भी है कि आपके पास पैनिक अटैक के बाद फिर से ताक़त पाने का मौक़ा चाहिए होगा।

पैनिक थॉट 3 : 'मुझे यह फिर कभी नही होने देना चाहिए।' 'मुझे पता होना चाहिए कि पैनिक अटैक कब और कैसे आएगा।'

यह विचार व्यसनी है, क्योंकि यह सुरक्षा की झूठी भावना पैदा करता है। नियंत्रण का विचार मोहक है और जल्दी ही आपका मन और ध्यान खींच सकता है। इससे पहले कि आप इसे जानें, कई चीज़ें जो आपके जीवन में अर्थ, उद्देश्य या ख़ुशी

लाती थीं, वे आपकी सीमा से बाहर हो जाती हैं, क्योंकि आप उन स्थितियों में चिंता-मुक्त होने की गारंटी नहीं दे सकते। पैनिक को नियंत्रित करने की कोशिश करने का ही कार्य इसे आपको नियंत्रित करने की अनुमति देता है। एक बार जब हम कठिन समय का सामना करने के लिए टूल्स प्राप्त कर लेते हैं और भरोसा करते हैं कि हम इससे बाहर निकल सकते हैं, तो हमें इसके कभी ना होने की निश्चितता की आवश्यकता नहीं होती। हम इस संभावना के साथ अपना जीवन जी सकते हैं कि ऐसा हो सकता है। यदि आपके पास अपना छाता और जैकेट है और आपको भरोसा है कि आप ज़रूरत पड़ने पर उनका उपयोग कर सकते हैं, तो आपको बारिश में भीगने से डरने की ज़रूरत नहीं है। आप यात्रा का आनंद लेने पर ध्यान केंद्रित कर सकते हैं।

अभ्यास :

इनमें से कौन-से सामान्य घबराहट (पैनिक) के विचार आपके मन में आते हैं? क्या आपके मन में कोई और विचार आया है, जो चिंता को घबराहट में यानी एंग्ज़ाइटी को पैनिक में बदल देता है? उन्हें नोट कर लें ताकि हम अगले चरण में उनका उपयोग कर सकें।

जूलिया डोनाल्डसन की प्रसिद्ध पुस्तक द *ग्रफ़ैलो* में एक छोटा चूहा है, जिसे कहानी में अपने आकार और खाद्य शृंखला में उसके स्थान को देखते हुए, शिकार बनना चाहिए। अपनी यात्रा के दौरान हर मुठभेड़ उसे पीछे हटने और भागने के लिए मजबूर कर देती है। वह जिस रास्ते पर चल रहा है, उस पर वह इसलिए आगे बढ़ पा रहा है, क्योंकि वह बस उनके दिमाग़ में चल रही कहानी को बदलकर अपने और दूसरों की भावनात्मक प्रतिक्रियाओं को बदल सकता है। यह उन कहानियों की शक्ति है जो हम अपने आपको बताते हैं। जब पैनिक की बात आती है, तो वह कहानी जो एंग्ज़ाइटी को पैनिक में बदल देती है, वह एंग्ज़ाइटी के उन शारीरिक लक्षणों के इर्द-गिर्द केंद्रित होती है। उन संवेदनाओं को असहनीय और ख़तरनाक माना जाता है। लेकिन जब आप भागने की इच्छा का विरोध करते हैं और स्वयं को उनका सामना करने का मौक़ा देते हैं, तो आप देख पाते हैं कि आपने उनके

बारे में जो कहानी स्वयं को बताई थी, उसमें इतना तीव्र अनुमानित भय पैदा करने वाली शक्ति नहीं थी।

उस अनुमानित भय को कुछ हद तक कम करना अगले चरणों की तैयारी में शानदार रूप से सहायक हो सकता है।

अभ्यास :

इसके बाद, घबराहट के उन लक्षणों को लिखें, जिनसे आपको सबसे अधिक डर लगता है और जो आपको सबसे अधिक असहनीय लगते हैं।

इन लक्षणों के बारे में आपकी ऐसी कौन–सी मान्यताएँ हैं, जिनके कारण आपको उस अनुभूति से डर लगता है?

उदाहरण के लिए :

- दिल की धड़कनें तेज़ होना – जब मेरा दिल तेज़ी से धड़कता है तो मुझे बहुत डर लगता है, क्योंकि मैं मानता हूँ कि इसका मतलब है कि मुझे दिल का दौरा पड़ रहा है और मैं मरने वाला हूँ।
- साँस लेने में तकलीफ़ – जब ऐसा होता है तो मुझे लगता है कि मेरा दम घुट रहा है।

- मुँह सूखना और निगलने में परेशानी – मुझे लगता है कि मैं साँस नहीं ले पाऊँगा।

____

____

____

____

____

____

____

____

आगे दिए गए ग्रिड का उपयोग करते हुए पहले कॉलम में पिछले अभ्यासों में आपके द्वारा नोट किए गए विभिन्न विचार पूर्वाग्रहों और शारीरिक संवेदनाओं के बारे में अपनी मान्यताओं को सूचीबद्ध करें। दूसरे कॉलम में उस जानकारी को नोट करें जो आपको अपनी मान्यता पर सवाल उठाने में सक्षम बनाती है, छोटे पैमाने पर ही सही। फिर, तीसरे कॉलम में इस बारे में आपके पास जो नई कहानी होगी, उसे लिखें, क्योंकि अब आप आगे बढ़ गए हैं। एक ऐसी कहानी जिस पर आप विश्वास कर सकते हैं, लेकिन जो आपको एंग्ज़ाइटी से बाहर निकलने में भी मदद करेगी। इसमें कुछ समय लग सकता है, क्योंकि आप पिछले पृष्ठों में सीखी गई बातों पर लौट जाते हैं।

पुराना विचार	नई जानकारी जो मुझे पुराने विचारों पर सवाल उठाने में मदद करती है	आगे ले जाने के लिए नई कहानी

एक बार जब आप ध्यानपूर्वक एक ऐसी नई कहानी चुन लेते हैं, जिसे आप स्वीकार कर सकते हैं और जो एंग्ज़ाइटी का सामना करने में आपके लिए बहुत अधिक सहायक साबित होगी, तो आप उन संवेदनाओं को एक नए तरीक़े से अनुभव करना शुरू कर सकते हैं। इसे धीरे-धीरे करने का एक तरीक़ा उन गतिविधियों को ढूँढ़ना है, जो अधिक नियंत्रित वातावरण में उन संवेदनाओं को लाती हैं, ताकि आप उनके

साथ तालमेल बना सकें और अपनी नई समझ को सुरक्षित मानकर उस पर दृढ़ रह सकें। आपको इनका अभ्यास करना है।

देखिए कुछ उदाहरण :

- साँस फूलना- जब तक आपको अपनी साँस की गति में थोड़ा बदलाव महसूस ना हो, तब तक सीढ़ियों पर कुछ बार ऊपर-नीचे दौड़ें।
- चक्कर आना-चक्कर आने जैसा हल्का अहसास पाने के लिए कुछ बार गोल-गोल घूमें।
- दिल की धड़कनें तेज़ होना-लगभग 10 सेकंड तक दौड़ें, फिर अगले कुछ मिनटों में अपने दिल की तेज़ धड़कनों की गति धीमी होने का अहसास करें।

एक बार जब आप संवेदना उत्पन्न कर लेते हैं, तो अपने आप को इस अनुभूति के लिए अपनी नई समझ की याद दिलाते रहें कि यह आपका शरीर ठीक उसी तरह काम कर रहा है जैसा उसे करना चाहिए और आपका शरीर ठीक से जानता है कि जब आप उसका निरीक्षण करने के लिए तैयार हों तो किस तरह शांत होना है।

इसका मुश्किल हिस्सा इसे धीरे-धीरे बढ़ाते जाना है। आप एक कम तीव्रता वाली अनुभूति चाहते हैं, जिसके साथ आप काम कर सकें। कुछ लोगों को विचार कठिन लगता है और तब एक थेरैपिस्ट आपकी बहुत मदद कर सकता है, जो इसे धीरे-धीरे एक प्रबंधनीय गति से करने में आपकी सहायता कर सकता है। यदि आपकी सहायता करने वाला कोई है तो यह निश्चित रूप से एक ऐसा उपाय है जिसे आपको करना चाहिए।

आगे की सोचें- एक अलग तरीक़े से

अब मैं चाहती हूँ कि आप आगे की ओर देखें। उसी तरह नहीं जैसे आप चिंता करते समय देखते हैं, बल्कि इस तरह से कि इससे आपको उस दिशा में आगे बढ़ने में मदद मिले जिस दिशा में आप जाना चाहते हैं।

किसी स्थिति के बारे में अलग तरह से सोचना बहुत अच्छी बात है, लेकिन मुख्य बात यह है कि इससे आपके कार्य कैसे बदलते हैं। मैं चाहती हूँ कि आप नीचे दिए गए प्रश्नों को ध्यानपूर्वक पढ़ें। इन प्रश्नों के बारे में विचार करते हुए समय बिताना इसलिए ज़रूरी है, क्योंकि आपकी आगे की राह आसान नहीं होगी। ऐसे दिन आएँगे, जब एंग्ज़ाइटी आपको सताएगी। ऐसे दिन आएँगे, जब आपके भीतर

भागने और बचने की तरक़ीबें अपनाने की इच्छा प्रबल होगी। निश्चित रूप से ऐसे दिन भी आएँगे जब आपको हार मानने का मन होगा। इसलिए अभी इन प्रश्नों पर विचार करें, लेकिन आने वाले हफ़्तों और महीनों में जितनी बार ज़रूरत हो उतनी बार इनको पढ़ें। आप अभी कैसा महसूस करना चाहते हैं, और आप भविष्य में अपने जीवन के लिए क्या चाहते हैं इस पर आपको नया नज़रिया बनाने में मदद करेंगे।

अभ्यास :

अब जब आप अपनी इस नई समझ, नए नज़रिये के अनुसार जी रहे हैं कि ये भावनाएँ सुरक्षित हैं, और आप अपनी क्षमता और इच्छा को मज़बूत कर रहे हैं ताकि आप उन कामों में सबसे असहज भावनाओं के साथ तालमेल बिठा सकें, जो आपके लिए सबसे ज़्यादा मायने रखती हैं, तो क्या अलग होगा? आप अपने कामों को अलग तरीक़े से कैसे कर सकते हैं? आप अलग कैसे महसूस कर सकते हैं?

कुछ मिनट इस बारे में गहराई से सोचें कि आपके लिए जीवन कितना अच्छा हो सकता है।

जब जीवन में सुधार होने लगे, तो आप उन शुरुआती शंकाओं को कैसे याद करेंगे, जब आपने सोचा था कि क्या आप यह काम कर पाएँगे?

कठिन दिनों में आप ऐसे कौन से विकल्प चुनेंगे, जिन्हें आप एक वर्ष बाद गर्व और राहत के साथ याद करेंगे?

आप किस बात के लिए 'हाँ' कहने पर आभारी होंगे और किस बात के लिए 'नहीं' कहने पर संतुष्ट होंगे?

हर परिवर्तन में वे दिन भी शामिल होते हैं, जब आपको लगता है कि आप हार मान चुके हैं। ऐसा सिर्फ़ एक दिन नहीं होगा। ऐसे कई दिन हो सकते हैं। कल्पना कीजिए कि आप एक साल बाद मुझसे बात कर रहे हैं कि आपने इस बड़ी चुनौती को कैसे पार किया और अपने जीवन को पहले से हज़ार गुना बेहतर कैसे बनाया। आप मुझे क्या बताएँगे कि आपने उन मुश्क़िल दिनों में कैसे स्वयं को सँभाला? आप उनसे कैसे बाहर निकले? वे कौन–से विकल्प हैं, जिन्हें बताते हुए मैं गर्व और कृतज्ञता के आँसू बहाता हूँ? उन्हें लिख लें।

चरण 3: ज़रूरत पड़ने से पहले ही टूल्स को साध लें

जब आप पैनिक अटैक का अनुभव करते हैं, तो आपको लोगों से यही सलाह मिलती है कि अपने आपको शांत करने का प्रयास करें। लेकिन जैसा कि आप अब तक जान चुके हैं, पैनिक को दूर भगाने की कोशिश करना, इससे बचने और इसे नियंत्रित करने की कोशिश मस्तिष्क को बताती है कि पैनिक ख़तरनाक है और यह पूरी ताक़त से आपके पास वापस आता है। किसी परिस्थिति से भागने से आप उससे और ज़्यादा डरने लगते हैं। इसलिए इस भाग में दिए गए टूल का उद्देश्य उससे लड़ना नहीं है। दिया गया प्रत्येक टूल असुविधा को स्वीकार करने और उसके साथ काम करने और इससे बाहर निकलने के अपने तरीक़े को शांत करने, उन भावनाओं की तीव्रता को कम करने और आपको और अधिक चिंता को ट्रिगर करने से रोकने के लिए अलग-अलग तरीक़े से काम करता है।

टूल 1 : लक्षणों का आभार

यह ज़रा अजीब लग सकता है, क्योंकि आप सभी व्यग्र करने वाली भावनाओं से छुटकारा पाना चाहते हैं। लेकिन ये संवेदनाएँ हमारी सबसे क़ीमती उत्तरजीविता प्रतिक्रिया का प्रतिनिधित्व करती हैं और यही कारण है कि हम आज यहाँ हैं। आपका मस्तिष्क भी आपको सुरक्षित रखने में बहुत अच्छा काम कर रहा है। मस्तिष्क यह भी जानता है कि जब आप अपनी भावनाओं के विरुद्ध संघर्ष करना बंद कर देते हैं और वापस संदेश भेजते हैं कि आप सुरक्षित हैं, तो शांत अवस्था में कैसे वापस आना है। इसलिए जब हम इस टूल का उपयोग करते हैं, तो हम बस इतना कह रहे होते हैं, 'धन्यवाद, एंग्ज़ाइटी। मुझे पता है कि तुम मेरी मदद करने की कोशिश कर रहे हो।' यह प्रतिरोध और भावनाओं के विरुद्ध लड़ने से हटकर अनुभव को खुलेपन से स्वीकार करने की ओर बढ़ने की एक सूक्ष्म प्रक्रिया है। याद रखें कि जब किसी भावना के पास लड़ने के लिए कुछ नहीं होता है, तो वह एक लहर की तरह आपके ऊपर से गुज़र जाती है। स्वयं को याद दिलाएँ कि ये भावनाएँ अस्थायी हैं। वे गुज़र जाएँगी। फिर सूचीबद्ध कुछ अन्य टूल्स का उपयोग करने के लिए आगे बढ़ें।

टूल 2 : ग्राउंडिंग

ग्राउंडिंग एक्सरसाइज़ पैरासिम्पेथेटिक प्रतिक्रिया को ट्रिगर करने में आपकी मदद कर सकती है, जिससे शरीर शांत अवस्था में वापस पहुँच जाता है। पैनिक अटैक के दौरान आम तौर पर दिमाग़ आपको बताता है कि आप सुरक्षित नहीं हैं। लेकिन जब हम अपनी शारीरिक इंद्रियों का उपयोग करके वर्तमान क्षण से जुड़ते हैं, तो हम उन इंद्रियों का उपयोग मस्तिष्क को यह बताने के लिए कर सकते हैं कि हम वास्तव में सुरक्षित हैं।

स्पर्श करें – अपने आस-पास की तीन चीज़ों को छूने की कोशिश करें। उदाहरण के लिए, अपने हाथों को अपने सामने डेस्क पर रखें। तापमान, बनावट और इससे होने वाली संवेदनाओं पर ध्यान दें। जब आप अलग-अलग वस्तुओं को छूते हैं, तो उनका वर्णन कुछ इस तरह से करें, जैसे कि आप इनको पहली बार देख रहे हों। जब आप व्याकुल हो रहे हों और आपको अपना ध्यान वर्तमान पर केंद्रित करने के लिए कुछ ज़्यादा प्रभावशाली उपाय की ज़रूरत हो, तो आप अपने चेहरे को बहुत ठंडे पानी से धो सकते हैं। ऐसा करते समय अपनी त्वचा पर पानी के बहने की संवेदनाओं पर ध्यान केंद्रित करें और मन ही मन उस अनुभव का वर्णन करें। इसमें बर्फ़ का टुकड़ा पकड़ना या बारिश में चलना भी शामिल है। इनमें से प्रत्येक आपकी इंद्रियों से एक बड़ी प्रतिक्रिया उत्पन्न करता है, जिससे जब आप चिंतित हों, तो ध्यान केंद्रित करना आसान हो जाता है।

देखें – अपने आस-पास देखने के लिए कुछ समय निकालें। अपने आस-पास की उन चीज़ों पर ध्यान दें, जिन पर आपने पहले ध्यान नहीं दिया था। ये कमरे में मौजूद चीज़ें या छोटी-छोटी कोई भी चीज़ हो सकती है, जिन पर आपने पहले ध्यान नहीं दिया। चाहे आप अंदर हों या बाहर, अपने आस-पास की चीज़ों को नई दिलचस्पी और जिज्ञासा के साथ देखें, जैसे कि आप इन चीज़ों को पहली बार देख रहे हों।

सुनें– कुछ पल निकालकर उन आवाज़ों को सुनें जिन्हें आप इस क्षण में सुन सकते हैं। आवाज़ अच्छी है या नहीं, इस बारे में कोई राय बनाने के बजाय जिज्ञासा से सुनें। ध्यान दें कि कौन सी आवाज़ें पास से आती हैं और कौन सी दूर से। अलग-अलग आवाज़ों के बीच मौन के पलों पर ध्यान दें।

गंध लें– आपकी गंध की भावना शरीर और मन को शांत करने के सबसे तेज़ तरीक़ों में से एक हो सकती है। कुछ लोग अपने साथ कुछ ऐसा रखना पसंद करते हैं, जिसकी ख़ुशबू उन्हें सुरक्षा और शांति से जोड़ती हो। यह किसी प्रियजन के परफ़्यूम या सिर्फ़ लैवेंडर जैसी कोई गंध हो सकती है।

स्वाद लें– इसके लिए आपको भोजन की थाली लेकर बैठने की ज़रूरत नहीं है। वास्तव में इसे आप तब भी कर सकते हैं जब आप बाहर हों। मैं ऐसे कई लोगों को जानता हूँ, जो इस उद्देश्य के लिए अपने साथ ठंडाई की गोलियों का एक पैकेट (मिंट्स) रखते हैं। तेज़ स्वाद आपका ध्यान चाहता है, इसलिए इस प्रयोग से स्वयं को शांत करना आसान हो जाता है, ख़ासकर तब जब चिंता बहुत ज़्यादा हो और अपना ध्यान वापस वर्तमान में लाना बहुत मुश्किल हो। ग्राउंडिंग तकनीकों का उपयोग शुरू के लिए यह ना सोचें कि जब व्याकुलता बढ़ेगी तब करेंगे। अपनी दिनचर्या में छोटे-छोटे पलों को शामिल करना अपनी नई आदत बनाएँ। हर बार ऐसा करके आप अपने शरीर के सिंपैथेटिक नर्वस सिस्टम और अपनी स्वाभाविक शांत प्रतिक्रिया को सक्रिय करते हैं। तो आप उस तक पहुँचने में बेहतर हो जाएँगे और जब आपको इसकी सबसे ज़्यादा ज़रूरत होगी, तो आपको ज़बरदस्ती प्रयास नहीं करना पड़ेगा।

उपकरण 3 : गतिविधि

मैंने व्यग्रता वाले पिछले अध्यायों में इसके बारे में संक्षेप में बतया है और यह किसी भी पैनिक अटैक गाइड और एंग्ज़ाइटी एक्शन प्लान का एक महत्त्वपूर्ण हिस्सा है। नियमित व्यायाम आपको सामान्य तौर पर तनाव के स्तर को प्रबंधित करने में मदद करेगा। लेकिन अधिक एंग्ज़ाइटी और पैनिक एक्शन लेने के लिए तत्परता की स्थिति बनाती है, जिसमें आपका शरीर गतिविधि के लिए तैयार होता है। इसका मतलब है कि आप अपनी सुविधानुसार किसी भी रूप में गतिविधि का उपयोग कर सकते हैं, ताकि एंग्ज़ाइटी की स्थिति को अपने स्वाभाविक तरीक़े से आगे बढ़ाया जा सके। यह आपको कार्यों और उनके परिणामों पर नियंत्रण की भावना भी दे सकता है, जो घबराहट के दौरान अक्सर महसूस होने वाली लाचारी का प्रतिकार करती है। चाहे आप चलें, दौड़ें या तकिए पर मुक्का मारें, क्या करना है पूरी तरह से आप पर निर्भर करता है। लेकिन डर के साथ चुपचाप बैठे रहना भीतर के इस विश्वास को मज़बूत कर सकता है कि आप इस डर दया पर हैं। आगे बढ़ें और अपने शरीर की शक्ति और ऊर्जा को महसूस करें। इसका कई तरह से इस्तेमाल करें, भारी वज़न उठाएँ या ब्लॉक के चारों ओर तेज़ी से घूमें। इनमें से कुछ भी आज़माएँ और देखें कि आपको अपने दिमाग़ में चल रहे विचारों से बाहर निकालने और अपने शरीर पर ध्यान देने में कौन सा उपाय कारगर होता है, ताकि आप डर से लड़ने के बजाय उसके साथ आगे बढ़ सकें।

उपकरण 4 : साँस लेना–छोड़ना

व्यग्रता पर पिछले अध्यायों में मैंने साँस लेने की कुछ ऐसी अलग–अलग तकनीकों का वर्णन किया है, जो शरीर को शांत करने में अत्यधिक प्रभावी हैं। बेशक इनका इस्तेमाल किसी भी समय पैनिक अटैक से निपटने में किया जा सकता है, लेकिन यहाँ दो बातों पर ध्यान देना ज़रूरी है :

1. साँस को धीमा करने से एंग्ज़ाइटी की वृद्धि को धीमा करने में मदद मिलती है। लेकिन अगर आप अपने शरीर को सुरक्षित अनुभव नहीं करते हैं, तो स्वयं पर ध्यान केंद्रित करना ज़्यादा परेशानी भरा हो सकता है। कुछ दर्दनाक अनुभवों के साथ ऐसा हो सकता है। जब ऐसा हो, तो ग्राउंडिंग तकनीकों जैसी रणनीतियों का इस्तेमाल करें।
2. जब आप साँस लेने की तकनीकों का इस्तेमाल करते हैं, तब भी ध्यान रखें कि इसका उद्देश्य इस भावना को नियंत्रित या ख़त्म करना नहीं है, बल्कि तीव्रता को प्रबंधित करना है ताकि आप इससे बाहर निकल सकें। अगर आपका उद्देश्य इससे छुटकारा पाना है, तो भले ही आपका शरीर शांत होने लगे, लेकिन आपका दिमाग़ एंग्ज़ाइटी को ट्रिगर करना जारी रखेगा और आप फिर से उसी चक्र में चले जाएँगे।

अब जब आप पैनिक अटैक को समझ गए हैं और यह भी जान गए हैं कि वे आपको किस तरह प्रभावित करते हैं, तो एंग्ज़ाइटी एक्शन प्लान की ओर बढ़ते हैं। जैसा कि मैंने बताया, प्रत्येक चरण महत्त्वपूर्ण है, इसलिए अंत तक काम करते रहें।

38

एंग्ज़ाइटी एक्शन प्लान

अपनी उम्मीदों को निर्धारित करना

मैं इस कार्य-योजना यानी एक्शन प्लान की शुरुआत में ही सबसे महत्त्वपूर्ण बात स्पष्ट करना चाहती हूँ। इस प्लान का उद्देश्य आपके डर को कम करना नहीं, आपको अधिक साहसी बनाना है। ऐसी कई बातें हैं, जो एंग्ज़ाइटी से जूझने की ओर ले जा सकती हैं। लेकिन जिन दो सामान्य रास्तों को आप चुनने जा रहे हैं वे उस चुनौती के लिए प्रासंगिक हैं। एक तो यह कि आपके जीवन में हर कोई आपको दुनिया की वास्तविकताओं से बहुत ज़्यादा सुरक्षित रखता है, ताकि आपको कभी भी यह आत्मविश्वास ना आए कि आप कठिन काम कर सकते हैं। दूसरा है स्वयं की रक्षा करने के लिए टूल्स प्राप्त करने से पहले पर्याप्त सुरक्षा प्राप्त ना करना। दो बहुत अलग रास्ते, लेकिन दोनों में ही व्यक्ति को दुनिया का सामना करने के लिए आवश्यक हर चीज़ से लैस नहीं करना शामिल है। अपने डर से सुरक्षा की आपको ज़रूरत नहीं है। आपको अपनी ताक़त बढ़ाने का मौक़ा चाहिए ताकि आप एक ऐसे संसार में स्वतंत्र रूप से रह सकें, जो कभी-कभी ख़तरनाक और डरावनी हो सकती है, और पीछे हटना आपका एकमात्र विकल्प ना हो।

हम सभी को जीवन में ऐसे समय का सामना करना पड़ता है जब हमारे पास छिपने की कोई जगह नहीं होती। यही कारण है कि पैनिक अटैक इतने डरावने होते हैं। हम अपनी मृत्यु की आशंका का सामना करते हैं और हमारे पास जाने के लिए कोई जगह नहीं होती। हममें से किसी की भी मृत्यु की संभावना को कोई नहीं छीन सकता। इसलिए हमारा एकमात्र विकल्प अपनी ताक़त का निर्माण करना और यह स्वीकार करना है कि हम जितना हमें सिखाया गया था उससे कहीं ज़्यादा ख़तरे

और अनिश्चितता का सामना कर सकते हैं। और जितना अधिक आप उस पर काम करते हैं, उतना ही आप एक कठिन दुनिया में कठोर होने की अपनी क्षमता को लेकर आश्वस्त होते हैं। उस काम को करने से आपको सुरक्षा और आराम की आवश्यकता के बजाय, जो आपके लिए सबसे अधिक मायने रखता है, उसके आधार पर जीवन जीने की स्वतंत्रता मिलती है।

हो सकता है कि कुछ लोग इस तरह की पुस्तकें इसलिए पढ़ते हैं, क्योंकि जीवन की बेहतरी का विचार उन्हें आकर्षित और आश्वस्त करता है। लेकिन अगर आप चाहते हैं कि बदलाव के ये विचार आपके वास्तविक जीवन में शामिल हो जाएं, तो आइए एक्शन के लिए प्रतिबद्ध हों। स्वीकार करें कि अगर किसी स्थिति को विकसित होने में आपका अधिकांश जीवन लग गया, तो उसे आसानी से रातोंरात नहीं बदला जा सकता। इसके लिए आपको एक्शन करने के लिए प्रतिबद्ध होना होगा। सिर्फ़ एक बार नहीं, बल्कि समय के साथ बार-बार एक्शन लेना चाहिए। मैं आपको आश्वस्त कर सकती हूँ कि जिन लोगों के साथ मैंने काम किया है, जिन्होंने स्वयं के लिए 100 प्रतिशत प्रतिबद्ध होकर काम किया है, उन्होंने अपने बारे में बहुत कुछ सीखा है और ऐसे बदलाव किए हैं जिनसे उनका और उनके प्रियजन का जीवन बेहतर हुआ है।

जैसे-जैसे आप अपने और अपने भविष्य के प्रति अपनी प्रतिबद्धता के साथ इस प्लान के माध्यम से आगे बढ़ जाते हैं, बुरे दिनों और अधिक कठिन दिनों से विचलित ना होना ज़रूरी है। इसके लिए बदलाव के नियम को याद रखना होगा। ऐसा करना कभी भी सहज और सरल नहीं होता। कभी नहीं। ऐसे दिन आएँगे जब आपको लगेगा कि आप आगे बढ़ रहे हैं और ऐसे दिन भी होंगे जब आपको लगेगा कि काश शुरुआत ही ना की होती। ये सभी सामान्य हैं और बदलाव के एक हिस्से के रूप में अपेक्षित हैं। आप रास्ते में आने वाली बाधाओं के दर्द और असुविधा के बिना अपने लिए सार्थक कुछ भी हासिल नहीं कर पाएँगे। इसलिए जब परेशानियाँ आएँ, तो यह मानकर स्वीकार करें कि वे आगे बढ़ने का एक हिस्सा हैं। आपको ऐसा लगेगा कि आप फिर से शुरुआती बिंदु पर आकर खड़े हो गए हैं, लेकिन ऐसा नहीं है। आपकी अब तक की सीख और अनुभव बेकार नहीं जाएँगे। बदलाव की कुंजी बिना किसी रुकावट के अपने जीवन में किसी तरह का चमत्कार करना नहीं है। बल्कि अपने आप को बने-बनाए रास्ते से हटाकर नए रास्ते पर अगला पैर आगे रखने में निपुण हासिल करना है।

इस अध्याय के पहले पैराग्राफ़ में मैंने उल्लेख किया था कि एंग्ज़ाइटी से निपटने से आपको महत्त्वपूर्ण चीज़ों के आधार पर जीवन जीने की स्वतंत्रता मिलती है, बजाय इसके कि आप क्या करते हैं या क्या महसूस नहीं करना चाहते हैं।

लेकिन अगर हम नहीं चाहते कि एंग्ज़ाइटी हमारे लिए निर्णय ले, तो अपने प्लान की शुरुआत मूल्यों की जाँच से करना समझदारी होगी। यह आपके लिए यह स्पष्ट करने का अवसर है कि आपके जीवन के इस मोड़ पर आपके लिए सबसे ज़्यादा क्या मायने रखता है। यह हमें एक नक़्शा देता है कि आतंक-आधारित जीवन के बजाय मूल्य-आधारित जीवन कैसा हो सकता है।

इस अभ्यास का उल्लेख 'महत्त्वपूर्ण बातों पर काम करना' नामक अध्याय में भी किया गया है, लेकिन इसके लिए मैंने एक और जगह बना दी है, जिसे आप पुस्तक में ही भर सकते हैं, क्योंकि यह इस एंग्ज़ाइटी एक्शन प्लान का एक महत्त्वपूर्ण हिस्सा है और इसे छोड़ना नहीं चाहिए।

वैल्यू बॉक्स कैसे भरें

आप देखेंगे कि तालिका में प्रत्येक बॉक्स में आपके जीवन के अलग-अलग पहलुओं की सूची दी गई है। मैंने उनमें से कुछ बॉक्स ख़ाली छोड़े हैं ताकि आप अपने पहलू जोड़ सकें।

मैं चाहती हूँ कि प्रत्येक बॉक्स में आप अपने जीवन के उस पहलू के बारे में सोचें और स्वयं से कुछ प्रश्न पूछें।

- **अच्छे और बुरे समय में, आप अपने जीवन के इस क्षेत्र में कैसे दिखना चाहते हैं?**
- **आप क्या योगदान देना चाहते हैं?**
- **आप क्या रवैया और दृष्टिकोण अपनाना चाहते हैं?**

आपके उत्तर एक शब्द में या पूरे वाक्य हो सकते हैं। ध्यान रखें कि ये मूल्य हैं, लक्ष्य नहीं। लक्ष्य वह है, जिसे आप पूरा कर सकते हैं और समाप्त कर सकते हैं। मूल्य वह है, जिसे आप अपने पूरे जीवन में अपना सकते हैं, और इसके साथ तालमेल बिठाते हुए लक्ष्य निर्धारित कर सकते हैं। लक्ष्य क्या है, मूल्य क्यों है।

स्वास्थ्य	दोस्ती	पालन-पोषण	रिश्ते
आजीवन सीखना	विश्वास/ आध्यात्मिकता	योगदान/ समुदाय	करियर

रचनात्मकता			

एक बार जब आप यह काम पूरा कर लें, तो आप प्रत्येक बॉक्स पर दोबारा जा सकते हैं और स्वयं से पूछ सकते हैं :

मैं इस समय उन मूल्यों के अनुरूप कितना जीवन जी रहा हूँ?

____

____

____

____

____

____

____

____

एंग्ज़ाइटी और उससे बचने की मेरी प्रवृत्ति मुझे इन मूल्यों के अनुरूप जीवन जीने से किस तरह रोकती है?

मेरे जीवन के किन क्षेत्रों में एंग्ज़ाइटी मुझे वह व्यक्ति बनने से रोकती है, जो मैं बनना चाहता हूँ?

इससे मुझे क्या क़ीमत चुकानी पड़ रही है?

मैं अपने जीवन के प्रत्येक क्षेत्र में अपनी इच्छानुसार जीने की अपनी क्षमता के लिए क्या क़ीमत चुका रहा हूँ?

एंग्ज़ाइटी से निपटने के इस चरण में यह स्वाभाविक है कि आपको यह महसूस हो कि कैसे जल्दी से जल्दी इससे छुटकारा मिले, जैसे कि 'बस मुझे बताएँ कि यह सब दूर करने के लिए क्या करना है।' लेकिन अगर आप वास्तव में इस समस्या को पूरी तरह हल करना चाहते हैं, तो इन अभ्यासों को क्रम से करना ज़रूरी है, क्योंकि हर एक चरण आपको अगले के लिए तैयार करता है। तो चलिए शुरुआत यह पता लगाने से करते हैं कि एंग्ज़ाइटी आपके सामने किस तरह से आती है।

एंग्ज़ाइटी की वर्तमान स्थिति पर नज़र डालें

नीचे उन स्थितियों की सूची बनाइए, जो आपके लिए एंग्ज़ाइटी का कारण बनती हैं।

अपने शरीर में कहाँ एंग्ज़ाइटी महसूस होती है, इस पर विचार करें और इसे यहाँ नोट करें। कुछ लोगों को यह मुश्किल लगता है, इसलिए मैंने आपके लिए कुछ सामान्य शारीरिक लक्षणों को सूचीबद्ध किया है, जिन पर आप टिक या सर्किल लगा सकते हैं। लेकिन इसे आप स्वयं भी जोड़ सकते हैं :

- दिल की धड़कन तेज़ होना
- साँस फूलना
- पसीना आना
- मुँह सूखना
- काँपना
- घबराहट महसूस होना
- मतली
- चक्कर आना/सिर चकराना
- मांसपेशियों में तनाव

जब यह एंग्ज़ाइटी होती है, तो कौन-से विचार आपके सामने आते हैं? यदि चिंता सामान्य है और हर बार विचार बहुत अलग होते हैं, तो किसी हाल ही की घटना पर ध्यान केंद्रित करें, जिसे आप आसानी से याद कर सकते हैं।

आपने पिछले अध्यायों में पढ़ा है कि जब एंग्ज़ाइटी बढ़ जाती है, तो हमारा ख़तरा तंत्र चालू हो जाता है। इसका मतलब है कि मस्तिष्क उन संकेतों के प्रति सतर्क है जो बताते हैं कि हो सकता है हम सुरक्षित ना हों। फिर इसका काम आस-पास के ख़तरों को पता लगाना हो जाता है, इसलिए यह परिवेश को स्कैन करता है कि आख़िर हम क्यों चिंतित महसूस करते हैं। इस बिंदु पर, मस्तिष्क का ध्यान पूरी तरह से आपको सुरक्षित रखने पर केंद्रित होता है। यह स्थितियों को संसाधित करने में शॉर्टकट लेता है ताकि यह सुनिश्चित हो सके कि अगर कोई ख़तरा है, तो आप इसे जल्दी से पहचान सकें। लेकिन ये शॉर्टकट ही पूर्वाग्रह की ओर ले जाते हैं। और ये पूर्वाग्रह एंग्ज़ाइटी को फिर से और अधिक ट्रिगर कर सकते हैं, क्योंकि वे अक्सर सबसे ख़राब स्थिति से निपटने वाले शॉर्टकट होते हैं, क्योंकि आपका मस्तिष्क आपको सुरक्षित रखने के लिए काम करता है। अगले बॉक्स में मैंने आपके लिए सामान्य विचार पूर्वाग्रहों की एक सूची शामिल की है। दिए गए स्थानों में देखें कि क्या आप पहचान सकते हैं कि वे पूर्वाग्रह आपके सामने कब आते हैं। क्या आप याद कर सकते हैं कि उन्होंने आपकी एंग्ज़ाइटी को बेहतर बनाया या बदतर, और क्या वह विचार सच या सुनने लायक़ था?

चिंताग्रस्त या व्यग्र होने पर सामान्य विचार पूर्वाग्रह	उदाहरण	कई बार मैंने देखा कि यह मेरे सामने आया था	क्या यह बात सच या सुनने लायक़ थी?	क्या इससे एंग्ज़ाइटी कम हुई या बदतर?
विनाशकारी जब हज़ारों संभावनाएँ हों, लेकिन आपका दिमाग़ सबसे बुरी स्थिति पर पहुँच जाता है और उसी में उलझा रहता है।	'अगर मैं बालकनी में खड़ा रहूँगा, तो मैं किनारे पर झुकूँगा, संतुलन खो दूँगा और गिरकर मर जाऊँगा।'			
व्यक्तिगत बनाना जब हज़ारों संभावनाएँ हों, लेकिन आपका मन यह मान ले कि यह आपके बारे में है या किसी ऐसे काम के बारे में है जिसके लिए आप ज़िम्मेदार हैं।	'मेरी दोस्त ने पार्टी में मुझसे ज़्यादा बात नहीं की। मैंने ज़रूर कुछ ऐसा किया होगा, जिससे वह मुझसे नफ़रत करने लगी।'			
लेबलिंग जब आपका दिमाग़ किसी एक घटना या एक समयावधि को पकड़कर उसका उपयोग यह तय करने के लिए करता है कि आप एक व्यक्ति के रूप में कौन हैं।	'मैं हाल ही में बहुत चिंतित रहने लगा हूँ, इसलिए मुझे लगता है कि मैं एक चिंताग्रस्त व्यक्ति हूँ। मैं यही हूँ।'			

मेंटल फ़िल्टर जब आपका दिमाग़ किसी ऐसी जानकारी को पकड़ लेता है, जो आपको बुरा महसूस कराती है और उस जानकारी को नज़रअंदाज़ कर देता है, जो आपको अलग तरह से महसूस कराने में मदद करती है।	'मुझे वे सभी बातें याद नहीं हैं, जो मैंने अच्छी तरह से कीं, क्योंकि मैं उस एक काम के बारे में सोचना बंद नहीं कर सकता, जो मैं बेहतर कर सकता था।'			
अतिसामान्यीकरण जब आपका मन एक बुरे अनुभव को लेकर अन्य सभी अनुभवों को भी ख़राब कर देता है।	'मैं उस रिश्ते को कामयाब नहीं बना पाया। मैं कभी किसी के साथ ख़ुश नहीं रह पाऊँगा, तो फिर कोशिश ही क्यों करूँ?'			

आगे आपके लिए विचार डायरी का एक उदाहरण दिया जा रहा है। एंग्ज़ाइटी से निपटने का एक महत्त्वपूर्ण हिस्सा चिंताजनक क्षणों को पीछे मुड़कर देखना और उन विचारों पर ग़ौर करना है, जिन्होंने एंग्ज़ाइटी बढ़ाने में महत्त्वपूर्ण भूमिका निभाई। जितना अधिक आप पीछे मुड़कर देखेंगे, उतना ही उन्हें उस पल में ग़ौर करना और उनसे परे अधिक सहायक दृष्टिकोणों को देखना आसान हो जाएगा।

विचार डायरी

जब आप चिंताग्रस्त, व्यग्र होते हैं तो आपके मन में आने वाले सभी विचारों के साथ इस अभ्यास को जारी रखें। जितना अधिक आप उन विचारों के पूर्वाग्रह पर

ग़ौर करने और उन्हें लेबल करेंगे, उतना ही उन्हें उस समय पहचानना आसान हो जाएगा। जब वे विचार उठते हैं तो ऐसा करने से उनकी निहित शक्ति समाप्त हो जाती है, ताकि आप अपनी चिंता प्रतिक्रिया को अधिक आसानी से शांत कर सकें और प्रत्येक स्थिति का सावधानीपूर्वक मूल्यांकन करते हुए अपने कार्यों को चुन सकें, ना कि मन में आए पहले विचार के आधार पर (जो आम तौर पर सबसे ख़राब स्थिति होती है)।

चिंताजनक स्थिति	**उस समय मन में आए विचार**	**यह कौन सा विचार पूर्वाग्रह था ?**	**अब मेरे पास जो नया दृष्टिकोण है, उसका उपयोग मैं भविष्य में इसी तरह की परस्थितियों में करूँगा**

पूर्वाग्रह से परे – एंग्ज़ाइटी के कारण लगाए जाने वाले ग़लत अनुमान

ऐसे बहुत से प्रैक्टिशनर हैं जो उन झूठी बातों के बारे में बताते हैं जो एंग्ज़ाइटी के कारण आपको सच लगती हैं। लेकिन यह याद रखिए कि आपका मस्तिष्क सबसे पहले आपको सुरक्षित रखने के लिए और फिर समस्याओं को सुलझाने के लिए अपना सर्वश्रेष्ठ प्रयास कर रहा है, सुरक्षा हमेशा आपके मस्तिष्क की प्राथमिकता होती है। और यह सही भी है। इसका मतलब यह है कि जब आपका मस्तिष्क स्थिति को ग़लत ढंग से समझने लगता है, तो एंग्ज़ाइटी झूठ बोलने से अधिक ग़लत अनुमान लगाने के समान होती है। जोख़िम से बचने की क़ीमत हमें इस तरह चुकानी पड़ती है कि हम कभी-कभी ग़लत अनुमान लगा लेते हैं। व्यग्रता के क्षणों में हम जिस तरह के कुछ ग़लत अनुमान लगाते हैं, वे नीचे दिए गए प्रकार के हो सकते हैं।

ग़लत अनुमान 1 : 'मुझे यह सुनिश्चित करना है कि कभी कुछ बुरा ना हो।'

यह सच क्यों नहीं है : यह एक असंभव कार्य है। जो कुछ भी घटित होता है, हम उसे नियंत्रित नहीं कर सकते। नियंत्रण की आवश्यकता अनिश्चितता के डर और स्वयं पर यह भरोसा ना होने में निहित है कि आप स्वयं सर्वश्रेष्ठ कर सकते हैं और जीवन में आने वाले दर्द और परेशानी को सहन कर सकते हैं।

ग़लत अनुमान 2 : 'अगर मैं एंग्ज़ाइटी का सामना करूँगा तो मैं भावनाओं से तालमेल नहीं बिठा पाऊँगा।'

यह सच क्यों नहीं है : यदि आप एंग्ज़ाइटी से निपटने की योजना नहीं बनाते हैं, तो आप (इस पुस्तक में दिए गए कौशल का उपयोग करके) उस परेशानी से स्वयं को शांत करने और दूसरी तरफ़ से उभरने का एक तरीक़ा खोज लेंगे। वास्तव में, पीड़ादायक भावनाओं से निपटने के लिए उपलब्ध टूल्स का उपयोग करना सीखने का यही सबसे अच्छा हिस्सा है। हम अपने रास्ते में आने वाली किसी भी समस्या से निपटने की अपनी क्षमता से आत्मविश्वास का निर्माण करते हैं। फिर हमें उन चिंता या डर जैसी नकारात्मक स्थितियों को जन्म देने वाली परस्थितियों से बचने की ज़रूरत कम महसूस होती है। हम जानते हैं कि अब हम सामने आने वाली परिस्थितियों की दया पर निर्भर नहीं हैं।

ग़लत अनुमान 3 : 'यह भावना और भी बदतर होती जाएगी। मैं बेहोश हो जाऊँगा/अपमानित होऊँगा/मर जाऊँगा।'

यह सच क्यों नहीं है : ज़्यादातर लोग कल्पना करते हैं कि एंग्ज़ाइटी शुरू होने के बाद यह और भी ज़्यादा तीव्र होती जाएगी। इस काल्पनिक कहानी में कहीं न कहीं यह भविष्यवाणी होती है कि इसके बाद सार्वजनिक रूप से अपमान होगा, बेहोशी या पैनिक अटैक आकर मौत भी हो सकती है। इनमें से किसी भी भविष्यवाणी पर विश्वास करने से केवल चिंता बढ़ती ही। वास्तव में, एंग्ज़ाइटी से ब्लड प्रेशर बढ़ता है, लेकिन ब्लड प्रेशर कम होने पर आप बेहोश भी हो सकते हैं। एंग्ज़ाइटी की तीव्रता अनंत काल तक नहीं बढ़ सकती। जो बढ़ता है उसे घटना भी पड़ता है। इसमें आपके शरीर को बहुत मेहनत करनी पड़ती है। इसलिए, अगर आपको शांति का अहसास नहीं हुआ, तो शरीर थक जाएगा और सतर्कता का स्तर कम हो जाएगा। मौत का डर पैनिक अटैक से जुड़ा होता है, इसलिए आप इस बारे में ज़्यादा जानकारी के लिए पैनिक अटैक गाइड देख सकते हैं। लेकिन, एक सामान्य नियम के रूप में एंग्ज़ाइटी एक सुरक्षित भावना है। वास्तव में, जब आप चिंताग्रस्त होने लगते हैं, तो आपका शरीर आपको सुरक्षित रखने के लिए तैयार रहता है।

ग़लत अनुमान 4 : 'अगर मैं चिंतित हूँ तो मेरे साथ कुछ गड़बड़ है। मुझे ऐसा महसूस नहीं करना चाहिए।'

यह सच क्यों नहीं है : चलिए इसे सीधे तरीक़े से समझते हैं। एंग्ज़ाइटी यानी चिंता करना या व्यग्र होने का मतलब यह नहीं है कि आपके मस्तिष्क में कोई दोष है। यह वह तरीक़ा है, जिससे आपका अद्भुत मस्तिष्क आपको जीवित रहने में मदद करने के लिए एक्शन लेने के लिए तैयार करता है। व्यग्रता की असहजता हमें सक्रिय करने में मदद करती है। इसलिए भले ही यह अक्सर अत्यधिक अप्रिय हो सकती है, पर यह पूरी तरह से मानवीय भी है। यदि आपका ख़तरा तंत्र आपकी अपेक्षा से अधिक सक्रिय हो रहा है, तो बड़ी संभावना है कि आपका परिवेश आपके लिए हानिकारक है और आपको असुरक्षित महसूस करा रहा है, हो सकता है कि अतीत में कोई आघात हुआ हो जिसने आपके तनाव तंत्र को अत्यधिक सतर्क कर दिया हो, या आपको बर्न-आउट हुआ हो, या आप अधिक कैफ़ीन और बहुत कम नींद के सहारे जी रहे हों। इन सबके साथ-साथ अन्य कुछ और भी बातें आपके भीतर सामान्य से अधिक चिंता को जन्म देंगी। अपने पूरे करियर में मैं कभी भी किसी ऐसे व्यक्ति से नहीं मिली, जिसकी एंग्ज़ाइटी बेवजह रही हो। जब हमको समझ में आ गया कि वह व्यक्ति किस दौर से गुज़र रहा है, और वर्तमान में किस समस्या से निपट रहा है, तो उसकी चिंता का कारण भी समझा जा सकता है। इसलिए एंग्ज़ाइटी हमारी सबसे बड़ी समस्या नहीं है। यह एक बड़ा संकेत है कि हमें स्थितियों को ध्यान से देखना शुरू करना चाहिए।

ग़लत अनुमानों से कैसे निपटें

जब आप चिंताग्रस्त होते हैं, तो यह पहचानना मुश्किल होता है कि कौन से विचार ग़लत हैं। लेकिन एक बार जब हम सबसे आम विचारों को जान जाते हैं, तो उनका पूर्वानुमान लगाना आसान हो जाता है। हम उन्हें आते हुए देख सकते हैं। जब आप उन्हें पहचान लेते हैं, तो आपके पास कुछ विकल्प होते हैं। संज्ञानात्मक व्यवहार थेरैपी (कॉग्निटिव बिहेवियरल थेरैपी) लेने वाले कई लोग विचारों को चुनौती देना सीखते हैं। यह किसी विचार को परख़ने की एक सरल प्रक्रिया है। यदि आप चाहें तो वास्तविकता की जाँच कर लें। यह काम उतना ही आसान है, जितना उस विचार के सत्य होने के पक्ष और विपक्ष में सबूतों को सूचीबद्ध करना। यह चिंता को उत्तेजित करने वाली स्थितियों के बारे में आपके विचारों को मूलतः तो नहीं बदल सकता, लेकिन यह तथ्यों के रूप में विचारों में हमारे दृढ़ विश्वास को कम करने में सहायक हो सकता है। विचार हमारे महसूस करने और व्यवहार करने के तरीक़े पर एक शक्तिशाली प्रभाव डाल सकते हैं। लेकिन उस विचार की शक्ति इस बात में है कि हम उसे कितना मानते हैं। तो क्यों ना आगे बढ़ने से पहले इस सरल विचारों को चुनौती देने वाले कार्य को थोड़ा-सा आज़माया जाए? चिंता को उत्तेजित करने वाली स्थितियों में आपके द्वारा अनुभव किए जाने वाले विचारों में से किसी एक को चुनें और नीचे दिए गए प्रश्नों के माध्यम से उसे आज़माएँ।

अभ्यास :

इस अभ्यास को शुरू करने समय याद रखें कि कोई भी आपको किसी बात के लिए मनाने या आपकी राय बदलने की कोशिश नहीं कर रहा है। यह सिर्फ़ आप अपने नज़रिए की खोज कर रहे हैं, यह देख रहे हैं कि कौन-सा नज़रिये आपके लिए सबसे सही हैं और कौन से नज़रिये ज़्यादा परेशान करते हैं। इसलिए खुले दिमाग़ से इस अभ्यास को करें और देखें कि आपको क्या नज़र आता है।

उस विचार को लिखें, जिसे आप चुनौती देना चाहते हैं।

____

____

____

____

____

उस समय, आप इस विचार कितना अधिक वास्तविकता मानते थे?

अपने विश्वास के स्तर को 0–10 के पैमाने पर रेट करें, जिसमें 0 का मतलब है बिलकुल नहीं और 10 का मतलब है पूरी तरह से निर्विवाद।

यह विचार पूरी तरह तथ्यात्मक है, क्या इसका होने का कोई सबूत है?

सबूतों की सूची बनाएँ। अपनी राय के बजाय केवल वही सबूत लिखने की कोशिश करें जो अदालत में टिक सकें।

अगर हम अदालत में इस विचार पर विवाद कर रहे होते, तो प्रतिवाद क्या हो सकता था? ऐसा कौन सा सबूत है जो यह बताए कि यह तथ्यात्मक या घटनाओं का सबसे अच्छा वर्णन नहीं हो सकता है?

अगर हम अपने कुछ परिचित लोगों से इस पर अपना दृष्टिकोण बताने के लिए कहें, तो वे क्या कहेंगे? ऐसे लोगों को चुनने का प्रयास करें जो स्थितियों की व्याख्या हमारे दृष्टिकोण से अलग तरीक़े से कर सकते हैं। उदाहरण के लिए, आपको क्या लगता है कि मैं इसके बारे में क्या कह सकती हूँ?

____

____

____

____

____

____

____

____

इन सभी विचारों में से जो आपके विचारों से भिन्न हैं, उनमें से ऐसा कौन–सा विचार आपको सबसे अधिक पसंद आता है, जिस पर आप विचार कर सकते हैं और उसे अपना सकते हैं और क्यों?

____

____

____

____

____

____

इन विभिन्न संभावित दृष्टिकोणों को जानने के बाद, अब आप अपने उस मूल विचार के प्रति अपने विश्वास को कैसे आंकेंगे? फिर से 0–10 पैमाने का उपयोग करें, 0 का अर्थ है बिलकुल नहीं और 10 का अर्थ है पूरी तरह से निर्विवाद।

विचार के प्रति अपने मूल विश्वास पर पुनः विचार करें। क्या इसमें थोड़ा बदलाव आया है?

हालाँकि, आपने अभी जो अभ्यास किया है वह ज़रूरी है, लेकिन अगला बेहद ज़रूरी है। देखिए, हम नहीं चाहते कि हम अपने मन में उलझे रहें, इस बात पर बहस करते रहें कि कोई चिंताजनक विचार सच हो सकता है, या झूठ। इस अभ्यास से मुख्य सीख यह लेनी है कि यदि विचार में आपका विश्वास थोड़ा कम हो जाए, तो जब वह आएगा तो आप उसे कम महत्त्व दे सकेंगे। यह सिर्फ़ एक और विचार, एक और कहानी बनकर रह जाएगा। जब आप किसी तर्क को थोड़ा कम विश्वसनीय मानते हैं, तो आपको उससे जुड़ने और उससे जूझने की इच्छा कम होती है, उस पर आप अपना समय बर्बाद नहीं करना चाहते। इसे आज़माने पर उस निश्चितता की एक निरर्थक खोज बन सकती है, जो स्वयं भय पर आधारित है।

एक बार जब आपको समझ में आ जाता है कोई विचार एततरफ़ा या तथ्यहीन है, तो आप उसे हल्के में लें, या उसे ख़ारिज भी कर सकते हैं, इससे आपको मदद मिलेगी। तब आप उस नियंत्रण से मुक्त हो जाते हैं जो यह विचार आपकी भावनाओं और व्यवहार पर कर सकता है। इसलिए अपनी एंग्ज़ाइटी के साथ बहुत लंबे समय तक बहस करने के प्रलोभन में ना पड़ें। तर्क ना करें और नए विचारों और नई भावनाओं के प्रति खुलापन अपनाएँ। ऐसा कैसे करें, इसके लिए अगला चरण देखें।

विक्षेपण

मैंने इस पुस्तक के शुरुआती पृष्ठों में विचार विक्षेपण (थॉट डिफ़्यूजन) का संक्षेप में उल्लेख किया था, लेकिन यहाँ मैंने आपके लिए कुछ अलग तकनीकें दी की हैं जिन्हें आप आज़मा सकते हैं। इनमें से प्रत्येक तकनीक विचारों को चुनौती देने से अलग है। कुछ भी बदलना इनका उद्देश्य नहीं है। आप इन तकनीकों का उपयोग विचारों से कुछ दूरी बनाने के लिए करते हैं ताकि वे आपके महसूस करने और व्यवहार करने के तरीक़े पर कम प्रभाव डालें। उनमें से प्रत्येक को आज़माएँ और उन तकनीकों को अपनाएँ जो आपके लिए अधिक कारगर हो।

1. उन्हें लिख डालें

जैसे ही आप किसी विचार को लिखते हैं, आप उससे कुछ दूरी बना लेते हैं। आप उसे ब्लैक ऐंड व्हाइट में देख पाते हैं यानी सही-ग़लत समझ पाते हैं। किसी विचार को लिखने में झिझक हो सकती है, यह स्वाभाविक है। कभी-कभी दुनिया को दिखाने के लिए लिखे गए कुछ विचारों की कल्पना करना भी अचानक बहुत ज़्यादा हास्यास्पद लगता है, हमने अपने दिमाग़ में इन्हें जितना हास्यास्पद समझा था, उससे कहीं ज़्यादा। जब कोई विचार आपको दर्द और परेशानी दे रहा हो, तो नज़रिये में यह बदलाव आपके लिए फ़ायदेमंद हो सकता है।

2. लेबल

आप जिन विचारों से जूझ रहे हैं, उनके बारे में आपको एक नज़रिया देने का एक और बढ़िया तरीक़ा है उन्हें लेबल करना। मैंने अक्सर थेरैपी में इसका इस्तेमाल किया है। अगर कोई व्यक्ति किन्हीं एक या दो खास विचार पूर्वाग्रहों से जूझ रहा है, तो हम टेबल पर कुछ पोस्ट-इट नोट्स रखते हैं। जब भी हम देखते हैं कि बातचीत के दौरान उनमें से कोई विचार आता है, तो हम रुकते हैं और इसे एक नोट पर लिखते हैं (ऊपर दिए गए चरण 1 के अनुसार) और फिर हम आगे बढ़ते हैं और उस विचार पूर्वाग्रह के साथ इसे लेबल करते हैं जिसकी हम आलोचना कर रहे थे। हम इन विचारों के साथ कुछ और नहीं करते, सिवाय उन्हें नोटिस करने और उन्हें लिखकर टेबल पर रख देने के। जैसे ही वे विचार आते हैं, उन्हें तत्काल पकड़ना आसान हो जाता है और किसी मददगार उपाय के साथ उनका प्रतिवाद करना आसान हो जाता है।

आप जर्नलिंग के दौरान विचारों को मददगार या बेकार के रूप में लेबल कर सकते हैं। या आप बता सकते हैं कि कौन से विचार राय, निर्णय, आइडिया, कहानियाँ, पूर्वाग्रह, भविष्यवाणियाँ या यादें हैं। बहुत कम को, यदि हो तो, तथ्य के रूप में लेबल किया जा सकता है। जब बात आती है कि हम अपने ना जाने कितने ही विचारों को बिना किसी सवाल के स्वीकार कर लेते हैं और फिर भावनात्मक परिणाम भुगतते हैं, तो इसके लिए यह प्रक्रिया आँखें खोलने वाली हो सकती है।

3. सभी वाक्यों की शुरुआत ऐसे करें

विचारों को शांत करने और उनसे हटने की एक उपयोगी तकनीक चाहे आप उन्हें लिख रहे हों या माइंडफुलनेस का अभ्यास कर रहे हों, यह है कि किसी विचार के प्रत्येक विवरण की शुरुआत इन शब्दों से करें, 'मेरे मन में यह विचार आ रहा है कि...' या 'मैं अपने आपको जो कहानी सुना रहा हूँ वह है...' ऐसा करने से इन

विचारों को पूर्ण तथ्यों के बजाय केवल विचारों और दृष्टिकोणों के रूप में स्वीकार करने की प्रक्रिया को मज़बूत करने में मदद मिलती है।

4. सूत्रीकरण

यदि आप इस दिशा में और आगे बढ़ना चाहते हैं तो अनुभव के अन्य पहलुओं के संदर्भ में उन विचारों को लिखना और यह देखना मददगार हो सकता है कि उन विचारों ने आपकी भावनात्मक स्थिति, आपके कार्यों और आपकी शारीरिक स्थिति को कैसे प्रभावित किया और वे कैसे प्रभावित हुए। इसके लिए आप सरल संज्ञानात्मक व्यवहार थैरेपी (कॉग्निटिव बिहेवियरल थैरेपी-सीबीटी) सूत्रीकरण का उपयोग कर सकते हैं जिसके बारे में मैंने पिछले अध्यायों में संक्षेप में बताया। मैंने यहाँ एक ख़ाली टेम्पलेट दिया है ताकि आप इसका उपयोग कर सकें। अपने दिन का कोई ऐसा क्षण चुनें, जिसमें आपको कोई चिंता हुई हो और फिर प्रत्येक बॉक्स को भरें।

क्रॉस-सेक्शनल फ़ॉर्मूलेशन

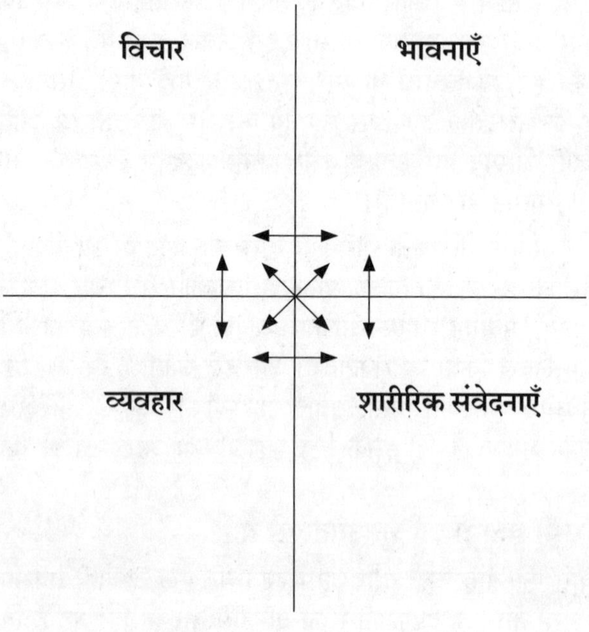

बेहतर दिनों के लिए ख़ाली सूत्रीकरण (चित्र 6)।

5. माइंडफुलनेस

जब विचारों को शांत करने का कौशल बनाने की बात आती है, तो माइंडफुलनेस यानी सचेतनता का अभ्यास करना आपके दिमाग़ को जिम ले जाने के बराबर है। इसका मतलब यह नहीं है कि आपको हर दिन घंटों ध्यान लगाना है। इसका उद्देश्य उन कौशलों को वास्तविक जीवन के क्षणों में अनुवाद करना है, जिसमें आप विचारों को उनके वास्तविक रूप में देखते हैं, और उन्हें हल्के से पकड़ते हैं, अपना ध्यान वर्तमान क्षण पर रखते हैं, चाहे विचार और भावनाएँ जो भी हों। मैंने इस बारे में अन्य अध्यायों में विस्तार से बताया है, लेकिन मार्गदर्शित ध्यान का ख़ज़ाना ऑनलाइन भी मुफ़्त में उपलब्ध है।

मैं अपने डर का सामना क्यों करना चाहूँगा?

मैंने एक बार एक वीडियो ऑनलाइन पोस्ट किया था, जिसमें कुछ इस तरह की बातें कही गई थीं :

'सबसे बड़ी बात जो आपकी चिंता या एंग्ज़ाइटी को बनाए रखती है, वह है उस स्थिति से बचना जिससे आप डरते हैं। इसलिए अगर कोई ऐसा काम है, जिसमें आप महारत तो हासिल करना चाहते हैं, लेकिन वह आपको परेशान करता है, तो उसे जितना हो सके उतना करें।'

इस वीडियो पर मिली प्रतिक्रियाओं में से एक मेरे दिमाग़ में अटक गई, क्योंकि यह एंग्ज़ाइटी के बारे में एक बहुत बड़ी ग़लत धारणा को बताने वाली थी। इस व्यक्ति ने सुझाव दिया कि यह ग़लत हो सकता है, क्योंकि स्वयं को किसी डराने वाली स्थिति में डालने से आघात लग सकता है।

मैंने इस प्रतिक्रिया को यहाँ इसलिए शामिल किया है, क्योंकि मुझे लगता है कि ऐसा विचार है इस अध्याय को पढ़ने वाले कई लोगों के मन में बार-बार आ सकता है। और मुझे लगता है कि इसे सच मानने से शायद कई लोग अपनी एंग्ज़ाइटी से निपट नहीं पाएँगे।

तो, यहाँ कुछ कारण दिए गए हैं कि क्यों अपने डर का सामना करना अच्छी बात है।

- आप अपने मस्तिष्क को विचारों से ख़तरे की प्रतिक्रिया को शांत करने के लिए आसानी से राज़ी नहीं कर सकते। आपका मस्तिष्क यह सीखता है कि क्या सुरक्षित है और क्या नहीं, मुख्य रूप से अनुभव से सीखता है। इसलिए अगर आपके पास किसी विशेष स्थिति के साथ डर की

प्रतिक्रिया है, तो आपके मस्तिष्क को उस स्थिति का सामना करने और उसे अच्छी तरह से अनुभव करने का मौक़ा चाहिए।

- दो सबसे आम ग़लतियाँ जो मस्तिष्क को कोई अनुभव ठीक से लेने नहीं देतीं, वे हैं या तो बहुत जल्दी बहुत तेज़ गति चलना या बहुत जल्दी ठहर जाना, इससे पहले कि आपके मस्तिष्क को फिर से सीखने का मौक़ा मिले। यदि आपको अतीत में किसी अनुभव के साथ बने रहना मुश्किल लगा है, तो एक थेरैपिस्ट आपको वह सही जगह खोजने में मदद कर सकता है जहाँ आप अच्छी प्रगति देखने के लिए बिना हार माने, पर्याप्त प्रयास कर रहे हैं। थेरैपिस्ट प्रगति के उन विवरणों पर नज़र रखने में भी बहुत मददगार हो सकते हैं, जिन्हें हम अनदेखा कर देते हैं, क्योंकि हम हमेशा अपना अधिक ध्यान अगली चुनौती पर केंद्रित करते हैं। अब तक उठाए गए क़दमों के संबंध में पीछे मुड़कर देखना और यह देखना कि कैसे शुरुआती क़दम जो कभी बहुत कठिन लगते थे, अब बहुत आसान लगते हैं-बड़ी प्रेरणा दे सकते हैं।
- यह आरामदायक नहीं है, लेकिन ख़तरनाक भी नहीं है। अगर सही तरीक़े से किया जाए, तो आपका जीवन एंग्ज़ाइटी के नियंत्रण से मुक्त हो सकता है। अगर इसे ख़ास तौर पर अच्छी तरह से किया जाए, तो आप उस स्थिति का भी आनंद लेना शुरू कर सकते हैं जो आपको पहले डरावनी लगती थी।
- आघात डर से कहीं ज़्यादा कारणों से लगता है। यह अक्सर नियंत्रण की कमी, भारी शर्म या हमारे मूल विश्वासों की टूटन के साथ कुछ इस तरह जुड़ा होता है कि दुनिया, स्वयं या हमारे आस-पास के लोगों के बारे में हमारे नज़रिये को ध्वस्त कर देता है। इस वजह से एक बड़ा मनोवैज्ञानिक ख़तरा पैदा हो जाता है। इसीलिए, जिस स्थिति से आप डरते हैं, उसका अनुभव करने का स्वेच्छा से चुनाव करना हमेशा आपके नियंत्रण में होता है, इससे एंग्ज़ाइटी से निपटना आसान हो जाता है। कोई भी आपको ऐसा करने के लिए मजबूर नहीं करेगा या आपको इससे बाहर निकलने से रोकेगा नहीं। यह अपनी भलाई आप करने जैसा है। आपके पास सभी स्थितियों में स्वयं से सर्वश्रेष्ठ बनाने की शक्ति और ज़िम्मेदारी है।
- जब आपके पास वह ज़िम्मेदारी होती है, तो आपको यह सुनिश्चित करना होता है कि आप सही कारणों से काम कर रहे हैं। इसका मतलब यह नहीं है कि आप स्वयं को अनावश्यक जोखिम में डाल दें या स्वयं को परेशान करने वाली परिस्थितियों में ढकेल दें, जबकि आपके पास

आने वाली चुनौतियों से निपटने का कौशल ना हो। अगर आपको ऊँचाई के डर से निपटना है ताकि आप दसवीं मंज़िल पर अपने कार्यालय में आराम से बैठ सकें, तो ऐसा करने के लिए वास्तव में स्काईडाइव बुक करने की कोई ज़रूरत नहीं है।

- यहाँ एक और मुख्य मुद्दा यह है कि जब तक आपके पास उपयोग करने के लिए कौशल ना हों, तब तक डर का सामना ना करें। मैंने डर पर पिछले अध्यायों में इनमें से कुछ के बारे में लिखा है। आप शुरू करने से पहले उन्हें पढ़ना सुनिश्चित करें और जब आप शांत महसूस कर रहे हों, तब उनका अभ्यास करें ताकि आप तब उनका पहली बार उपयोग ना करें जब आप एंग्ज़ाइटी को-उत्तेजित करने वाली स्थिति में हों। सुनिश्चित करें कि जब आपको उनकी आवश्यकता पड़े, तब तक आप उनसे अच्छी तरह से अभ्यस्त हो चुके हों।
- ग्रेडेड एक्सपोज़र(धीरे-धीरे डर का सामना करना) एंग्ज़ाइटी से राहत पाने का त्वरित समाधान नहीं है। ऐसा नहीं होगा कि आप कल से ही बहुत आराम महसूस करते हुए जागने लगें। लेकिन शोध से पता चलता है कि यह आपके डर पर क़ाबू पाने का सबसे शक्तिशाली तरीक़ा है।

ग्रेडेड एक्सपोजर कैसे काम करता है

जब आप एंग्ज़ाइटी का अनुभव कर रहे होते हैं, तो आपका शरीर आपको एक्शन लेने के लिए तैयार करने के लिए असाधारण ढंग से कड़ी मेहनत कर रहा होता है। ख़तरे की प्रणाली को अल्पकालिक उपयोग के लिए डिज़ाइन किया गया है। आप डर महसूस करते हैं, स्थिति से बच निकलते हैं और फिर से शांत महसूस करने लगते हैं। आपके मस्तिष्क को इस बात में कोई दिलचस्पी नहीं होती है कि वह स्थिति वास्तव में ख़तरनाक थी या नहीं। इसका एकमात्र उद्देश्य आपको जीवित रखना है। इसलिए एक बार जब आप बच निकलते हैं, तो आपको राहत के रूप में एक अच्छा-सा झटका लगता है, मानो आपका मस्तिष्क मुस्करा रहा है और सिर हिलाते हुए, एक बार फिर से बच जाने पर स्वयं को बधाई दे रहा हो।

लेकिन अगर हम डर की स्थिति से बचते नहीं हैं, और अधिक से अधिक समय तक डर का सामना करने के लिए तैयार रहते हैं (इस पुस्तक में मैंने जिन कौशलों के बारे में बात की है, उनका उपयोग करके), तो स्थिति में कुछ बदलाव आता है। उस लड़ो या भागो-फ़ाइट ऑर फ़्लाइट मोड में रहने के लिए ऊर्जा देने का मतलब है कि शरीर अंततः थक जाता है। एक बार ऐसा हो जाए तो तनाव प्रतिक्रिया की तीव्रता कम हो जाएगी। इस प्रक्रिया को आदत कहा जाता है।

शारीरिक प्रतिक्रिया और इसके साथ आने वाले सभी असुविधाजनक लक्षण कम हो जाएँगे। अचानक या जल्दी नहीं, बल्कि समय के साथ, धीरे-धीरे। यदि आप उस डर की स्थिति में तब भी रह सकते हैं जब वह प्रतिक्रिया कम हो जाती है, तो आप इस स्थिति में होने का अनुभव करते हुए पहले से अधिक सुरक्षित और शांत महसूस करते हैं। आपका मस्तिष्क इस सबूत से सीखता है। हम यहाँ थे और हम सुरक्षित थे, हम बच गए, सब ठीक रहा। केवल एक अनुभव ही काफ़ी नहीं है, इसलिए अगली बार जब आप उस स्थिति में वापस आएँगे, तो डर फिर से बढ़ जाएगा। लेकिन इस बार यह पहले की तुलना में थोड़ा कम तीव्र हो सकता है, क्योंकि अब आपके पास सबूत है कि आप इससे बचकर बाहर निकल सकते हैं। जितना अधिक आप उस अनुभव को दोहराते हैं, प्रतिक्रिया की तीव्रता उतनी ही कम होती जाती है। आख़िरकार, वह स्थिति आसान लगती है, क्योंकि आपने पहले भी हज़ारों बार ऐसा किया है और आप जानते हैं कि आप इससे बाहर निकल सकते हैं।

डर की शारीरिक संवेदनाओं में इस परिवर्तन के साथ-साथ, आपका मन भी बदलने लगता है। आप ठोस सबूतों के ज़रिए यह विश्वास बनाना शुरू कर देते हैं कि आप कठिन काम कर सकते हैं। आप भागने और टालने की आरामदायक अनुभूति की तलाश करने के बजाय स्वयं को चुनौती देने की प्रक्रिया का आनंद भी लेना शुरू कर सकते हैं।

अपना प्रोग्राम निर्धारित करें

अपनी कार्य-योजना पर काम करने से पहले (जिसमें एक व्यक्तिगत डर तीव्रता पैमाना(पर्सनल फियर इंटेंसिटी स्केल शामिल होगा), नीचे दिए गए प्रश्नों पर विचार करें। इनके बारे में मैं आपसे थेरैपी सत्र में पूछूँगी।

आप ऐसा क्या टालते हैं, क्योंकि वह आपको चिंताग्रस्त कर देता है?

जब एंग्ज़ाइटी आपको पीछे खींचती है तो आप किस बात से चूक जाते हैं?

यदि आप एंग्ज़ाइटी को पूरी तरह से ख़त्म कर सकते, तो आप और क्या करना चाहेंगे और क्यों?

जिनसे आप चूक गए हैं, वे आपके लिए इतने महत्त्वपूर्ण क्यों हैं?

जब आप अपने जीवन के उन हिस्सों को वापस पा लेंगे तो आपका जीवन कैसा हो जाएगा?

आप इस चुनौती का सामना किस तरह से करना चाहते हैं और ऐसा करके आप किस तरह का जीवन बनाएँगे?

इन कथनों को स्पष्ट रखें ताकि आप मुश्किल क्षणों में वापस आकर इनका उपयोग कर सकें जब उन्हें टालने की इच्छा प्रबल हो।

डर की तीव्रता का पैमाना (फ़ियर इंटेंसिटी स्केल–एफ़आईएस)

आम तौर पर थेरैपी में इसे संकट के व्यक्तिपरक इकाइयों के पैमाने (सब्जेक्टिव यूनिट्स ऑफ़ डिस्ट्रेस स्केल–एसयूडीएस) के रूप में संदर्भित किया जाता है। यह आपके लिए एक ऐसी जगह है जहाँ आप उन विभिन्न स्थितियों को लिख कर सकते हैं जिनसे आप बचते हैं, क्योंकि वे आपको चिंता में डाल देती हैं। चुनौती यह है कि उन्हें यहाँ उन्हें डर की तीव्रता के क्रम में लिखना है। उदाहरण के लिए, सोशल एंग्ज़ाइटी वाले किसी व्यक्ति के लिए किसी अनजान व्यक्ति के साथ किसी बड़े शादी समारोह में शामिल होने का विचार सबसे ऊपर, सबसे डरावनी स्थिति के रूप में आ सकता है। वे ऐसे किसी मौक़े पर बहुत अधिक डर के कारण व्याकुल हो सकते हैं। उस पैमाने से थोड़ा नीचे सार्वजनिक स्थान पर विस्तारित परिवार के साथ मिलना हो सकता है। इससे भी नीचे दोस्तों के समूह के साथ डिनर करना हो सकता है। पैमाने के सबसे नीचे वे स्थितियाँ होंगी, जो असहज लगती हैं, लेकिन उनको प्रबंधित किया जा सकता है। आप जानते हैं कि आपको घबराहट होगी और हथेलियाँ पसीने से तर हो जाएँगी, लेकिन आपको पूरा यक़ीन है कि आप इस स्थिति से निपट सकते हैं।

कभी-कभी आप सिर्फ़ एक छोटी सी बात बदलते हैं। उदाहरण के लिए, अकेले किसी पार्टी में जाना शायद पैमाने पर सबसे ऊपर हो। लेकिन किसी साथी या दोस्त के साथ किसी पार्टी में जाना शायद पैमाने पर बहुत नीचे हो।

जिस डर से आप निपटना चाहते हैं, उससे संबंधित जितनी संभव हो उतनी अलग-अलग परिस्थितियाँ लिखें। आपको एंग्ज़ाइटी की तीव्रता और पैमाने पर यह कहाँ खड़ी होती है, इस पर बहुत ज़्यादा विचार-विमर्श करने की ज़रूरत नहीं है। आप उन्हें बाद में कभी-भी बदल सकते हैं।

सुनिश्चित करें कि आप एफ़आईएस पर जो कुछ सूचीबद्ध कर रहे हैं, वो ऐसा हो जो आपके लिए मायने रखता हो। ऐसे काम जो आप करना चाहते हैं, लेकिन एंग्ज़ाइटी के कारण टालते हैं। अगर आपने यह ठीक से मालूम नहीं किया है कि आपको अपने डर का सामना क्यों करना चाहिए, तो मेरा सुझाव है कि पहले वह काम करें। यहाँ सिर्फ़ बिना सोचे-समझे या निरुद्देश्य डर का सामना करने की ज़रूरत नहीं है। हम एक ऐसा सार्थक बदलाव चाहते हैं जो वास्तव में आपके जीवन को बेहतर बनाए।

भय से कैसे लड़ें?

आप एफ़आईएस में भय से अलग-अलग तरीक़ों से लड़ सकते हैं। उदाहरण के लिए, कोई काम कितना आसान या मुश्किल है, यह सहायता लेने पर पता चलता

है। किसी मित्र के साथ सामाजिक कार्यक्रम में जाना अकेले जाने से कहीं अधिक आसान लग सकता है, इसलिए आप दोनों विविधताओं को अलग-अलग रेटिंग में एफ़आईएस में डाल सकते हैं। आप अपनी एंग्ज़ाइटी की तीव्रता को बदलने के लिए भय की स्थिति से अपनी दूरी बढ़ा सकते हैं। उदाहरण के लिए, किसी जगह पर व्यक्तिगत रूप से मौजूद रहने की तुलना में चित्रों या वीडियो को देखने से कम स्तर की एंग्ज़ाइटी पैदा हो सकती है। विविधता के लिए कल्पना और रोल प्ले का उपयोग भी किया जा सकता है। यहाँ तक कि समय के साथ उलट-फेर से भी मदद मिल सकती है। जैसे, यदि आप सार्वजनिक परिवहन के डर से निपट रहे हैं, तो भीड़ के समय बस पकड़ना एफ़आईएस में सबसे ऊपर हो सकता है।

ये सभी उपाय आपको वह पैमाना बनाने में मदद करते हैं जिस पर आप अपनी गति से काम कर सकते हैं। आपको शुरुआत से ही अपने डर का सामना नहीं करना पड़ेगा। वे चीज़ों को धीमा और स्थिर रखते हैं और इस संभावना को बेहतर बनाते हैं कि आप इसे दोहराएँगे। दोहराव बहुत महत्त्वपूर्ण है। यदि आप किसी काम को पर्याप्त बार दोहराते हैं, तो आपकी व्यग्रता कम हो जाएगी। वह स्थिति आपके दिमाग़ में सुरक्षित के रूप में फिर से लेबल हो जाएगी और आपको पहले अनुभव किए गए बड़े ख़तरे की प्रतिक्रिया की आवश्यकता नहीं होगी।

पृष्ठ पलटकर देखें कि एफ़आईएस स्केल का उदाहरण क्या है, जिसमें संकट स्तर का वर्णन और प्रत्येक स्तर से संबंधित सेटिंग का उदाहरण दिया गया है।

आपका भय तीव्रता पैमाना (FIS)

एफ़आईएस स्केल

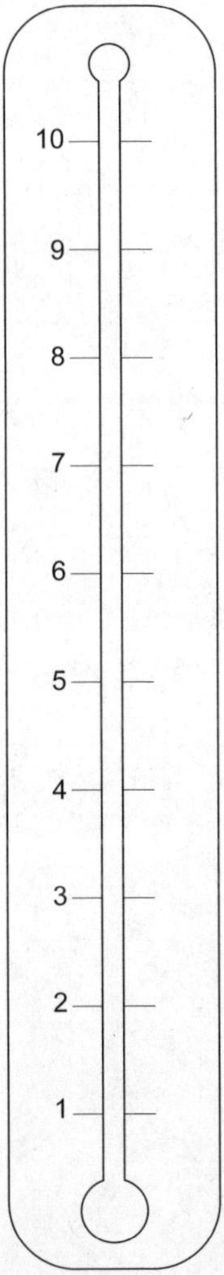

10. वह सबसे बड़ी एंग्ज़ाइटी, जो आपने कभी महसूस की हो, जैसे कार्यस्थल पर सैकड़ों लोगों के सामने बोलना।
9. अत्यधिक चिंतित होना, जैसे कि अपने दोस्त की शादी के भव्य आयोजन में भाषण देना।
8. अत्यधिक व्यग्रता, ध्यान केंद्रित नहीं कर पाना, जैसे नए लोगों से अकेले मिलना।
7. बहुत व्यग्रता, प्रदर्शन में बाधा, जैसे किसी मित्र के साथ सहयोग के लिए नए लोगों से मिलना।
6. काफ़ी चिंतित, जैसे दोस्तों के साथ किसी भीड़-भाड़ वाले बार में जाना।
5. मामूली चिंता, जैसे भीड़ भरे सिनेमा हॉल में बैठना।
4. थोड़ा-सा चिंतित होना, जैसे भीड़ भरे सिनेमा में कोने वाली वाली सीट में साथी के साथ बैठना।
3. बेचैनी, प्रदर्शन में थोड़ी बाधा, जैसे कि ऑफ़िस की मंथली मीटिंग में बात करना।
2. थोड़ी घबराहट, जैसे किसी सार्वजनिक स्थान पर अपने सहकर्मियों से बात करना।
1. थोड़ी-सी चिंता, सतर्कता, जैसे किसी मित्र से फ़ोन पर बात करना।

यहाँ एफ़आईएस स्केल की एक ख़ाली प्रतिलिपि दी गई है, जिसे आप स्वयं भर सकते हैं।

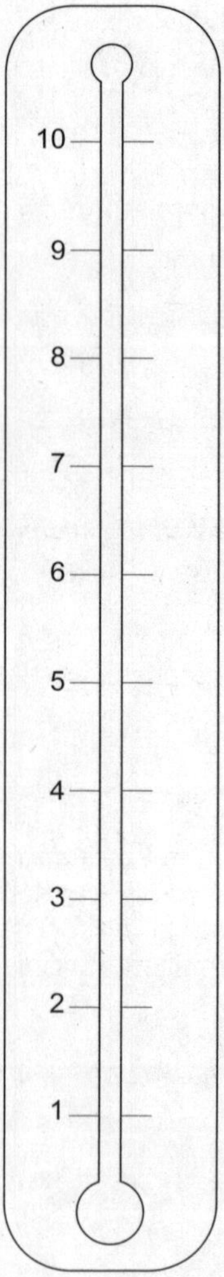

10. ....

9. ....

8. ....

7. ....

6. ....

5. ....

4. ....

3. ....

2. ....

1. ....

अपने एफ़आईएस स्केल का उपयोग कैसे करें

यहाँ मुख्य बात यह स्वीकार करना है कि सभी परिस्थितियाँ एक ही हद तक एंग्ज़ाइटी का कारण नहीं बनती हैं। और जब आप अपने कुछ तरह के डर का सामना करना शुरू करते हैं, तो आपको बहुत ज़्यादा डरावने काम करने की ज़रूरत नहीं होती है। आप स्केल पर जितना चाहें उतना नीचे से शुरू करते हैं, और जब तक वह स्थिति आसान नहीं लगती, तब तक आप आगे नहीं बढ़ते।

एक बार जब आप अपना स्केल पूरा कर लेते हैं, तो स्केल के निचले हिस्से में मौजूद ट्रिगर्स के संकलन से कुछ चुनें, कुछ ऐसा जो चुनौतीपूर्ण लगे, लेकिन जिससे आप निपट सकें। फिर जाकर इसे आज़माएँ। इस पुस्तक में बताए गए कुछ कौशलों का उपयोग करने की योजना बनाएँ, जो उस डर की तीव्रता को कम करने में मदद करते हैं (मैंने आपके लिए कुछ नीचे दिए हैं)। लेकिन यह याद रखें कि एक बार पर्याप्त नहीं है। दो बार पर्याप्त नहीं है। उस ख़तरे की प्रतिक्रिया को कम करने के लिए, आपको ध्यान देना होगा कि :

1. जब तक आपकी चिंता प्रतिक्रिया यानी एंग्ज़ाइटी रिस्पाँस शांत ना हो जाए, तब तक उस वातावरण में रहें। आपका शरीर थक जाएगा या आप अपने शरीर को शांत करने के लिए किसी कौशल का उपयोग करेंगे। जब आप ऐसा करते हैं, तो आपका मस्तिष्क इस स्थिति में होने और सुरक्षित महसूस करने का अनुभव करता है। यदि आप भावना की चरम स्थिति में पहुँचकर भाग खड़े होते हैं, तो आपके मस्तिष्क को यह संदेश मिलता है कि यह स्थिति असुरक्षित थी और इससे हर क़ीमत पर बचना चाहिए।
2. जितना संभव हो सके उतनी बार और नियमित रूप से एक्सपोज़र को दोहराएँ। जितनी अधिक बार आप ऐसा करेंगे, उतनी ही जल्दी आपको परिणाम दिखेंगे।
3. जब वह स्थिति आसान हो जाए, तभी आप अपने एफ़आईएस स्केल में सूचीबद्ध अगली स्थिति पर बढ़ें। अक्सर सहज प्रवृत्ति नाटकीय बदलाव पाने के लिए आगे बढ़ने और कुछ ऐसा करने की होती है जिससे आपको डर लगता है। इससे आप व्याकुल हो सकते हैं, और पूरी तरह से हार मानने का जोख़िम भी हो सकता है। इस मामले में धीरे-धीरे और स्थिर तरीक़े से आगे बढ़ने से ही जीत मिलेगी।

बहुत से लोगों को लगता है कि उन्हें अपने एफ़आईएस पर सबसे ज़्यादा रेटिंग वाली चीज़ों पर ध्यान केंद्रित करने की ज़रूरत नहीं है, क्योंकि जैसे-जैसे आप नीचे से ऊपर की ओर बढ़ते हैं और समय के साथ अपना आत्मविश्वास बढ़ाते हैं, ऊपर की चीज़ों के प्रति आपका डर कम होता जाता है या फिर भाग जाता है। सबसे ज़रूरी बात यह है कि बहुत जल्दी बहुत ज़्यादा डराने वाले काम ना करें। कम डर वाले से शुरू करें और धैर्य रखें। भागते हुए रास्ता तय ना करें। दोहराव ज़रूरी है। किसी स्थिति को तब तक दोहराते रहें जब तक कि वह काम इतना आसान हो जाए कि यह लगभग उबाऊ बन जाए।

अगर आप जल्दबाज़ी करते हैं और व्याकुल हो जाते हैं, या आप असुविधा को सहन करने के लिए कौशल विकसित करने में असमर्थ हैं, तो आप पूरी तरह से हार मानने और अपनी प्रगति को रोके बिना पीछे हटने के लिए नीचे दी गई रणनीति का उपयोग कर सकते हैं।

पीछे हटने की रणनीति

अगर एंग्ज़ाइटी की तीव्रता आपके बर्दाश्त के बाहर हो जाती है, तो आप थोड़ा पीछे हट जाते हैं जिससे एंग्ज़ाइटी की तीव्रता थोड़ी कम हो जाती है। इससे आप संभल जाते हैं और तैयार होने पर फिर से आगे बढ़ते हैं। इस तरह से इसे दोहराने से समय के साथ ख़तरे की प्रतिक्रिया की आदत पड़ जाएगी। इसका मतलब है कि उस स्थिति से जुड़ी चिंता समय के साथ कम होती जाएगी।

ग्रेडेड एक्सपोज़र ट्रैकिंग लॉग

परिस्थिति	मैंने कितने समय में प्रबंधित किया	शुरुआत में एफ़ आई एस रेटिंग	बीच में एफ़ आई एस रेटिंग	अंत में एफ़ आई एस रेटिंग	मेरे अवलोकन
काम के बाद सहकर्मियों के साथ शराब पीना	2 घंटे	5	4	1	मुझे ख़ुशी है कि मैं तब तक रुकने में कामयाब रहा जब तक मुझे ज़्यादा शांति महसूस नहीं हुई। मुझे लगता है कि मैं अगली बार भी ऐसा कर सकता हूँ।

आप जो कुछ भी करते हैं उसका रिकॉर्ड रखें और उस स्थिति में अपनी एंग्ज़ाइटी को ट्रैक करें। 0 से 10 के पैमाने पर तीव्रता को रेट करें, 0 का मतलब है कोई डर नहीं और 10 का मतलब है, अत्यधिक डर। जब तक तीव्रता आधी ना हो जाए, तब तक स्थिति में बने रहने की कोशिश करें।

आप इसे यथासंभव बार-बार दोहराएँ, इसमें मदद करने के लिए आप एक योजना निर्धारित करें कि आप इसे किन दिनों में करेंगे। जितनी बार और जितने नियमित रूप से आप इसे दोहराएँगे, उतनी ही तेज़ी से आपको परिणाम दिखाई देंगे।

अपना डोपामाइन बढ़ाएँ

मैं चाहती हूँ कि आप उस भयभीत स्थिति में होने के दौरान और फिर जब आप एक और एक्सपोज़र सेशन पूरा कर लें, तो कुछ और करें। मैं चाहती हूँ कि आप सही रास्ते पर होने की जीत को महसूस करने के लिए अपने आपको थोड़ा-सा समय दें। जैसा कि हमने प्रेरणा यानी मोटिवेशन पर पिछले अध्यायों में पहले बात की थी, आपको कोई निश्चित पड़ाव पर पहुँचने के बाद पर ट्रॉफ़ियाँ लेने या दावतें उड़ाने की आवश्यकता नहीं है। आपको तो उस डोपामाइन हिट की आवश्यकता है जो सचेत रूप से यह स्वीकार करने से आती है कि, हाँ! मैं यह कर रहा हूँ! मैं यहाँ तक पहुँच गया हूँ। चलो, आगे बढ़ना जारी रखो! किसी भी शीर्ष खिलाड़ी के बारे में सोचें जो पूरा मैच जीतने से बहुत पहले ही एक अंक हासिल करने का जश्न मनाने के लिए मुट्ठी बाँध लेता है। आप यही हासिल करना चाहते हैं। एक छोटी-सी मान्यता है कि जब आप प्रक्रिया पर भरोसा करते हैं, तो आप स्वयं को आगे बढ़ते हुए देखना शुरू करते हैं। और जब आप 'डर में' होते हैं तो यह आपके लिए नया संकेत है कि आप आगे बढ़ रहे हैं। डर महसूस करना जश्न मनाने जैसा हो जाता है। क्योंकि इस बार, आप इसे चुन रहे हैं और यह आपको चिंता से प्रेरित जीवन से मुक्ति की ओर ले जा रहा है।

ध्यान रखने योग्य बातें

हमारी स्वाभाविक प्रवृत्ति हमेशा आराम के तलाश में रहती है। जब आप अपने डर से निपटने के लिए स्वयं को किसी प्रोग्राम में शामिल करने की कोशिश कर रहे होते हैं, तो यह स्वाभाविक प्रवृत्ति बढ़ने की संभावना होती है। हालाँकि आराम की तलाश करना ग़लत नहीं है, लेकिन इससे आपकी प्रगति में बाधा पड़ सकती है। आपकी परेशानी को कम करने में मदद करने वाले बहुत से छोटे-छोटे व्यवहार आपकी नज़रों से ओझल हो सकते हैं। लेकिन जब आप अपने एक्सपोज़र प्रोग्राम पर काम कर रहे होते हैं और कमज़ोर महसूस कर रहे होते हैं, तो यह कर्मकांड

या बाध्यकारी भी हो सकता है, क्योंकि ये कुछ तात्कालिक राहत प्रदान करते हैं, जबकि लंबे समय तक एंग्ज़ाइटी को दबाए रखते हैं। आप धीरे-धीरे डर का सामना करने की अपनी क्षमता पर विश्वास खो देते हैं। उन्हें सुरक्षा व्यवहार कहा जाता है और आगे बढ़ने हुए आपको कुछ उदाहरणों पर ध्यान देना चाहिए।

- **आश्वासन की तलाश :** सिर्फ़ एक बार नहीं, बल्कि बार-बार। समय के साथ आपको ज़्यादा से ज़्यादा पूछते रहना होगा, क्योंकि हर क़दम उठाने से पहले आश्वासन माँगना आपके अपने फ़ैसले लेने के तरीक़े में विश्वास की कमी को पुख्ता करता है। आप उस आश्वासन पर निर्भर हो जाते हैं और उसके बिना कोई भी क़दम उठाने में असमर्थ महसूस करते हैं।
- **विचारशून्य होना :** चिंता-उत्तेजक स्थितियों को कम करने के लिए नशीले पदार्थों या शराब का सेवन करना शुरू में तो अच्छा लगता है। सिर्फ़ एक ग्लास वाइन के साथ आप सामाजिक समारोहों में लोगों के साथ मेल-मुलाक़ात बढ़ाते हैं। नशे से सावधान रहें। हो सकता है कि हम जल्दी ही नशे को परिस्थितियों का सामना करने में सक्षम बनाने के लिए श्रेय देना शुरू कर दें। उसके कुछ समय बाद, हम अपनी पसंद का नशा किए बिना उन परिस्थितियों का सामना करने में असमर्थ महसूस करते हैं।
- **अति-क्षतिपूर्ति :** उदाहरण के लिए, मान लीजिए कि आप अस्पताल जाने को लेकर चिंतित हैं। आपका एक्सपोज़र कार्य बढ़िया चल रहा है, लेकिन आपकी चिंता तब तक बनी रहती है, जब तक आप अस्पताल से लौटकर आने के बाद शॉवर में 45 मिनट की सफ़ाई की रस्म नहीं निभाते।
- **'कहीं काम पड़ जाए तो...' वस्तुएँ :** कुछ लोग अपने साथ कोई ऐसी वस्तु रखना पसंद करते हैं जो उन्हें सुरक्षित या अधिक आत्मविश्वासी महसूस कराती है, जबकि कुछ लोग अपने साथ ऐसी दवा रखते हैं जिसके बारे में उन्हें पूरा यक़ीन होता है कि वे उनका उपयोग नहीं करेंगे। लेकिन अगर कोई ऐसा दिन आ जाए कि आपको वह 'कहीं काम पड़ जाए तो...' वाली वस्तु नहीं मिल पाई, जिसे आप अपने आत्मविश्वास के स्रोत के रूप में देखते हैं, तो आप इसके बिना काम करने में असमर्थ महसूस कर सकते हैं।

जब आप इन व्यवहारों को उभरते हुए देखते हैं, तो इसका मतलब यह नहीं है कि आप विफल हो रहे हैं या कुछ ग़लत कर रहे हैं। जब आप सक्रिय रूप से अपने डर का सामना कर रहे होते हैं तो इन व्यवहारों का उभरना स्वाभाविक है। कुंजी यह है कि उन्हें डर से बचने के नए तरीक़े रूप में अपने पर हावी नहीं होने दें।

जब आप एक्सपोज़र प्रोग्राम पर अपने अनुभवों को रिकॉर्ड करते हैं, तो किसी भी अति-क्षतिपूर्ति, विचार-शून्यता या आश्वासन की तलाश के मामले को नोट करें। यदि यह लगातार कुछ बार होता है, तो अभी अगले चरणों पर ना जाएँ। वे इस बात का संकेत हैं कि आपकी एंग्ज़ाइटी अभी भी अधिक है और आप इसे वापस कम करने के तरीक़े खोज रहे हैं। जब आप पदानुक्रम पर एक ही क़दम को पर्याप्त बार दोहराते हैं, तो आपकी एंग्ज़ाइटी स्वाभाविक रूप से कम हो जाएगी और इस तरह के कर्म-कांड करने की इच्छा कम हो जाएगी। यदि आप पदानुक्रम के माध्यम से बहुत तेज़ी से आगे बढ़ते हैं, तो आप अनुभव करेंगे कि इन सुरक्षा व्यवहारों का उपयोग करके अपनी एंग्ज़ाइटी को कम करने की इच्छा बढ़ जाएगी। यह हार मानने का संकेत नहीं, बल्कि धीमा चलने का संकेत है।

आभार

इस पुस्तक को आकार देने में कई प्रतिभाशाली लोगों ने भूमिका निभाई है। मेरे पति मैथ्यू का योगदान अतुलनीय है। इस बहुत शानदार, लेकिन मुश्किल सफ़र की माँग के अनुसार हर तरह की भूमिका निभाने के लिए आपका धन्यवाद। आप शोधकर्ता, क्रिएटिव डायरेक्टर, वीडियोग्राफ़र, आइडिया मैन, एडिटर, बिज़नेस पार्टनर, एडवाइज़र, होम स्कूलर, दोस्त, प्रशंसक और आलोचक सब कुछ रहे हैं। आपने मुझ पर लगातार विश्वास किया है, तब भी जब मुझे स्वयं पर विश्वास नहीं था।

मेरे प्यारे बच्चों, सिएना, लूक और लिओन को उनके धैर्य के लिए धन्यवाद। लिखते समय मैंने आपको बहुत याद किया। मुझे उम्मीद है कि इसका हिस्सा बनने की वजह से आपको भी अपने सपनों को हासिल करने की प्रेरणा मिली होगी। पुस्तक हो या ना हो, आप सभी मेरी सबसे बड़ी उपलब्धियाँ हैं। आप तीनों पर मुझे बेहद गर्व है।

मेरे माता-पिता का धन्यवाद जिन्होंने हमेशा की तरह जब मेरे लिए लिखना बहुत ज़रूरी था, मेरे बच्चों को घर से भी बेहतर माहौल देने का हर संभव प्रयास किया। मैंने जो कुछ भी हासिल किया है, वह सब आप दोनों की वजह से ही है। आपको जो अवसर नहीं मिले, आप दोनों ने मुझे वे अवसर प्रदान करने के लिए अपनी पूरे मन से प्रयास किया जो आपको कभी नहीं मिले। इसके लिए मैं हर दिन आपका आभार मानती हूँ। हमेशा इतना सहयोग और प्रोत्साहन देने के लिए पैट और डेविड का धन्यवाद।

फ्रांसेस्का स्कैम्बलर को मुझ पर विश्वास करने और मौक़ा देने के लिए धन्यवाद। मेरी साहित्यिक एजेंट एबिगेल बर्गस्ट्रॉम को धन्यवाद, जिन्होंने मुझे शुरू से ही प्रेरित किया। यह मेरा सौभाग्य है कि आपके साथ काम करने का मुझे अवसर मिला।

मेरी मैनेजर ज़ारा मर्डोक को विशेष धन्यवाद। आप एक अद्भुत मार्गदर्शक, सलाहकार और ऑल-राउंड सुपरहीरो रही हैं। और ग्रेस निकोलसन का भी आभार जिन्होंने ड्रीम टीम बनाकर यह सब संभव बनाने में मदद की।

मेरे एडिटर, इयोन वाल्डर को धन्यवाद, जिन्होंने इस टेक्स्ट को एक ऐसी पुस्तक में बदलने में मेरी मदद की जिस पर मुझे गर्व हो। मेरे प्रस्ताव पर ध्यान देने और इस काम को आगे बढ़ाने के लिए मुझे प्रेरित करने के लिए डैनियल बनयार्ड को धन्यवाद। नेपथ्य में रहकर सभी काम पूरे करने के लिए एली ह्यूज़ेस, क्लेयर पार्कर, लूसी हॉल, विकी फ़ोटिउ, पाउला फ़्लैगन, एग्गी रसेल, ली मोटली, बेथ ओ'रैफ़र्टी, निक लोन्डेस, एम्मा हेंडरसन और जेन किर्बी को भी धन्यवाद।

अमांडा हार्डी और जेसिका मेसन का बहुत आभार, जिन्होंने शुरू से ही मेरा उत्साह बढ़ाया और जब मैं इस बात का विलाप करती थी कि यह शानदार अवसर कितना थका देने वाला रहा- तो उन्होंने मेरी बात पूरी सहानुभूति से सुनी, बिना किसी जजमेंट के। जैकी को धन्यवाद! जिन्होंने मुझे आश्वस्त किया कि मैं इस काम को कर सकती हूँ।

मेरे सभी क्लाइंट्स का शुक्रिया। मैंने आपको जितना सिखाया उससे कहीं अधिक आप सभी से सीखा है। मैं अपने आपको भाग्यशाली मानती हूँ कि मुझे आपके सफ़र में साथ चलने का अवसर मिला।

और, मेरे सोशल मीडिया अकाउंट को फ़ॉलो करने वाले हर एक व्यक्ति का धन्यवाद। हम सबने मिलकर एक उदार और प्रेरणादायक समुदाय बनाया है। मुझे उम्मीद है कि यह पुस्तक आपको जीवन की मुश्किलों का सामना करने में मदद करेगी और इसके माध्यम से आपको कुछ और ज़रूरी टूल्स मिलेंगे।

मैं उन अविश्वसनीय बुद्धिमानों को श्रेय देना चाहूँगी जिन्होंने साक्ष्य-आधारित मनोवैज्ञानिक उपचारों को विकसित करने के लिए कड़ी मेहनत की है और जिनके काम से बहुत से लोगों को लाभ हुआ है। उनके ज्ञान को मैंने जिस तरह से यहाँ प्रस्तुत किया है, उसमें कोई त्रुटि या चूक हो गई हो तो कृपया मुझे माफ़ करें।

मेरे इंस्टाग्राम DrJulie पर इस पुस्तक से संबंधित मेरे द्वारा बनाए गए वीडियो हैं।

स्पेयर टूल्स

यहाँ पुस्तक में दिए गए टूल्स की कुछ ख़ाली प्रतिकृतियाँ दी गई हैं, जिन्हें आप स्वयं भर सकते हैं।

क्रॉस–सेक्शनल फ़ॉर्म्यूलेशन

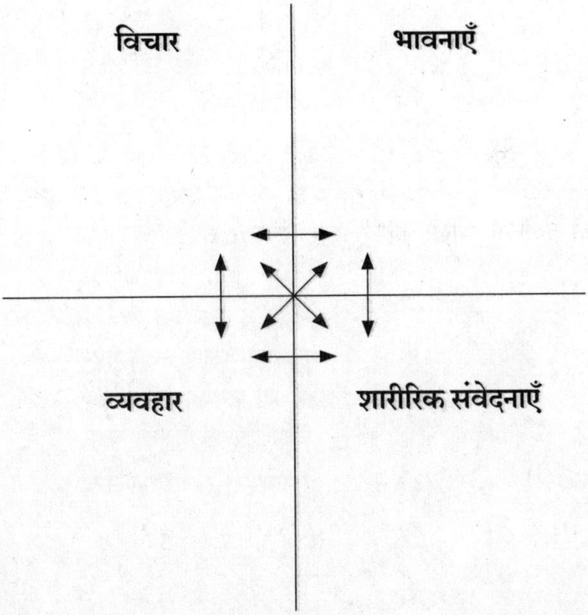

लो मूड के लिए ख़ाली फ़ॉर्म्यूलेशन (चित्र 5)।

क्रॉस–सेक्शनल फ़ॉर्म्यूलेशन

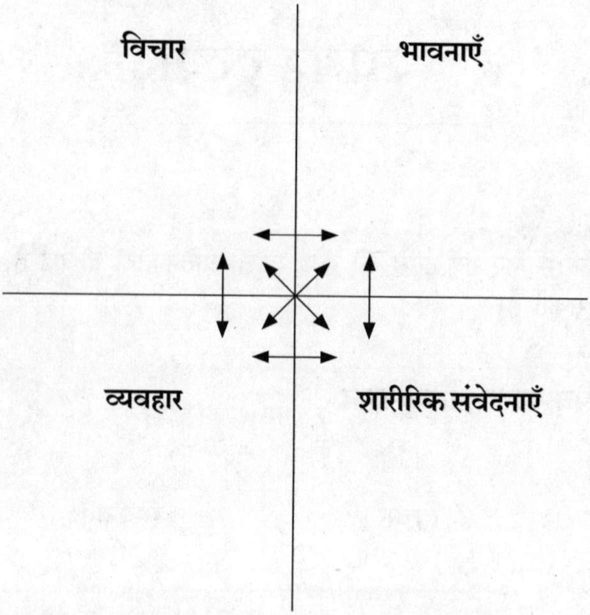

बेहतर दिनों के लिए ख़ाली फ़ॉर्म्यूलेशन (चित्र 6)।

वैल्यू चार्ट

अपने जीवन के प्रत्येक क्षेत्र में आप किस चीज़ को सबसे अधिक महत्त्व देते हैं, इस पर विचार करने में आपकी सहायता करने के लिए इन ख़ाली ग्रिड का उपयोग करें।

मूल्य, लक्ष्य, कार्य

अपने मूल्यों को लक्ष्यों और रोज़मर्रा की गतिविधियों में बदलने में मदद के लिए इन ख़ाली चार्ट का उपयोग करें (चित्र 11)।

मूल्य	लक्ष्य	रोज़मर्रा की गतिविधियाँ

मूल्य	लक्ष्य	रोज़मर्रा की गतिविधियाँ

वैल्यू स्टार

यहाँ कुछ और ख़ाली वैल्यू स्टार दिए गए हैं, जिन्हें आप चित्र 12 का उपयोग करके भर सकते हैं।

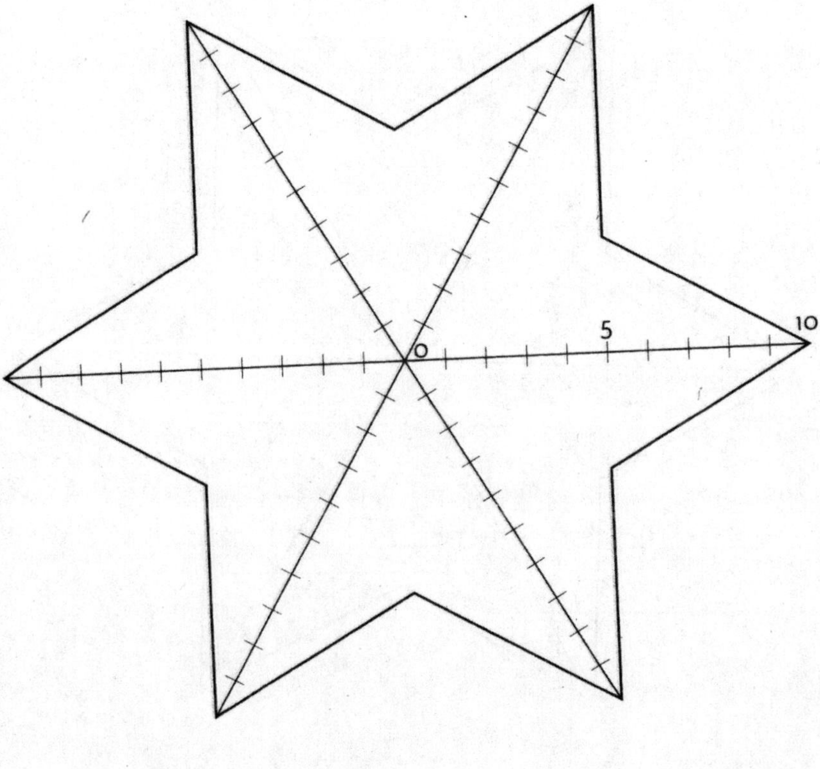

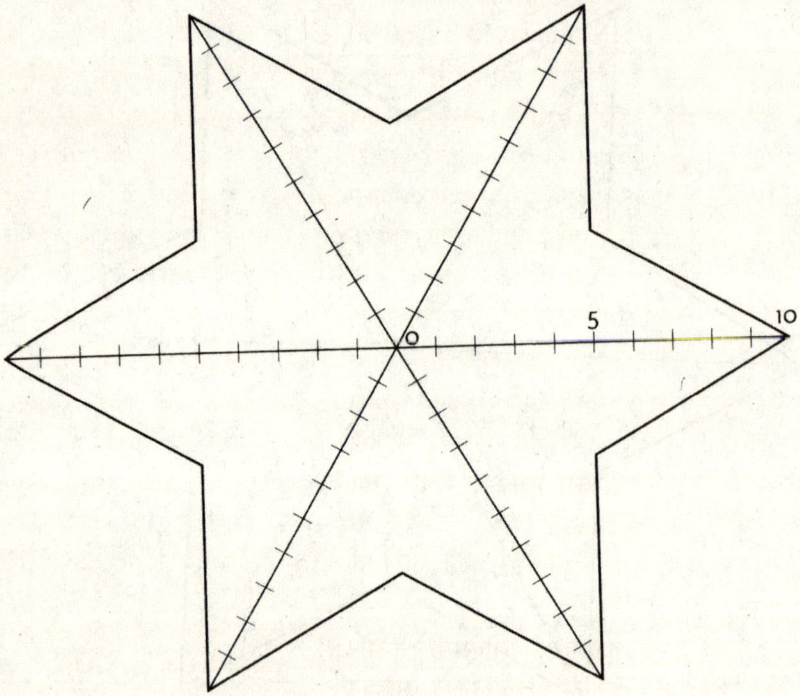
0
5
10

लेखिका के बारे में

डॉ. जूली स्मिथ बहुत अनुभवी क्लीनिकल साइकोलॉजिस्ट हैं और दस वर्षों से अधिक समय से इस क्षेत्र में काम कर रही हैं। वह इस थैरेपी पर जानकारी देने के लिए टिकटॉक का उपयोग करने वाली पहली प्रोफ़ेशनल थीं। अपनी प्राइवेट प्रैक्टिस करने के बाद जूली ने सभी के लिए उच्च गुणवत्ता वाली मानसिक स्वास्थ्य शिक्षा सुलभ बनाने के मिशन के साथ अपना टिकटॉक चैनल लॉन्च किया। कोविड-19 महामारी के दौरान उनके व्यूअर्स की संख्या आश्चर्यजनक रूप से तीन करोड़ फ़ॉलोअर्स तक पहुँच गई, क्योंकि यूज़र्स ने उनके द्वारा साझा किए जा रहे सेल्फ़-हेल्प वीडियो पसंद किए और उनकी सलाह को व्यवहार में लाया। उनके वीडियोज़ को इस प्लेटफ़ॉर्म पर लगभग 50 करोड़ बार देखा गया है। उन्हें टिकटॉक द्वारा अपने टॉप 100 क्रिएटर्स में से एक के रूप में नामित किया गया था।

जूली दो बीबीसी फ़िल्मों के साथ-साथ सीबीबीसी, गुड मॉर्निंग ब्रिटेन, बीबीसी ब्रेकफास्ट और सीएनएन इंटरनेशनल में भी दिखाई दी हैं। वह बीबीसी रेडियो 1 में लाइफ़ हैक्स साइकोलॉजिस्ट (मनोवैज्ञानिक) हैं और वह *वूमेन्स हेल्थ, बज़फीड, द टेलीग्राफ़, द टाइम्स, द मेल ऑन संडे, ग्लैमर,* सीएनएन और अन्य प्रसार माध्यमों में आ चुकी हैं। जूली अपने पति और तीन बच्चों के साथ इंग्लैंड के हैम्पशायर में रहती है।

डॉ. जूली स्मिथ, बीएससी (ऑनर्स), डी. क्लिन. साइकोलॉजी, सी.साइकोलॉजी. चार्टर्ड क्लिनिकल साइकोलॉजिस्ट हैं और एचसीपीसी और बीपीएस में रजिस्टर्ड हैं।

अनुवादक के बारे में

यामिनी रामपल्लीवार

इन दिनों नागपुर, महाराष्ट्र में कार्यरत।

एक ज़िम्मेदार, संवेदनशील और प्रतिबद्ध हिंदी पत्रकार।

'पुनःकथन' की परंपरा का निर्वाह करते हुए एक हिंदी अनुवादक के रूप में मौलिक पहचान बनाने के लिए प्रयासरत।

संतुलित, जानकारीपरक और दिलचस्प सामग्री के लेखन-पठन में रुचि।